Introducción
a la literatura
latinoamericana

Introducción a la literatura latinoamericana

Antonio Sobejano–Morán
Binghamton University

Paola Bianco
Wilkes University

focus an imprint of
Hackett Publishing Company, Inc.
Indianapolis/Cambridge

Introducción a la Latinoamericana, An Anthology of Latin American Literature
© 2005 Antonio Sobejano-Morán & Paola Bianco

Previously published by Focus Publishing/R. Pullins Company

Focus an imprint of
Hackett Publishing Company, Inc.
P.O. Box 44937
Indianapolis, Indiana 46244-0937

www.hackettpublishing.com

ISBN-13: 978-1-58510-105-4

Printed in the United States of America.

19 18 17 16 15   4 5 6 7 8

Índice

Capítulo IV
Siglo XX: Hispanoamérica dentro del concierto mundial de las naciones

Preface

Introducción a la literatura latinoamericana offers both advanced high school and undergraduate Spanish students at the university level a comprehensive introduction to Latin American literature. This textbook may be used as a companion book to *Introducción a la literatura española*, and the three editions of Tirso de Molina's *El burlador de Sevilla y convidado de piedra*, Miguel de Unamuno's *San Manuel Bueno, mártir*, and Federico García Lorca's *La casa de Bernarda Alba*. Aimed at AP students of Spanish and students at the third year level of the college or university curriculum, *Introducción a la literatura latinoamericana* purports itself as an introduction or survey of Latin American literature through some of the most representative works and writers. The first chapter of the book is an introduction to the pre-Columbian literatures, and the rest of it maps the development of the three major literary genres: narrative, poetry and theater, from the fifteenth century through the twenty-first.

All the selected works are reproduced in their entirety, with the exception of Álvar Núñez Cabeza de Vaca's *Naufragios* and José Joaquín Fernández de Lizardi's *El periquillo sarniento*. In the case of Cabeza de Vaca, the four selected chapters provide a general, but accurate, idea of the nature of the *Naufragios*. Likewise, the selected chapter from Lizardi's picaresque novel, *El periquillo sarniento*, is a good representation of the Neoclassic period. Lizardi is not part of the AP reading list, but the authors decided to include him because he is a good example of the Neoclassic period, a literary trend that has not been represented in the AP reading list, and bridges the two literary movements that precede and follow it: the Baroque and the Romantic period.

In addition to the selected readings, *Introducción a la literatura latinoamericana* also features a cultural and historical overview of Latin America and a history of its literature. This panoramic view will enable students to place the selected works within a specific cultural, historical, and literary context. Each reading is followed by a series of drills that are designed to question the student' s basic understanding of the story and develop critical analysis skills. Since some of these texts may pose some difficulty, especially for non–native speakers, we have tried to minimize this burden by providing an extensive glossary.

Due to the difficulty presented by poetry, we have included a special section devoted to the study of poetic language. This is a tool intended to help students count syllables and identify rhymes and the different types of verses. It also provides an introduction to the study of the most common rhetorical figures used in poetry.

The authors expect that the work and dedication they put into this textbook will elicit an excellent reception on the part of teachers and students.

Introduction

Introducción a la literatura latinoamericana is a textbook that features a cultural, historical, and literary introduction to Latin America. Besides all of the works from the AP reading list, this textbook includes a first chapter devoted to the pre-Columbian literatures, and a chapter from Lizardi's novel, *El periquillo sarniento*. Aside from the chapter on pre-Columbian literatures, the textbook is divided into three major segments or sections: "La colonia", or the period that falls under the encounter of the Spanish and American cultures; the nineteenth century; and the twentieth century. Each of these three sections is introduced by a historical and cultural overview of that particular period, and is followed by a history of Latin American literature. The latter part provides an in-depth commentary on the major literary genres: narrative, poetry, theater, and essay. After these introductions, the text includes a number of units devoted to the selected works, and each work is studied taking into consideration the following aspects:

- A *biography* of the author. This section provides a writer's biographical and literary overview, and studies the most relevant literary characteristics of his/her literary career, such as themes, literary techniques, and major contributions as a writer to the field of literature.

- A *reader's guide*. This is a brief section that includes a summary of the selected literary piece, and highlights some of the topics and narrative techniques the student should pay attention to. Its main purpose is not to answer questions or provide explanations, but to hint or alert the student to some important issues that need special attention when doing the reading.

- The *literary work* itself, accompanied by *glossaries*. The *glossaries*, sometimes accompanied by *glosses*, are intended to facilitate comprehension of the literary text. These explanatory notes on the vocabulary and idioms from the text are in Spanish, so that the student is not disconnected from the Spanish language, and serve to improve his/her language skills.

- A *questionnaire*. This "cuestionario" assesses the student's general or basic understanding of the components of the story, poem, or play: such as the plot, content, or the narrative structure. Answering these questions is what a first reading of the text requires. The narrative and theater selections are also followed by a *mutiple choice* section with questions that serve as an expansion of the previous ones. Students must choose one correct answer among the four listed, and sometimes the similarity of some of the answers demands further consideration and reflection. A similar section is included in the AP Spanish exam.

- A *critical analysis* section, designed for students to focus their analysis on a particular topic or subject. These questions are geared to build critical thinking abilities, and force the student to analyze the story from a critical point of view. This section offers hints that force the student to go beyond the surface, or first reading, to unravel other literary aspects of the text and provide an insightful reading. It is intended, in most of the cases, to create controversial debates and discussions among the students of the class.

- The *Essay* section consists of two or three suggested topics that deserve detailed analysis so as to be expanded into a paper. This part, specifically, is intended to prepare the student for the essay questions that appear in the AP exam, and would require the student to conduct some research to further understand the topic under discusssion.

- The *Bibliography* cited at the end of the unit includes both works that we have consulted with regard to the topics presented in that unit, and works that the student may find useful in the preparation of the paper, or to widen his/her personal knowledge on that issue. These works also provide additional bibliography in case the student wishes to pursue working on a specific topic or writer.

Capítulo I

Literaturas Indígenas Precolombinas

Introducción histórico-cultural

A pesar de las hipótesis que se han barajado con respecto a la procedencia de los primeros habitantes de América, nada se sabe con certeza. Parece ser que las primeras culturas indígenas comienzan a fraguar entre el 3.000 y el 4.000 a.C., y la primera cultura de la que conservamos algunos testimonios es la *olmeca*, ubicada en el sureste de México (1150 a. C.–800 d. C.). Los *olmecas* construyeron grandes templos, palacios, y obras escultóricas como las enormes cabezas que reposan en tierra y alcanzan una altura de dos metros y medio. Asimismo, los *olmecas* nos han dejado las primeras muestras de una escritura jeroglífica y de cómputos calendáricos. Influidos por los *olmecas*, los *zapotecas* de Monte Albán, al suroeste de México, desarrollaron un sistema de glifos que se remonta al 600 a. C.; y a pocos kilómetros de la ciudad de México la cultura de *Teotihuacán* (300 d. C.–600 d. C.) construye las pirámides y palacios de Teotihuacán, la llamada "ciudad de los dioses". Tras la desaparición de Teotihuacán, los *toltecas* (800 d. C–1100 d. C.) fundan Tula, su centro cultural. Los *toltecas* rendían culto al sol, la luna y *Quetzalcóatl*, quien aparecía representado por medio de una serpiente emplumada. *Quetzalcóatl* era una especie de guía espiritual y condenaba los sacrificios humanos. Según la tradición *tolteca*, *Quetzalcóatl* había vaticinado que, con el paso del tiempo, unos hombres blancos barbados llegarían de oriente y conquistarían el país. Los *toltecas* impusieron a los *mayas* su dios *Quetzalcóatl*, al que éstos llamarían *Kukulcán*. La cultura *tolteca* fue asimilada por la *chichimeca* y ésta por la *azteca*. Éstas, y otras culturas del mismo período, ejercieron una enorme influencia en el florecimiento de las civilizaciones *maya* y *azteca*.

Los *mayas* ocupaban la península de Yucatán –México–, y los países que hoy conocemos como el Salvador, Honduras y Guatemala. Aunque no se sabe mucho sobre el origen de los *mayas*, sí podemos asegurar que hubo dos períodos de esplendor y decadencia, uno que va del 899 a. C. al 639 a. C., y otro de los siglos XIII al XV de nuestra era. En este segundo período, la cultura de *Mayapán* ejercerá el control político y religioso de toda la península del Yucatán. Los gobernantes de *Mayapán* impusieron un sistema de gobierno centralizado que les permitía el control de los gobernantes de las tribus sometidas, pero hacia 1441 se produce la descomposición política del mundo maya. En distintos momentos de su historia construyeron grandes centros ceremoniales, como Tikal en Guatemala, y Chichén–Itzá, Palenque y Uxmal en México. La organización política la encabezaba un jefe que, además, ostentaba la suma autoridad religiosa. Su religión era politeísta, y sus cultos incluían la ofrenda de alimentos a sus dioses y sacrificios humanos. La sociedad maya estaba integrada por 4 clases sociales: la nobleza, que era hereditaria, los sacerdotes, que provenían de la nobleza, el pueblo común y los esclavos. Sus conocimientos de arquitectura y escultura fueron impresionantes, en pintura destacan los murales pintados en sus templos y palacios, y en astronomía llegaron a predecir eclipses y ya contaban con un calendario de 365 días.

Originarios de la legendaria Aztlán y dirigidos por el sacerdote Tenoch, los *aztecas* fundaron en 1325 Tenochtitlán, la "ciudad de los lagos", la actual ciudad de México que tanto deslumbraría a los españoles por su grandeza y majestuosidad. Los *aztecas*, también llamados *mexicas*, se alían en 1428 con otras tribus e inician una etapa de expansión que les lleva al control de casi todo el territorio de México. Este dominio y florecimiento azteca durará aproximadamente un siglo, hasta la llegada de Hernán Cortés en 1519. Sobre estos dominios aztecas se erigirá la colonia española denominada Nueva España. En la religión azteca el dios supremo era *Ometeotl*, le seguía *Quetzalcóatl* –el dios de las ciencias y las artes–, y el tercer lugar lo ocupaba *Huitzilopochtli* –el dios de la guerra al que ofrendaban sacrificios humanos. La sociedad azteca se estratificaba de la siguiente manera: nobles, sacerdotes, militares, pueblo común y esclavos. Los aztecas fueron un pueblo eminentemente guerrero, y aparte de las guerras por motivos políticos y económicos, emprendían acciones bélicas contra sus enemigos –"guerra florida"– para cautivarlos y sacrificarlos a sus dioses. Eran expertos en arquitectura, escultura, pintura y astronomía. En arquitectura destacaron por la construcción de la pirámide truncada, y sus grandes obras arquitectónicas solían ir vinculadas a algún tipo de función ceremonial. En escultura nos han dejado "el calendario azteca", una verdadera obra maestra de cerca de 24 toneladas que representa el principio y el final de los ciclos históricos. Se cree que la faz que aparece en el centro simboliza el sol, y los cuatro rectángulos que lo circundan aluden a las cuatro edades de la tierra en las que ésta es destruida por los jaguares, los vientos, el fuego o por un diluvio. Los *aztecas* dividían el año solar en 365 días, y cada 52 años se cumplía un ciclo tras el cual se temían grandes catástrofes que trataban de evitar realizando unas ceremonias especiales. En pintura descollan sus frescos y los dibujos realizados en sus códices.

Ya en la zona incaica, una de las primeras culturas de la que tenemos noticia es la *Chavin* (1200–400 a. C.), de la que sabemos que cultivaba el maíz. Posteriormente, entre los años 400–1000 d. C. se consolidan en las regiones costeras del norte y sur del Perú las culturas *mochica*, *paraka* y *nazca*, las cuales sobresalen en el trabajo de la cerámica, arquitectura, escultura e ingeniería hidráulica. Entre los siglos X y XIII florecen los imperios del *Gran Chimú* y de *Tiahuanacu*, y por estas mismas fechas empieza a gestarse el imperio *inca*. De los trece gobernantes *incas*, Manco Capac fue el fundador, y el último de ellos, Atahualpa, moriría por orden de Pizarro. En un principio, los *incas* se asentaron en el valle del Cuzco, y su imperio llegó a comprender gran parte del Ecuador, Perú, Bolivia, noroeste de Argentina y el norte de Chile. Su capital era Cuzco, una ciudad estratégicamente situada en medio de varias fortalezas que la hacían virtualmente inexpunable. En el imperio *inca* (1438–1471) no existía la propiedad privada y el usufructo de la tierra cultivada se dividía en tres partes: para el Sol –mantenimiento del culto–, para el Inca –mantenimiento del gobierno– y para el propio productor. La sociedad incaica estaba dividida en clases, y la cúspide de esta jerarquía la ocupaban el jefe Inca, que era polígamo, y la alta aristocracia. Les seguía la baja aristocracia, perteneciente a la nobleza de los pueblos conquistados. Luego venían los *amautas*, o hombres sabios, y finalmente se encontraban los criados y una clase social destinada a ocupar zonas fronterizas y crear los primeros centros incaicos en las regiones recien conquistadas. Los *incas* no realizaban sacrificios humanos, y a los pueblos sometidos los obligaban a aprender la lengua oficial, el *quechua*, que ellos llamaban *runasimi*. Los *incas* poseían conocimientos notables en ingeniería, especialmente en la construcción de puentes, orfebrería, cerámica y el cultivo de la tierra. Además, eran formidables arquitectos, destacando, entre otras, las construcciones realizadas en Machu Picchu y el Templo del Sol. Los incas creían en un creador –*Viracocha*, el dios serpiente–, rendían culto al *Inti* –divinidad solar–, y obedecían ciegamente las leyes absolutistas del Inca.

A pesar de las pérdidas sufridas por el patrimonio artístico indígena prehispánico, los amerindios nos han legado una sustancial parte de su sabiduría e historia a través de la tradición oral, jeroglíficos, dibujos, y quipus. Décadas después de la conquista aparecen las primeras versiones de relatos y poemas transcritos en lenguas indígenas, pero con caracteres latinos. Veamos algunas de las obras literarias más representativas de las tres civilizaciones indígenas más destacadas.

LITERATURAS MAYA, AZTECA Y QUECHUA

MAYA

El sistema de escritura de los *mayas* se basaba en una serie limitada de glifos que representaban bien una idea o bien el sonido de una sílaba o de una palabra. A pesar de que la mayor parte de los códices escritos por los mayas fueron destruidos por los españoles o por las inclemencias del tiempo, afortunadamente han sobrevivido algunas obras, como el *Memorial de Sololá* o el *Libro de los cantares de Dzibtbalché*. El primero data de principios del siglo XVII y es fruto del esfuerzo de varios indígenas de la cultura *maya cakchiquel* que se propusieron recopilar las memorias de su pueblo. La segunda obra es un manuscrito de 16 cantares recogidos de la tradición oral que tratan temas religiosos, eróticos y de conjuros mágicos. Sin embargo, las tres obras fundamentales de la literatura maya son: el *Popol Vuh*, los 18 *Libros de Chilam* y la obra de teatro *Rabinal Achí*.

A mediados del siglo XVI, un indio se propuso recopilar en su lengua quiché, pero con caracteres latinos, la historia, leyendas y creencias de su pueblo. Como fruto de este trabajo de recopilación nace el *Popol Vuh*, verdadera Biblia del pueblo maya. Fray Francisco Ximénez encontró el manuscrito original, lo transcribió y tradujo al castellano. Hoy día sólo nos queda la transcripción y traducción del original. El *Popol Vuh* relata la existencia de un libro original en el que se contaban otras historias antiguas, la creación del mundo, una guerra entre dioses verdaderos y falsos que se resuelve con la victoria de aquéllos y su transformación en el sol y la luna, y las distintas genealogías del pueblo *quiché*. Esta obra ha ejercido una importante influencia en algunos de los escritores de la literatura latinoamericana contemporánea, como Miguel Ángel Asturias.

Los libros del *Chilam Balam* se han encontrado diseminados por varios pueblos de la península de Yucatán, y su punto de referencia se encuentra en los códices pictográficos y en la tradición oral de los mayas. Balam, al igual que otros sumos sacerdotes mayas –los chilames–, se sirvió de viejos códices, los copió en nuevas hojas de papel y añadió algo de su cosecha personal. Estos libros recrean eventos mitológicos, religiosos, astronómicos, históricos y literarios.

Por último, la obra teatral precolombina *Rabinal Achí* dramatiza el enfrentamiento entre el valeroso Rabinal Achí y Quiché Achí, un guerrero que había cometido ciertas atrocidades en algunas aldeas. Quiché resulta vencido y conducido ante la presencia del rey para ser, finalmente, juzgado y condenado a muerte.

AZTECA

La lengua oficial de los aztecas era el *náhuatl*, y los misioneros españoles transcribieron con caracteres latinos algunas de sus creaciones artísticas. Lamentablemente, en este traslado hubo notables adulteraciones. Las creaciones literarias de los aztecas abarcan los tres géneros: lírico, épico y dramático. La poesía fue el género más cultivado, y a través de ella los aztecas se ponían en contacto con la divinidad. La poesía iba unida a la música, y de este maridaje encontramos el mayor número de muestras poéticas. Una de las clasificaciones de la producción literaria de los aztecas es la siguiente:

- **Poesía lírica.** Dividida en *Canto de flores* o *Xochicuicatl*, *Canto de desolación* o *Icnocuicatl* y *Poemas breves*. Los *Xochicuicatl* son de carácter filosófico, y tratan temas relacionados con la fugacidad de la vida. Los *Icnocuicatl* se centran en la incertidumbre de la vida supraterrenal, y los *Poemas breves* son de carácter emotivo. Uno de los poetas que conocemos de nombre es el del rey de Tezcoco, Nezahualcóyotl (1402–1472), de quien conservamos unos 30 poemas. Su poesía trata temas como la fugacidad del tiempo, el enigma del hombre frente a Dios, o el más allá, es decir, temas de índole filosófico y metafísico.

- **Poesía ritual.** En ella se incluyen poemas, cantos e himnos de naturaleza mística que tenían por fin ensalzar el valor del hombre en la guerra y su trabajo en las faenas agrícolas.

- **Poesía dramática y teatro.** Las representaciones dramáticas de los aztecas eran de tipo burlesco y alegórico, y servían para solaz del público.

- **Historia y épica.** La representación de la historia se transmitía a través de códices y oralmente. La oralidad se ejercitaba en una institución llamada *Calmecac*, y se seguía el método memorístico o mnemotécnico. La épica azteca se remonta a la creación del mundo y se concentra en la historia de sus dioses, fundadores, líderes guerreros, astrología, etc.

- **Prosa.** Su obra en prosa tenía un fin didáctico y moralizante, y destacan los *Huehuetlatolli*, o "antigua palabra". Los *Huehuetlatolli* son tratados de filosofía moral, teología o educación, y solían tener por destinatarios a los hijos, esposos, gobernantes, enfermos y dioses. Los Padres Andrés de Olmos y Bernardino de Sahagún recopilaron y transcribieron algunos de estos compendios del saber náhuatl. Además de estas prácticas literarias, los aztecas cultivaban la leyenda, la fábula y el cuento.

QUECHUA

Algunos investigadores creen en la existencia de una escritura incaica, pero son más los que opinan que el único sistema de escritura inventado por los incas fue el de los *quipus* –cuerdas cuyos nudos de diferentes tamaños, formas y colores adoptan una distribución variable. La mayor parte de los estudiosos creen que los *quipus* servían para el cómputo y registro de acontecimientos históricos significativos. Según éstos, la colocación de los nudos en la cuerda tenía distintos valores numéricos –decenas, centenas, millares–; otros investigadores, en cambio, asignan un simbolismo cromático a los distintos colores.

Algunos cronistas españoles, sirviéndose de la oralidad, lograron reconstruir parcialmente un pasado imperial incaico que nos revela la existencia de una rica producción literaria. Los creadores de esta literatura se dividen en dos grupos, los *Amautas* y los *Haravicus*. Los primeros eran consejeros, filósofos e historiadores, y su misión principal era la de recopilar la historia imperial y difundir la tradición. Los *Amautas* compusieron poesía épica y teatro para celebrar victorias, coronaciones de reyes, o buenas cosechas. Los *Haravicus* eran los poetas populares, y crearon una poesía lírica de tono amatorio, jocunda, solemne, picaresca y dionisiaca. La poesía lírica que conocemos es dialogada y va unida a la música y a la danza. Se han distinguido las siguientes variedades:

- El *Aymoray*, caracterizada por cantar a las fuerzas naturales y las faenas agrícolas.
- El *Haylle*, canción dedicada a las victorias militares y al trabajo.
- El *Urpi*, dedicado a cantar todo tipo de preocupaciones amatorias.
- La *Cashua,* tipo de poesía unida al baile que trataba de provocar alegría y regocijo.
- El *Wayno*, canción amorosa unida a la danza.
- La *Huanca*, especie de elegía que expresa un hondo sentido de tristeza.

Además de la poesía lírica existía otra ritual que trataba de expresar el sentir místico de una colectividad.

La literatura oficial, representada por los *Amautas*, se encargó de registrar las epopeyas del imperio, biografiar las hazañas de sus héroes y, menos frecuentemente, reconocer la valerosa resistencia de algunos pueblos al yugo incaico.

En cuanto al teatro, varios cronistas hablan de la existencia de un teatro incaico que la tradición oral ha corroborado con algunos argumentos. Una de las formas típicas de este teatro eran los *taquis*, bailes colectivos realizados en plazas con motivo de alguna festividad militar o para conmemorar alguna victoria militar. Existía además un teatro religioso que servía para adiestrar al público en la construcción de acueductos, o en las distintas faenas agrícolas. Una de las obras dramáticas más conocidas es el *Ollantay*, drama anónimo en quechua escrito con caracteres latinos. El tema del drama es el amor prohibido del general Ollantay por una princesa que tras varias peripecias termina en final feliz. Hoy día se pone en tela de juicio su origen indígena.

❧ ❧ ❧

CUESTIONARIO

1. Mencione algunas de las construcciones realizadas por los *Olmecas*.
2. ¿Por qué países se extendió la cultura *maya*?
3. ¿Qué tipo de religión tenían los *Mayas*?
4. ¿En qué clases se dividía la sociedad maya?
5. ¿Qué obra se considera la Biblia del pueblo maya y de qué trata?
6. Mencione algún dios de la cultura *azteca*.
7. ¿Cómo se estratificaba la sociedad azteca?
8. ¿Cómo se dividía el producto de la tierra cultivada en la sociedad incaica?
9. ¿Qué temas expresan los aztecas en su poesía lírica?
10. ¿Quiénes eran los *Amautas* y los *Haravicus*?
11. ¿De qué trata el *Ollantay*?

IDENTIFICAR

1. La "ciudad de los dioses"
2. *Quetzalcóatl*
3. *Runasimi*
4. Cultura *Mayapán*
5. Tikal
6. *Rabinal Achí*
7. Tenochtitlán
8. Viracocha
9. Nezahualcóyotl
10. Calmecac
11. La Huanca

BIBLIOGRAFÍA

Arias–Larreta, Abraham. *Literaturas aborígenes de América*. Buenos Aires: Indoamérica, 1968.

Baudot, Georges. *Las letras precolombinas*. Trad. Xavier Massimí Y Martí Soler. México: Siglo XXI, 1979.

Bendezú, Edmundo. *Literatura quechua*. Caracas: Ayacucho, 1980.

Garibay, Ángel María. *Historia de la literatura náhuatl*. México: Editorial Porrúa, 1954.

Lara, Jesús. *La literatura de los quechuas*. Cochabamba: Canelas, 1961.

León–Portilla, Miguel. *Literaturas indígenas de México*. México: Fondo de Cultura Económica, 1996.

Loprete, Carlos A. *Iberoamérica. Historia de su civilización y cultura*. New Jersey: Prentice Hall, 1995.

Thompson, J. Eric. *Grandeza y decadencia de los mayas*. México: Fondo de Cultura Económica, 1953.

Todorov, Tzvetan. *La conquista de América y la cuestión del Otro*. Trad. Flora Botton Burlá. México: Siglo XXI, 1987.

Capítulo II

Siglos XV–XVIII
La Colonia

Introducción histórico–cultural

En el año 1492 se producen dos acontecimientos de gran trascendencia histórica para España. En primer lugar, los Reyes Católicos –Isabel de Castilla y Fernando de Aragón– toman posesión del último bastión árabe en la península, Granada, y dan por finalizada una Reconquista que había durado casi ocho siglos. En segundo lugar, Cristóbal Colón descubre para España un nuevo mundo: América. Se ha dicho repetidamente que Colón, lo mismo que el resto de los conquistadores españoles, formaba parte más del Medioevo que del Renacimiento, y que el objetivo principal de sus expediciones era el de encontrar oro y cristianizar a los indígenas. Se puede decir que el descubrimiento de América signa la etapa final de la Edad Media. El feudalismo da paso a una nueva conciencia nacional, y las luchas entre los señores feudales ceden ante el nacimiento de una nueva conciencia nacional de los distintos países europeos. El encuentro de los dos mundos ocurre, por lo tanto, en un momento en el que el mundo occidental se encontraba a caballo entre la Edad Media y el Renacimiento. Este cambio de mentalidad se evidencia en los escritos de Cristóbal Colón, el primer escritor en darnos una visión de la geografía y del hombre latinoamericano. Uno de los hechos históricos que propició el descubrimiento de América debemos buscarlo en la caída de Constantinopla a manos de los turcos (1453). Con la toma de Constantinopla, los europeos perdieron el acceso por tierra firme a oriente, de donde importaban numerosas mercancías, como sedas, porcelanas, joyas y especias. En vistas de lo cual, los españoles, al igual que los portugueses, se lanzaron a la búsqueda de una ruta alternativa que los llevara a oriente.

Los descubridores. Sin lugar a dudas, el más destacado de todos los descubridores fue Cristóbal Colón. Con el apoyo de la reina Isabel, y con una tripulación de 120 hombres, Colón zarpó de Palos de Moguer –Cádiz– un 3 de agosto de 1492 y arribó un 12 de octubre del mismo año en la isla de Guanahaní. Tras proseguir viaje, Colón descubre Cuba y poco después La Española, la isla integrada hoy día por Haití y la República Dominicana. Colón regresa a España en 1493 con algunos indios y productos de las Indias como prueba fehaciente de su descubrimiento. En sus tres nuevos viajes exploratorios (1493, 1498, 1502), Colón descubrió Puerto Rico, Jamaica, la isla de La Trinidad, la desembocadura del río Orinoco, y exploró las costas que van desde Venezuela a Honduras. Colón murió en Valladolid en

1506 creyendo haber descubierto la costa oriental de la India, de ahí que las nuevas tierras conquistadas fueran llamadas primeramente las Indias Occidentales, y sus habitantes indios.

Otros exploradores que intentaron encontrar una ruta hacia el oriente fueron Vasco Núñez de Balboa, Juan Díaz de Solís, Fernando de Magallanes y Juan Sebastián Elcano. El primero de éstos cruzó el istmo de Panamá y descubrió el océano Pacífico en 1513, y Solís descubrió el río de la Plata en 1516. Magallanes y Elcano, al unísono, pasaron del océano Atlántico al Pacífico por el estrecho que lleva el nombre de aquél, y descubrieron las islas Marianas y el archipiélago de las Filipinas (1521). Muerto Magallanes en un enfrentamiento con los indios, Elcano prosigue viaje, cruza al océano Atlántico por el sur del continente africano y regresa a España para ser recibido con máximos honores por haber sido el primero en completar la vuelta al mundo (1519–1522). Aparte de éstos hubo otros muchos exploradores que recalaron en América, y algunos de ellos, incluso, se adentraron en el actual territorio de EE.UU. Por ejemplo, Juan Ponce de León trató de colonizar la Florida, pero fue vencido y muerto por los indios. Hernando de Soto, con 600 expedicionarios, desembarcó en 1539 en la bahía de Tampa, y recorrió durante cuatro años los estados de Georgia, Alabama, Mississippi, las Carolinas, Arkansas y Louisiana. Francisco Vázquez de Coronado exploró en 1540 los estados de Kansas, Oklahoma, Texas, Nuevo México y Arizona; y un caso excepcional de exploración en Estados Unidos fue el protagonizado por Álvar Núñez Cabeza de Vaca, a quien estudiaremos más detenidamente en este capítulo.

LOS CONQUISTADORES

Por norma general, la conquista fue una empresa realizada por individuos o compañías comerciales que pactaban un acuerdo contractual con la corona, y por medio de éste las tierras conquistadas quedaban bajo jurisdicción de la corona. En recompensa por su trabajo, los conquistadores, o adelantados, recibían del rey títulos de propiedad, nombramientos honoríficos, cargos de gobierno u otros beneficios. Los más destacados conquistadores españoles fueron Hernán Cortés, Francisco Pizarro, Gonzalo Jiménez de Quesada, Pedro de Valdivia y García Hurtado de Mendoza.

Cortés fue uno de los expedicionarios que participó en la conquista de Cuba. Pasado un tiempo, y desobedeciendo las órdenes de su gobernador, Hernán Cortés partió de Cuba con cerca de 600 soldados y desembarcó primeramente en la isla de Cozumel y poco después en Tabasco, México. Cortés manda quemar las naves, y con ayuda de algunas tribus indígenas, enemigas de los aztecas, se dirige a Tenochtitlán (1519) para parlamentar con Moctezuma II, rey de los aztecas. Mientras tanto, el gobernador de Cuba envió una expedición al mando de Pánfilo Narváez con el objetivo de apresar a Cortés por actuar fuera de sus órdenes. Cortés sale a su encuentro y vence a Pánfilo, pero a su regreso a Tenochtitlán se encuentra con una sublevación de los aztecas. Cortés decide retirarse, pero en aquella noche de junio de 1520, conocida como la "noche triste", la mitad de sus soldados murió a manos de los aztecas. Cortés se reorganiza y, en un nuevo ataque, logra conquistar la ciudad. Con el nombre de Nueva España, México se convirtió en 1535 en el primer virreinato del imperio español, y Cortés recibió del rey el nombramiento de Capitán General y Justicia Mayor de este virreinato.

Otro de los más destacados conquistadores fue Francisco Pizarro, conquistador del Perú. Con tres naves y 183 hombres, Pizarro partió en 1531 de Panamá con destino a Perú, en donde supo sacar provecho de la guerra civil entre Atahualpa y su hermano Huáscar. Pizarro le ofreció una audiencia al rey inca Atahualpa, pero al personarse ante Pizarro éste lo hizo prisionero. El rey inca le ofreció por su liberación una habitación repleta de oro. Los incas cumplieron, pero Pizarro, por temor a una venganza de Atahualpa, lo mandó enjuiciar y fue condenado a muerte. Acto seguido, Pizarro se dirigió a la ciudad sagrada de los incas, Cuzco, y la sometió a un duro saqueo. Debido a ciertos problemas con indios y españoles, Pizarro se dirige a la costa y funda la actual Lima (1544), con el tiempo capital del virreinato del Perú.

Gonzalo Jiménez de Quesada, conquistador de Colombia, era noble y ejercía de magistrado en una ciudad costera de Colombia. Con unos 600 hombres se interna en el interior de este país, toma prisioneros a varios jefes chibchas y funda la ciudad de Santa Fe de Bogotá (1538). Le fue concedido el cargo de gobernador, y estas tierras, en el siglo XVIII, pasarían a formar el virreinato de Nueva Granada.

La conquista de Chile fue obra de otro de los más conocidos conquistadores, Pedro de Valdivia. Valdivia, también de origen nobiliario, tuvo que hacer frente a los araucanos. Dos de los líderes que le opusieron feroz resistencia fueron Caupolicán y Lautaro. Al primero lo hizo prisionero y lo mandó ejecutar. Valdivia fundó varias ciudades, entre las que descolla Santiago de Chile (1541), y en uno de sus combates con los araucanos perdió la vida. García Hurtado de Mendoza, hijo del virrey del Perú, prosigue la conquista, y uno de los soldados que lo acompañó en esta campaña fue Alonso de Ercilla, el autor del poema épico *La Araucana*. Las conquistas, pues, se extendieron de México a toda la América Central y gran parte del sur del continente americano, y todas estas inmensas posesiones pasaron a ser parte de la corona española.

ORGANISMOS ADMINISTRATIVOS DE LAS INDIAS

La administración de las Indias corría a cargo de varias instituciones que tenían distintas competencias. Una de ellas era *La Casa de Contratación*, creada por Isabel la Católica para controlar el comercio entre la metrópoli y las colonias. Además, se encargaba de instruir a los pilotos, promover nuevos descubrimientos y exploraciones, y velar por la emigración de España a las Indias. Otro de los organismos era *El Consejo de Indias*, establecido con el propósito de asesorar al rey, promulgar las leyes de Indias, y supervisar la iglesia, el sistema judicial y los asuntos financieros. Ya en tierras de ultramar, la corona ejercía su poder bajo el nombramiento de un *gobernador* para cada provincia, pero con el tiempo este poder fue relegado a los *virreyes*, verdaderos representantes del emperador en las Indias. En un principio hubo dos virreinatos, el de Nueva España y el de Nueva Castilla. El primero, creado en 1535, incluía México y América Central; y el segundo, creado en 1543, toda Sudamérica. Con el transcurso del tiempo se vio la necesidad de crear dos nuevos virreinatos, el de Nueva Granada en 1739, que incluía las audiencias de Panamá, Bogotá y Quito; y el de la Plata en 1776, que incluía Argentina, Paraguay, Uruguay y Bolivia. El poder de los virreyes, en un principio, era casi omnímodo, pero paulatinamente se vieron supervisados por las *audiencias* y *capitanías generales*.

LA IGLESIA

Desde un primer momento la iglesia tomó una parte muy activa en la cristianización de los territorios asimilados a la corona. Este celo proselitista y misionero de la iglesia católica fue el causante de la destrucción de numerosos templos y centros ceremoniales indígenas. Pero el papel de la iglesia no siempre fue negativo, en algunos casos protegió a los pueblos conquistados contra los abusos de los conquistadores. Una de las voces que denunció tal explotación y clamó en favor de los derechos de los indios fue la del fraile dominico Bartolomé de las Casas. Su crítica antiespañola, un tanto exagerada según se ha podido comprobar, se conoce como la "leyenda negra".

ETNIAS

En un principio, la conquista fue una empresa exclusiva de hombres, pero, progresivamente, éstos venían acompañados de sus esposas. Debido a la escasez de españolas, los conquistadores se fundieron con las diferentes etnias indígenas de América dando lugar a una mezcla de razas que se enriqueció tras la importación de esclavos negros. Las distintas razas resultantes constituían un estamento social cuyo orden jerárquico sería el siguiente: españoles nacidos en España, criollos (españoles nacidos en América), mestizos (mezcla de español e indígena), indio, mulato (mezcla de negro y blanco), zambo (mezcla de negro e indio), y negros.

ECONOMÍA

La economía de las colonias se centraba principalmente en la agricultura, la ganadería y en algunas regiones la minería. Debido a sus enormes recursos mineros, Potosí –Bolivia– fue la ciudad más prominente de toda Hispanoamérica. El trabajo en la tierra y las minas era realizado por los indios siguiendo un doble sistema de explotación: la *encomienda* y la *mita*. La *encomienda* era un sistema que consistía en la adjudicación de tierras, e indios para su trabajo, a un español –el *encomendero*. Éste, a cambio, estaba obligado a instruirlos en la religión católica. La *mita* era un tipo de trabajo forzado que duraba un año y se realizaba generalmente en las minas. Siete años después de haber cumplido este servicio algunos indígenas eran nuevamente reclutados para realizar el mismo trabajo.

CULTURA

La iglesia se encargó de abrir en las colonias las primeras escuelas, y su misión era la de adoctrinar a los indios en la religión, pintura, latín, escultura y música. La primera universidad, la de Santo Tomás de Aquino, fue levantada en la ciudad de Santo Domingo (1538), y le siguieron las de la ciudad de México y Lima (1551). En un principio, el curriculum consistía en arte, teología, derecho y medicina, pero más tarde se enseñaron matemáticas y física. Después del 1700 se crearon numerosas instituciones educativas y culturales, centros de formación profesional, museos, bibliotecas e imprentas; y a mediados del siglo XVIII se imprimieron los primeros periódicos americanos.

La *arquitectura* colonial, por otro lado, sigue los estilos imperantes en Europa, pero hay diferencias notables en cada región. En materia de ornamentación se puede apreciar la influencia indígena desde el Perú y Bolivia hasta México, mientras que en el sur es practicamente nula. En cuanto a la piedra usada, la de México era más dura que la del Perú y Bolivia, y en la región del Río de la Plata no se empleó porque era casi inexistente. La arquitectura hispanoamericana pasó de un estilo sencillo a estilos de fuerte influencia europea, como el plateresco, Barroco y neoclásico. La primera iglesia hispanoamericana que se construyó fue la de San Nicolás de Bari (1503–1508) en la República Dominicana, y en este mismo siglo XVI se construyeron grandes catedrales, como la de Santo Domingo (1523) y la de Cuernavaca, y en 1563 se inicia la construcción de la catedral de la ciudad de México. Otras importantes catedrales son las de Tunja en Colombia, las de Lima y Cuzco en el Perú y la de Córdoba en Argentina. En cuanto a la *escultura*, el arte escultórico de México fue de carácter religioso, y se hallaba circunscrito principalmente a las construcciones religiosas. Quito –Ecuador– cobró fama internacional por su imaginería, y sus esculturas en madera policromada fueron exportadas a casi toda Hispanoamérica. Perú, por otro lado, se distinguió por las sillerías de sus coros. La *pintura* colonial, por su parte, siguió los pasos de la española, salvo la pintura cuzqueña –Cuzco–, en la que las influencias europeas se van tiñendo de elementos autóctonos americanos. De nuevo, el máximo exponente de la pintura colonial fue la escuela de Quito.

CUESTIONARIO

1. ¿Qué dos hechos históricos de gran trascendencia para España ocurren en 1492?

2. ¿Qué acontecimiento histórico contribuyó al descubrimiento de América?

3. ¿Cuántos viajes realizó Colón a América? ¿Qué tierras descubrió?

4. ¿Por qué se dio a América originalmente el nombre de Indias Occidentales?

5. ¿Qué recibían los conquistadores del rey a cambio de las tierras conquistadas?

6. ¿Contra quién luchó Hernán Cortés en la conquista de México?

7. ¿Qué funciones tenía *La Casa de Contratación*?

8. ¿Qué papel desempeñó la iglesia en el Nuevo Mundo?

9. ¿Qué nuevas etnias aparecen a raíz del encuentro de los dos mundos?

10. ¿En qué consistía el sistema denominado *mita*?

11. ¿Qué materias se enseñaban en las primeras universidades hispano–americanas?

12. ¿En el cultivo de qué artes destacó la escuela de Quito?

IDENTIFICAR

1. La Española

2. Magallanes y Elcano

3. Hernando de Soto

4. Nueva España

5. Caupolicán

6. Atahualpa

7. Nueva Granada

8. *El Consejo de Indias*

9. San Nicolás de Bari

ENSAYO

1. Escoja uno de los más destacados descubridores y estudie sus rutas y descubrimientos.

2. Escriba un ensayo sobre alguno, o algunos, de los más destacados líderes que se enfrentaron en la etapa de la conquista de América. Por ejemplo, Hernán Cortés, Caupolicán, Validivia, etc.

3. Escoja alguno de los aspectos culturales o económicos de las colonias y haga un estudio del mismo.

BIBLIOGRAFÍA

Chang–Rodríguez, Eugenio. *Latinoamérica: su civilización y su cultura*. Rowley, Massachusetts: Newbury House Pub., 1983.

Halperin Donghi, Tulio. *Historia contemporánea de América latina*. 11th ed. Madrid: Alianza Ed. 1985.

Kattán–Ibarra, Juan. *Perspectivas culturales de Hispanoamérica*. Lincolnwood, Illinois: National Textbook Co., 1995.

Loprete, Carlos A. *Iberoamérica. Historia de su civilización y cultura*. Englewood Cliffs, N. Jersey: Prentice Hall, 1995.

Pendle, George. *A History of Latin America*. Londres: Penguin Books, 1973.

INTRODUCCIÓN LITERARIA
SIGLO XVI. EL RENACIMIENTO

PROSA. LAS CRÓNICAS

Algunos de los conquistadores españoles compartieron el uso de las armas con el de las letras, y al margen de la empresa militar se dedicaron a dejar constancia de sus experiencias e impresiones del nuevo mundo. Fruto de este trabajo nacen las crónicas. Algunos de ellos eran hombres de letras, y éstos, unidos a otros escritores españoles que visitaron las nuevas tierras, introdujeron las ideas renacentistas. Las ideas humanistas llegan a Hispanoamérica algo más tarde que en España, y con su llegada se produce el nacimiento de tres géneros de capital importancia en la literatura hispanoamericana: la crónica, la épica y la lírica.

Las primeras manifestaciones literarias en español en tierras de Hispanoamérica son las crónicas, y su antecedente inmediato habría que buscarlo en la *Primera crónica general* (1270?–1280?) de Alfonso X el Sabio. La crónica hispanoamericana nace con el propósito de historiar los acontecimientos que vive un pueblo o pueblos a raíz de la conquista, y se encuentra a mitad de camino entre la historia y la ficción. El cronista, al tratar de hacer historia, dependía de su imaginación o de la memoria para representar el pasado, y en muchas de las crónicas encontramos elementos autobiográficos, ataques contra otros cronistas, tropos, y recursos lingüísticos o narrativos que alejan el relato de la historia y lo acercan a la ficción. Por otra parte, es innegable que detrás de estas pinceladas novelescas se oculta un trasfondo histórico que resulta sumamente revelador. Dentro de la crónica se incluye una variedad de textos que va de las cartas a las cartas–relaciones, y de los diarios a las llamadas historias que se escriben para revisar otras crónicas.

La primera interpretación escrita del hombre y la geografía americanos procede de los diarios de Cristóbal Colón. En la primera entrada, con fecha de 12 de octubre, Colón nos habla de unos habitantes que andaban desnudos y que sería fácil cristianizar. En entradas posteriores describe la geografía americana en términos subjetivos y fantásticos, como si se tratara de un lugar paradisíaco, y se cree navegando por las costas de la Cochinchina –sureste asiático. Colón nos da una visión medieval de la realidad, pero ya se transparenta en su narración un Colón renacentista que tiene una fe ciega en el poder del hombre.

El segundo cronista de las Indias es Hernán Cortés. En sus cinco *Cartas de relación* (1516–1536) dirigidas al emperador Carlos V, Cortés perseguía el nombramiento de Capitán General de la Nueva España, por ello su estilo es respetuoso y se ahorraba todo tipo de detalles y anécdotas que otros cronistas explotaron al máximo. En su primera carta nos habla de las dos expediciones a México que precedieron la suya, las luchas contra los aztecas y los motivos por los que desobedeció al gobernador de Cuba. La segunda, la más conocida de sus cartas, fue escrita poco después de la trágica "noche triste" a finales de 1520, y en ella detalla sus campañas bélicas, las negociaciones con Moctezuma, la descripción de Tenochtitlán, la quema de las naves y la "noche triste". La tercera relata la toma de Tenochtitlán. En la cuarta Cortés expresa el deseo de organizar y expandir sus dominios, y en la quinta trata del fracaso de su expedición a Honduras y del motín entre sus hombres. Uno de los cronistas más singulares que participó directamente en la empresa que narra fue Álvar Núñez Cabeza de Vaca, autor de los *Naufragios y relación* (1542), una obra en la que narra las aventuras que pasó durante los años que deambuló por el sur de Estados Unidos hasta que llegó a Culiacán (México) con tres de sus compañeros.

Otro de los primeros cronistas fue Gonzalo Fernández de Oviedo, quien recibió autorización de la corona para recoger información pertinente a los descubrimientos de los conquistadores. Oviedo realizó doce viajes al Nuevo Mundo, y escribió la *Historia general y natural de las Indias* (1526). Esta es la primera obra que nos da una visión de conjunto de la conquista del Nuevo Mundo, y fue escrita, en parte, como respuesta a las acusaciones que le hizo Fray Bartolomé de las Casas de mentiroso, infamador y ladrón. Por el cúmulo de información recaudado por Oviedo, la *Historia* de Oviedo es de un valor incalculable para historiadores y lingüistas. Muy diferente de estos cronistas fue Fray Bartolomé de las Casas, fraile dominico que llegó a ser nombrado obispo de Chiapas, México. Poco después de su llegada a América en 1502, Las Casas fue colono y contó con varios indios esclavos, pero consciente de la destrucción causada por los conquistadores, el monje dominico se convirtió en un símbolo de la defensa de los indios. Gracias a las protestas de Las Casas, la corona promulgó unas leyes que cuidaban de mejorar las condiciones de aquéllos, pero las autoridades coloniales no hicieron mucho por obedecer estas leyes. Es autor de la *Historia de las Indias* (1561) y de la *Apologética historia de las Indias* (1559), obras claves para el conocimiento de los primeros años de la conquista. La primera de estas dos obras cubre el período que va de la llegada de Colón al Nuevo Mundo hasta 1520, y la segunda es una alabanza de las culturas y tradiciones precolombinas. En su *Brevísima relación de la destrucción de las Indias* (1542), Fray Bartolomé se convierte en epítome de la defensa de los indios. Además de atacar el mal trato al que eran sometidos los indígenas por los españoles, hay en su obra encendidos ataques contra la representación de la historia que hicieron los cronistas Gonzalo Fernández de Oviedo y Francisco López de Gómara.

Francisco López de Gómara fue uno de los cronistas que mejor absorbió las ideas humanistas del Renacimiento, y fue autor de una *Historia general de las Indias y conquista de México* (1552). Gómara, que fue capellán de Cortés cuando éste vivía en Valladolid, nunca visitó América, y su crónica se basa en los testimonios de Cortés y de algunos de los hombres que participaron en la conquista de México. Gómara hace una descripción de la geografía americana, y de las distintas culturas, razas y religiones para pasar finalmente a glorificar la persona de Cortés. Uno de los cronistas más destacados fue Bernal Díaz del Castillo, compañero de Cortés en la conquista de la Nueva España. Su *Historia verdadera de la conquista de la Nueva España* la empezó a escribir en 1545 y se publicó en 1632. Bernal Díaz la escribió para rebatir algunos de los comentarios expuestos por Gómara en su *Historia de la conquista de México*, y para que se diera reconocimiento de la conquista no sólo a los capitanes, sino también a simples soldados como él. Aparte de los inapreciables detalles para el conocimiento de la conquista de México, su relato se ve complementado con incontables detalles, anécdotas, y comentarios.

Personalidad humanista y erudita es la de Fray Bernardino de Sahagún. Llegó a Nueva España como evangelizador, pero al margen de esta misión realizó un impresionante trabajo de recopilación de datos de las culturas indígenas sirviéndose de la tradición oral. Fruto de su ardua labor nace la *Historia de las cosas de la Nueva España* (1579), considerada como la primera "visión de los vencidos". Esta obra se compone de 12 volúmenes, y en ella Fray Bernardino relata la historia, costumbres, religión, folklore y literatura de los mexicanos. Originalmente apareció en náhuatl, y después el fraile la tradujo al latín y al español. Otro de los cronistas es Pedro Cieza de León, autor de la *Crónica del Perú* (1548), importante documento histórico sobre la etnografía, geografía, y los acontecimientos que siguieron a la conquista de la nación peruana. Hubo otros muchos cronistas que retrataron la historia, costumbres, o geografía de otros países del Nuevo Mundo, y la variedad de sus relatos invita a una continua clasificación del género de la crónica.

POESÍA

Los primeros poemas que los conquistadores declaman o recitan en las Indias son los romances. En un primer momento los romances eran de factura e importación españolas, pero gradualmente la letra de los romances españoles es sustituida por otra que trata de captar la nueva realidad americana. Así, lo que sucede es que estos primeros poetas se sirven de moldes europeos para expresar un contenido diferente. Uno de los primeros testimonios pertinentes a la presencia del romancero en Hispanoamérica nos lo da Bernal Díaz del Castillo en su crónica *Verdadera historia de la conquista de la Nueva España*, en la que menciona que en cuatro ocasiones, durante la conquista de México, Cortés o alguno de sus soldados recitaron algunos romances. Aparte de Bernal Díaz del Castillo, otros cronistas apuntan otras circunstancias anecdóticas en las que los conquistadores echaron mano del romancero. A la par que se recordaban estos romances españoles, comenzaron a surgir romances autóctonos y, según la crítica, el primer poema creado en castellano en tierras de México fue la adaptación de un romance en el que se poetiza la tristeza de Cortés tras la derrota sufrida en la conocida "noche triste". En un principio, se compusieron varias coplas populares y romances en torno a Cortés y su campaña militar en México. En Perú también se compusieron varios romances históricos, y el primero se atribuye a un tal Alonso Enríquez de Guzmán, quien recrea el juicio y ejecución de Diego de Almagro por el hermano de Francisco Pizarro. Hacia mediados de siglo se escriben otros dos romances históricos, y uno de ellos tenía por protagonista al temible Lope de Aguirre, expedicionario español conocido por su crueldad. El romancero español siguió presente en Hispanoamérica durante varios siglos, pero poco a poco se vio sujeto a todo tipo de cambios y modificaciones impuestos por el gusto popular.

El primer poeta nacido en las Indias es el criollo Francisco de Terrazas. Desgraciadamente, salvo algunos sonetos, décimas y un poema épico incompleto, toda su obra poética se ha perdido. Su poesía es de marcado signo renacentista, y en ella se puede apreciar cierta sofisticación verbal. Conviene destacar también a Mateo Rosas de Oquendo, autor de un romance de más de dos mil versos titulado *Sátira hecha por... a las cosas que pasan en Pirú, año de 1598.* La obra es una despiadada y divertida crítica de toda la sociedad limeña, especialmente de las mujeres, comerciantes y aventureros. Oquendo es uno de los primeros poetas en iniciar la tradición satírica peruana.

El poeta hispanoamericano más destacado de este siglo es Alonso de Ercilla y Zúñiga. Ercilla, de origen español, viajó a Chile y luchó contra los indios araucanos. Es el autor de uno de los poemas épicos más importantes escrito en español, *La Araucana*. La obra se publicó en tres partes en fechas distintas, 1569, 1578 y 1589, y algunos de sus fragmentos fueron escritos en el mismo campo de batalla. Las tres partes en que se divide el poema forman un total de 36 cantos, y en todos ellos Ercilla utiliza la octava real, estrofa predilecta de los poetas italianos y españoles renacentistas. El poema canta las luchas entre españoles e indios araucanos, sobresaliendo por su valor los españoles Valdivia y García Hurtado de Mendoza, y entre los araucanos Lautaro y Caupolicán. Como es habitual en la épica, Ercilla introduce algunos episodios fabulosos o mitológicos. Frecuentemente se ha comentado que Ercilla alaba el valor de los araucanos, pero esto parece más bien un recurso narrativo destinado a dar aún mayor mérito a la victoria de los españoles. Se puede fácilmente deducir a través de la descripción de las hazañas de los protagonistas que la épica hispanoamericana es un producto de las crónicas. Uno de los muchos poetas que imitó el poema épico de Ercilla fue Pedro de Oña. Oña, criollo, es el primer poeta chileno, y en su poema épico *El Arauco domado* (1596) trata los mismos acontecimientos históricos que su predecesor. Sin embargo, Oña otorga a García Hurtado de Mendoza un protagonismo en la lucha contra los araucanos que no tiene con Ercilla. Oña utiliza algunos vocablos de procedencia india y denuncia el mal trato que daban los encomenderos a los indios. Ercilla contó con otros imitadores, pero ninguno de ellos llegó a igualarlo.

TEATRO

Con objeto de propagar la fe cristiana en los nuevos territorios conquistados, los misioneros se valieron de formas dramáticas del medioevo español, como villancicos, autos sacramentales y loas de tema bíblico o vidas de santos. Los mismos indios eran los encargados de representar estas piezas en los atrios de las iglesias, y a estas primeras manifestaciones dramáticas se las denominó "teatro misionero". Las siguientes manifestaciones dramáticas se llevaron a cabo en centros educativos, y las obras representadas procedían de la metrópoli. Uno de los primeros dramaturgos fue Fernán González de Eslava, natural de Sevilla, quien escribió obras de carácter religioso inspiradas en autores españoles. Sus *Coloquios espirituales y sacramentales* constan de 16 coloquios, cuatro entremeses, nueve loas y dos villancicos. En estos coloquios, en los que mezcla prosa y verso, Eslava nos da una explicación religiosa de los misterios de la religión. El único entremés que conservamos de este autor es de naturaleza profana, y en él se burla de los españoles. Aunque escasa, la contribución de Eslava al teatro hispanoamericano es importante porque con él se sientan las bases del teatro criollo.

CUESTIONARIO

1. ¿Cómo penetran las ideas renacentistas en el Nuevo Mundo?
2. ¿Qué se proponían narrar los autores de las crónicas? ¿Qué relación de semejanza y de diferencia encuentra entre la historia y la crónica?
3. ¿Qué narra Colón en sus diarios al llegar a las tierras del Nuevo Mundo?
4. ¿Qué cronista trató de reconocer la contribución realizada no sólo por los jefes sino también por los soldados en la conquista?
5. ¿Qué importante labor realizó Fray Bernardino de Sahagún?
6. ¿Qué tema trata el primer poema en español creado en México? ¿Qué tipo de composición poética se empleó?
7. ¿Qué aspecto importante añade Pedro de Oña en su poema *El Arauco domado* que no vemos en el poema de Ercilla?
8. ¿Qué se entiende por "teatro misionero"?

IDENTIFICAR

1. *Cartas de relación*
2. Gonzalo Fernández de Oviedo
3. *Brevísima relación de la destrucción de las Indias*
4. Francisco de Terrazas
5. Fernán González de Eslava

ENSAYO

1. Comente la importante contribución de Fray Bartolomé de Las Casas en su defensa de los indios. Mencione algunas de las acusaciones hechas por de Las Casas contra los españoles.
2. Lea uno de los importantes poemas épicos de este período –*La Araucana*, o *El Arauco domado*– y contraste la dimensión épica de sus protagonistas, tanto españoles como araucanos.

BIBLIOGRAFÍA

Becco, Horacio Jorge, ed. *Poesía colonial hispanoamerican.* Caracas: Biblioteca Ayacucho, 1990.

Jara, R. y N. Spadaccini *1492–1992: Rediscovering Colonial Writing. Hispanic Issues.* Minneapolis: Prisma Institute, 1989.

Leal, Luis. *Breve historia de la literatura hispanoamericana.* New York: Alfred A. Knoff, 1971.

Murray, James. *Spanish Chronicles of the Indies: Sixteenth Century.* New York: Twayne, 1994.

Oviedo, José Miguel. *Historia de la literatura hispanoamericana. De los orígenes a la emancipación.* Madrid: Alianza Ed., 1995.

Quint, David. *Epic and Empire.* Princeton: Princeton UP., 1992: 131–210.

Vega de Febles, María. *Huellas de la épica clásica en "La Araucana" de Ercilla.* Miami: Ed. Universal, 1991.

❧ ❧ ❧

ÁLVAR NÚÑEZ CABEZA DE VACA
(1490?–1559?)

Cabeza de Vaca era andaluz, pertenecía a una distinguida familia, y uno de sus abuelos fue el conquistador de las islas Canarias. Viajó a Italia, y por su valor en varias batallas contra los franceses fue promocionado al grado de alférez. En 1527, en calidad de tesorero, formó parte de la expedición a la Florida dirigida por Pánfilo de Narváez. La empresa fue un fracaso y Cabeza de Vaca salvó su vida milagrosamente. En 1537 regresa a España, y en la siguiente expedición a la Florida Cabeza de Vaca confiaba en que el rey Carlos V lo pusiera al mando de la misma, pero el designado fue Hernando de Soto. En 1540 el rey lo nombró Adelantado de la Provincia del Río de la Plata, que se extendía del Perú al sur de Argentina. Una vez en Asunción, Cabeza de Vaca se distinguió por llevar a cabo reformas progresistas. Organizó una fallida expedición al mítico reino de El Dorado, pero a su regreso fue víctima de unas intrigas políticas, perdió el poder y fue obligado a regresar a España. Aquí, pasó varios meses en prisión y el Consejo de Indias le prohibió viajar a la provincia del Río de la Plata. En 1542 publica en Zamora la primera edición de sus *Naufragios*. De sus últimos años se sabe poco, se cree que los pasó revisando la segunda edición de esta obra, publicada en 1555. En esta segunda edición añadió sus experiencias como gobernador en el Río de la Plata a la historia de sus aventuras por Norte América. En 1556 el emperador Carlos V lo nombró jefe del tribunal de justicia de Sevilla.

El tema de los *Naufragios* se centra en el fracaso de la primera expedición a la Florida, la increíble odisea de Cabeza de Vaca por tierras americanas, y su reencuentro final con españoles en tierras de México. La expedición en la que se había alistado Cabeza de Vaca iba dirigida por Pánfilo de Narváez, el mismo que por orden del gobernador de Cuba fue a México para apresar a Cortés. Víctimas de naufragios, ataques de indios y enfermedades, muchos de los expedicionarios perdieron la vida. Algunos de los expedicionarios, entre los que se hallaban varias mujeres, se quedaron en los barcos y terminaron regresando a la Nueva España, pero de los que desembarcaron sólo cuatro lograron salvar su vida: Cabeza de Vaca, Alonso del Castillo, Andrés Dorantes y el negro marroquí Estebanico. Durante ocho años Cabeza de Vaca anduvo desorientado por el sur de los Estados Unidos y norte de México, y durante este tiempo se vio hostigado o idolatrado por los indios, realizando distintos oficios, como el de curandero, pasando hambre y sufriendo enfermedades y toda clase de penurias. Tras haber recorrido unos 18.000 kilómetros, Cabeza de Vaca y sus tres compañeros llegan a Culiacán, México, y de aquí son trasladados a la ciudad de México donde son recibidos por Hernán Cortés. Los *Naufragios* se puede dividir en tres partes. La primera parte llega hasta el capítulo XIX, y en ella se relata la esclavitud, hambre y otras desgracias que le ocurrieron a Cabeza de Vaca y sus compañeros durante un período de siete años. La segunda parte, que abarca los dos años siguientes, va del capítulo XX al XXXVII, y en ella se narra el viaje de Cabeza de Vaca a México y su regreso a España. El último capítulo es un resumen de lo sucedido a los miembros de la expedición que se quedaron en los barcos y regresaron a la Nueva España. La ruta que siguió Cabeza de Vaca, desde la Florida hasta Culiacán, después de cruzar parte del sur de Estados Unidos, ha estado sujeta a controversia. La falta de exactitud en la información que nos da el expedicionario español se debe a que no pudo mantener un diario de todo lo que le iba sucediendo, a la falta de instrumentos para medir la latitud en la que se encontraba, y a la dificultad en identificar algunos de los lugares topográficos que menciona en su obra.

Los naufragios, como muchas de las crónicas escritas en este período, revelan una influencia de los romances de tipo heroico, y se mueven en torno a un yo testimonial que narra los hechos que se le van presentando a lo largo de su viaje. La crítica ha comentado que el viaje de Cabeza de Vaca es también un viaje interior, la autobiografía de una profunda transformación espiritual.

❦ ❦ ❦

Naufragios

GUÍA DE LECTURA

Aunque los capítulos seleccionados son una muestra ilustrativa de los *Naufragios*, no lo son de la imagen que tiene el lector del conquistador español. En realidad, Cabeza de Vaca y sus acompañantes son la antítesis de éste. Cabeza de Vaca se encuentra a la deriva en unas tierras desconocidas, hambriento, desnudo y dependiendo de la caridad de los indios para su supervivencia. En estos textos el lector puede ver cómo se produce el choque o encuentro entre dos mundos tan dispares. Asimismo, puede estudiar cómo la representación de esta realidad dicotómica se refleja en otros niveles. Por ejemplo, el texto se mueve entre la ficción y la historia, y entre lo verosímil y lo fantástico. Otros aspectos narrativos que merecen atención particular son la lengua, o la ausencia de la misma para nominar ciertas cosas, el papel de Álvar Núñez como narrador y protagonista, y la representación del tiempo y de un nuevo espacio geográfico.

Capítulo XII
Cómo los indios nos trajeron de comer.

Otro día, saliendo el Sol, que era la hora que los indios nos habían dicho, vinieron a nosotros, como lo habían prometido, y nos trajeron mucho pescado y de unas raíces° que ellos comen, y son como nueces, algunas mayores o menores; la mayor parte de ellas se sacan de bajo del agua y con mucho trabajo. A la tarde volvieron y nos trajeron más pescado y de las mismas raíces, y hicieron venir sus mujeres e hijos para que nos viesen, y ansí, se volvieron ricos de cascabeles° y cuentas° que les dimos, y otro días nos tornaron a visitar con lo mismo que estotras° veces. Como nosotros víamos° que estábamos proveídos de pescado y de raíces y de agua y de las otras cosas que pedimos, acordamos de tornarnos a embarcar° y seguir nuestro camino, y desenterramos° la barca de la arena en que estaba metida, y fué menester° que nos desnudásemos° todos y pasásemos gran trabajo para echarla al agua, porque nosotros estábamos tales que otras cosas muy más livianas° bastaban para ponernos en él; y ansí° embarcados, a dos tiros de ballesta° dentro en la mar, nos dió tal golpe de agua que nos mojó a todos; y como íbamos desnudos y el frío que hacia era muy grande, soltamos los remos° de las manos, y a otro golpe que la mar nos dió, trastornó° la barca; el veedor° y otros dos se asieron° de ella para escaparse; mas sucedió muy al revés, que la barca los tomó debajo y se ahogaron. Como la costa es muy brava, el mar de un tumbo° echó a todos los otros, envueltos en las olas y medio ahogados, en la costa de la misma isla, sin que faltasen más de los tres que la barca había tomado debajo. Los que quedamos escapados, desnudos como nascimos° y perdido todo lo que traíamos, y aunque todo valía poco, para entonces valía mucho. Y como entonces era por noviembre, y el frío muy grande, y nosotros tales que con poca dificultad nos podían contar los huesos, estábamos hechos propria° figura de la muerte. De mí sé decir que desde el mes de mayo pasado yo no había comido otra cosa sino maíz tostado, y algunas veces me vi en necesidad de comerlo crudo°; porque aunque se mataron los caballos entretanto que° las barcas se hacían, yo nunca pude comer de ellos, y no fueron diez veces las que comí pescado. Esto digo por excusar razones, porque pueda cada uno ver qué tales estaríamos.

Y sobre todo lo dicho había sobrevenido viento norte, de suerte° que más estábamos cerca de la muerte que de la vida. Plugo a nuestro Señor° que, buscando los tizones° del fuego que allí habíamos hecho, hallamos lumbre,° con que hicimos

---

Raíces: parte de la planta que se esconde debajo de la tierra

Cascabeles: bola de metal con una piedra dentro que al moverla produce ruido

Cuentas: piezas de vidrio o de plástico con agujeros para hacer rosarios o collares.

Estotras: estas otras

Víamos: veíamos

Embarcar: salir en barco

Desenterramos: sacamos de debajo de la tierra

Fué menester: fue necesario

Desnudásemos: nos quitáramos la ropa

Livianas: ligeras

Ansí: así

A dos tiros de ballesta: a unos dos cientos metros

Remos: palo de madera que se usa para mover el barco

Trastornó: volcó

Veedor: inspector

Se asieron: se agarraron

Tumbo: golpe violento

Nascimos: nacimos

Propria: propia

Crudo: sin cocinar

Entretanto que: mientras

De suerte: de tal modo que

Plugo a nuestro Señor: le dio gusto al Señor

Tizones: palos medio quemados

Lumbre: fuego

grandes fuegos; y ansí, estuvimos pidiendo a Nuestro Señor misericordia y perdón de nuestros pecados, derramando° muchas lágrimas, habiendo cada uno lástima, no sólo de sí, mas de todos los otros, que en el mismo estado vían.° Y a hora de puesto el Sol, los indios, creyendo que no nos habíamos ido, nos volvieron a buscar y a traernos de comer; mas cuando ellos nos vieron ansí en tan diferente hábito° del primero y en manera tan extraña, espantáronse° tanto que se volvieron atrás. Yo salí a ellos y llamélos, y vinieron muy espantados; hícelos entender por señas cómo nos había hundido una barca y se habían ahogado tres de nosotros, y allí en su presencia ellos mismos vieron dos muertos, y los que quedábamos íbamos aquel camino.

Los indios, de ver el desastre que nos había venido y el desastre en que estábamos, con tanta desventura y miseria, se sentaron entre nosotros, y con el gran dolor y lástima que hobieron° de vernos en tanta fortuna, comenzaron todos a llorar recio°, y tan de verdad que lejos de allí se podía oír, y esto les duró más de media hora; y cierto ver que estos hombres tan sin razón y tan crudos, a manera de brutos, se dolían tanto de nosotros, hizo que en mí y en otros de la compañía creciese más la pasión y la consideración de nuestra desdicha.°

Sosegado° ya este llanto, yo pregunté a los cristianos, y dije que, si a ellos parescía, rogaría a aquellos indios que nos llevasen a sus casas; y algunos de ellos que habían estado en la Nueva España respondieron que no se debía hablar en ello, porque si a sus casas nos llevaban, nos sacrificarían a sus ídolos; mas, visto que otro remedio no había y que por cualquier otro camino estaba más cerca y más cierta la muerte, no curé de° lo que decían, antes rogué a los indios que nos llevasen a sus casas, y ellos mostraron que habían gran placer de ello, y que esperásemos un poco, que ellos harían lo que queríamos; y luego treinta de ellos se cargaron de leña,° y se fueron a sus casas, que estaban lejos de allí, y quedamos con los otros hasta cerca de la noche, que nos tomaron, y llevándonos asidos y con mucha priesa,° fuimos a sus casas; y por el gran frío que hacía, y temiendo que en el camino alguno no muriese o desmayase, proveyeron que hobiese° cuatro o cinco fuegos muy grandes puestos a trechos,° y en cada uno de ellos nos escalentaban°; y desque vían° que había tomado alguna fuerza y calor, nos llevaban hasta el otro, tan apriesa que casi los pies no nos dejaban poner en el suelo; y de esta manera fuimos hasta sus casas, donde hallamos que tenían hecha una casa para nosotros, y muchos fuegos en ella; y desde a un hora que habíamos llegado, comenzaron a bailar y hacer grande fiesta, que duró toda la noche, aunque para nosotros no había placer, fiesta ni sueño, esperando cuándo nos habían de sacrificar; y la mañana nos tornaron a dar pescado y raíces, y hacer tan buen tratamiento que nos aseguramos algo° y perdimos algo el miedo del sacrificio.

Derramando: echando
Vían: veían
Hábito: vestimenta
Espantáronse: asustáronse
Hobieron: tuvieron, sintieron
Recio: en voz alta
Desdicha: desgracia
Sosegada: calmado
No curé de: no hice caso de

Se cargaron de leña: cargaron madera a sus espaldas
Priesa: prisa
Hobiese: hubiese
A trechos: a cierta distancia
Escalentaban: calentaban
Desque vían: cuando veían que
Nos aseguramos algo: nos sentimos algo más seguros en su compañía

CUESTIONARIO

1. ¿Qué tipo de alimentos traen los indios a los españoles? ¿Qué había comido Cabeza de Vaca desde el mes de mayo pasado?

2. ¿Qué les dan los españoles a los indios a cambio de la comida que reciben de éstos?

3. ¿Qué incidente tuvieron los españoles cuando se embarcaron?

4. ¿Qué temor tenían los españoles de hospedarse en las casas de los indios?

5. ¿Qué recibimiento dan los indios a los españoles?

SELECCIÓN MÚLTIPLE

I.   El narrador comió sólo maíz

1. Por varias semanas
2. El mes de mayo
3. Durante el invierno
4. Por varios meses

II.   Los españoles comprobaron que los indios

1. Eran hombres sin razón y crudos
2. Lloraban y tenían sentimientos humanos
3. Eran seres indiferentes a sus desgracias
4. Era gente egoísta

III.   Al final del capítulo, los indios ofrecen a los españoles

1. Raíces y pescados
2. Una fiesta
3. Sus casas
4. 1., 2., y 3.

Capítulo XX
De cómo nos huímos

Después de habernos mudado,° desde a dos días nos encomendamos a Dios nuestro Señor y nos fuimos huyendo, confiando que, aunque era ya tarde y las tunas se acababan, con los frutos que quedarían en el campo podríamos andar buena parte de tierra. Yendo aquel día nuestro camino con harto temor° que los indios nos habían de seguir, vimos unos humos, y yendo a ellos, después de vísperas llegamos allá, do vimos° un indio que, como vió que íbamos a él, huyó sin querernos aguardar°; nosotros enviamos al negro tras él,° como vió que iba solo, aguardólo. El negro le dijo que íbamos a buscar aquella gente que hacía aquellos humos. Él respondió que cerca de allí estaban las casas, y que nos guiaría° allá; y ansí,° lo fuimos siguiendo; y él corrió a dar aviso° de cómo íbamos, y a puesta del Sol vimos las casas, y dos tiros de ballesta antes que llegásemos a ella hallamos° cuatro indios que nos esperaban, y nos recibieron bien. Dijímosles en lengua de mareames° que íbamos a buscallos, y ellos mostraron que se holgaban° con nuestra compañía; y ansí, nos llevaron a sus casas, y a Dorantes y al negro aposentaron° en casa de un físico, y a mí y a Castillo en casa de otro. Estos tienen otra lengua y llámanse avavares, y son aquellos que solían llevar los arcos a los nuestros e iban a contrato con ellos; y aunque son de otra nación y lengua, entienden la lengua de aquellos con quien antes estábamos, y aquel mismo día habían llegado allí con sus casas. Luego el pueblo nos ofreció muchas tunas,° porque ya ellos tenían noticia de nosotros y cómo curábamos, y de las maravillas que nuestro Señor con nosotros obraba,° que, aunque no hubiera otras, harto grandes eran abrirnos caminos por tierra tan despoblada,° y darnos gente por donde muchos tiempos no la había, y librarnos de tantos peligros, y no permitir que nos matasen, y sustentarnos° con tanta hambre, y poner aquellas gentes en corazón° que nos tratasen bien, como adelante diremos.

CUESTIONARIO

1. ¿Qué encuentran los españoles en el camino que les llama la atención?

2. ¿A quién enviaron los españoles para establecer contacto con el indio?

Habernos mudado: haber cambiado de lugar
Harto temor: mucho miedo
Do vimos: donde vimos
Aguardar: esperar
Tras él: en busca de él
Guiaría: conduciría
Ansí: así
A dar aviso: a informar
Hallamos: encontramos

Lengua de mareames: lengua de una tribu india
Holgaban: alegraban
Aposentaron: acomodaron
Tunas: tipo de fruta
Obraba: hacía
Despoblada: poco habitada
Sustentarnos: alimentarnos
Poner aquellas gentes en corazón: influir en la voluntad de los indios

3. ¿Cómo se comunican los españoles con los indios?

4. ¿Cómo se llaman los indios con los que se hospedan los españoles?

SELECCIÓN MÚLTIPLE

I. Los españoles temen que los indios

1. Se mueran de hambre al irse ellos

2. Vayan a seguirlos

3. Se alíen con otras tribus para atacarlos

4. Se pierdan sin su ayuda

II. El indio que ven los españoles no huyó porque

1. Los españoles llegaron con más indios

2. Conocía a los españoles

3. Se acercó el negro solo a él

4. No tenía miedo de los españoles

III. Los indios

1. Dan a los españoles raíces y peces

2. Reciben y hospedan muy bien a los españoles

3. Ofrecen una fiesta a los españoles

4. No quisieron dar hospedaje a los españoles

IV. Los indios les dieron tunas a los españoles porque

1. Vieron que podían curar a los enfermos

2. Hablaban la misma lengua

3. Los españoles les dieron cascabeles

4. 1. y 3.

Capítulo XXI
De cómo curamos aquí unos dolientes

Aquella misma noche que llegamos vinieron unos indios a Castillo, y dijéronle que estaban muy malos de la cabeza, rogándole que los curase; y después que los hubo santiaguado° y encomendado a Dios, en aquel punto los indios dijeron que todo el mal se les había quitado; y fueron a sus casas y trujeron° muchas tunas y un pedazo de carne de venado, cosa que no sabíamos qué cosa era; y como esto entre ellos se publicó, vinieron otros muchos enfermos en aquella noche a que los sanase, y cada uno traía un pedazo de venado°; y tantos eran que no sabíamos adónde poner la carne. Dímos muchas gracias a Dios porque cada día iba cresciendo° su misericordia y mercedes; y después que se acabaron las curas comenzaron a bailar y hacer sus areitos° y fiestas, hasta otro día que el Sol salió; y duró la fiesta tres días por haber nosotros venido, y al cabo de ellos° les preguntamos por la tierra de adelante, y por la gente que en ella hallaríamos, y los mantenimientos° que en ella había. Respondiéronnos que por toda aquella tierra había muchas tunas, mas que ya eran acabadas, y que ninguna gente había, porque todos eran idos a sus casas, con haber ya cogido las tunas; y que la tierra era muy fría y en ella había muy pocos cueros.° Nosotros viendo esto, que ya el invierno y tiempo frío entraba, acordamos de pasarlo con éstos. A cabo de° cinco días que allí habíamos llegado se partieron a buscar otras tunas adonde había otra gente de otras naciones y lenguas; y andadas cinco jornadas con muy grande hambre, porque en el camino no había tunas ni otra fruta ninguna, allegamos a un río, donde asentamos° nuestras casas, y después de asentadas, fuimos a buscar una fruta de unos árboles, que es como hieros°; y como por toda esta tierra no hay caminos, yo me detuve más en buscarla: la gente se volvió, y yo quedé solo, y viniendo a buscarlos aquella noche me perdí, y plugo a Dios que hallé un árbol ardiendo, y al fuego de él pasé aquel frío aquella noche, y a la mañana yo me cargué de leña y tomé dos tizones, y volví a buscarlos, y anduve de esta manera cinco días, siempre con mi lumbre y carga de leña, porque si el fuego se me matase° en parte donde no tuviese leña, como en muchas partes no la había, tuviese de qué hacer otros tizones y no me quedase sin lumbre, porque para el frío yo no tenía otro remedio, por andar desnudo como nascí°; y para las noches yo tenía este remedio, que me iba a las matas° del monte, que estaba cerca de los ríos, y paraba en ellas antes que el Sol se pusiese, y en la tierra hacía un hoyo y en él echaba mucha leña, que se cría en muchos árboles, de que por allí hay muy gran cantidad, y juntaba mucha leña de la que estaba caída y seca de los árboles, y al derredor de aquel hoyo hacía cuatro fuegos en cruz, y yo tenía cargo y cuidado de rehacer el fuego de rato en rato,° y hacía unas gavillas° de paja larga que por

---

Santiaguado: hecho la señal de la cruz
Trujeron: trajeron
Venado: ciervo
Cresciendo: creciendo
Areitos: cantos y danzas
Al cabo de ellos: al término de los mismos
Mantenimientos: tipos de comida
Cueros: pieles de animales

A cabo de: después de
Asentamos: levantamos
Hieros: lentejas
Se me matase: se me apagase
Nascí: nací
Matas: plantas de pequeño tamaño
De rato en rato: cada poco tiempo
Gavillas: haces, montones

allí hay, con que me cubría en aquel hoyo, y de esta manera me amparaba° del frío de las noches; y una de ellas el fuego cayó en la paja con que yo estaba cubierto, y estando yo durmiendo en el hoyo, comenzó a arder muy recio, y por mucha priesa que yo me dí a salir, todavía saqué señal en los cabellos° del peligro en que había estado. En todo este tiempo no comí bocado° ni hallé cosa que pudiese comer; y como traía los pies descalzos, corrióme° de ellos mucha sangre, y Dios usó conmigo de misericordia, que en todo este tiempo no ventó el norte,° porque de otra manera ningún remedio había de yo vivir; y a cabo de cinco días llegué a una ribera de un río, donde yo hallé a mis indios, que ellos y los cristianos me contaban ya por muerto, y siempre creían que alguna víbora me había mordido. Todos hubieron gran placer de verme, principalmente los cristianos, y me dijeron que hasta entonces habían caminado con mucha hambre, que ésta era la causa que no me habían buscado; y aquella noche me dieron de las tunas que tenían, y otro día partimos° de allí, y fuimos donde hallamos muchas tunas, con que todos satisficieron° su gran hambre, y nosotros dimos muchas gracias a nuestro Señor porque nunca nos faltaba su remedio.

CUESTIONARIO

1. ¿Qué problemas de salud tienen los indios que visitan a Castillo?
2. ¿Cómo es pagado Castillo por sus servicios?
3. ¿Por qué deciden quedarse los españoles con estos indios durante algún tiempo?
4. ¿Qué hacía Cabeza de Vaca para combatir el frío de la noche?
5. ¿Qué problema tuvo una noche el protagonista con el fuego?

SELECCIÓN MÚLTIPLE

I. Los indios traen comida a Castillo porque

1. Creían que Castillo era un Dios
2. Curaba a los enfermos
3. Sabía hablar su idioma
4. Se había enfadado con los españoles

II. Cabeza de Vaca se quedó solo durante un tiempo porque

1. Sus compañeros españoles regresaron a casa después de haber encontrado abundante comida
2. Él decidió pasar más tiempo buscando tunas

Amparaba: protegía
Cabellos: pelo
No comí bocado: no comí nada
Corrióme: me salió

No ventó el norte: no sopló viento del norte
Partimos de: salimos de
Satisficieron: calmaron

3. Sus amigos españoles fueron tomados prisioneros

4. Él decidió visitar otra tribu indígena

III. Cabeza de Vaca se reunió con su grupo después de

1. Mucho tiempo

2. Un día y una noche

3. Cinco días

4. No se especifica el tiempo

IV. Al ver que Cabeza de Vaca no regresa, los indios pensaron que

1. Se había perdido en el viaje

2. Se había muerto de frío y hambre

3. Una víbora lo había mordido

4. Otra tribu de indios lo había tomado prisionero

V. Después de dejar a estos indios, los españoles encuentran

1. Un río con muchos peces

2. Muchas tunas

3. Un lugar donde había otros indios

4. Un poblado con algunos españoles de la misma expedición

Capítulo XXII
Cómo otro día nos truneron otros enfermos

Otro día de mañana vinieron allí muchos indios y traían cinco enfermos que estaban tollidos° y muy malos, y venían en busca de Castillo que los curase, y cada uno de los enfermos ofresció° su arco y flechas, y él los rescibió,° y a puesta del Sol los santiguó y encomendó a Dios nuestro Señor, y todos le suplicamos° con la mejor manera que podíamos les enviase salud, pues él vía que no había otro remedio para que aquella gente nos ayudase y saliésemos de tan miserable vida; y él lo hizo tan misericordiosamente, que venida la mañana, todos amanescieron° tan buenos y sanos, y se fueron tan recios° como si nunca hobieran tenido mal ninguno. Esto causó entre ellos muy gran admiración, y a nosotros despertó que diésemos muchas gracias a nuestro Señor, a que más enteramente conociésemos su bondad y tuviésemos firme esperanza que nos había de librar y traer donde le pudiésemos servir; y de mí sé decir que siempre tuve esperanza en su misericordia que me había de sacar de aquella cautividad, y así yo hablé siempre a mis compañeros. Como

---

Tollidos: impedidos físicamente
Ofresció: ofreció
Rescibió: recibió

Suplicamos: pedimos
Amanescieron: despertaron
Recios: fuertes, sanos

los indios fueron idos y llevaron sus indios sanos, partimos donde estaban otros comiendo tunas, y éstos se llaman cutalches° y malicones°, que son otras lenguas, y junto con ellos había otros que se llamaban coayos° y susolas°, y de otra parte otros llamados atayos,° y éstos tenían guerra con los susolas, con quien se flechaban° cada día; y como por toda la tierra no se hablase sino en los misterios que Dios nuestro Señor con nosotros obraba, venían de muchas partes a buscarnos para que los curásemos; y a cabo de dos días que allí llegaron, vinieron a nosotros unos indios de los susolas y rogaron a Castillo que fuese a curar un herido y otros enfermos, y dijeron que entre ellos quedaba uno que estaba muy al cabo.° Castillo era médico muy temeroso, pricipalmente cuando las curas eran muy temerosas y peligrosas, y creía que sus pecados habían de estorbar° que no todas veces sucediese bien el curar. Los indios me dijeron que yo fuese a curarlos, porque ellos me querían bien y se acordaban que les había curado en las nueces, y por aquello nos habían dado nueces y cueros; y esto había pasado cuando yo vine a juntarme° con los cristianos; y así, hube de ir con ellos, y fueron conmigo Dorantes y Estebanico, y cuando llegué cerca de los ranchos que ellos tenían, yo vi el enfermo que íbamos a curar que estaba muerto, porque estaba mucha gente al derredor de él llorando y su casa deshecha, que es señal que el dueño estaba muerto; y ansí, cuando yo llegué hallé el indio los ojos vueltos y sin ningún pulso, y con todas señales es muerto, según a mí me paresció, y lo mismo dijo Dorantes. Yo le quité una estera° que tenía encima, con que estaba cubierto, y lo mejor que pude supliqué a nuestro Señor fuese servido de° dar salud a aquél y a todos los otros que de ella tenían necesidad; y después de santiguado y soplado muchas veces, me trajeron su arco y me lo dieron, y una sera° de tunas molidas, y lleváronme a curar otros muchos que estaban malos de modorra,° y me dieron otras dos seras de tunas, las cuales di a nuestros indios, que con nosotros habían venido; y hecho esto, nos volvimos a nuestro aposento,° y nuestros indios, a quien di las tunas, se quedaron allá; y a la noche se volvieron a sus casas, y dijeron que aquel que estaba muerto y yo había curado en presencia de ellos, se había levantado bueno y se había paseado, y comido, y hablado con ellos, y que todos cuantos había curado quedaban sanos y muy alegres.

Esto causó muy gran admiración y espanto,° y en toda la tierra no se hablaba en otra cosa. Todos aquellos a quien esta fama llegaba nos venían a buscar para que los curásemos y santiguásemos sus hijos; y cuando los indios que estaban en compañía de los nuestros, que eran los cutalchiches,° se hubieran de ir a su tierra, antes que se partiesen nos ofrecieron todas las tunas que para su camino tenían, sin que ninguna les quedase, y diéronnos pedernales° tan largos como palmo y medio,° con que ellos cortan, y es entre ellos cosa de muy gran estima. Rogáronnos que nos acordásemos

---

Cutalches, malicones, coayos, susolas, atayos: distintas tribus indígenas
Se flechaban: hacían la guerra
Estaba muy al cabo: estaba a punto de morir
Estorbar: impedir
Juntarme: unirme
Estera: especie de alfombra de esparto o materia similar
Supliqué a nuestro Señor fuese servido de: le

rogué al Señor que tuviese la bondad de
Sera: cesta
Modorra: Adormecidos por una enfermedad
Aposento: estancia, habitación
Espanto: asombro
Cutalchiches: tribu indígena
Pedernales: variedad mineral del cuarzo
Palmo y medio: unos 32 centímetros ó 15 pulgadas.

de ellos y rogásemos a Dios que siempre estuviesen buenos, y nosotros se lo prometimos; y con esto partieron los más contentos hombres del mundo, habiéndonos dado todo lo mejor que tenían. Nosotros estuvimos con aquellos indios avavares° ocho meses, y esta cuenta hacíamos por las lunas. En todo este tiempo nos venían de muchas partes a buscar, y decían que verdaderamente nosotros éramos hijos del Sol. Dorantes y el negro hasta allí no habían curado; mas por la mucha importunidad° que teníamos, viniéndonos de muchas partes a buscar, venimos todos a ser médicos, aunque en atrevimiento y osar acometer° cualquier cura era yo más señalado entre ellos, y ninguno jamás curamos que no nos dijese que quedaba sano; y tanta confianza tenían que habían de sanar si nosotros los curásemos, que creían que en tanto que allí nosotros estuviésemos ninguno de ellos había de morir. Éstos y los de más atrás nos contaron una cosa muy extraña, y por la cuenta que nos figuraron parescía° que había quince o diez y seis años que había acontescido,° que decían que por aquella tierra anduvo un hombre, que ellos llaman Mala Cosa, y que era pequeño de cuerpo, y que tenía barbas, aunque nunca claramente le pudieron ver el rostro,° y que cuando venía a la casa donde estaban se les levantaban los cabellos y temblaban, y luego parescía° a la puerta de la casa un tizón ardiendo; y luego, aquel hombre entraba y tomaba al que quería de ellos, y dábales tres cuchilladas grandes por las ijadas° con un pedernal muy agudo, tan ancho como una mano y dos palmos en luengo,° y metía la mano por aquellas cuchilladas y sacábales las tripas; y que cortaba de una tripa poco más or menos de un palmo, y aquello que cortaba echaba en las brasas°; y luego le daba tres cuchilladas en un brazo, y la segunda daba por la sangradura y desconcertábaselo,° y dende a poco° se lo tornaba a concertar y poníale las manos sobre las heridas, y decíannos que luego quedaban sanos, y que muchas veces cuando bailaban aparecía entre ellos, en hábito de mujer unas veces, y otras como hombre; y cuando él quería, tomaba el buhío o casa y subíala en alto, y dende a un poco caía con ella y daba muy gran golpe. También nos contaron que muchas veces le dieron de comer y que nunca jamás comió; y que le preguntaban dónde venía y a qué parte tenía su casa, y que les mostró una hendedura° de la tierra, y dijo que su casa era allá debajo. De estas cosas que ellos nos decían, nosotros nos reíamos mucho, burlando de ellas; y como ellos vieron que no lo creíamos, trujeron° muchos de aquellos que decían que él había tomado, y vimos las señales de las cuchilladas que él había dado en los lugares en la manera que ellos contaban. Nosotros les dijimos que aquel era un malo, y de la mejor manera que podimos les dábamos a entender que si ellos creyesen en Dios nuestro Señor y fuesen cristianos como nosotros, no ternían° miedo de aquél, ni él osaría venir a hacelles° aquellas cosas; y que tuviesen

---

Avavares: tribu indígena
Importunidad: demanda
Atrevimiento y osar acometer: a la hora de decidirse a tratar con
Por la cuenta que nos figuraron parescía: de acuerdo a lo que nos contaron parecía
Acontescido: ocurrido
Rostro: cara
Parescía: aparecía
Ijadas: parte del cuerpo situada entre las costillas y los huesos de las caderas

En luengo: de largo
Brasas: trozo de carbón o madera que arde en el fuego
Desconcertábaselo: se lo dislocaba, le sacaba los huesos de su sitio normal
Dende a un poco: poco después
Hendedura: abertura
Trujeron: trajeron
Ternían: tendrían
Osaría venir a hacelles: se atrevería a venir a hacerles

por cierto que en tanto que nosotros en la tierra estuviésemos él no osaría parescer° en ella. De esto se holgaron° ellos mucho y perdieron mucha parte del temor que tenían. Estos indios nos dijeron que habían visto al asturiano y a Figueroa con otros, que adelante en la costa estaban, a quien nosotros llamábamos de los higos. Toda esta gente no conocían los tiempos por el Sol ni la Luna, ni tienen cuenta del mes y año, y más entienden y saben las diferencias de los tiempos cuando las frutas vienen a madurar, y en tiempo que muere el pescado y el aparecer de las estrellas, en que son muy diestros y ejercitados.° Con éstos siempre fuimos bien tratados, aunque lo que habíamos de comer lo cavábamos,° y traíamos nuestras cargas de agua y leña. Sus casas y mantenimientos son como las de los pasados, aunque tienen muy mayor hambre, porque no alcanzan° maíz ni bellotas ni nueces. Anduvimos siempre en cueros° como ellos, y de noche nos cubríamos con cueros de venado. De ocho meses que con ellos estuvimos, los seis padescimos° mucha hambre, que tampoco alcanzan pescado. Y al cabo de este tiempo ya las tunas comenzaban a madurar, y sin que de ellos fuésemos sentidos° nos fuimos a otros que adelante estaban, llamados maliacones; éstos estaban una jornada de allí, donde yo y el negro llegamos. A cabo de los tres días envié que trajese a Castillo y a Dorantes; y venidos, nos partimos todos juntos con los indios, que iban a comer una frutilla de unos árboles, de que se mantienen diez o doce días, entretanto que las tunas vienen; y allí se juntaron con estos otros indios que se llamaban arbadaos, y a éstos hallamos muy enfermos y flacos y hinchados; tanto, que nos maravillamos° mucho, y los indios con quien habíamos venido se volvieron por el mismo camino; y nosotros les dijimos que nos queríamos quedar con aquéllos, de que ellos mostraban pesar°; y así, nos quedamos en el campo con aquéllos, cerca de aquellas casas, y cuando ellos nos vieron, juntáronse después de haber hablado entre sí, y cada uno de ellos tomó el suyo por la mano y nos llevaron a sus casas. Con éstos padescimos más hambre que con los otros, porque en todo el día no comíamos más de dos puños° de aquella fruta, la cual estaba verde; tenía tanta leche que nos quemaba las bocas; y con tener falta de agua, daba mucha sed a quien la comía; y como el hambre fuese tanta, nosotros comprámosles dos perros, y a trueco de° ellos les dimos unas redes y otras cosas, y un cuero con que yo me cubría. Ya he dicho cómo no estábamos acostumbrados a ello, a manera de serpientes mudábamos los cueros° dos veces en el año, y con el Sol y el aire hacíansenos en los pechos y en las espaldas unos empeines° muy grandes, de que rescebíamos muy gran pena por razón de las muy grandes cargas que traíamos, que eran muy pesadas; y hacían que las cuerdas se nos metían por los brazos; y la tierra es tan áspera y tan cerrada que muchas veces hacíamos leña en montes, que cuando la acabábamos de sacar nos corría por muchas partes sangre, de

---

Parescer: aparecer
Se holgaron: se alegraron
Diestros y ejercitados: expertos
Cavábamos: sacábamos de la tierra
Alcanzan: consumen
En cueros: desnudos
Padescimos: sufrimos

Y sin que…sentidos: sin que ellos se dieran cuenta
Nos maravillamos: nos sorprendimos
Pesar: preocupación
Puños: puñados
A trueco de: a cambio de
Mudábamos los cueros: cambiábamos de piel
Empeines: irritación en la piel

las espinas y matas con que topábamos, que nos rompían por donde alcanzaban.° A las veces me aconteció° hacer leña donde, después de haberme costado mucha sangre, no la podía sacar ni a cuestas ni arrastrando. No tenía, cuando en estos trabajos me veía, otro remedio ni consuelo sino pensar en la pasión de nuestro redemptor Jesucristo y en la sangre que por mí derramó, y considerar cuánto más sería el tormento que de las espinas él padeció que no aquél que yo entonces sufría. Contrataba con estos indios haciéndoles peines, y con arcos y con flechas y con redes. Hacíamos esteras, que son cosas de que ellos tienen mucha necesidad; y aunque lo saben hacer, no quieren ocuparse en nada, por buscar entre tanto qué comer, y cuando entienden en esto pasan muy gran hambre. Otras veces me mandaban raer cueros y ablandarlos°; y la mayor prosperidad en que yo allí me vi era el día que me daban a raer alguno, porque yo lo raía muy mucho y comía de aquellas raeduras,° y aquello me bastaba para dos o tres días. También nos aconteció con éstos y con los que atrás habemos dejado, darnos un pedazo de carne y comérnoslo así crudo, porque si lo pusiéramos a asar, el primer indio que llegaba se lo llevaba y comía; parescíanos que no era bien ponerla en esta ventura,° y también nosotros no estábamos tales, que nos dábamos pena comerlo asado, y no lo podíamos tan bien pasar como crudo. Ésta es la vida que allí tuvimos, y aquel poco sustentamiento° lo ganábamos con los rescates que por nuestras manos hecimos.°

CUESTIONARIO

1. ¿Qué ofrecen los indios enfermos a Castillo por ser curados?
2. ¿Es Castillo el único español que oficia de médico?
3. ¿Qué tiempo pasan los españoles con los avavares?
4. ¿Cómo miden los indios avavares el paso de las estaciones del año?
5. ¿Mejora o empeora la suerte de los españoles al cambiar de una tribu de indios a otra?
6. ¿Qué tipo de trueque hacen los españoles con los indios?
7. ¿Qué tipos de trabajos manuales hacen los españoles con estos últimos indios?

Nos rompían por donde alcanzaban: nos herían donde nos tocaban
A las veces me aconteció: algunas veces me sucedió
Raer cueros y ablandarlos: Limpiar y suavizar cueros

Raeduras: la carne que sacaba de la piel al limpiarla
Ventura: situación
Sustentamiento: mantenimiento
Hecimos: hicimos

SELECCIÓN MÚLTIPLE

I.   Los indios atayos tenían guerra con

1. Los coayos
2. Los susolas
3. Los cutalches
4. Con ninguna de estas tribus indias

II. La señal que indica que un indio ha muerto es que

1. La casa se pinta de negro
2. La casa se mantiene cerrada
3. Se cierran todas las ventanas de la casa
4. La casa está deshecha

III. Los indios iban a buscar a los españoles porque

1. Les enseñaban el Evangelio
2. Los creían hijos del sol
3. Curaban a los indios enfermos
4. 2. y 3.

IV. Los indios contaron a los españoles que la Mala Cosa

1. Era una leyenda
2. Era un monstruo
3. Era un indio avavar
4. Cuchilleaba a los indios y luego los sanaba

V.   Ante el sufrimiento, el único consuelo del narrador es

1. Pensar en la muerte de nuestro Señor en la Cruz
2. Saber que al día siguiente se irá a otro pueblo
3. Hacer esteras
4. Comer dos puñados de fruta

ANÁLISIS CRÍTICO

1. A lo largo de estos cuatro capítulos se puede ver la interacción entre españoles e indios, ¿Qué tipo de retrato nos da el narrador, Cabeza de Vaca, de los distintos pueblos indígenas con los que se encuentra? ¿Se puede advertir algún choque cultural en el encuentro de estas culturas tan diferentes?

2. Cabeza de Vaca y sus compañeros se encuentran en un nuevo espacio geográfico, ¿hay alusiones específicas y descriptivas de este espacio y de cómo les impacta?

3. Ocasionalmente el narrador precisa el tiempo que pasa con un determinado pueblo indígena, ¿puede comentar estas referencias temporales? Asimismo, ¿cómo se presenta la dimensión temporal de los distintos relatos? ¿Hay fechas específicas ? ¿Se sigue un orden cronológico en la narración?

4. El texto de Cabeza de Vaca pertenece al siglo XVI, y por tanto algunas prácticas lingüísticas son diferentes de las que usamos hoy día. ¿Puede identificar algunos ejemplos de vocabulario o sintaxis en donde se pueden apreciar estas diferencias? ¿Cómo nomina el narrador algunos de los objetos o productos que le son desconocidos?

5. Cabeza de Vaca y los indios no comparten la misma lengua, ¿hay alguna alusión a cómo se comunican los unos con los otros o a las dificultades que tienen para entenderse?

6. En algunos momentos de la historia vemos a los protagonistas realizando algún tipo de actividad comercial, explique cómo se produce este comercio y qué mercancias entran en juego.

7. El hambre, y por tanto la comida, ocupan un espacio narrativo muy importante en este relato. Haga un comentario sobre los tipos de alimentos que se consumen en estas tierras, las consecuencias derivadas de su escasez, y cómo la búsqueda de los mismos afecta su vida.

8. La historia de la Mala Cosa parece sorprender en un relato que, supuestamente, debería estar muy cerca de la historia. Dé sus impresiones acerca de cómo este hecho raya entre lo verosímil y lo inverosímil, o entre lo real y lo fantástico.

ENSAYO

1. Las crónicas, como se ha comentado repetidamente, se encuentran a mitad de camino entre la ficción y la historia. En un breve ensayo comente qué aspectos narrativos apuntan a la ficcionalización del relato y cuáles lo orientan a la historia.

2. La religión hace continuo acto de presencia en estos capítulos. Analice los distintos significados que tiene la religión en estos capítulos.

BIBLIOGRAFÍA

Favata, Martin A. y José B. Fernández. *The Account: Álvar Núñez Cabez de Vaca. An Annotated Translation*. Houston, TX.: Arte Público Press, 1993.

Fernández, José B. *Álvar Núñez Cabeza de Vaca: The Forgotten Chronicler*. Miami, Fl.: Ed. Universal, 1975.

Glanz, Margo. Ed. *Notas y comentarios sobre Álvar Núñez Cabeza de Vaca*. México: Ed. Grijalbo, 1993.

Núñez Cabeza de Vaca, Álvar. *Los naufragios*. Ed. Crítica de Enrique Pupo–Walker. Madrid: Castalia, 1992.

Siglo XVII. Manierismo y Barroco

La literatura hispanoamericana del siglo XVII experimenta un gran esplendor en prosa, teatro, épica y lírica. El auge que se produce en la literatura hispanoamericana se debe en parte a la influencia de los grandes escritores españoles del Siglo de Oro; pero sólo en parte, porque también es cierto que en América aparecieron escritores con un talento y creatividad nada inferiores a los de la metrópoli. Comienza el siglo con escritores que participan igualmente de las ideas renacentistas que de las barrocas, pero a medida que progresa el siglo hay un predominio de las segundas. Antes de nada es preciso distinguir entre estos dos estilos, el Manierismo y el Barroco. La crítica literaria se muestra un tanto dividida al respecto, pero a grandes rasgos puede decirse que el Manierismo supone una primera bifurcación o desviación de las formas renacentistas. El Manierismo se caracteriza por un estilo afectado y por un énfasis en la ornamentación formal. Por otro lado, el Manierismo se distingue del Barroco en que aquél es un movimiento más intelectual y no le preocupa representar los acontecimientos de la vida diaria. El Manierismo se muestra más interesado en la vida cortesana que en las hazañas heroicas, y aunque hay un cierto conformismo con los valores de la sociedad colonial, encontramos algunos escritores satíricos que expresan su disconformidad.

El Barroco, por su parte, comparte con el Renacimiento algunas de las formas métricas utilizadas en poesía y la inspiración en modelos de la antigüedad clásica, pero rompe con el sentido de proporción y armonía que dominan en el Renacimiento. En el Barroco hay un interés en reflejar la naturaleza y en representar lo anormal, lo grotesco, lo desmesurado. El Barroco, asimismo, se mueve entre dos polos, por un lado misticismo y fiel observancia de los dogmas y principios religiosos, y por otro hedonismo y satisfacción de los sentidos ante el reconocimiento de la caducidad de la vida. El Barroco se caracteriza por un retorcimiento de la sintaxis –empleo de tropos como el hipérbaton, la antítesis, retruécanos, etc.–, interés en el tema del desengaño, énfasis en lo ilusorio y artificioso, y visión de este mundo como un sueño o teatro en el que el hombre es un personaje. Igualmente, en el Barroco latinoamericano se pueden identificar rasgos típicamente americanos que se manifiestan en el empleo de ciertos vocablos y expresiones, la proliferación de motivos populares, y alusiones a la mitología indígena prehispánica.

MANIERISMO

La lírica manierista. Una de las obras importantes es la "Epístola a Belardo" (1615?), escrita por una tal "Amarilis", y cuya verdadera identidad se desconoce. El poema, escrito en silvas, consta de 335 versos en los que la autora alaba el amor platónico y la figura de Lope de Vega.

La épica manierista. En la épica manierista predominan los temas espirituales o cortesanos sobre los militares de la época anterior. Uno de los representantes más destacados de la épica es Bernardo de Balbuena, poeta de transición entre el Renacimiento y el Barroco. Balbuena nació en España, pero pasó la mayor parte de su vida en Hispanoamérica, mayormente en México. Es autor de *El Bernardo o victoria de Roncesvalles*, escrito entre 1592 y 1602, y del *Siglo de oro en las selvas de Erífile* (1608). El primero, en el que se aprecian algunos aspectos del Barroco, es un poema épico inspirado en un tema del medioevo español: la victoria de Bernardo del Carpio sobre Roldán y los Doce Pares de Francia. En este poema, de más de 40.000 versos, Balbuena entremezcla los datos históricos con un sinfín de descripciones geográficas, leyendas, aventuras, y hechos fantásticos. La segunda obra, en la que dominan elementos renacentistas, es una colección de doce églogas de tema bucólico y pastoril. Su obra maestra, en la que se aprecian rasgos manieristas, es la *Grandeza mexicana* (1604). Dividido en nueve cantos, el poema nos ofrece una descripción bastante idealizada de la ciudad de México y de sus habitantes, pero el encomio de México va unido al elogio del imperio español, responsable de haber importado una nueva civilización en estas tierras. En la visión idealizada que da de la ciudad frente a la vida en la aldea, Balbuena introduce en las letras hispanoamericanas el tema del enfrentamiento de la ciudad al campo, un tema ampliamente explorado por escritores posteriores. Otro de los poetas de transición al Barroco es Diego de Hojeda. Español de nacimiento, se mudó a los 19 años a Perú, donde se ordena sacerdote. Escribió *La Cristiada* (1611), un largo poema religioso de cerca de dos mil octavas reales que se considera la más importante manifestación de la poesía épico–religiosa. El poema describe los últimos momentos en la vida de Cristo, desde la última cena a su entierro, y en él se mezclan las digresiones teológicas con historias mitológicas o profanas. Lo que trata de hacer Hojeda es convertir a Cristo en un héroe superior a cualquiera de los representados en otras obras épicas.

La crónica manierista. En el siglo XVII la crónica se interesa menos en la descripción y enumeración de aventuras y anécdotas que en el análisis e interpretación de los hechos históricos. Un tipo de crónica que aparece ahora es la eclesiástica, y su objetivo era hacer un recuento de la labor realizada por alguna de las órdenes religiosas en el Nuevo Mundo. Ejemplo de este tipo de crónica es la *Crónica moralizada* (1639–1653), del padre Antonio de la Calancha, en la que se comenta el trabajo realizado por la orden de los agustinos en el Perú. Capítulo aparte se lo merece el inca Garcilaso de la Vega, hijo de un capitán español y de una princesa inca. Su primera crónica es *La Florida del inca* (1605), sobre la expedición a la Florida de Hernando de Soto. Escribió la obra a partir de los testimonios que le ofreció uno de los compañeros de Hernando de Soto. Su obra más importante es los *Comentarios Reales que tratan del origen de los Incas*, publicada en dos partes, 1609 y 1617. La primera parte retrata el origen e instituciones del pueblo inca, y la segunda narra la conquista y las guerras civiles entre españoles. Garcilaso de la Vega se sirve de la información facilitada por sus abuelos maternos para describir la historia y costumbres de los incas. Sus grandes conocimientos literarios, la erudición que exhibe, y la interpolación de elementos autobiográficos así como ficticios, se funden en un relato que carece de progresión cronológica pero que mantiene vivo el interés del lector a lo largo de toda la crónica. Un cronista anómalo es el indio Felipe Guamán Poma de Ayala, autor de la *Nueva Corónica y buen gobierno*. La obra fue concluida hacia 1615, y en ella Guamán se declara miembro de la dinastía de los Yarovilcas, pueblo sometido por los incas. En la primera de las dos partes en que se divide la crónica, Guamán nos da una visión idílica, un tanto utópica, de un período preincaico en el que vivían sus antepasados. La segunda parte es una crítica despiadada de la explotación del indio por los españoles. Lo curioso de esta crónica es que Guamán condena también la crueldad y bajeza de los incas. De crónica se puede calificar la obra del colombiano Juan Rodríguez Freile, *Conquista y descubrimiento del Nuevo Reino de Granada* (1636), conocida como *El carnero*. La obra principia con el descubrimiento y conquista del reino de Nueva Granada, pero a medida que progresa la historia el narrador procede a relatar con gran humor las costumbres de los bogotanos, aventuras de amor, chismes y leyendas. Es entonces cuando el lector tiene la impresión de salir de la realidad para adentrarse en un mundo de ficción. Un intento de crónica se encuentra en *El cautiverio feliz* (1650), del chileno Francisco Núñez de Pineda, aunque el propósito histórico se pierde ante la preponderancia de elementos narrativos, y más bien cabría categorizarla como protonovela. La obra describe las aventuras del protagonista durante los siete meses de cautiverio que pasó entre los indios araucanos, y así se ve cómo el protagonismo colectivo que debe caracterizar a la historia es sustituido por el del individuo. El género narrativo se encuentra todavía en sus inicios, y no aparecen importantes narradores. Un intento de novela, más bien fracasado, se da en la novela pastoril los *Sirgueros de la Virgen sin original pecado*, publicada por el mexicano Francisco Bramón en 1620.

El teatro manierista. Existía en este período un teatro profano y otro religioso, pero no hubo grandes representantes en ninguna de las dos categorías. Los únicos dramaturgos que merecen mención son el mexicano Juan Pérez Ramírez y el dominicano Cristóbal de Llerena. El primero es autor de un drama alegórico en verso titulado el *Desposorio espiritual entre el Pastor Pedro y la Iglesia Mexicana* (1574). Y el segundo es autor de un entremés (1588) protagonizado por un bobo y un gracioso. La importancia de este entremés radica en la fusión de lo popular con alusiones clásicas, rasgos que tipificarán a una buena parte de la literatura hispanoamericana.

EL BARROCO

Prosa. El novelista más destacado de este período es Carlos de Sigüenza y Góngora, hombre de letras y ciencias que llegó a alcanzar gran notoriedad como científico. Sigüenza se anticipó al neoclasicismo al proponer que el camino para llegar a la verdad no se encontraba en la fe, sino en la razón. Fue poeta, dramaturgo y también escribió obras históricas y tratados de filosofía. Su obra maestra es los *Infortunios de Alonso Ramírez* (1680). La obra relata las aventuras de un joven puertorriqueño, Alonso Ramírez, que busca fortuna y llega a Filipinas, donde es capturado por piratas ingleses. Recuperada su libertad, Alonso Ramírez y varios de sus compañeros hacen un viaje alrededor del mundo en poco más de ochenta días. Sigüenza funde en esta obra la crónica con la ficción, y la primera parte está escrita siguiendo la fórmula de la novela picaresca. El sacerdote peruano Juan de Espinosa Medrano es el más destacado escritor de prosa erudita del Barroco. Fue conocido por sus dotes de orador, y sus sermones fueron compilados en una edición titulada *La novena maravilla* (1695). Su obra más conocida es el *Apologético en favor de D. Luis de Góngora, Príncipe de los poetas líricos de España* (1662), y trata de la defensa que hace Medrano del poeta español Luis de Góngora, quien había sido criticado por un poeta portugués. La obra destaca por el uso refinado de su prosa, por la gran carga de erudición y por los numerosos comentarios de crítica y análisis literarios.

Teatro. El teatro de la segunda mitad del siglo XVII es un género híbrido que combina elementos profanos y religiosos. Aunque Sor Juana Inés de la Cruz es considerada la cima del teatro Barroco hispanoamericano, no menos importante lo es Juan Ruiz de Alarcón, el autor de *La verdad sospechosa, Las paredes oyen* y *Ganar amigos*. Juan Ruiz de Alarcón pasó la mayor parte de su vida en España escribiendo para el teatro de Madrid, por esta razón es estudiado con los dramaturgos españoles del Siglo de Oro. El tercer autor importante es Juan de Espinosa Medrano, autor de dos autos sacramentales en quechua, *El hijo pródigo* y *El rapto de Proserpina y sueño de Endimión*, escritas en su juventud, y de una comedia en español, *Amar su propia muerte*. La primera de ellas es la más conocida, y en ella Medrano se inspira en la parábola que da título a la obra. De menor interés literario es la *Comedia de San Francisco de Borja* (1641), del mexicano Matías de Bocanegra. Es una comedia de enredo en la que Bocanegra se ve influido por Calderón.

Poesía. Lo mismo que Hojeda, y de la misma región, Juan del Valle Caviedes se traslada de España al Perú. Llevó una vida de aventurero, trabajó en la minería y fracasó en el mundo de los negocios. En su obra se puede apreciar un gran sentido del humor, un gusto por todo lo grotesco, deforme y escatológico, y un crudo espíritu satírico, lo que le ha llevado a ser comparado con Quevedo. Es autor de *Diente del Parnaso* (1689?). Por el filo de su sátira pasan principalmente los médicos, las autoridades coloniales y las mujeres feas, pero tampoco se escapan los sastres, clérigos, malos poetas, y otros personajes de la sociedad limeña. Frecuentemente la sátira de Caviedes se reviste de tonos irónicos y humorísticos, y no duda en introducir datos autobiográficos. En sus composiciones poéticas, aunque parezca extraño, toca temas amorosos u obscenos, filosóficos y religiosos. Estos poemas religiosos revelan otra faceta de su personalidad, la de un hombre que también pensaba en la vida después de la muerte. Caviedes tiene mérito por haber representado con gran fidelidad el carácter y costumbres de los criollos. La figura cumbre, no obstante, del Barroco hispanoamericano es Sor Juana Inés de la Cruz, a quien estudiaremos acto seguido.

CUESTIONARIO

1. ¿Qué diferencias existen entre el Manierismo y el Barroco?

2. ¿Qué características se asignan al Barroco?

3. ¿Qué tema se trata en *El Bernardo o victoria de Roncesvalles?*

4. ¿De qué trata *La Cristiada?*

5. ¿Qué tipo de crónica aparece en este siglo XVII que no vemos en el siglo anterior?

6. ¿Cuál es el tema de los *Comentarios Reales que tratan del origen de los Incas?*

7. ¿Qué tiene de particular la crónica del indio Felipe Guamán Poma de Ayala?

8. ¿Cuál es el argumento de los *Infortunios de Alonso Ramírez*?

9. ¿Quién es Juan de Espinosa Medrano?

10. ¿Por qué se caracteriza la obra de Juan del Valle Caviedes?

IDENTIFICAR

1. "Amarilis"

2. *Crónica moralizada*

3. *El carnero*

4. Francisco Núñez de Pineda

5. Juan Pérez Ramírez

ENSAYO

1. Haga un estudio de los aspectos picarescos en *Infortunios de Alonso Ramírez*.

2. Escoja varios poemas satíricos de Caviedes y analice cómo y hacia quién se dirigen sus sátiras.

BIBLIOGRAFÍA

Carilla, Emilio. *Manierismo y Barroco en las literaturas hispánicas*. Madrid: Gredos, 1983.

Johnson, Julie G. *Satire in Spanish America. Turning the World Upside Down*. Austin, TX.: U of Texas P, 1993: 86–106.

Leal, Luis. *Breve historia de la literatura hispanoamericana*. New York: Alfred A. Knoff, 1971.

Moraña, Mabel. *Relecturas del Barroco de Indias*. Hanover: Ed. Del Norte, 1994.

Orozco Díaz, Emilio. *Manierismo y Barroco*. Salamanca: Anaya, 1970.

Oviedo, José Miguel. *Historia de la literatura hispanoamericana. 1. De los orígenes a la emancipación*. Madrid: Alianza Ed., 1995.

SOR JUANA INÉS DE LA CRUZ
(1648-1695)

Su nombre de pila era Juana de Asbaje, y nació en la Hacienda de San Miguel de Nepantla, en las proximidades de la ciudad de México. A los tres años sabía leer y a los ocho ya componía poemas. En 1665 la virreina de Nueva España invitó a esta niña prodigio para que le sirviera de dama, pero no era la vida cortesana la que le interesaba a Juana, sino la de las letras. En 1669 se hizo monja con el propósito de dedicarse a la vida intelectual y a la religión. Al final de su vida, y por orden suprema, Sor Juana se vio obligada a romper con su vida intelectual y creativa. Víctima de una epidemia declarada en su convento, murió en 1695 mientras ayudaba a sus hermanas del convento.

Su obra literaria se ha clasificado en cuatro partes: lírica personal, villancicos, autos y loas, y en último lugar comedias, sainetes y obras en prosa. La obra poética de Sor Juana se recogió en tres volúmenes: *Inundación castálida* (1689), *Segundo volumen de la obra de Sor Juana Inés de la Cruz* (1691), y *Fama y obra póstuma del Fénix de México, Décima Musa* (1700). La poesía lírica de Sor Juana es de lo mejor de su producción literaria, y en ella hace exhibición de una enorme variedad de formas poéticas: romances, sonetos, liras, redondillas, décimas, etc. Los temas que trata en estos poemas son bastante variados: de amor, filosófico-morales, religiosos, mitológicos y burlescos. Dentro de los poemas filosóficos destaca el *Primero sueño* (1685?), su obra maestra. El poema se compone de 975 versos y narra el viaje alegórico del alma en busca de sí misma y del conocimiento de las leyes del universo.

Sus villancicos, de los que sólo conservamos doce completos, se cantaban durante algunas celebraciones religiosas, y el tema era religioso.

Las loas de Sor Juana son piezas dramáticas de tema religioso, pero hay en ellas referencias a mitos aztecas. De sus tres autos sacramentales el más conocido es *El divino Narciso*, en el que la autora utiliza un tema mitológico, el mito de Narciso, y relaciona a éste con Cristo.

Sus dos comedias profanas, *Los empeños de una casa* (1683) y *Amor es más laberinto* (1689), van acompañadas de loas y sainetes. Las dos son obras de capa y espada y en ellas se puede ver la influencia de Lope de Vega y Calderón, especialmente de este último. De su obra en prosa sólo nos queda el *Neptuno alegórico* y la *Respuesta a Sor Filotea de la Cruz*. La crítica ha comentado que la prosa de esta última obra es de las mejores del Barroco, y se trata de una carta en la que Sor Juana hace una apología de su vida intelectual, completada con algunos datos relativos a sus menesteres intelectuales.

GUÍA DE LECTURA

El primer poema es un soneto –consistente en dos cuartetos y dos tercetos– de tema filosófico-moral en el que la voz poética denuncia el mundo material. Sor Juana se sentía atacada y perseguida por cultivar su excepcional talento literario, y es posible que estas críticas inspiraran a la poetisa mexicana para escribir el presente soneto. En este poema, Sor Juana juega con dos tipos de conceptos, los concretos o materiales, que a veces pasan a cobrar un significado abstracto, y los abstractos, que permanecen invariables. Como es de suponer, la voz poética da preferencia a estos últimos sobre los primeros. El poema plantea a lo largo de la primera, segunda y cuarta estrofas un juego simétrico con varios signos lingüísticos. Esta relación simétrica entre las estrofas se complica cuando uno de sus signos lingüísticos se mueve en dos campos semánticos, es decir, cuando la voz poética introduce un doble significado para un significante.

El tema del segundo poema fue extensamente tratado en la literatura española –Juan de la Encina, Torres Naharro, el Romancero general, y otros–; pero a pesar de ello Sor Juana hace ostentación de su gran talento literario. El poema consiste de una serie de redondillas, con rima "abba," en el que la poetisa mexicana critica la injusta valoración y el carácter ambivalente del hombre hacia la mujer. Por su defensa de la mujer, el poema se considera feminista. En este poema, como es típico en el Barroco, el lector encontrará algunos retruécanos y numerosas antítesis que reflejan el comportamiento contradictorio del hombre hacia la mujer.

🌿   🌿   🌿

Quéjase de la suerte: insinúa su aversion a los vicios y justifica su divertimiento a las Musas

En perseguirme,° Mundo, ¿ qué interesas?
¿En qué te ofendo, cuando sólo intento
poner bellezas en mi entendimiento,°
y no mi entendimiento en las bellezas?
    Yo no estimo° tesoros ni riquezas;   5
y así, siempre me causa más contento
poner riquezas en mi entendimiento
que no mi entendimiento en las riquezas.
    Y no estimo hermosura que, vencida,
es despojo° civil de las edades,   10
ni riqueza me agrada fementida,°
    Teniendo por mejor, en mis verdades,
consumir vanidades de la vida
que consumir la vida en vanidades.

Perseguirme: buscarme
Entendimiento: inteligencia
Estimo: aprecio, valoro

Despojos: desperdicios, basura
Fementida: falsa, engañosa

ANÁLISIS CRÍTICO

1. El apóstrofe es una figura retórica que consiste en la invocación breve, y a veces patética, dirigida a alguien o a algo. ¿Puede identificar algún apóstrofe en este soneto?

2. En el poema existe una correspondencia simétrica entre los dos primeros cuartetos y el último terceto. Señale a través de qué signos lingüísticos se establece esta correspondencia simétrica.

3. El retruécano es una figura retórica que consiste en colocar a continuación de una frase otra en la que se invierten los términos de la primera, dando lugar a un significado completamente distinto. ¿Puede identificar y explicar algunos de los retruécanos que hay en este poema?

4. La voz poética crea un juego dicotómico entre conceptos abstractos y físicos. Explique cómo se manifiesta este juego dicotómico analizando los distintos significados de los términos "bellezas" y "riquezas". Asimismo, explique el doble significado que tiene el verbo "consumir" en los dos últimos versos del soneto.

Arguye de inconsecuentes el gusto y la censura de los hombres que en las mujeres acusan lo que causan

Hombres necios° que acusáis
a la mujer sin razón,
sin ver que sois la ocasión°
de lo mismo que culpáis;
    si con ansia sin igual°   5
solicitáis su desdén,°
¿por qué queréis que obren bien°
si las incitáis° al mal?
    Combatís° su resistencia
y luego, con gravedad,°   10
decís que fue liviandad°
lo que hizo la diligencia.°
    Parecer quiere el denuedo°
de vuestro parecer loco,

Necios: tontos
Ocasión: causa
Si con ansia sin igual: si con extrema
    impaciencia
Solicitáis su desdén: buscáis su desprecio
Que obren bien: que se comporten bien

Incitáis: provocáis
Combatís: lucháis contra
Con gravedad: con seriedad
Liviandad: frivolidad
Diligencia: buenas artes amatorias, persistencia
Denuedo: valor

al niño que pone el coco°   15
y luego le tiene miedo.

    Queréis, con presunción° necia,
hallar a la que buscáis,
para pretendida,° Thais,°
y en la posesión, Lucrecia.°   20

    ¿Qué humor puede ser más raro
que el que, falto de consejo,
él mismo empaña° el espejo
y siente que no esté claro?

    Con el favor y el desdén   25
tenéis condición igual,°
quejándoos, si os tratan mal,
burlándoos, si os quieren bien.

    Opinión, ninguna gana,
pues la que más se recata,°   30
si no os admite,° es ingrata,°
y si os admite, es liviana.

    Siempre tan necios andáis°
que, con desigual nivel,°
a una culpais por cruel   35
y a otra por fácil culpáis,

    ¿Pues cómo ha de estar templada°
la que vuestro amor pretende,°
si la que es ingrata ofende,
y la que es fácil enfada?   40

    Mas, entre el enfado y pena
que vuestro gusto refiere,
bien haya la que no os quiere
y quejaos en hora buena.°

    Dan vuestras amantes penas°   45
a sus libertades alas,
y después de hacerlas malas
las queréis hallar muy buenas.

Coco: ser imaginario que asusta a los niños
Presunción: arrogancia
Pretendida: amante
Thais: cortesana ateniense que acompañó a Alejandro Magno en sus conquistas de Asia. Muerto éste se casó con Tolomeo, rey de Egipto.
Lucrecia: prototipo de la mujer honesta romana. Fue violada por el hijo de Tarquino el Soberbio, rey de Roma, y se dio muerte para reparar su honor.
Empaña: oscurece, nubla

Tenéis condición igual: os comportáis de manera similar
Se recata: se modera, se controla
Admite: complace
Ingrata: desagradecida
Andáis: os comportáis
Con desigual nivel: injustamente
¿Cómo ha de estar templada?: ¿cómo debe actuar o comportarse…?
Pretende: busca
En hora buena: con razón
Penas: dolor

¿Cuál mayor culpa ha tenido
en una pasión errada:°   50
la que cae de rogada,
o el que ruega de caído?
    ¿O cuál es más de culpar,
aunque cualquiera mal haga:
la que peca por la paga   55
o el que paga por pecar?
    Pues, ¿para qué os espantáis°
de la culpa que tenéis?
Queredlas cual° las hacéis
o hacedlas cual las buscáis.   60
    Dejad de solicitar,
y después, con más razón,
acusaréis la afición°
de la que os fuere a rogar.
    Bien con muchas armas fundo°   65
que lidia° vuestra arrogancia,
pues en promesa e instancia°
juntáis diablo, carne y mundo.

ANÁLISIS CRÍTICO

1. ¿Cuál es el tono del poema? ¿De qué manera influyen en este tono el uso de la segunda persona y las interrogaciones retóricas?

2. ¿Qué posición toma la voz poética frente a los hombres? ¿Existe en este poema una defensa a ultranza, incondicional, de la mujer?

3. La antítesis se define como una contraposición de conceptos, ¿qué ejemplos de antítesis encuentra en el poema y qué revelan?

4. ¿Puede indicar y comentar algunos ejemplos de paralelismo en el poema?

5. El uso del retruécano reaparece en este poema. ¿Puede identificar y explicar alguno de estos retruécanos?

6. ¿Cómo interpreta el último verso del poema? Relaciónelo con los tres precedentes.

Errada: equivocada
Espantáis: tenéis miedo
Cual: como
Afición: afecto

Fundo: Deduzco, fundamento
Lidia: pelea, lucha
Instancia: solicitud

ENSAYO

1. Lea otros sonetos de tipo filosófico–moral de Sor Juana Inés de la Cruz y estudie cuál es la posición de la autora frente a conceptos como lo efímero o las vanidades de la vida. Puede tomar como ejemplos los sonetos titulados "Procura desmentir los elogios que a un retrato de la Poetisa inscribió la verdad, que llama pasión", y "En que da moral censura a una rosa, y en ella a sus semejantes".

2. Lea *La respuesta a Sor Filotea de la Cruz* y comente cómo Sor Juana apoya el derecho de la mujer a la vida intelectual y la cultura.

BIBLIOGRAFÍA

Arenal, Electa y Stacey Schlau, eds. *Untold Sisters: Hispanic Nuns in their Own Works*. Trad. Amanda Powell. Albuquerque: U of New Mexico P, 1989.

Bénassy Berling, Marie Cécile. *Humanismo y religión en Sor Juana Inés de la Cruz*. México: UNAM, 1983.

Cruz, Sor Juana Inés de la. *Obras completas*. 4 Vols. Eds. Alfonso Méndez Plancarte y Alberto G. Salceda. México: FCU, 1951–1957

Merrim, Stephanie, ed. *Feminist Perspectives on Sor Juana Inés de la Cruz*. Wayne, MI.: Wayne State UP, 1991.

Paz, Octavio. *Sor Juana Inés de la Cruz o las trampas de la fe*. México: Fondo de Cultura Económica, 1982.

Sabat–Rivers, Georgina. *Estudios de literatura hispanoamericana. Sor Juana Inés de la Cruz y otros poetas Barrocos de la colonia*. Barcelona: PPU, 1992.

Siglo XVIII. El Rococó y el Neoclasicismo

En el siglo XVIII se produce el ocaso del Barroco y surgen dos nuevos movimientos: el Rococó y el Neoclasicismo. El Rococó, de influencia francesa, dura medio siglo, hasta 1750, y antecede al Neoclasicismo. El recargamiento ornamental del Barroco disminuye en el Rococó, un estilo caracterizado por la delicadeza, refinamiento, preciosismo, cierta elegancia, superficialidad y artificiosidad. A diferencia del Barroco, con su énfasis en el carácter efímero de la vida, en el Rococó se subraya el deseo y el encanto de vivir, así como el disfrute de todo lo que nos ofrece la vida. Con posterioridad al Rococó aparece el Neoclasicismo, un movimiento que, como el Renacimiento, buscará su inspiración y modelos en la época clásica. Ni en uno ni en otro movimiento encontramos grandes escritores de interés.

POESÍA

La poesía del Rococó es extremadamente artificiosa y vacía, y esta preocupación por la forma no va acompañada, desafortunadamente, de un reflejo del espíritu o de sentimientos humanos. En México destacan Juan José de Arriola, autor de las *Décimas de santa Rosalía* (1766), y Cayetano Cabrera Quintero, autor de *Himeneo celebrado* (1723), en donde ocasionalmente mezcla versos en español y latín. También se podría destacar al colombiano Francisco A. Vélez Ladrón, cuya poesía recrea el ambiente frívolo de la corte.

La corriente neoclásica cuenta, en el siglo XVIII, con el mexicano Diego José Abad, traductor de las *Églogas* de Virgilio y autor de un poema religioso en latín, *Heroica de Deo Carmina* (1769). Otro nombre que merece mención es el del guatemalteco Rafael Landívar, autor de *Rusticatio mexicana* (1781–1782), poema en latín que describe la naturaleza mexicana. La lírica neoclásica tiene en el mexicano Fray Manuel de Navarrete a su mejor representante. Su poesía, recopilada y publicada bajo el título de *Entretenimientos poéticos* (1823), toca generalmente temas relacionados con el amor, pero ya se encuentra en la poesía de Navarrete algunas de las características del Romanticismo. De interés es también la poesía del peruano Esteban de Terralla, autor de una obra, *Lima por dentro y por fuera* (1797), en la que satiriza, como hiciera tiempo antes Caviedes, la sociedad peruana de su tiempo.

PROSA

En el siglo XVIII domina la prosa didáctica y las obras de carácter científico. Cabe destacar la obra de Francisco E. Santa Cruz y Espejo, ecuatoriano. Además de escribir varias obras de tema científico y algunos sermones, Espejo publicó el periódico *Primicias de la cultura de Quito* (1792), y dos libros de diálogos satíricos, *El nuevo Luciano de Quito* (1779) y *La ciencia blancardia* (1780). En uno de sus escritos, "Ensayo sobre determinar los caracteres de la sensibilidad", Espejo anticipa uno de los temas cardinales de la narrativa latinoamericana, el de la dicotomía civilización/barbarie. Un escritor que se solidarizó con las ideas de la Ilustración y que mostró un profundo interés en los estudios científicos fue el mexicano José Antonio Alzate, autor de *Observaciones sobre la física, historia natural y artes útiles* (1787).

En el siglo XVIII hay un desplazamiento de la crónica por la historia. Los historiadores de la Ilustración, a diferencia de los cronistas, son mucho más imparciales y objetivos en la interpretación de los hechos históricos, y dejan de lado lo anecdótico y personal para aplicar un método científico al estudio de la historia. Un lugar importante entre los historiadores lo ocupa el jesuita mexicano Francisco Javier Clavijero, considerado uno de los primeros historiadores hispanoamericanos. Clavijero es autor de una *Historia antigua de México* (1780) en la que estudia y defiende las antiguas culturas precolombinas. Una de las pocas obras narrativas de este período es *La portentosa vida de la muerte* (1792), del mexicano Joaquín Bolaños, centrada en la visita que hace la muerte a algunas personas. La crítica ha comentado que algunos episodios de esta novela son un anticipo de la novela picaresca de Fernández de Lizardi, que estudiaremos a continuación. Una de las obras narrativas más relevantes de este siglo es *El lazarillo de ciegos caminantes* (1773), del español Alonso Carrió de la Vandera, publicada bajo el seudónimo de Concolorcorvo. La obra sigue el modelo de la novela picaresca y en ella se da cita la información histórica con la sociológica y la geográfica. Esta novela, la primera en describir al gaucho, hace una dura crítica contra los administradores españoles en Lima.

La segunda mitad del siglo XVIII marca el inicio del periodismo. Primeramente aparecieron las *Gacetas*, utilizadas para informar sobre los avances científicos; y poco después se empiezan a incluir en ellas obras de creación artística. Juan I. María de Castorena fue el primer periodista mexicano, y en 1722 fundó la *Gaceta de México*. Lo mismo que en México, los demás países hispanoamericanos fundaron sus respectivas gacetas.

TEATRO

El teatro hispanoamericano del siglo XVIII se debate entre la influencia del teatro Barroco español y la del neoclásico francés. El primero en imitar el teatro francés fue el peruano Pedro Peralta Barnuevo. Su comedia *La Rodoguna* (1710) está inspirada en una obra de Corneille, y la loa y el entremés que acompañan a aquélla reciben la influencia de Molière. Sus dos comedias, *Triunfos de amor y poder* (1711) y *Afectos vencen finezas* (1720), pertenecen al Barroco. La primera es de tema mitológico, y la segunda una imitación de Calderón. La obra del mexicano Eusebio Vela pertenece mayormente al siglo anterior. En su obra *Apostolado en las Indias* dramatiza la historia de un cacique que ordena la muerte de su hijo por abrazar la fe cristiana. Sus obras *Si el amor excede al arte* y *La pérdida de España* tratan un tema mitológico e histórico respectivamente.

Capítulo III

Siglo XIX
Independencia y Emancipación

Introducción histórico–cultural

Durante el reinado de Carlos III, 1759–1788, se introdujeron algunas reformas con las que el monarca español trataba de mejorar la situación política y económica de las colonias. Carlos III le quitó a Sevilla el monopolio comercial con América, creó dos nuevos virreinatos –el de Nueva Granada y el del Río de la Plata–, apoyó la creación de nuevas industrias, impulsó el desarrollo de la agricultura y ganadería, bajó los impuestos, luchó contra el exceso de autoridad y la corrupción de los gobiernos locales, creó unas fuerzas militares para la defensa y protección de las colonias, eliminó las encomiendas y, en perjuicio de las colonias, decretó la expulsión de los jesuitas (1767). A pesar de estas reformas, hubo varias rebeliones contra las autoridades coloniales, siendo la más importante la dirigida por Túpac Amaru (1780–1781). Túpac Amaru era un cacique de ascendencia incaica que se opuso a la tiranía de los corregidores, pero su rebelión fue sofocada por los españoles. Al margen de los problemas internos, hubo dos acontecimientos internacionales que amenazaron el poder absoluto de los monarcas y el monopolio comercial con las colonias: la independencia de EE.UU en 1776 y la Revolución Francesa de 1789. Otro de los factores que contribuyó a la creación de una conciencia independentista fue el de las ideas de la Ilustración. En este período, muchos criollos se familiarizaron con las ideas políticas, sociales y económicas de la Ilustración que florecían en Europa, y en la base de estas ideas había una defensa de la razón, la igualdad y el progreso de los pueblos. Asimismo, muchos hispanoamericanos apoyaban el sistema del *despotismo ilustrado*, según el cual una minoría culta gobernaba para el pueblo. Los criollos fueron los que primeramente levantaron su voz contra el sistema imperialista español para quejarse del monopolio comercial, el exceso de impuestos, la corrupción política, la pobreza, la enorme diferencia entre las clases sociales, y la censura ideológica. Estas condiciones opresivas, unidas al reconocimiento de las colonias de que España había perdido el poder para gobernar sus destinos, hace que a principios del siglo XIX se produzcan las guerras por la independencia.

LOS LIBERTADORES

El precursor de los movimientos independistas hispanoamericanos fue el venezolano Francisco de Miranda (1756–1816). Miranda fue un oficial del ejército español que había participado en las luchas independistas norteamericanas contra los ingleses y en la Revolución Francesa de 1789. En 1797 fundó en Londres la *Logia Americana*, una asociación comprometida en la lucha por la independencia de Hispanoamérica. Miranda intentó liberar a su país en dos ocasiones, pero fracasó y murió en la cárcel. Con la invasión napoleónica de España (1807), Hispanoamérica contará con la mejor oportunidad para justificar su lucha independentista. El rey español Fernando VII se vio obligado por Napoleón a ceder el trono al hermano de éste, José Bonaparte; pero Venezuela, Nueva Granada y el Río de la Plata no aceptaron al nuevo gobernante de la metrópoli. Los criollos hispanoamericanos argumentaban que ellos estaban unidos a la corona española, y que al faltar el rey, Fernando VII, el poder recaía en los pueblos hispanoamericanos. Con este pretexto, y por los motivos anteriormente señalados, se inicia la lucha por la independencia de Hispanoamérica. Los líderes más destacados de esta lucha independentista son: Simón Bolívar, José de San Martín, Miguel Hidalgo y José María Morelos.

Simón Bolívar nació en Caracas –Venezuela– en el seno de una familia adinerada. Sirvió como oficial del ejército español y viajó extensamente por Europa y Estados Unidos. En 1810 regresa a Venezuela para comenzar la lucha por la independencia de su país. Vence a los realistas –españoles– en 1813 y es proclamado "Libertador". Bolívar extiende sus campañas militares y derrota a los realistas para entrar en Bogotá en 1819. Aquí anuncia la formación de la República de la Gran Colombia, constituida por los territorios de Nueva Granada, Venezuela y Quito. En 1823 toma la ciudad de Lima, y con la victoria de Ayacucho en 1824 concluye la liberación de Sudamérica. En sus campañas militares contra los españoles logró la liberación de Venezuela, Colombia, Ecuador y Bolivia. El sueño de Bolívar era crear una república americana confederada, pero su plan fracasó.

José de San Martín era argentino y, lo mismo que Bolívar, sirvió en el ejército español. A su regreso a Argentina organizó el "Ejército de los Andes" y libertó a Argentina, Chile y el Perú. San Martín acordó con Bolívar dejar sus tropas al mando de éste, quien, en compañía de su lugarteniente Antonio José de Sucre, se encargaría de completar el proyecto de liberación de Hispanoamérica. San Martín no quiso participar en las luchas políticas que vivieron los países hispanoamericanos tras su independencia, y se retiró a Francia para vivir los últimos años de su vida en la pobreza.

El padre Miguel Hidalgo organizó en 1810 un ejército formado por criollos, mestizos e indios y tomó varias ciudades de México, pero fue derrotado por los españoles en 1811. Hidalgo buscó ayuda de EE.UU, pero antes de llegar al país vecino fue capturado por los españoles y ejecutado. A Hidalgo se debe la abolición de la esclavitud y el reparto de tierras entre los indios. De los líderes independentistas que prosiguieron la campaña militar en la Nueva España el más destacado fue otro cura, José María Morelos. Morelos fue el promotor del congreso de Chilpancingo, en el que se declaró la independencia de México (1813). En 1815 Morelos fue apresado y ejecutado por los españoles.

Salvo Cuba y Puerto Rico, que no logran su independencia hasta 1898, los restantes países de Hispanoamérica se van independizando de 1813 a 1830. Paraguay y México lo hacen en 1813, las Provincias Unidas del Río de la Plata en 1816, Chile en 1817, Perú y Santo Domingo en 1821, la Capitanía General de Guatemala –lo que hoy es El Salvador, Honduras, Nicaragua, Costa Rica y Guatemala– en 1823,

Bolivia en 1825, el Uruguay en 1828; Venezuela, Colombia y Ecuador entre 1829 y 1830, y Cuba y Puerto Rico en 1898.

EL CAUDILLISMO

Terminadas las guerras de independencia, Hispanoamérica pasa por un período de inestabilidad en todos los órdenes: político, económico y social. Uno de los problemas se debía a la inexperiencia política y administrativa de los criollos, los cuales gobernaron sin llevar a las nuevas naciones a una verdadera democracia. A este problema se sumaban las enormes diferencias entre las clases sociales y los intereses económicos y políticos, lo que da lugar a la formación y enfrentamiento entre dos grupos políticos: los liberales y los federales. Los primeros se oponían a la iglesia y trataban de gobernar el país desde la capital; mientras que los segundos, formados por ricos hacendados, defendían sus propios intereses económicos. La lista de caudillos es muy larga, pero merecen especial mención el argentino Juan Manuel de Rosas y el general Antonio López de Santa Anna.

Juan Manuel de Rosas gobernó autoritariamente en Argentina por 20 años. Fundó el movimiento federal en su país, impulsó la enseñanza religiosa, y creó una organización policial, llamada *La Mazorca*, que cometió toda clase de crímenes contra la sociedad. Fue derrocado por otro caudillo, Urquiza, y se refugió en Inglaterra. En México cabe destacar al general Santa Anna, quien gobernó el país, con algunas interrupciones, de 1823 a 1855, fecha ésta en la que es derrotado por Benito Juárez. Santa Anna organizó el país en estados federales, se puso del lado de la iglesia en su lucha contra los liberales, y fue derrotado por los norteamericanos en 1836. Un nuevo conflicto de México con EE.UU concluye con la firma del Tratado de Guadaluque, por medio del cual México pierde Texas, Arizona, Nuevo México, California y otros territorios que hoy día constituyen parte de los estados de Utah, Nevada y Colorado. En la segunda parte del siglo XIX, estos dictadores ceden el paso a otros no menos autoritarios e incompetentes. Basta citar a Mariano Melgarejo, quien gobernó despóticamente en Bolivia de 1864 a 1883, en Ecuador lo hizo Gabriel García Moreno (1861–1875), y en Paraguay Carlos A. López (1844–1862), a quien sucede su hijo (1862–1870).

En la segunda mitad del siglo XIX la mayor parte de los países hispanoamericanos se ven influidos, tanto a nivel político como económico, por las ideas liberales. En México y Argentina tienen lugar acontecimientos históricos de gran trascendencia. De 1853 a 1886 Argentina inicia su organización política y se transforma en una nación moderna. Se promulga la constitución de 1853, se termina la conquista de Patagonia, que estaba controlada por los indios, se emprenden importantes obras públicas, se trazan nuevas vías de comunicación y transporte, se acelera la producción agrícola y ganadera, se impone la enseñanza primaria obligatoria y gratuita, y se permite la entrada de grandes cantidades de inmigrantes.

En México aparece una de las más importantes figuras de su historia: Benito Juárez. Juárez, de ascendencia indígena e ideas liberales, se enfrentó a los conservadores en la contienda conocida como la "Guerra de la Reforma" (1858–1860). Antes de finalizar dicha guerra, Juárez redactó las Leyes de la Reforma (1859), por medio de las cuales se nacionalizaban las propiedades de la iglesia, se defendía la libertad de culto y se aprobaba el matrimonio civil. En 1861, y debido a la crisis económica del país, Juárez decidió suspender el pago de su deuda pública. Francia, perjudicada en sus intereses, decidió intervenir militarmente y colocar como emperador de México en 1864 al archiduque Maximiliano de Austria, quien sería derrotado y mandado fusilar por Juárez pocos años después. En 1876, y tras un golpe de estado, toma el poder Porfirio Díaz. Díaz gobernó hasta 1911, y durante este período, conocido como el *porfiriato*, México prosperó económicamente: se estimularon la inversión extranjera y la industrialización del país, se construyeron caminos, y se modernizó el sistema de enseñanza. Pero Porfirio favoreció a los grandes terratenientes y se olvidó del creciente número de campesinos pobres. La generalización del descontento popular dio paso a la Revolución Mexicana, y el líder de ésta, Francisco Madero, terminó haciéndose con la presidencia.

Otro de los acontecimientos históricos importantes de este siglo fue la Guerra de la Triple Alianza (1865–70). El provocador de esta guerra fue Paraguay, quien no aceptaba la interferencia de Brasil en los asuntos internos de Uruguay. Paraguay le declaró la guerra a Brasil, pero este país se alió con Argentina y Uruguay para derrotar a Paraguay. Además de perder la guerra, Paraguay perdió parte de su territorio y una gran cantidad de su población. Otro acontecimiento histórico relevante fue la Guerra del Pacífico (1879–1883), en la que se enfrentaron Perú y Bolivia contra Chile. La causa de esta guerra se debe a que Bolivia, rompiendo un tratado con Chile, exigió que este país pagara un impuesto por la importación de sus nitratos. Chile ocupó Antofagasta, la región productora de nitratos. Perú, que tenía un tratado de alianza con Bolivia, buscó la solución al conflicto, pero Chile declaró la guerra a los dos países. Con la victoria de Chile, Bolivia perdió la rica región minera de Antofagasta y con ella una salida al mar, y Perú perdió algunos territorios al sur de su país. Otro de los focos conflictivos se sitúa en Cuba, en donde se percibía un fuerte clima revolucionario desde mediados del siglo XIX. El Congreso de Estados Unidos apoyó el deseo independentista de Cuba, y debido a ello estalla la guerra entre España y Estados Unidos en 1898. España perdió la guerra y con ello las últimas colonias en Hispanoamérica y el Pacífico: Cuba, Puerto Rico y Filipinas.

LAS ARTES PLÁSTICAS

Las artes plásticas del siglo XIX se caracterizan por un rechazo de todo lo español y una imitación de modelos franceses e italianos. En arquitectura se sigue el estilo neoclásico, con líneas simples y el uso de columnas griegas. El estilo neoclásico se puede apreciar en las catedrales de Lima, América Central y del sur, y en muchos edificios gubernamentales y privados. La influencia francesa se percibe claramente en la fachada de la catedral de Buenos Aires y en otras ciudades hispanoamericanas, como Santiago de Chile, Caracas y Montevideo. A diferencia de las otras artes, no podemos dar un salto del Neoclasicismo al Romanticismo porque éste no existió en arquitectura.

En pintura se siguieron principalmente dos fuentes de inspiración, algunos pintores la buscaron en el arte popular o en temas costumbristas, mientras que otros volvieron su mirada a Europa para crear un tipo de pintura más academicista. Destacan los argentinos Prilidiano Pueyrredón (1823–1870) y Ángel della Valle (1852–1903) por sus excelentes retratos de personalidades famosas de su tiempo, sus paisajes y escenas costumbristas. En Uruguay merece mención Juan Manuel

Blanes (1830–1901) por sus cuadros de tema histórico y escenas gauchescas, y en México José María Velasco (1840–1912) por sus cuadros paisajísticos. Por estas fechas, numerosos pintores de Europa visitaron Hispanoamérica buscando inspiración en su geografía, tipos y costumbres autóctonos.

CUESTIONARIO

1. ¿Qué medidas llevó a cabo el rey borbón Carlos III con el fin de mejorar la situación político-económica de las colonias?

2. ¿Qué acontecimientos internacionales amenazan el poder supremo del rey y el monopolio comercial de España con las colonias?

3. ¿Qué ideas extranjeras influyen en la creación de una conciencia independentista?

4. ¿Qué quejas tenían los criollos del sistema imperialista español?

5. ¿Cuál era el sueño de Bolívar?

6. ¿Qué medidas políticas tomó el Padre Hidalgo en favor de los indios?

7. ¿A qué problemas se ve enfrentada Hispanoamérica una vez finalizada la guerra de independencia?

8. ¿Qué diferencias existían entre los liberales y los federales?

9. ¿Qué implicaciones tuvo para México la firma del Tratado de Guadalupe?

10. ¿Qué propuso Juárez en las Leyes de la Reforma?

11. ¿Quiénes se enfrentan, y por qué motivos, en las guerras de la Triple Alianza y del Pacífico?

12. ¿Qué peculiaridades tiene el estilo neoclásico hispanoamericano en arquitectura?

IDENTIFICAR

1. Túpac Amaru

2. Francisco de Miranda

3. El Libertador

4. José de San Martín

5. José María Morelos

6. Juan Manuel de Rosas

7. Santa Anna

8. Maximiliano de Austria

9. Juan Manuel Blanes

10. José María Velasco

BIBLIOGRAFÍA

Kattán–Ibarra, Juan. *Perspectivas culturales de Hispanoamérica*. Lincolnwood: National Textbook Company, 1995.

Loprete, Carlos A. *Iberoamérica. Historia de su civilización y cultura*. Englewood Cliffs: Prentice Hall, 1995.

Robertson, William Spence. *Rise of the Spanish American Republics*. Nueva York: Frederick A. Preaeger, 1961.

Salcedo–Bastardo, J. L. *Simón Bolívar: The Hope of the Universe*. Paris: UNESCO, 1983.

Waldman, Peter y Ulrich Zelinsky. *América Latina: Síntesis histórica, política, económica y cultural*. Barcelona: Ed. Herder, 1984.

❦ ❦ ❦

Introducción literaria
El Neoclasicismo

Los movimientos independentistas hispanoamericanos coinciden con el ocaso del Barroco y Rococó y con el nacimiento de una nueva corriente literaria: el Neoclasicismo. En el Neoclasicismo se busca el progreso de la sociedad, y se privilegia la razón, el estudio de las ciencias, el didacticismo, el orden, y las formas simétricas. Salvo muy raras excepciones, la literatura de este período no brilla por su calidad. El Neoclasicismo abarca las últimas décadas del siglo XVIII y las primeras del siglo XIX, y los escritores de esta tendencia buscan inspiración en la literatura greco–latina y en autores europeos neoclásicos.

POESÍA NEOCLÁSICA.

Desde el punto de vista formal, los poetas neoclásicos muestran predilección por el verso endecasílabo y estrofas como la oda y la silva. Y desde el punto de vista temático se cultivan principalmente tres tipos de poesía: poesía lírica sobre el amor, temas bíblicos y mitológicos; poesía centrada en el paisaje o tipos locales; y poesía patriótica. A estos temas hay que añadir el nacimiento de un nuevo tipo de poesía en el Río de la Plata (Argentina y Uruguay): la poesía gauchesca.

Uno de los escritores que marca la transición del Rococó al Neoclasicismo es el mexicano Fray José Manuel de Navarrete (1768–1809). De su lírica, publicada póstumamente, se pueden destacar sus *Poemas inéditos* (1929) y *Poesías profanas* (1939). Su poesía profana, de mayor calidad que la sacra, trata temas amorosos y pastoriles. Ya dentro del Neoclasicismo, uno de los primeros representantes es el argentino Manuel José de Lavardén (1754–1809?). Lavardén, uno de los fundadores del periódico rioplatense *El Telégrafo Mercantil*, es autor de una *Sátira* (1786) en la que subraya el espíritu competitivo que reina entre los poetas de Lima y Buenos Aires. En su *Oda al Paraná* (1801), Lavardén hace alusión a los beneficios económicos que puede reportar el río a la región.

En cuanto al género gauchesco, cabe señalar que los protagonistas de la poesía gauchesca, y de las obras en prosa de género similar, son los gauchos. Sobre su origen y costumbres existen varias teorías. Según unos, los gauchos aparecen hacia el siglo

XVIII, sus antecedentes eran criollos, constituía un grupo social que había elegido la vida nómada, trabajaba principalmente como pastores y había renunciado a la propiedad y a la formación de un hogar estable. Otros investigadores, en cambio, opinan que el gaucho era mestizo y que vivía del robo de ganado. El creador del género gauchesco es el uruguayo Bartolomé Hidalgo (1788–1822). Hidalgo vivió la mayor parte de su vida en Buenos Aires, donde se ganaba la vida componiendo y vendiendo *cielitos* gauchescos. Los *cielitos* eran breves poemas en los que un gaucho exponía sus ideas políticas de contenido patriótico. Estaban escritos en lenguaje popular y no faltaba la crítica contra los españoles. De los *cielitos* pasó al cultivo de los *Diálogos*, más importantes que los anteriores, en los que dos gauchos, Chano y Contreras, nos dan una cómica semblanza de algunos acontecimientos contemporáneos o del pasado histórico de su país.

Otra modalidad poética que florece en el Neoclasicismo es la de la fábula, utilizada por los fabulistas para criticar a los gobiernos por los problemas políticos, económicos y sociales que sufrían los pueblos hispanoamericanos. Uno de los más destacados fabulistas es el ecuatoriano Rafael García Goyena (1766–1823), autor de *Fábulas y poesías varias* (1825).

Como ocurre con la mayor parte de los escritores del Neoclasicismo hispanoamericano, la poesía del ecuatoriano José Joaquín de Olmedo (1780–1847) es revolucionaria, antiespañola, y centrada en temas americanos. Su oda *La victoria de Junín: canto a Bolívar* (1825) es un elogio al libertador venezolano, pero en su poema *Al General Flores, vencedor de Miñarica* (1835) se lamenta de la inestabilidad política y las guerras civiles por las que están pasando las nacientes repúblicas hispanoamericanas.

TEATRO NEOCLÁSICO

El teatro neoclásico no contó con grandes dramaturgos. En los primeros treinta años del siglo XIX se combina la representación de obras de España o traducciones de dramaturgos italianos, con obras locales de carácter patriótico que invitaban a la lucha por la independencia. El mejor dramaturgo de este período es el mexicano Manuel Eduardo de Gorostiza (1789–1851), autor de varias comedias. En sus obras mezcla temas representativos del Neoclasicismo con temas americanos. Cabe destacar su *Indulgencia para todos* (1825), *Tal para cual* (1822), y sobre todo *Contigo pan y cebolla* (1833). Lo mismo que en la novela, el teatro hispanoamericano volvió su mirada a las culturas indígenas y sacaron de ellas protagonistas para algunos de sus dramas. Uno de los primeros dramaturgos en explorar esta veta indígena fue el colombiano José Fernández Madrid (1789–1830), autor de *Guatimoc* (1827). La tragedia muestra la prisión y sufrimiento de Cuauthémoc, último emperador azteca, antes de que Hernán Cortés lo mandara matar.

PROSA NEOCLÁSICA

Durante el Neoclasicismo hay un auge del periodismo y del ensayo, y nace la novela realista con la publicación de *El periquillo Sarniento* (1816) por el mexicano José Joaquín Fernández de Lizardi. Algunos críticos, sin embargo, opinan que la novela hispanoamericana nació con el peruano Pablo de Olavide (1725–1803), quien, además de novelista, era filósofo, dramaturgo y poeta. Como novelista es autor de varias novelas breves, publicadas póstumamente en 1828. Salvo *Teresa o el terremoto de Lima,* sus novelas recrean ambientes españoles, y los argumentos morales que predominan tratan de justificar que la virtud es la norma de conducta del individuo y de la sociedad. No obstante lo cual, en sus novelas predomina la idealización de la realidad sobre el reflejo fiel de la misma. Por esta razón, y por los ambientes que trata, debemos considerarlo más como precursor que como creador de la novela latinoamericana.

Una de las figuras más destacadas de la ilustración hispanoamericana fue el venezolano Andrés Bello (1781–1865). Bello era un verdadero humanista, con una enorme cultura y un profundo conocimiento de las humanidades. Vivió 20 años en Inglaterra, en donde publicó dos revistas, y a su regreso a Hispanoamérica desempeñó importantes cargos públicos en Chile, entre ellos el de rector de la universidad de Chile. La obra enciclopédica de Bello incluye filosofía, crítica literaria, historia, educación, filología, gramática y poesía. En filosofía destaca su obra *Filosofía del entendimiento* (1881). Aunque Bello, junto con otros intelectuales, luchó para que Hispanoamérica se independizara estéticamente de España, al mismo tiempo trató de mantener el español como lengua única de Hispanoamérica y, a este efecto, publicó una excelente gramática, *Gramática de lengua castellana* (1847). Además, Bello publicó un periódico, *El Araucano,* un importante estudio sobre el *Poema del Cid* y ensayos sobre la cultura hispanoamericana. En su poesía, neoclásica con elementos prerrománticos, revela ideas en favor de la paz, el trabajo y el progreso de América. De sus célebres silvas merece especial mención la "Silva a la agricultura en la zona tórrida," en la que ofrece un comentario sobre los distintos productos agrícolas de América, y en la que propone una vuelta a la naturaleza, al trabajo de la tierra, al mundo ordenado de la selva, y un rechazo de la vida urbana.

Durante la Ilustración nace la novela histórica de tema indianista, y la primera en este género es *Jicoténcal* (1826), de autor anónimo. La novela relata los amores de un general tlaxcalteca con una bella india, Teutila, que también era pretendida por Hernán Cortés y sus capitanes. Al final, Cortés ordena ahorcar a Jicoténcal y Teutila se envenena. Pero, sin lugar a dudas, la aportación narrativa más destacada de este período neoclásico es la de Lizardi.

CUESTIONARIO

1. ¿Qué características se asignan al Neoclasicismo?
2. ¿A qué temas se dan preferencia en la poesía neoclásica?
3. ¿Cuál es uno de los temas principales de la *Sátira* de Lavarden?
4. ¿Cuáles son el origen y algunas de las costumbres de los gauchos según las distintas teorías?
5. ¿De qué tratan los *Diálogos* de Bartolomé Hidalgo?
6. ¿Con qué propósito escribían los poetas sus fábulas?

7. ¿Cuál es el tema de la tragedia *Guatimoc*?

8. ¿Qué argumentos predominan en las novelas de Pablo de Olavide?

9. ¿De qué trata la "Silva a la agricultura en la zona tórrida"?

IDENTIFICAR

1. El *Telégrafo Mercantil*

2. Bartolomé Hidalgo

3. José Joaquín de Olmedo

4. Manuel Eduardo de Gorostiza

5. El Araucano

6. Jiconténcal

BIBLIOGRAFÍA

Carilla, Emilio, ed. *Poesía de la independencia*. Caracas: Biblioteca Ayacucho, 1979

---. *La literatura de la independencia hispanoamericana*. 2a. ed. Buenos Aires: Eudeba, 1968.

Lazo, Raimundo. *Historia de la literatura hispanoamericana*. 2 Vols. México: Ed. Porrúa, 1989.

Leal, Luis. *Breve historia de la literatura hispanoamericana*. New York: Alfred A. Knopf, 1971.

Oviedo, José Miguel. *Historia de la literatura hispanoamericana. 1. De los orígenes a la emancipación*. Madrid: Alianza Editorial, 1995.

JOSÉ JOAQUÍN FERNÁNDEZ DE LIZARDI

(1776-1827)

José Joaquín Fernández de Lizardi, natural de México, era un ilustrado que difundía sus ideas liberales a través de un periódico fundado por él, *El Pensador Mexicano* (1812-1814), y como colaborador en otros periódicos. Lizardi atacó en su periódico las injusticias cometidas por el gobierno español, y éste reaccionó encarcelándolo unos meses. En realidad, la prosa periodística y la de su ficción van de la mano, y en ambas Lizardi trataba de realizar un comentario crítico sobre la realidad social mexicana de su tiempo. Se le considera el creador de la novela hispanoamericana, y los temas tratados en sus novelas eran los típicos del Neoclasicismo: la importancia de la educación, el progreso y la moral, el papel de la iglesia, crítica de los vicios y corrupción sociales, y la igualdad entre todos los hombres. Lizardi es autor de varias novelas en las que sigue el gusto picaresco. En una de ellas, *La Quijotita y su prima* (1819), trata el tema de la mala educación que se da a la mujer. En *Don Catrín de la Fachenda* (1825), de gusto picaresco como la anterior, nos presenta a un noble que odia el trabajo y termina descendiendo a lo más bajo socialmente. Su obra maestra, no obstante, es *El Periquillo Sarniento* (1816), novela que salió por entregas y que sigue algunos de los convencionalismos de la novela picaresca, tales como su forma seudoautobiográfica, el carácter episódico del relato, los servicios de Periquillo a varios amos, y el desplazamiento espacial. En este sentido, la acción narrativa se desarrolla en varios lugares: la ciudad de México y sus aledaños, Acapulco, Tula, Río Frío, en las islas Filipinas y en una isla imaginaria a la que llega como náufrago. La novela trata de un niño pícaro que relata, entre otras, las aventuras de su vida como estudiante, jugador, curandero, escribano, y soldado, al tiempo que va descendiendo en la escala social. Este pícaro, narrador-protagonista de la novela, se llama Pedro, pero lo apodan *Periquillo* por vestir una chaqueta verde y unos pantalones amarillos que le hacían parecer un papagallo, y *Sarniento* por haber padecido de sarna cuando era niño. Uno de los problemas que tiene el protagonista de la novela es el no haber recibido una educación, y al final de la novela lo vemos ya como hombre maduro y experimentado de la vida que escribe la obra en un intento por instruir a sus hijos para que eviten su mismo destino. Desde el punto de vista de la lengua, la obra presenta una gran variedad de registros lingüísticos: expresiones populares, términos indígenas, y jergas de distintas profesiones. Con Periquillo, el lector se adentra en centros sociales como la escuela, conventos, cárceles, tabernas, hospitales, calles, etc. A través de este viaje por las distintas instituciones sociales de México, de la galería de personajes que se da cita en la obra, y de los oficios que ejerce Periquillo, el lector puede entender el retrato que hace Lizardi de la sociedad mexicana de su tiempo: corrupta, decadente y atrasada. Esta es una obra densa, repleta de citas bíblicas, referencias bibliográficas, largas digresiones moralizadoras y numerosos comentarios relativos a la educación, filosofía, farmacia, física y otras ciencias.

Como dramaturgo escribió nueve obras de temas variados. Dentro de sus obras históricas se puede mencionar *El grito de libertad en el pueblo de Dolores* (1827), pero como dramaturgo sus obras no tuvieron mucho éxito. A pesar de que cultivó la poesía, y escribió un libro de *Fábulas* (1817), como poeta tampoco llegó a sobresalir.

❦ ❦ ❦

El Periquillo Sarniento

GUÍA DE LECTURA

En los capítulos que preceden al que hemos seleccionado, se narra el nacimiento de Periquillo en el seno de una familia de clase media baja, su crianza por unas nodrizas, y la educación que recibe en la escuela hasta llegar al colegio. En el presente capítulo, el protagonista nos refiere con espíritu crítico el tipo de estudios que sigue en el colegio. No debemos olvidar que una de las razones por las que Lizardi escribió esta novela era la de criticar y mejorar el sistema educativo de su país. Lo mismo que en el resto de la novela, en este capítulo se pueden ver algunas digresiones moralizadoras y una indicación de sus conocimientos humanísticos –filosofía, educación, física, gramática, o latín. También podemos ver cómo se alternan en el relato la acción narrativa y la reflexión, y cuál es uno de los propósitos que empuja al narrador a escribir su obra.

❦ ❦ ❦

Capítulo V

Escribe Periquillo su entrada al curso de artes; lo que aprendió; su acto general, su grado y otras curiosidades que sabrá el que las quisiere saber

Acabé mi gramática, como os dije, y entré al máximo y más antiguo colegio de San Ildefonso, a estudiar filosofía, bajo la dirección del doctor don Manual Sánchez y Gómez, que hoy vive para ejemplar° de sus discípulos. Aún no se acostumbraba en aquel ilustre colegio, seminario de doctos y ornamento en ciencias de su metrópoli, aún no se acostumbraba, digo, enseñar la filosofía moderna en todas sus partes; todavía resonaban en sus aulas° los *ergos*° de Aristóteles. Aún se oía discutir sobre el *ente de razón, las cualidades ocultas y la materia prima*, y esta misma se definía con la explicación de la nada, *nec est quid*,° etc. Aún la física experimental no se mentaba° en aquellos recintos,° y los grandes nombres de *Cartesio, Newton, Muschembreck* y otros eran poco conocidos en aquellas paredes que han depositado tantos ingenios célebres y únicos, como el de un Portillo. En fin, aún no se abandonaba enteramente el sistema peripatético° que por tantos siglos enseñoreó° los entendimientos más sublimes de la Europa, cuando mi sabio maestro se atrevió el primero a manifestarnos el camino de la verdad sin querer parecer singular, pues escogió lo mejor de la lógica de Aristóteles y lo que le pareció más probable de los autores modernos en los rudimentos° de física que nos enseñó; y de este modo fuimos unos verdaderos eclécticos, sin adherir caprichosamente a ninguna opinión, ni deferir a sistema alguno, sólo por inclinación al autor.

A pesar de este prudente método, todavía aprendimos bastantes despropósitos° de aquellos que se han enseñado por costumbre, y los que convenía quitar, según la razón y hace ver el ilustrísimo Feijóo, en los discursos X, XI y XII del tomo° séptimo de su *Teatro crítico*.

Así como en el estudio de la gramática aprendí varios equivoquillos° impertinentes, según os dije, como *Caracoles comes; pastorcito come adobes; non est peccatum mortale occidere patrem suum*,° y otras simplezas de éstas; así también, en el estudio de las súmulas,° aprendí luego luego mil sofismas° ridículos, de los que hacía mucho alarde° con los condiscípulos más cándidos, como por ejemplo: *besar la tierra es acto de humildad: la mujer es tierra, luego*, etc. *Los apóstoles son doce, San Pedro es apóstol, ergo*, etc.; y cuidado, que echaba yo un *ergo* con más garbo° que el mejor doctor de la Academia de París, y le empataba una negada a° la verdad más evidente; ello es, que yo argüía y disputaba sin cesar, aun lo que no podía comprender, pero sabía fiar° mi razón de mis pulmones, en frase del padre Esla. De

---

Ejemplar: modelo
Aulas: salas de clase
Ergo: luego, por tanto, (Latín)
Nec est quid: no es esto (Latín)
Mentaba: mencionaba
Recintos: lugares, escuelas
Peripatético: doctrinas y enseñanzas de Aristóteles
Enseñoreó: se hizo dueño, dominó
Rudimentos: nociones elementales
Despropósitos: conocimientos nada útiles

Tomo: volumen
Equivoquillos: errores
Non est peccatum mortale occidere patrem suum: no es pecado mortal matar a su propio padre (Latín)
Súmulas: principios básicos de la lógica
Sofismos: sofismas, falsos razonamientos
Hacía mucho alarde: hacía mucha ostentación
Garbo: gracia, desenvoltura
Empataba una negada a: negaba
Fiar: confiar

suerte que por más quinadas° que me dieran mis compañeros, yo no cedía. Podía haberles dicho: a entendimiento me ganarán, pero a gritón no; cumpliéndose en mí, cada rato, el común refrán de que *quien mal pleito° tiene, a voces lo mete.°*

¡Pues qué tal sería yo de tenaz y tonto después que aprendí las reducciones, reduplicaciones, equipolencias° y otras baratijas,° especialmente ciertos desatinados° versos que os he de escribir solamente porque veáis, a los que llegan los hombres por las letras! Leed y admirad:

> Barbara, Celarent, Darii, Ferio, Baralipton, Celantes. Dabitis, Fapesmo, Frisesomorum. Cesare, Camestres, Festino, Baroco, Darapti. Felapton, Disamis, Datisi, Bocardo, Ferison.

¡Qué tal! ¿No son estos versos estupendos? ¿No están más propios para adornar redomas de botica° que para enseñar reglas sólidas y provechosas? Pues, hijos míos, yo percibí inmediatamente el fruto de su invención; porque desatinaba° con igual libertad por *Barbara* que por *Ferison*, pues no producía más que barbaridades a cada palabra. Primero aprendí a hacer sofismas que a conocerlos y desvanecerlos;° antes supe oscurecer la verdad que indagarla;° efecto natural de las preocupaciones de las escuelas y de la pedantería° de los muchachos.

En medio de tanta barahúnda° de voces y terminajos° exóticos, supe qué cosa eran silogismo,° entimema,° sorites° y dilema. Este último es argumento terrible para muchos señores casados, porque lastima° con dos cuernos, y por eso se llama bicornuto.°

Para no cansaros, yo pasé mi curso de lógica con la misma velocidad que pasa un rayo por la atmósfera, sin dejarnos señal de su carrera y así, después de disputar harto y seguido° sobre las operaciones del entendimiento, sobre la lógica natural, artificial y utente; sobre su objeto formal y material; sobre los modos de saber; sobre si Adán perdió o no la ciencia por el pecado (cosa que no se le ha disputado al demonio); sobre si la lógica es ciencia o arte, y sobre treinta mil cosicosas de éstas,° yo quedé tan lógico como sastre; pero eso sí, muy contento y satisfecho de que sería capaz de concluir con el *ergo* al mismo Estagirita.° Ignoraba yo que por los frutos se conoce el árbol, y que, según esto, lo mismo sería meterme a disputar en cualquier materia que dar a conocer a todo el mundo mi insuficiencia. Con todo eso, yo estaba más hueco que un calabazo,° y decía a boca llena° que era *lógico* como casi todos mis condiscípulos.

Quinadas: respuestas en una argumentación
Pleito: juicio, causa
A voces lo mete: defiende su causa gritando
Equipolencias: equivalencias
Baratijas: cosas inservibles
Desatinados: Mal compuestos
Redomas de botica: recipientes cónicos usados en farmacias
Desatinaba: erraba, me equivocaba
Desvanecerlos: demostrar su falsedad
Indagarla: profundizar en ella
Pedantería: ostentación innecesaria de conocimientos
Barahúnda: ruido, confusión
Terminajos: palabras

Silogismo: argumento compuesto de tres proposiciones
Entimema: silogismo en que se omite una de las premisas
Sorites: razonamiento formado por varias proposiciones
Lastima: hiere
Bicornuto: de dos cuernos
harto y seguido: a todas horas, constantemente
Cosicosas de éstas: cosas de este tipo
Estagirita: natural de Estagira, Macedonia. Se refiere Aristóteles
Más hueco que un calabazo: no sabía nada
A boca llena: abiertamente

No corrí mejor suerte en la física. Poco me entretuve en distinguir la particular de la universal; en saber si ésta trataba de todas las propiedades de los cuerpos, y si aquélla se contraía a° ciertas especies determinadas. Tampoco averigüé° qué cosa era física experimental o teórica; ni en distinguir el experimento constante del fenómeno raro, cuya causa es incógnita; ni me detuve en saber qué cosa era mecánica; cuáles las leyes del movimiento y la quietud; qué significaban las voces *fuerza, virtud*, y cómo se componían o descomponían estas cosas; menos supe qué era *fuerza centrípeta, centrífuga, tangente, atracción, gravedad, peso, potencia, resistencia*, y otras friolerillas° de esta clase; y ya se debe suponer que si esto ignoré, mucho menos supe qué cosa era *estática, hidrostática, hidráulica, aerometría, óptica* y trescientos palitroques° de éstos; pero, en cambio, disputé fervorosamente sobre si la esencia de la materia estaba conocida o no; sobre si la trina° dimensión determinada era su esencia o el agua; sobre si repugnaba el vacío en la Naturaleza; sobre la divisibilidad en infinito, y sobre otras alharacas° de este tamaño, de cuya ciencia o ignorancia maldito, el daño o provecho que nos resulta. Es cierto que mi buen preceptor nos enseñó algunos principios de geometría, de cálculo y de física moderna; mas muérase por la cortedad° del tiempo, por mi poca aplicación,° que sería lo más cierto, yo no entendí palabra de esto; y, sin embargo, decía, al concluir este curso, que era *físico*, y no era más que un ignorante patarato;° pues después que sustenté un actillo de física,° de memoria, y después que hablaba de esta enorme ciencia con tanta satisfacción en cualquiera concurrencia, temo que me mochen si hubiera sabido° explicar en qué consiste que el chocolate dé espuma, mediante el movimiento del molinillo; por qué la llama hace figura cónica, y no de otro modo; por qué se enfría una taza de caldo u otro licor soplándola, ni otras cosillas de éstas que traemos todos los días, entre manos.°

Lo mismo y no de mejor modo, decía yo que sabía metafísica y ética, y por poco aseguraba que era un nuevo Salomón después que concluí, o concluyó conmigo, el curso de artes.

En esto se pasaron dos años y medio, tiempo que se aprovechara mejor con menos reglitas de súmulas, algún ejercicio en cuestiones útiles de lógica, en la enseñanza de lo muy principal de metafísica, y cuanto se pudiera de física, teórica y experimental.

Mi maestro creo que así lo hubiera hecho si no hubiera temido, singularizarse° y tal vez hacerse objeto de la crítica de algunos zoilos,° si se apartaba de la rutina antigua enteramente.

Es verdad, y esto cedo siempre en honor de mi maestro, es verdad que, como dejo dicho, ya nosotros no disputábamos sobre el *ente de razón, cualidades ocultas, formalidades, hecceidades, quididades, intenciones*, y todo aquel enjambre° de voces

---

Se contraía a: se limitataba a
Averigüé: aprendí
Friolerillas: conceptos
Palitroques: conceptos
Trina: ternaria
Alharacas: nociones, tonterías
Cortedad: escasez
Aplicación: dedicación
Ignorante patarato: que no sabía nada

Sustenté un actillo de física: pasé un examen de física
Temo que me mochen si hubiera sabido: de seguro que no habría sabido
Que traemos todos los días entre manos: con las que tratamos todos los días
Singularizarse: distinguirse
Zoilos: críticos malévolos
Enjambre: serie

insignificantes con que los aristotélicos pretendían explicar todo aquello que se escapaba a su penetración. Es verdad (diremos con Juan Buchardo Mecknio) que "no so oyen ya en nuestras escuelas estas cuestiones con la frecuencia que en los tiempos pasados; pero ¿se han aniquilado del todo? ¿Están enteramente limpias las universidades le las heces de la barbarie? Me temo que dura todavía en algunas la tenacidad de las antiguas preocupaciones, si no del todo, quizá arraigada en cosas que bastan para detener los progresos de la verdadera sabiduría." Ciertamente que la declamación de este crítico tiene mucho lugar en nuestro México.

Llegó, por fin, el día de recibir el grado de bachiller en artes. Sostuve mi acto a satisfacción, y quedé grandemente, así como en mi oposición a toda gramática; porque como los réplicas° no pretendían lucir, sino hacer lucir a los muchachos no se empeñaban° en sus argumentos, sino que a dos por tres° se daban por muy satisfechos con la solución menos nerviosa, y nosotros quedábamos más anchos que verdolaga en huerta de indio,° creyendo que no tenían instancia que oponernos. ¡Qué ciego es el amor propio!

Ello es que así que asado,° yo quedé perfectamente, o a lo menos así me lo persuadí, y me dieron el grande, el sonoroso y retumbante título de *baccalaureo*, y quedé aprobado *ad omnia*.° ¡Santo Dios! ¡Qué día fue aquél para mí tan plausible, y qué hora la de la ceremonia tan dichosa! Cuando yo hice el juramento de instituto, cuando, colocado frente de la cátedra en medio de dos señores bedeles° con mazas al hombro, me oí llamar bachiller en concurso pleno, dentro de aquel soberbio general, y nada menos que por un señor doctor, con su capelo° y borla° de limpia y vistosa seda en la cabeza, pensé morirme, o a lo menos volverme loco de gusto. Tan alto concepto tenía entonces formado de la bachillería, que aseguro a ustedes que en aquel momento no hubiera trocado mi título por el de un brigadier o mariscal de campo. Y no creáis que es hiperbólica esta proposición, pues cuando me dieron mi título en latín y autorizado formalmente, creció mi entusiasmo de manera, que si no hubiera sido por el respeto de mi padre y convidados que me contenía, corro las calles, como las corrió el Ariosto cuando lo coronó por poeta Maximiliano I. ¡Tanto puede en nosotros la violenta y excesiva excitación de las pasiones, sean las que fueren, que nos engaña y nos saca fuera de nosotros mismos como febricitantes° o dementes!

Llegamos a mi casa, la que estaba llena de viejas y mozas, parientas y dependientes do los convidados, los cuales, luego que entré, me hicieron mil zalemas° y cumplidos. Yo correspondí más esponjado° que un guajolote;° ya se ve, tal era mi vanidad. La inocente de mi madre estaba demasiado placentera; el regocijo la brotaba° por los ojos.

Réplicas: los que respondían
No se empeñaban: no insistían
A dos por tres: con frecuencia
Quedábamos más anchos que verdolaga en huerta de indio: quedábamos contentos, satisfechos
Así que asado: de este modo
Ad omnia: para todo
Bedeles: empleados de las universidades

Capelo: tipo de sombrero
Borla: conjunto de hilos sujetos por el centro que cuelgan y sirven de adorno en trajes de graduación
Febricitantes: febriles
Zalemas: muestras de amabilidad y cortesía
Esponjado: envanecido, ufano
Guajolote: pavo
Brotaba: salía

Desnudéme de mis hábitos clericales y nos entramos a la sala donde se había de servir el almuerzo, que era el centro a que se dirigían los parabienes° y ceremonias de aquellos comedidísimos° comedores. Creedme, hijos míos, los casamientos, los bautismos, las cantamisas y toda fiesta en que veáis concurrencia, no tienen otro mayor atractivo que la *mamuncia.*° Sí, la coca, la coca es la campana que convoca tantas visitas, y la bandera que recluta tantos amigos en momentos. Si estas fiestas fueran a secas, seguramente no se vieran tan acompañadas.

Y no penséis que sólo en México es esta pública gorronería.° En todas partes se cuecen habas,° y en prueba de ello, en España es tan corriente, que allá saben un versito que alude a esto. Así dice:

A la raspa° venimos,
Virgen de Illescas,
A la raspa venimos,
Que no a la fiesta.

Así es, hijos, a la raspa va todo el mundo y por la raspa, que no por dar días ni parabienes. Pero ¿qué más? Si yo he visto que aun en los pésames° no falta la raspa; antes suelen comenzar con suspiros y lamentos y concluir con bizcochos,° queso, aguardiente, chocolate o almuerzo, según la hora; ya se ve, que habrán oído decir que los duelos° con pan son menos, y que a barriga llena, corazón contento.

No os disgustéis con estas digresiones, pues a más de que os pueden ser útiles, si os sabéis aprovechar de su doctrina, os tengo dicho desde el principio que serán muy frecuentes en el discurso de mi obra, y que ésta es fruto de la inacción en que estoy en esta cama, y no de un estudio serio y meditado; y así es que voy escribiendo mi vida según me acuerdo, y adornándola con los consejos, crítica y erudición que puedo en este triste estado; asegurándoos sinceramente que estoy muy lejos de pretender ostentarme sabio, asi como deseo seros útil como padre, y quisiera que la lectura de mi vida os fuera provechosa y entretenida, y bebierais el saludable amargo de la verdad en la dorada copa del chiste y de la erudición. Entonces sí estaría contento y habría cumplido cabalmente° con los deberes de un sólido escritor, según Horacio, y conforme mi libre traducción:

De escritor el oficio desempeña,
Quien divierte al lector y quien lo enseña.

Mas, en fin, yo hago lo que puedo, aunque no como lo deseo.

Sentámonos a la mesa, comenzamos a almorzar alegremente, y como yo era el santo de la fiesta, todos dirigían hacia mí su conversación. No se hablaba sino del niño bachiller, y conociendo cuán contentos estaban mis padres, y yo cuán envanecido con el tal título, todos nos daban, no por donde nos dolía, sino por donde nos agradaba. Con esto no se oía sino: "tenga usted, bachiller"; "beba usted, bachiller"; "mire usted, bachiller"; y torna bachiller y vuelve bachiller a cada instante.

Parabienes: felicitaciones
Comedídisimos: moderados, prudentes
Mamuncia: la comida
Gorronería: acto de sacar provecho de otros
En todas partes se cuecen habas: estas cosas ocurren en todas las partes
A la raspa: a sacar provecho de algo

Pésame: expresión de dolor por la muerte de alguien
Bizcochos: tipo de dulce
Duelos: reunión de personas con motivo de una defunción
Cabalmente: completa o exactamente

Se acabó el almuerzo; después siguió la comida y a la noche el bailecito, y todo ese tiempo fue un continuo *bachilleramiento*. ¡Válgame Dios y lo que me *bachillerearon* ese día! Hasta las viejas y criadas de casa me daban mis *bachillereadas* de cuando en cuando. Finalmente, quiso la Majestad Divina que concluyera la frasca,° y con ella tantas *bachillerías*. Fuéronse todos a sus casas. Mi padre quedó con sesenta o setenta pesos menos, que le costó la función; yo con una presunción más, y nos retiramos a dormir, que era lo que faltaba.

A otro día nos levantamos a buena hora; y yo, que pocas antes había estado tan ufano° con mi título, y tan satisfecho con que me estuvieran regalando las orejas con su repetición, ya entonces no le percibía ningún gusto. ¡Qué cierto es que el corazón del hombre es infinito en sus deseos, y que únicamente la sólida virtud puede llenarlo!

No entendáis que ahora me hago el santucho° y os escribo estas cosas por haceros creer que he sido bueno. No; lejos de mí la vil hipocresía. Siempre he sido perverso, ya os lo he dicho, y aun postrado° en esta cama, no soy lo que debía; mas esta confesión os ha de asegurar mejor mi verdad, porque no sale empujada por la virtud que hay en mí, sino por el conocimiento que tengo de ella, y conocimiento que no puede esconder el mismo vicio, de suerte,° que si yo me levanto de esta enfermedad y vuelvo a mis antiguos extravíos° (lo que Dios no permita), no me desdeciré de lo que ahora os escribo, antes os confesaré que hago mal; pero conozco el bien, según se expresaba Ovidio.

Volviendo, a mí, digo, que a los dos o tres días de mi grado, determinaron mis padres enviarme a divertir a unos herraderos° que se hacían en una hacienda de un su amigo, que estaba inmediata a esta ciudad. Fuíme, en efecto...

CUESTIONARIO

1. ¿Qué asignaturas estudia Periquillo en el colegio de San Ildefonso?
2. ¿Cuáles son algunos de los conceptos de la física que ignora Periquillo?
3. ¿Cuánto tiempo pasó Periquillo en este colegio?
4. ¿Qué título obtiene Periquillo en este centro educativo?
5. ¿Qué recibimiento tiene el protagonista al llegar a su casa?
6. ¿Dónde se encuentra Periquillo al escribir la presente obra?
7. ¿Qué confesión hace Periquillo acerca de su vida presente y pasada?
8. ¿Adónde es enviado Periquillo por sus padres después de recibir su título?

Frasca: fiesta
Ufano: contento
Santucho: santo
Postrado: debilitado, enfermo

De suerte: de manera que
Extravíos: vida desordenada
Herraderos: acción de marcar reses con un hierro

SELECCIÓN MÚLTIPLE

I.   Según el Periquillo, su maestro era

   1. Muy inteligente
   2. Sabio
   3. Severo
   4. Perezoso

II.   El Periquillo aprende en la escuela sofismas

   1. Muy complejos y abstractos
   2. De influencia alemana
   3. Ridículos y absurdos
   4. Relacionados con la existencia de Dios

III.   El Periquillo, al concluir el curso de física, confiesa que

   1. Aprendió mucho
   2. Quiere ser físico en el futuro
   3. No sabe nada
   4. Fue un curso difícil

IV.   Cuando el Periquillo recibe el título de bachiller,

   1. Se siente muy feliz
   2. Se muestra indiferente ante el recibimiento del título
   3. Se burla del título
   4. Se lamenta de no haberlo sacado antes

V.   Según el Periquillo, la gente que asiste a las bodas, bautizos, y
   celebraciones de este tipo, lo hace para

   1. Comer
   2. Mostrar y compartir su felicidad con los agraciados
   3. Cumplir con el compromiso social
   4. Socializar con sus amigos

ANÁLISIS CRÍTICO

   1. ¿Quién es el narrador de este capítulo?
   2. ¿Cómo se distinguen los métodos pedagógicos de Manuel Sánchez
   y Gómez del resto de los profesores de este colegio? ¿Cuál es la
   posición ideológica que toma Periquillo al respecto?
   3. Un periquillo es un loro que, como es sabido, tiene la facultad de
   repetir lo que oye. ¿Nos está sugiriendo el autor algo relativo al
   sistema educativo mexicano al dar este nombre a su protagonista?

4. ¿Puede identificar y comentar algunas de las digresiones que aparecen en este capítulo?

5. ¿Qué comentarios hace Periquillo sobre la condición humana a raíz de la fiesta que se celebra en su casa?

6. Uno de los principios de la Ilustración es el de "enseñar deleitando". ¿Puede explicar y fundamentar con ejemplos este comentario? ¿Qué otros aspectos narrativos nos hacen pensar que ésta es una obra neoclásica?

7. ¿Cuántos tiempos encuentra en la narración de este capítulo? ¿Puede señalar otra obra o subgénero narrativo en los que se utilice la misma técnica?

8. ¿Cuál es el tono narrativo que se desprende de la narración al criticar la voz narrativa el sistema educativo de México?

9. ¿Qué juegos lingüísticos hace la voz narrativa en este capítulo? ¿Qué nos trata de insinuar con estos juegos?

ENSAYO

1. Lea los capítulos II, III y IV de esta novela y escriba un ensayo sobre la opinión que le merecen al narrador los métodos pedagógicos y la calidad del profesorado de los distintos centros a los que asiste.

2. En el capítulo seleccionado hay varias referencias a escritores y filósofos. Seleccione alguno/s de los nombres mencionados y haga un estudio sobre algunas de sus contribuciones a la ciencia.

BIBLIOGRAFÍA

Cros, Edmond. "The Values of Liberalism in *El Periquillo Sarniento*." *Sociocriticism* 2 (1985): 85–109.

Godoy, Bernabé. *Corrientes culturales que definen al Periquillo*. Guadalajara: Navegación Poética, 1938.

González Obregón, Luis. *Don José Joaquín Fernández de Lizardi*. México: Eds. Botas, 1938.

Pawlowsky, John. "Periquillo and Catrín: Comparisons and Contrasts." *Hispania* 58 (1975): 830–842.

Spell, Jefferson Rea. *The Life and Works of José Joaquín Fernández de Lizardi*. Philadelphia: University of Pennsylvania, 1931.

EL ROMANTICISMO:
EL ENSAYO. LITERATURA GAUCHESCA. POESÍA

INTRODUCCIÓN LITERARIA

Además del Neoclasicismo, la otra corriente literaria que llena la primera mitad del siglo XIX es el Romanticismo. El Romanticismo aparece en un momento histórico en el que los países latinoamericanos, con la excepción de Cuba y Puerto Rico, estrenaban su independencia política. La llegada del movimiento romántico a Hispanoamérica supuso una revolución en el mundo de las artes y en la sociedad latinoamericana. El Romanticismo nace como una reacción estética contra la razón, la lógica y la objetividad que caracterizaban al Neoclasicismo. En su lugar, los románticos defienden la subjetividad, el mundo de los sentimientos, la búsqueda de la libertad y la democracia a nivel político, los contrastes, la utilización de la historia y las costumbres locales como base para sus argumentos, y la descripción colorista de un paisaje natural que, a veces, se convierte en reflejo o proyección de los sentimientos del escritor. Los escritores románticos, al culpar al destino de todas sus desgracias, no suelen tomar responsabilidad de sus propios actos, y hay en ellos un profundo sentido de melancolía y pesimismo que les lleva a culpar a Dios por sus desgracias o, incluso, a poner en duda su misma existencia. Las primeras manifestaciones románticas se dan en la poesía lírica, y paulatinamente se extienden a géneros como el ensayo, la novela, el teatro, la literatura gauchesca y las "tradiciones", originarias de Ricardo Palma.

EL ENSAYO

Dentro del género de la prosa una de las manifestaciones más importantes fue el ensayo, el cual sirvió principalmente para la defensa de las ideas románticas y para la divulgación de ideas. El ensayo se propone identificar y resolver los problemas socio–políticos y promover los movimientos nacionalistas y la educación. De entre los muchos escritores que cultivaron el ensayo destacan el argentino Domingo Faustino Sarmiento, el ecuatoriano Juan Montalvo, el puertorriqueño Eugenio María de Hostos, el cubano Enrique J. Varona, y el boliviano Gabriel René–Moreno, pero aquí sólo estudiaremos a los dos primeros.

Domingo F. Sarmiento (1811–1888), fue un hombre polifacético –maestro, tendero, minero, escritor, embajador en EE.UU y presidente de la república de 1868–1874. Está considerado como uno de los mejores prosistas que ha dado Argentina en toda su historia. De su producción narrativa, que abarca 52 tomos, sobresale *Facundo o civilización y barbarie* (1845). *Facundo* combina elementos históricos, sociológicos costumbristas, ficticios y biográficos, pero se estudia como una obra ensayística en la que todos sus elementos sirven para sostener las tesis socio–políticas. Uno de los objetivos políticos del autor era el de mostrar al mundo la realidad argentina durante la dictadura de Rosas. La primera de las tres partes en que se divide la obra se centra en un estudio de la Pampa, el gaucho, la división política de Argentina y las clases sociales. En la segunda hace una biografía de Juan Facundo Quiroga, amigo de Rosas a quien éste mandó asesinar, y en la tercera hace una dura crítica de Rosas al tiempo que nos lega sus propias ideas políticas. En su análisis sobre las causas que llevan a la dictadura, Sarmiento encuentra que una de ellas se debe al antagonismo entre la civilización, representada por la cultura europea, y la barbarie, representada por la Pampa. Sarmiento opina que la culturización del país habría impedido la llegada al poder de dictadores como Rosas. Sarmiento estructura la obra en base a una serie de antagonismos: hombre frente a naturaleza, la ciudad frente a la Pampa, y, en suma, civilización frente a barbarie. Otra de sus obras importantes es *Conflictos y armonías de las razas de América* (1883), en la que Sarmiento destaca la superioridad de la sociedad norteamericana frente a la latinoamericana, y la necesidad de imitar a aquélla.

Juan Montalvo (1832–1889) viajó extensamente por Europa y Ecuador y ofició de diplomático en Roma y París. Al regresar a Ecuador, luchó contra la dictadura de Gabriel García Moreno (1821–1875). Fundó la revista *El cosmopolita* (1866–1869) con objeto de combatir la corrupción, el fanatismo y la tiranía, pero la publicación fue clausurada por el gobierno y él desterrado al norte del país. Entre sus obras más importantes cabe destacar los *Siete tratados* (1672–1873), en la que reflexiona sobre temas como la nobleza, la belleza o los libertadores de Latinoamérica, y las *Catilinarias* (1887), colección de ensayos en en los que condena la tiranía y la corrupción del gobierno de Veintimillia. Montalvo luchó constantemente en favor de la libertad, y en contra de la corrupción del clero, la superstición y los vicios que destruían a su país. Cultivó además el teatro, la poesía y la novela.

LITERATURA GAUCHESCA

Durante el Romanticismo se cultivan simultáneamente una literatura culta y otra popular o criollista. Esta corriente criollista se propone representar la geografía y la vida socio–política del campo, y tuvo como precursores destacados al uruguayo Bartolomé Hidalgo (1788–1823), al cubano Domingo del Monte (1804–1853) y al mexicano Guillermo Prieto (1818–1897). La literatura gauchesca, que llega a sus más altas cimas en la región de la Plata –Argentina y Uruguay–, trata de reflejar la vida del gaucho, su ambiente social, su habla, sus costumbres y su vestimenta, es decir, los rasgos pintorescos de su vida y el color local. Este tipo de literatura se inicia en la poesía oral, pasa a la poesía lírica y épica escritas, y pronto se extiende a los géneros restantes. Las obras maestras de la literatura gauchesca se pueden agrupar en tres grupos. En poesía épica destacan *Santos Vega o los mellizos de la flor* de Hilario Ascasubi, *Fausto* de Estanislao del Campo, y *Martín Fierro* de José Hernández. En teatro merece mención la *Barranca abajo o M'hijo*, de Florencio Sánchez; y en prosa *Don Segundo Sombra* de Ricardo Güiraldes y *El inglés de los huesos* de Benito Lynch. Aquí comentaremos sólo las tres primeras obras, y las restantes en capítulos sucesivos.

Hilario Ascasubi (1807–1875), argentino, se sumó a otros intelectuales argentinos en su lucha contra el dictador Rosas. Además de periodista fue político y militar, y como escritor cultivó la prosa y la poesía. Es autor de *Paulino Lucero* (1855), en la que satiriza a Rosas al tiempo que retrata la vida en el campo y en la guerra. Su obra maestra es *Santos Vega o los mellizos de la flor* (1872), poema de más de 12.000 versos en los que un viejo gaucho, Santos Vega, narra la historia de dos mellizos criados por el dueño de una estancia y su esposa. Uno de los mellizos, Jacinto, es bueno, mientras que el otro, Luis, es perverso y pendenciero. Tras una vida de aventuras y crímenes, Luis se arrepiente y muere convertido al catolicismo. La obra, en la que se mezcla lo cómico con lo serio, describe al gaucho, sus costumbres y su lengua peculiar.

Mejor poeta que Ascasubi es Estanislao Campo (1834–1880), argentino, que ejerció de capitán del ejército unitario, de político y periodista. De su escasa producción literaria sobresale el *Fausto. Impresiones del gaucho Anastasio el Pollo en la representación de esta ópera* (1866). Del Campo escribió la obra después de haber asistido a la representación de *Fausto*, ópera de Gounod inspirada en la tragedia homónima de Goethe. El poema, dividido en seis cantos, trata de la historia que le cuenta el gaucho Anastasio a su amigo Laguna. Anastasio le comenta que asistió a la representación de la ópera *Fausto* de Gounod, y pensando que la trama era real sitúa la acción en tierras de la Pampa. La obra se puede leer como una parodia de la de Goethe, y sobresale por el humor que permea el diálogo entre los dos gauchos.

José Hernández (1834–1886), nació en Buenos Aires y fue soldado, periodista, político, escritor, legislador y senador. En su trabajo como periodista siempre defendió los intereses del gaucho. Es autor de una biografía del caudillo Ángel V. Penaloza, *Vida del Chacho* (1863), y de *Instrucción del estanciero* (1881), conjunto de consejos relativos a los problemas agrícolas y ganaderos. Su obra maestra, culmen de la poesía gauchesca, es el *Martín Fierro*. El poema consta de dos partes, *Ida* (1872) y *Vuelta de Martín Fierro* (1879). La primera parte, de 2.325 versos, se divide en trece cantos, y la segunda, de 4.894 versos octosílabos, se divide en treinta y tres cantos. El tipo de estrofa usado es la sixtina, y su estructura suele ser la siguiente: los dos primeros versos exponen un tema o situación, los dos siguientes lo desarrollan, y los dos últimos lo concluyen. En la primera parte hay más acción que en la segunda, y en ésta hay un mayor número de personajes, y abundan las divagaciones y el tono moralizador. El poema comienza con un gaucho, Martín Fierro, cantando sus aventuras. Fierro luchó en el ejército contra los indios, y al serle negado el sueldo que le correspondía se dedicó a la vida de delincuente. En sus aventuras por la vida, Fierro hizo amistad con otro gaucho, Cruz, y ambos se fueron a vivir con los indios. Muerto Cruz de viruela, y tras varias peripecias con los indios, Fierro regresa a la civilización donde encuentra a sus dos hijos y al de Cruz. Después de contarse sus vidas los cuatro parten en direcciones opuestas. *Martín Fierro* es una obra de crudo realismo que presenta una variada galería de personajes –gauchos, indios, negros, jueces, policías, etc. Martín Fierro es una encarnación del hombre que se levanta contra las fuerzas que lo oprimen y explotan, y frente a él se encuentran la ley y el progreso, las fuerzas que, según Sarmiento, representan la civilización. Además de la variedad metafórica, el poema de Hernández tiene mérito por haber hecho un excelente retrato de la pampa y del gaucho.

POESÍA ROMÁNTICA

Algunos de los exponentes más destacados de la poesía romántica son Esteban Echeverría, Olegario V. Andrade, Rafael Pombo, Manuel Acuña, Juan A. Pérez Bonalde, Juan Zorrilla de San Martín y José María Heredia.

Esteban Echeverría (1805–1851), argentino, se familiarizó con las ideas románticas durante sus viajes por Europa. En 1832 publicó *Elvira o la novia de la Plata*, y con ella se inicia el movimiento romántico en Argentina. En 1837 publica su mejor colección de poesías, *Rimas*, en la incluye una de sus mejores obras, "La cautiva". En este poema relata una trágica historia de amor, pero más importante que el argumento es la descripción geográfica de la Pampa y la incorparación de algunos argentinismos. Echeverría se enfrentó a la tiranía de Rosas, y en 1840 se vio obligado a exilarse por un período de 11 años. A pesar de su calidad como poeta, el prestigio de Echeverría se debe a la publicación de *El matadero*, un largo cuento escrito en 1838. La acción narrativa ocurre en la Cuaresma, y el marco espacial se sitúa en el matadero de la Convalescencia, al sur de Buenos Aires. El tirano Rosas ha enviado a este matadero cincuenta reses para alimentar al pueblo, y al comenzar la matanza de los animales pasa por el lugar un joven unitario al que los carniceros gastan una broma fingiendo que lo van a matar. Le cortan la barba, y al tratar de desnudarlo el joven se muere en la mesa del matadero. El matadero se puede interpretar como una representación metafórica de toda la Argentina, los matarifes como las fuerzas bárbaras que aplastan a sus enemigos, y las reses como los hombres ejecutados por Rosas a través de la "Mazorca", o policía secreta. Echeverría hace una crítica de la alianza entre la iglesia y el gobierno de Rosas, y esta condena se revela ocasionalmente por medio del recurso de la ironía.

Olegario Víctor Andrade (1839–1882), argentino, es un poeta lírico y épico cuyas composiciones destacan por la grandiosidad de sus temas, la majestuosidad de sus versos, y la grandilocuencia de su estilo. Su poema más famoso es "El nido de cóndores" (1877), escrito con motivo de la repatriación de los restos mortales del general San Martín, el héroe independentista que había fallecido en Francia. Otros poemas importantes del autor son el canto "A Víctor Hugo" (1881) y "Prometeo" (1877).

Rafael Pombo (1833–1912) es uno de los poetas más prolíficos que ha dado Colombia, y ejerció una gran influencia en los escritores de su país. En su poesía trató una gran variedad de temas: de protesta, filosóficos, amorosos, nostálgicos, humorísticos, de alabanza a la naturaleza, y otros. Algunos de sus mejores poemas incluyen el soneto "De noche", "El valle", y "Los norteamericanos de Broadway". Realizó además numerosas traducciones de poemas ingleses, franceses, italianos y alemanes; y sus cuentos infantiles, *Cuentos pintados y cuentos morales para niños formales* (1854), se siguen leyendo hoy día.

Manuel Acuña (1849–1873), mexicano, fue un poeta sentimental, melancólico y escéptico que se suicidó a temprana edad a causa de una desilusión amorosa. Los rasgos característicos de su poesía son el pesimismo y un profundo lirismo, pero tiene también composiciones de corte amoroso, filosófico, y humorístico. De su escasa producción poética destacan el poema filosófico "Ante un cadáver" (1872), y "Nocturno" (1873), dedicado a Rosario, la mujer por la que sacrificó su vida. Fue también dramaturgo, pero no sobresalió en este género.

La poesía de Juan A. Pérez Bonalde (1846–1892), venezolano, se caracteriza por su gran lirismo, y un tono pesimista, escéptico, lúgubre y nostálgico. De su obra poética se pueden destacar sus obras *Estrofas* (1877) y *Ritmos* (1880), y algunos de sus poemas más celebrados son "Al Niágara", "Primavera" y "Vuelta a la patria".

El uruguayo Juan Zorrilla de San Martín (1855–1931) es uno de los mejores poetas románticos de Hispanoamérica. Cultivó la poesía, la historia, el ensayo, la filosofía y la crítica, pero descolla como poeta. El primer poema que lo lanzó a la fama fue "la leyenda patria" (1879), en el que cuenta algunos de los acontecimientos históricos más sobresalientes desde los inicios de la independencia al tiempo que rinde alabanza a algunos de los mártires caídos en la lucha. Sin embargo, su obra más celebrada es *Tabaré* (1888), leyenda en verso que Zorrilla consideró un poema épico. La crítica, no obstante, desestima esta categorización alegando que no está escrita en octavas reales, la métrica tradicional de los poemas épicos. El argumento, a grandes rasgos, trata de los amores prohibidos de la española Blanca con Tabaré, hijo de un cacique charrúa y una española. La obra termina trágicamente cuando un capitán español mata por confusión a Tabaré en el momento en que éste llevaba a Blanca a su campamento. Algunos de los logros más importantes del poema son las descripciones de la naturaleza uruguaya y de las costumbres de los indios charrúas. Además de la influencia de Bécquer, percibida en el tono lírico, más que épico, del poema, hay una defensa de la colonización española. Dominan en él algunos de los temas característicos del Romanticismo, como el misterio, el destino, la naturaleza como reflejo de las pasiones humanas, y su espíritu elegíaco. De su obra en prosa destacan *La epopeya de Artigas* (1910), en la que analiza el desarrollo histórico de Uruguay, y *El libro de Ruth* (1928), colección de ensayos literarios y filosóficos. Además de estos poetas, merece especial mención José María Heredia, iniciador del movimiento romántico en Hispanoamérica.

CUESTIONARIO

1. ¿En qué momento histórico aparece el Romanticismo en Hispanoamérica?
2. ¿Qué características podemos asignar al Romanticismo literario?
3. ¿Qué se proponía defender y promover el ensayo durante el período romántico?
4. ¿De qué trata *Facundo o civilización y barbarie*? ¿Qué ideas defiende?
5. ¿Qué condena Juan Montalvo en sus *Catilinarias*?
6. ¿Qué se proponía representar la literatura gauchesca?
7. ¿De qué trata *Santos Vega o los mellizos de la flor*?
8. ¿A quién se propone parodiar Estanislao Campo en su *Fausto…*?
9. ¿Qué ideas encarna Martín Fierro?
10. ¿Cómo podemos interpretar el matadero, los matarifes, y las reses en "El matadero" de Esteban Echeverría?
11. ¿Cuáles son algunos de los méritos artísticos de *Tabaré*?

IDENTIFICAR

1. *El cosmopolita*
2. *Paulino Lucero*
3. *Instrucción del estanciero*
4. "La cautiva"
5. Olegario Víctor Andrade
6. Manuel Acuña
7. *El libro de Ruth*

ENSAYO

1. Haga un estudio de algunas de las ideas expuestas por Domingo F. Sarmiento en su *Facundo*.
2. Escoja uno de los textos de la literatura gauchesca y comente aquellos rasgos literarios que lo hacen pertenecer a este género literario.

BIBLIOGRAFÍA

De Paz, Alfredo. *La revolución romántica*. Madrid: Tecnos, 1992.

Franco, Jean. *Historia de la literatura hispanoamericana. A partir de la independencia*. Barcelona: ed. Ariel, 1980

Gómez–Gil, Orlando. *Historia crítica de la literatura hispanoamericana. Desde los orígenes hasta el momento actual*. New York: Holt, Rinehart and Winston, 1968.

Leal, Luis. *Breve historia de la literatura hispanoamericana*. New York: Alfred A. Knopf, 1971.

Oviedo, José Miguel. *Historia de la literatura hispanoamericana. 2. Del romanticismo al modernismo*. Madrid: Alianza ed. S. A., 1997.

Prieto, Adolfo. Ed. *El ensayo romántico*. Buenos Aires: CEAL, 1967.

José María Heredia

(1803–1839)

Aunque cubano de nacimiento, durante su adolescencia y juventud vivió alternativamente en Venezuela, México y Cuba. En Cuba obtiene el grado de Bachiller en leyes y en 1823 es acusado de conspirar políticamente contra el gobierno español. Inicialmente se va a Boston y luego, invitado por el presidente de México, se muda a México, donde trabaja como juez y donde vivirá en el destierro la mayor parte de su vida.

Aunque su fama se debe a su obra poética, Heredia escribió varias tragedias –*Moctezuma o los mexicanos*, *La muerte de César*–, tradujo varios dramas, novelas y obras de poesía, y escribió varios trabajos de crítica, didáctica y política. Colaboró como redactor en varios periódicos y fundó las revistas *Biblioteca de damas* y *Miscelánea*. Esta última se publicó en México de 1829–1832, y en ella aparecieron varios cuentos titulados "Cuentos orientales", de corte fantástico, que la crítica aún no ha podido aclarar si son traducciones de otros autores o relatos originales. Su obra poética se clasifica en poesía amorosa, revolucionaria, filosófica, histórica, de temas familiares, y descriptivas. En vida publicó una sola obra, *Poesías* (1825), y siete años después, durante su estancia en Toluca –México–, la reedita y amplía a dos volúmenes.

Los temas de la poesía de Heredia incluyen a toda Hispanoamérica, y la profundidad de sus reflexiones filosóficas y metafísicas ponen de manifiesto su conocimiento de la condición humana. La crítica distingue varias etapas en la carrera literaria de Heredia. En una primera se puede ver la influencia de los poetas Horacio y Virgilio. Posteriormente trata temas amorosos y didácticos que revelan la influencia de los poetas neoclásicos de la escuela salmantina –Meléndez Valdés, Quintana y Cienfuegos–; en una tercera etapa se ve su incursión en la corriente romántica; después se ve en Heredia una vuelta al Neoclasicismo, y termina escribiendo una poesía intimista.

Heredia es un poeta que marca claramente la transición del Neoclasicismo al Romanticismo, y con sus dos obras maestras, las silvas "En el Teocalli de Cholula" y "Niágara", se inicia el Romanticismo hispanoamericano. Uno de los aspectos románticos de estos poemas se manifiesta en la subjetivización del paisaje, es decir en la proyección del yo en éste. En el primero de estos dos poemas, comenzado en 1820 y concluido en 1832, el poeta busca inspiración en las ruinas de una pirámide mexicana, y al final hay una parte en la que Heredia condena los sacrificios humanos de los aztecas y reafirma su fe en Dios. La misma reafirmación de su fe reaparece en "Niágara", escrito durante una de sus visitas a las famosas cataratas. Aquí el poeta se siente impresionado por la grandeza de este accidente natural, pero además toca otros temas, como el del paso de la juventud y el sufrimiento del desterrado.

❦ ❦ ❦

En una tempestad

GUÍA DE LECTURA

"En una tempestad", escrito en 1822, pertenece al grupo de poemas descriptivos. En este poema, colorista y lleno de dinamismo, se ve la inspiración romántica de Heredia. El poeta describe los efectos que produce el huracán en el entorno natural, pero al final da un giro al contenido del poema y pasa a comentar los efectos que tiene en el yo poético. Es en el mismo año de la publicación de este poema cuando Heredia representa por primera vez la experiencia de lo sublime, experiencia que se caracteriza por una mezcla de terror, adoración y deleite. En este poema, el espíritu e inspiración románticos del poeta se manifiestan, entre otros aspectos, en el contraste entre la descripción del huracán y el proceso de subjetivización que hace el yo poético de este fenómeno natural. El yo poético, al final de un proceso de gradación, se siente privilegiado de poder superar y trascender el fenómeno natural del huracán y contemplar "el trono del Señor".

Huracán, huracán, venir te siento,
y en tu soplo° abrasado°
del señor de los aires el aliento.

En las alas del viento suspendido
vedle rodar por el espacio
   inmenso,
silencioso, tremendo, irresistible
en su curso veloz. La tierra en
   calma
siniestra, misteriosa,
contempla con pavor° su faz°
   terrible.
¿Al toro no miráis? El suelo
   escarban,°
de insoportable ardor sus pies
   heridos:
la frente poderosa levantando,
y en la hinchada° nariz fuego
   aspirando,
llama la tempestad con sus
   bramidos.°

¡Qué nubes! ¡Qué furor! El sol
   temblando
vela en triste vapor su faz gloriosa,
y su disco nublado sólo vierte°
luz fúnebre y sombría,°
que no es noche ni día…
¡Pavoroso° color, velo de muerte!
Los pajarillos tiemblan y se
   esconden
al acercarse el huracán bramando,°
y en los lejanos montes
   retumbando°
le oyen los bosques, y a su voz
   responden.
Llega ya… ¿No le veis? ¡Cuál
   desenvuelve
su manto° aterrador y
   majestuoso…!
¡Gigante de los aires, te saludo…!
En fiera confusión el viento agita
las orlas° de su parda° vestidura…
¡Ved…! ¡En el horizonte

Soplo: expulsión de aire por la boca
Abrasado: ardiendo
Pavor: miedo
Faz: semblante, cara
Escarban: remueven la tierra
Hinchada: inflada
Bramidos: mugidos, sonido que hace el toro
Vierte: echa

Sombría: oscura
Pavoroso: miedoso
Bramando: sonando
Retumbando: haciendo eco
Desenvuelve su manto: extiende su capa
Orlas: bordes
parda: color marrón

los brazos rapidísimos enarca,°
y con ellos abarca
cuanto alcanzo a mirar de monte a
    monte!

¡Oscuridad universal…! ¡Su soplo
levanta en torbellinos°
el polvo de los campos agitados…!
En las nubes retumba despeñado°
el carro del Señor, y de sus ruedas
brota° el rayo veloz, se precipita,
hiere y aterra el suelo,°
y su lívida° luz inunda° el cielo.

¿Qué rumor? ¿Es la lluvia…?
    Desatada
cae a torrentes,° oscurece el
    mundo,
y todo es confusión, horror
    profundo,
cielos, nubes, colinas, caro°
    bosque,
¿dó estáis…?° Os busco en vano
desaparecisteis… La tormenta
    umbría

en los aires revuelve° un océano
que todo lo sepulta°…
Al fin, mundo fatal, nos
    separamos;
el huracán y yo solos estamos.

¡Sublime tempestad! ¡Cómo en tu
    seno,
de tu solemne inspiración
    henchido,°
al mundo vil° y miserable olvido,
y alzo la frente, de delicia lleno!
¿Dó está el alma cobarde°
que teme tu rugir°…? Yo en ti me
    elevo
al trono del Señor; oigo en las
    nubes
el eco de su voz; siento a la tierrra
escucharle y temblar. Ferviente
    lloro
desciende por mis pálidas mejillas,
y su alta majestad trémulo adoro.

ANÁLISIS CRÍTICO

1. ¿Puede identificar algún o algunos apóstrofes en este poema? ¿A quién o quiénes se dirige el yo poético?

2. ¿Cómo aparece descrito el huracán? ¿De qué manera altera la naturaleza el huracán? ¿Cómo reacciona el yo poético ante la llegada de éste?

3. La personificación es una figura que consiste en atribuir a las cosas inanimadas cualidades de una persona. ¿Encuentra alguna personificación en este poema? Explíquela.

Enarca: arquear
Torbellinos: remolino
Despeñado: arrojar o tirar una cosa desde lo alto
Brota: aparece
Hiere y aterra al suelo: golpea y toca tierra y
    causa miedo
Lívida: morada, violácea
Inunda: reviste, cubre
Torrentes: corriente impetuosa de agua

Caro: querido
¿Dó estáis…?: ¿Dónde estáis?
Revuelve:: gira
Sepulta: cubre
Henchido: lleno
Vil: infame, ruin
Cobarde: miedoso
Rugir: el sonido de algunos animales como el
    león.

4. ¿Cómo crea el poeta un sentido de inmediatez ante la llegada del huracán?

5. El poeta hace uso en este poema de los cuatro elementos –tierra, fuego, aire, y agua. ¿Con qué propósito lo hace?

6. Hay numerosos signos de puntuación en este poema. ¿Qué trata de comunicar con ellos el poeta?

7. ¿De quién recibe el yo poético la inspiración? ¿Para qué le sirve dicha inspiración?

8. ¿En qué momento se produce la experiencia poética de lo sublime? ¿Qué sugiere el término "delicia"? ¿Qué expresa el yo poético en este momento? ¿Qué implicaciones tiene para el yo poético esta experiencia de lo sublime? Ante esta experiencia, ¿qué impresión tiene del mundo en este momento el yo poético?

9. ¿Cómo se revela en este poema la característica romántica del contraste?

ENSAYO

Escriba un ensayo sobre la noción de lo sublime tomando como puntos de referencia el poema "En una tempestad" y "Niágara".

BIBLIOGRAFÍA

Altenberg, Tilman. *Melancolía en la poesía de Heredia*. Madrid: Iberoamericana, 2001.

Aparicio Laurencio, Ángel. *¿Es Heredia el primer escritor Romántico en lengua española?* Miami: Ediciones Universal, 1988.

Díaz, Lomberto. *Heredia, primer romántico hispanoamericano*. Montevideo: Ed. Geminis, 1973.

González, Manuel Pedro. *José María Heredia, primogénito del romanticismo hispano*. México: El Colegio de México, 1955.

Oviedo, José Miguel. *Historia de la literatura hispanoamericana. 2. Del romanticismo al modernismo*. Madrid: Alianza ed., 1997.

El Romanticismo: Novela, Teatro.
Las Tradiciones (Ricardo Palma)

NOVELA ROMÁNTICA

Puede decirse que el origen de la novela moderna hispanoamericana se encuentra en el Romanticismo. La novela romántica se caracteriza por su alto grado de idealización, por incorporar técnicas narrativas europeas, representar y defender a las clases más bajas de la sociedad, dar expresión a los sentimientos y pasiones más íntimos de sus personajes, y por presentar escenas costumbristas. Las distintas manifestaciones de la novela romántica se pueden agrupar en las siguientes categorías: novela histórica, política, sentimental, de idealización del indio, costumbrisa y abolicionista.

NOVELA HISTÓRICA

La novela romántica histórica mezcla la historia con la ficción, y una de las influencias más notables es la ejercida por Walter Scott. Además de Scott, otra de las influencias proviene de los cronistas de Indias, los cuales, como ya vimos, conjugan la representación del hecho histórico con la ficción. La novela romántica histórica más meritoria es el *Enriquillo* (1882), del dominicano Manuel de Jesús Galván (1834–1910). La acción de la novela se sitúa en tiempos de la colonia, y Galván convierte a Enriquillo en un héroe en su lucha contra la opresión de los españoles. A pesar de su solidaridad con los indios y el Padre Bartolomé de Las Casas, Galván no critica indiscriminadamente a los españoles, sino sólo a aquellos conquistadores que mostraron un afán explotador.

NOVELA SENTIMENTAL

El representante más destacado de este tipo de novela, y a su vez el novelista romántico hispanoamericano más conocido, es el colombiano Jorge Isaacs (1837–1895). Isaacs fue testigo de la ruina económica de su padre, y participó en las luchas políticas de su tiempo, del lado de los conservadores, durante la revolución de 1853–1854. Más tarde, sin embargo, abrazaría la causa liberal. Aunque publicó una colección de sus poemas bajo el título de *Poesías* (1864), su fama se debe a la publicación de *María* (1867). El argumento de la novela trata del romance entre Efraín y María. Efraín va a Londres a completar sus estudios de medicina, pero durante su ausencia María se enferma y Efraín regresa a Colombia a petición de María. Desgraciadamente, Efraín llega cuando María ya había muerto. Ante el dolor que le causa la pérdida de la amada, Efraín decide regresar a Europa. Algunos de los aspectos narrativos más logrados de esta novela son la defensa de los valores tradicionales y cristianos, el choque entre el idealismo y el realismo, el tema de la esclavitud, la descripción de un paisaje que se convierte en reflejo de las emociones y pasiones de los personajes, el retrato de la vida y costumbres del campo y de la alta sociedad, la caracterización de los personajes, y su prosa poética.

NOVELA COSTUMBRISTA

Dentro de la novela costumbrista merece especial mención el mexicano Ignacio Manuel Altamirano (1834–1893). Altamirano era hijo de padres indios y participó en la revolución de 1854 y en la guerra civil de 1857. Ejerció cargos políticos importantes, y cultivó varios géneros narrativos, pero su gloria se debe a sus obras en prosa: *Clemencia* (1869), el *Zarco. Episodios de la vida mexicana en 1861–1863* (1888), y la novela corta *La navidad en las montañas* (1870).

El trasfondo histórico de *Clemencia* es el de la invasión francesa de México en 1863–1864, y la trama de la novela se centra en dos oficiales del ejército mexicano, Enrique Flores y Fernando Valle, que en su viaje a Guadalajara conocen a dos mujeres, Isabel y Clemencia. Valle ama a Clemencia, pero ésta e Isabel se enamoran de Enrique, el más atractivo de los dos. Al final de la novela Valle sacrifica su vida para salvar a Enrique, y Clemencia, al comprender el error de no haber correspondido a Valle, se retira a un convento. Hay en esta novela un excelente análisis sicológico de los personajes, un gran dominio de la prosa por parte del autor, y algunos memorables cuadros de costumbres. Los mismos aspectos costumbristas, y otros de la novela histórica, se ven en el *Zarco*. Algunos de los personajes de esta novela, como el Zarco, jefe de una partida de bandidos, Benito Juárez, y algunos de los generales de la novela, pertenecen a la historia real de México. La trama de la novela gira en torno a los amores del Zarco con la bella Manuela, los enfrentamientos de aquél con la ley, y su ahorcamiento al final de la historia. Además de los aspectos costumbristas que vemos en esta novela, Altamirano escribió numerosos artículos de costumbres en los que se puede apreciar la influencia de Mariano José Larra.

NOVELA POLÍTICA

La novela política tiene en *Amalia* (1855), de José Marmol (1817–1871), a su máximo exponente. El trasfondo histórico de la novela se sitúa en la guerra civil argentina, justo cuando las tropas del ejército unitario están a punto de tomar Buenos Aires y derrocar al dictador Rosas. La historia sentimental está protagonizada por Amalia y Eduardo, dos jóvenes revolucionarios que poco después de su boda son asesinados por los servicios secretos de Rosas, la "mazorca". Mármol plantea aquí el antagonismo civilización versus barbarie. La primera estaría representada por los intelectuales, mientras que la segunda lo estaría por los grupos raciales que apoyaban a Rosas: gauchos, mulatos y negros. A pesar del lirismo de algunas escenas, se le ha criticado a Mármol la elaboración de una trama excesivamente melodramática. En cualquier caso, el mérito de la obra descansa en su retrato de la realidad socio-política de un país bajo el poder de una dictadura, en este caso la de Rosas.

NOVELA DE IDEALIZACIÓN DEL INDIO

El Romanticismo europeo e hispanoamericano mostró un interés especial por el indio; no obstante lo cual, lo que nos ofrecen literatos y filósofos es una imagen idealizada de los pueblos indígenas que dista mucho de una fiel representación de los serios problemas socio-económicos que vivían. Uno de los escritores que contribuyó a esta idealización fue el ecuatoriano Juan León Mera (1832–1894). Mera llegó a ser presidente del senado durante la dictadura de Gabriel García Moreno, y a pesar de una intensa labor política nos legó una abundante producción literaria que incluye poesía, relatos costumbristas y antologías literarias. Su obra maestra es *Cumandá o un drama entre salajes* (1879), novela cumbre de esta modalidad literaria. El argumento, típico del Romanticismo, trata de una trágica historia de amor entre una supuesta india, Cumandá, y un hombre blanco, Carlos. El final de la acción narrativa nos sorprende cuando, una vez muertos los amantes, se descubre que él y Cumandá eran hermanos. *Cumandá* es una novela con elementos históricos y sentimentales, y presenta el conflicto entre la civilización y la barbarie. Mera culpa a la colonización de la opresión que sufren los indios, y convierte a la selva en uno de los protagonistas de la novela; sin embargo, tanto ésta como el indio aparecen bastante idealizados.

NOVELA ABOLICIONISTA

Este tipo de novelas tienen por protagonista al negro esclavo, y el país que mayor número de novelas contribuyó a este género fue Cuba. La creadora de la novela abolicionista fue la cubana Gertrudis Gómez de Avellaneda (1814–1873), autora de *Sab* (1841); pero la novela más lograda es *Cecilia Valdés o la loma del Ángel* (1882), de Cirilo Villaverde. Villaverde, periodista y profesor, comenzó experimentando con la novela histórica, *El penitente* (1844), y la de costumbres, *Dos amores* (1858), pero su fama se debe a *Cecilia Valdés*. La trama de esta novela es la historia de amor entre Cecilia, una mulata, y el rico hacendado Carlos. Ambos ignoran que son hermanastros, y cuando él la abandona, ya embarazada, por otra, Cecilia anima a un antiguo pretendiente suyo para que mate a Carlos. La novela ilustra de manera trágica uno de los tabúes de la sociedad cubana: el amor, socialmente inaceptado, entre dos personas de raza distinta. Villaverde nos revela en esta novela los complejos problemas étnicos de Cuba, la vida de los esclavos cubanos, y un variado mosaico de la sociedad cubana del primer tercio de siglo: bailes, fiestas, tipos y diferencias de clases. En esta novela Villaverde nos anticipa la literatura afrocubana que comenzará a tomar vigor a partir de 1920.

TEATRO ROMÁNTICO

Durante el Romanticismo se escribieron cientos de obras dramáticas; no obstante lo cual, muy pocas han logrado superar el paso del tiempo. Son obras marcada por el melodramatismo, la sensiblería, y las típicas características del Romanticismo: lo fatal, la horfandaz, el destino adverso y la fuerza trágica de las pasiones. Entre los dramaturgos más sobresalientes podemos entresacar los nombres de Francisco Javier Foxá y Lecanda (1816–1865) e Ignacio Rodríguez Galván (1816–1842). Foxá, dominicano de nacimiento pero radicado en Cuba, escribió principalmente dramas históricos, como *Don Pedro de Castilla* (1836). Y el mexicano Rodríguez Galván escribió dos dramas históricos, *Muñoz visitador de México* (1838) y *El privado del virrey* (1842).

La segunda manifestación del teatro romántico, al margen de los dramas históricos, la encontramos en la comedia, y dentro de ésta destacó la comedia de costumbres. Esta comedia solía ser de carácter cómico y pintoresco, con tramas muy intrincadas. Podemos destacar al mexicano Fernando Calderón (1809–1845), autor de *A ninguna de las tres* (1831), y de algunos dramas caballerescos cuya acción se desarrolla en la Inglaterra del siglo XI, *El torneo* (1839), o en la Alemania del siglo XII, *Hermán o la vuelta del cruzado* (1842). Su mejor obra es el drama histórico *Ana Bolena*, inspirado en la vida de la esposa de Enrique VIII.

El más importante representante de la comedia de costumbres, y del teatro romántico hispanoamericano, es el peruano Manuel Ascensio Segura (1805–1851). Como sargento en el ejército peruano luchó en la guerra del Pacífico, y fundó varios periódicos. De sus piezas dramáticas sobresalen *El sargento Canuto* (1839), sátira de los soldados fanfarrones, y *Ña Catita* (1856). Esta última obra, la más popular del autor, trata el tema de las madres que presionan a sus hijas para que se casen con hombres ricos en lugar de hacerlo con hombres a los que verdaderamente aman. La obra es un cuadro de costumbres en el que refleja, con espíritu crítico y satírico, la sociedad peruana del siglo XIX.

CUESTIONARIO

1. Mencione algunas de las características de la novela romántica. ¿En qué distintas categorías se divide?

2. ¿Cuáles son algunos de los aspectos narrativos más destacables de *María*, de Jorge Isaacs?

3. ¿Cuál es la trama de *Clemencia*, de Ignacio Manuel Altamirano?

4. ¿Cómo se ve reflejado en *Amalia*, de José Mármol, el antagonismo civilización/barbarie?

5. ¿Qué imagen del indio, y de sus problemas socio–económicos, nos ofrece la novela del período romántico?

6. Mencione algunos de los rasgos narrativos más importantes de *Cumandá*, de Juan León Mera.

7. ¿Qué aspectos socio–culturales nos revela Cirilo Villaverde en su novela *Cecilia Valdés*?

8. ¿Qué defectos atribuye la crítica al drama romántico hispanoamericano?

9. ¿Qué tema dramatiza Manuel Ascensio Segura en su *Ña Catita*?

IDENTIFICAR

1. *Enriquillo*

2. El *Zarco*

3. *El penitente*

4. Cecilia y Carlos

5. *Don Pedro de Castilla*

6. *Ana Bolena*

ENSAYO

1. Haga un estudio centrado en las diferencias entre la civilización y la barbarie. Seleccione una o varias obras en las que se plantea esta visión dicotómica de la realidad hispanoamericana y analice el punto de vista que toma el autor con respecto a la representación de estos mundos antagónicos.

2. Escoja una novela u obra de teatro de este período romántico y analice los aspectos narrativos o dramáticos más relevantes.

BIBLIOGRAFÍA

Brushwood, John S. *The Romantic Novel in Mexico*. Columbia: The U of Missouri P, 1954.

Carilla, Emilio. *El romanticismo en la América hispánica*. 2a. ed. Madrid: Gredos, 1967.

Franco, Jean. *Historia de la literatura hispanoamericana*. Barcelona: Ed. Ariel, 1980.

Gómez–Gil, Orlando. *Historia crítica de la literatura hispanoamericana. Desde los orígenes hasta el momento actual*. New York: Holt, Rinehart and Winston, 1968.

Leal, Luis. *Breve historia de la literatura hispanoamericana*. New York: Alfred A. Knopf, 1971.

Meléndez, Concha. *La novela indianista en Latinoamérica. 1832–1889*. Río Piedras, P.R.: Ed. de la Universidad de Puerto Rico, 1961.

Oviedo, José Miguel. *Historia de la literatura hispanoamericana. 2 Del romanticismo al modernismo*. Madrid: Alianza ed., 1997.

Suárez Murias, Marguerite C. *La novela romántica en Hispanoamérica*. Ann Arbor, MI.: UMI Dissertation Services, 1989.

Yáñez, Mirta, ed. *La novela romántica latinoamericana*. La Habana: Casa de las Américas–Serie Valoración Múltiple, 1978.

LAS TRADICIONES

RICARDO PALMA

(1833-1919)

Ricardo Palma nació y vivió la mayor parte de su vida en la "ciudad de los virreyes", Lima –Perú. Palma interrumpió sus estudios universitarios para dedicarse al periodismo, la literatura y la política. De ideas liberales y anticlericales, fue perseguido por sus ideas políticas, y en 1860 se refugió en Chile. Regresa a su país en 1863, y un año más tarde se traslada a Brasil en calidad de cónsul. De 1868 a 1872 desempeñó los cargos de Secretario de la Presidencia y Senador. Durante la Guerra del Pacífico (1879), en la que se enfrentaron Perú y Bolivia contra Chile, la casa y biblioteca de Palma fueron destruidas. Al finalizar la guerra fue nombrado Director General de la Biblioteca Nacional.

Los primeros pasos de Palma en el mundo literario van vinculados al teatro. Sus dramas románticos, *La hermana del verdugo* (1851) y *La muerte y la libertad* (1851), fueron duramente autocriticados. Bajo la influencia de Bécquer, Zorrilla, Víctor Hugo y Heine, escribe poesía romántica, y en 1887 publica una recopilación de su obra poética con el título de *Poesías*. De su trabajo como lexicógrafo nos dejó dos obras: *Neologismos y americanismos* (1895) y *Papeletas lexicográficas* (1903). A pesar de que Palma es un excelente poeta, su fama literaria se debe a las "tradiciones", un género literario que, si bien tiene algunos antecedentes, puede decirse que es invención suya.

La primera colección de las *Tradiciones peruanas* apareció en 1872 con el título de *Tradiciones*. En 1874 publica otra serie de tradiciones con el título de *Perú. Tradiciones*. Y la tercera serie, publicada bajo el título de *Tradiciones peruanas*, es la que dará a su obra el título definitivo. Las *Tradiciones peruanas* guardan algunas semejanzas con los "cuadros de costumbres" que se escribieron en España, Francia e Inglaterra después del declive del Romanticismo, pero hay aspectos narrativos que las distinguen de aquéllos. Por ello, quizá sea más factible pensar que Palma fuera influido por la gran vena satírica y costumbrista que existía en la tradición literaria hispanoamericana, entre los que cabría destacar a Caviedes y Terralla.

Las "tradiciones" son relatos breves en los que se funden historia y ficción, realidad y fantasía, y seriedad con humor e ironía. En una carta a un amigo, Palma comentó que la "tradición" "es romance y no es romance; es historia y no es historia… la narración [ha de ser] rápida y humorística… algo, y aún algos, de mentira, y tal cual dosis de verdad, por infinitesimal que sea: mucho de esmero y pulimento en el lenguaje". Al margen de estas observaciones o comentarios autocríticos, debemos destacar el gran talento de Palma para crear tramas complicadas y finales sorprendentes. Las fuentes de las "tradiciones" son de lo más variado: la historia, memorias de algunos virreyes, un refrán, un acontecimiento político, la religión, la filosofía, un personaje popular, la pintura, la arquitectura, el origen de un apodo, etc. Palma escribió cientos de "tradiciones", y en ellas combina el lenguaje popular con americanismos y expresiones castizas tomadas del romancero español, de las crónicas coloniales y de escritores del Siglo de Oro. La mayor parte de ellas se remontan al pasado colonial, por lo cual fue duramente criticado, y se sitúan principalmente en el ámbito de Lima. En cuanto a los personajes que pueblan el mundo de las "tradiciones", Palma no dejó de lado ninguna clase o estamento social, y en ellas encontramos damas, obispos, jueces, frailes, buscadores de fortuna, españoles, negros, indios …; sin embargo, el protagonista indiscutible es el criollo. En muchas de las "tradiciones" Palma nos presenta un retrato bastante escéptico y crítico de la sociedad, pero a pesar de ello, el tono empleado no puede ser más irónico y humorístico.

Una tradición prototípica se estructura en tres partes. La primera consiste de una breve introducción al relato en la que se nos da el marco histórico en el que se sitúan los acontecimientos. Nomalmente, el autor interpola en esta primera parte algún detalle que despierta la curiosidad del lector. En la segunda parte hay un desarrollo de la historia en la que se pone de relieve el fin didáctico de la misma. Y en la tercera parte se completa la historia con un final inesperado y una moraleja. Algunas de sus mejores "tradiciones" incluyen "De cómo desbanqué a un rival", "La camisa de Margarita", "Las orejas del alcalde", "El corregidor de Tinta", "Los polvos de la condesa", "Don Dimas de la Tijereta", y la "tradición" que ocupa nuestro estudio: "El alacrán de fray Gómez".

CUESTIONARIO

1. Además de escritor, ¿qué otros trabajos o cargos desempeñó Ricardo Palma?
2. Aparte de las *Tradiciones peruanas* ¿qué otros géneros literarios cultivó Palma?
3. ¿Cómo definiría las "tradiciones"?
4. ¿Puede mencionar algunas de las fuentes de las "tradiciones"?
5. ¿Qué tipo de personajes encontramos en las "tradiciones"?
6. ¿Qué visión nos da Palma de la sociedad en esta obra?
7. ¿Cuál es la típica estructura de una "tradición"?

El alacrán de Fray Gómez

GUÍA DE LECTURA

En ésta, como en otras muchas de sus "tradiciones", Palma se propone explicar el significado de un dicho o expresión popular, y esta explicación, o pretexto, es la que dará vida al relato. El argumento de "El alacrán de fray Gómez" se centra en los milagros realizados por un fraile español afincado en Lima, y de estos milagros el que ocupa mayor espacio narrativo es el que hace a un buhonero con problemas económicos. La historia, a veces interrumpida en su desarrollo cronológico, está contada con la gracia y el humor que distinguen al autor peruano. En esta "tradición" es importante prestar atención a cómo lo sobrenatural o maravilloso opera en el mundo de nuestra realidad.

> *Principio, principiando;*
> *principiar quiero,*
> *por ver si principiando*
> *principiar puedo.*

In diebus illis,° digo, cuando yo era muchacho, oía con frecuencia a las viejas exclamar, ponderando° el mérito y precio de una alhaja:°
–¡Esto vale tanto como el alacrán de fray Gómez!

In diebus illis: en aquellos días   *Alhaja*: joya
Ponderando: examinando

Tengo una chica, remate de lo bueno,° flor de la gracia y espumita de la sal, con unos ojos más pícaros y trapisondistas° que un par de escribanos:

> *Chica que se parece*
> *al lucero del alba*
> *cuando amanece,*

al cual pimpollo° he bautizado, en mi paternal chochera,° con el mote° de *alacranito de fray Gómez*. Y explicar el dicho de las viejas y el sentido del piropo con que agasajo a mi Angélica, es lo que me propongo, amigo y camarada Prieto, con esta tradición.

El sastre paga deudas con puntadas,° y yo no tengo otra manera de satisfacer la literaria que con usted he contraído que dedicándole estos cuatro palotes.°

I

Este era un lego° contemporáneo de don Juan de la Pipirindica, el de la valiente pica,° y de San Francisco Solano; el cual lego desempeñaba° en Lima, en el convento de los padres seráficos, las funciones de refitolero° en la enfermería u hospital de los devotos frailes. El pueblo lo llamaba fray Gómez, y fray Gómez lo llamaban las crónicas conventuales, y la tradición lo conoce por fray Gómez. Creo que hasta en el expediente que para su beatificación y canonización existe en Roma no se le da otro nombre.

Fray Gómez hizo en mi tierra milagros a mantas,° sin darse cuenta de° ellos y como quien no quiere la cosa. Era de suyo milagrero, como aquel que hablaba en verso sin sospecharlo.

Sucedió° que un día iba el lego por el puente, cuando un caballo desbocado arrojó° sobre las losas al jinete.° El infeliz quedó patitieso,° con la cabeza hecha una criba° y arrojando sangre por la boca y narices.

—¡Se descalabró,° se descalabró! —gritaba la gente—. ¡Que vayan a San Lázaro, por el santo óleo!

Y todo era bullicio y alharaca.°

Fray Gómez acercócese pausadamente al que yacía en tierra, púsole sobre la boca el cordón de su hábito, echóle tres bendiciones, y sin más médico ni más botica° el descalabrado se levantó tan fresco, como si golpe no hubiera recibido.

—¡Milagro! ¡Milagro! ¡Viva fray Gómez! —exclamaron los espectadores.

Remate de lo bueno: muy buena
Trapisondistas: llenos de vida
Pimpollo: chica
Chochera: que padece de ser viejo
Mote: sobrenombre, apodo
Con puntadas: cosiendo
Palotes: historias de un principiante
Lego: servidor, inexperto, novicio
Pica: picador
Desempeñaba: ejercía, hacía, realizaba
Refitolero: intruso, entrometido, curioso, buscavidas, indiscreto
Milagros a mantas: muchos milagros
Darse cuenta de: notar
Sucedió: pasó
Arrojó: tiró
Jinete: persona que monta un caballo
Patitieso: desmayado, petrificado
Criba: utensilio para limpiar grano
Se descalabró: se dañó, hirió, arruinó, golpeó
Bullicio y alharaca: ruido, alboroto, fiesta
Botica: medicina

Y en su entusiasmo intentaron llevar en triunfo al lego. Este, para substraerse° a la popular ovación, echó a correr camino de su convento y se encerró en su celda.

La crónica franciscana cuenta esto último de manera distinta. Dice que fray Gómez, para escapar de sus aplaudidores, se elevó en los aires y voló desde el puente hasta la torre de su convento. Yo ni lo niego ni lo afirmo. Puede que sí y puede que no. Tratándose de maravillas,° no gasto tinta en defenderlas ni en refutarlas.°

Aquel día estaba fray Gómez en vena de° hacer milagros, pues cuando salió de su celda se encaminó a la enfermería, donde encontró a San Francisco Solano acostado sobre una tarima, víctima de una furiosa jaqueca.° Pulsóle el lego y le dijo:

–Su paternidad está muy débil, y haría bien en tomar algún alimento.°

–Hermano –contestó el santo–, no tengo apetito.

–Haga un esfuerzo, reverendo padre, y pase siquiera un bocado.°

Y tanto insistió el refitolero, que el enfermo, por librarse de exigencias que picaban ya en majadería,° ideó pedirle lo que hasta para el virrey° habría sido imposible conseguir,° por no ser la estación propicia para satisfacer el antojo.°

–Pues mire, hermanito, sólo comería con gusto un par de pejerreyes.°

Fray Gómez metió la mano derecha dentro de la manga izquierda, y sacó un par de pejerreyes tan fresquitos que parecían acabados de salir del mar.

–Aquí los tiene su paternidad, y que en salud se le conviertan. Voy a guisarlos.°

Y ello es que con los benditos pejerreyes quedó San Francisco curado como por ensalmo.°

Me parece que estos dos milagritos de que incidentalmente me he ocupado no son paja picada.° Dejo en mi tintero otros muchos de nuestro lego, porque no me he propuesto relatar su vida y milagros.

Sin embargo, apuntaré,° para satisfacer curiosidades exigentes, que sobre la puerta de la primera celda del pequeño claustro, que hasta hoy sirve de enfermería, hay un lienzo pintado al óleo representando estos dos milagros, con la siguiente inscripción:

"El venerable Fray Gómez. –Nació en Extremadura en 1560. Vistió el hábito° en Chuquisaca en 1580. Vino a Lima en 1587. –Enfermero fue cuarenta años, ejercitando todas las virtudes, dotado de favores y dones celestiales. Fue su vida un continuo milagro. Falleció el 2 de mayo de 1631, con fama de santidad. En el año siguiente se colocó el cadáver en la capilla de Aranzazu, y el13 de octubre de 1810 se pasó debajo del altar mayor, a la bóveda donde son sepultados los padres

---

Substraerse: escaparse de, evitar
Tratándose de maravillas: siendo cosas fantásticas
No gasto tinta en defenderlas ni en refutarlas: no pierdo el tiempo en defender o rechazar estas cosas
En vena de: con ganas de
Jaqueca: dolor de cabeza
Alimento: comida
Bocado: un poco de comida
Majadería: insulto, ofensa

Virrey: gobernador español
Conseguir: obtener
Antojo: deseo
Pejerreyes: tipo de pescado
Guisarlos: cocinarlos
Como por ensalmo: como por magia
No son paja picada: son importantes
Apuntaré: comentaré
Lienzo: tela, cuadro
Vistió el hábito: se hizo fraile

del convento. Presenció la traslación de los restos el señor doctor don Bartolomé María de las Heras. Se restauró este venerable retrato el 30 de noviembre de 1882, por M. Zamundio".

II

Estaba una mañana fray Gómez en su celda, entregado a la meditación, cuando dieron a la puerta unos discretos golpecitos, y una voz de quejumbroso° timbre dijo:

–*Deo gratias*… ¡Alabado sea el Señor!

–Por siempre jamás, amén. Entre, hermanito –contestó fray Gómez.

Y penetró en la humildísima celda un individuo algo desharrapado,° *vera efigie*° del hombre a quien acongojan pobrezas,° pero en cuyo rostro se dejaba adivinar la proverbial honradez del castellano viejo.

Todo el mobiliario de la celda se componía de cuatro sillones de vaqueta, una mesa mugrienta y una tarima sin colchón, sábanas ni abrigo, y con una piedra por cabezal o almohada.

–Tome asiento, hermano, y dígame sin rodeos° lo que por acá le trae –dijo fray Gómez.

–Es el caso, padre, que yo soy hombre de bien a carta cabal°…

–Se le conoce, y que persevere deseo, que así merecerá en esta vida terrena la paz de la conciencia, y en la otra la bienaventuranza.

–Y es el caso que soy buhonero, que vivo cargado de familia y que mi comercio no cunde° por falta de medios, que no por holgazanería y escasez de industria° en mí.

–Me alegro, hermano, que a quien honradamente trabaja Dios le acude.°

–Pero es el caso, padre, que hasta ahora Dios se me hace el sordo, y en acorrerme° tarda…

–No desespere, hermano; no desespere.

–Pues es el caso que a muchas puertas he llegado en demanda de habilitación° por quinientos duros,° y todas las he encontrado con cerrojo y cerrojillo.° Y es el caso que anoche, en mis cavilaciones,° yo mismo me dije a mí mismo: "!Ea!, Jeromo, buen ánimo y vete a pedirle el dinero a fray Gómez, que si él lo quiere, mendicante y pobre como es, medio encontrará para sacarte del apuro°". Y es el caso que aquí estoy porque he venido, y a su paternidad le pido y ruego que me preste esa puchuela° por seis meses, seguro que no será por mí por quien se diga:

> *En el mundo hay devotos*
> *de ciertos santos;*
> *la gratitud les dura*

Quejumbroso: tono lamentoso	*Acude*: ayuda
Desharrapado: mal vestido	*Acorrerme*: ayudarme
Vera efigie: verdadera imagen	*Habilitación por*: pidiendo
Acongojan pobrezas: estaba en la miseria total	*Duros*: dinero de ese período
Dígame sin rodeos: sea explícito y claro	*Cerrojo y cerrojillo*: cerradas
A carta cabal: sin lugar a dudas	*Cavilaciones*: reflexiones
No cunde: no prospera	*Apuro*: difícil situación económica
Industria: habilidad	*Puchuela*: cantidad de dinero

lo que el milagro;
que un beneficio
da siempre vida a ingratos
desconocidos.

–¿Cómo ha podido imaginarse, hijo, que en esta triste celda encontraría ese caudal?

–Es el caso, padre, que no acertaría a responderle, pero tengo fe en que no me dejará ir desconsolado.°

–La fe lo salvará, hermano. Espere un momento.

Y paseando los ojos por las desnudas y blanqueadas paredes de la celda, vio un alacrán que caminaba tranquilamente sobre el marco de la ventana. Fray Gómez arrancó una página de un libro viejo, dirigióse a la ventana, cogió con delicadeza a la sabandija, la envolvió en el papel, y tornándose hacia el castellano viejo, le dijo:

–Tome, buen hombre, y empeñe° esta alhajita; no olvide, sí, devolvérmela dentro de seis meses.

El buhonero de deshizo en frases de agradecimiento, se despidió de fray Gómez y más que de prisa se encaminó a la tienda.

La joya era espléndida, verdadera alhaja de reina morisca, por decir lo menos. Era un prendedor° figurando un alacrán. El cuerpo lo formaba una magnífica esmeralda engarzada° sobre oro, y la cabeza un grueso brillante con dos rubíes por ojos.

El usurero, que era hombre conocedor, vio la alhaja con codicia, y ofreció al necesitado adelantarle° dos mil duros por ella; pero nuestro español se empeñó en no° aceptar otro préstamo que el de quinientos duros por seis meses, y con un interés judaico, se entiende. Extendiéronse y firmáronse los documentos o papeletas de estilo, acariciando el agiotista° la esperanza de que a la postre el dueño de la prenda acudiría por más dinero, que con el recargo de intereses lo convertiría en propietario de joya tan valiosa por su mérito intrínseco y artístico.

Y con este capitalito° fuele tan prósperamente en su comercio, que a la terminación del plazo pudo desempeñar la prenda, y, envuelta en el mismo papel en que la recibiera, se la devolvió a fray Gómez.

Este tomó el alacrán, lo puso sobre el alféizar° de la ventana, le echó una bendición y dijo:

–Animalito de Dios, sigue tu camino.

Y el alacrán echó a andar libremente por las paredes de la celda.

Y vieja, pelleja,
aquí dio fin la conseja.

Desconsolado: sin ser ayudado
Empeñe: dé algo como seguridad por el pago de un dinero que se pide prestado
Prendedor: tipo de joya
Engarzada: incrustada en

Adelantarle: prestarle
Se empeñó en no: no quiso
Agiotista: prestamista
Capitalito: dinero
Alféizar: base de la ventana

CUESTIONARIO

1. ¿Qué se propone hacer el narrador en esta "tradición"?
2. ¿Quién es Angélica?
3. ¿A quién dedica el narrador esta "tradición"?
4. ¿Dónde y cuándo tiene lugar la acción narrativa?
5. ¿Qué trabajo realizaba fray Gómez en el convento?
6. ¿De dónde era originalmente fray Gómez?
7. ¿Qué milagros hizo fray Gómez?
8. ¿Por qué pide ayuda el buhonero a fray Gómez? ¿Qué tipo de ayuda le pide?
9. Describa la joya que le presta fray Gómez al buhonero.
10. ¿Qué tipo de transacción financiera hace el buhonero con el alacrán?
11. ¿Qué sucede con la joya cuando se la devuelve a fray Gómez?

SELECCIÓN MÚLTIPLE

I. Valer tanto como el alacrán de fray Gómez significa que

1. No tiene ninguna importancia
2. No tiene ningún valor
3. Es muy valioso
4. Tiene mucha importancia

II. El segundo milagro que hizo fray Gómez fue

1. Curar al jinete caído del caballo
2. Sacar de la manga izquierda dos peces
3. Volar para huir de la gente
4. Curar a don Juan de la Pipirindica

III. El buhonero necesita la suma de dinero por

1. Seis meses
2. Seis semanas
3. Un año
4. No se sabe

IV. El usurero

1. Era honrado y generoso
2. Quería quedarse con el alacrán
3. Era pobre y sin dinero
4. No le prestó el dinero al buhonero

V. Al final del cuento

1. Los negocios le van mal al buhonero
2. El usurero se queda con el alacrán
3. Los negocios le van bien al buhonero
4. El buhonero necesita pedir un nuevo préstamo

ANÁLISIS CRÍTICO

1. En literatura, y en otras manifestaciones del arte, el marco sirve para separar dos niveles distintos de la realidad. ¿Cuál es el marco de esta historia?
2. Uno de los temas de esta tradición tiene que ver con el saldo o liquidación de una deuda. Identifique y comente los distintos ejemplos relacionados con este tema.
3. El narrador nos dice que fray Gómez era milagrero "como aquél que hablaba en verso sin sospecharlo" ¿A quién o quiénes se puede referir este comentario?
4. ¿Qué fuentes, dentro de la ficción, pudieron haber inspirado al narrador para escribir esta "tradición"?
5. ¿Es esta "tradición" pura ficción o se funden en ella elementos del mundo de la realidad?
6. ¿Sigue esta "tradición" la típica división estructural que suele seguir Palma en otras de sus "tradiciones".
7. Comente el léxico y algunos de los registros lingüísticos, como refranes o expresiones populares, que encuentre en esta "tradición"

ENSAYO

1. Analice los distintos ejemplos de lo sobrenatural o maravilloso en esta "tradición". ¿Pueden explicarse racionalmente? ¿Cómo reacciona la gente ante estos hechos?
2. Lea las "tradiciones" tituladas "Dónde y cómo el Diablo perdió el poncho" y "La sandalia de Santo Tomás" y analice los aspectos narrativos que pertenecen a un mundo ajeno a nuestra realidad.
3. Estudie y compare la estructura narrativa de las anteriores "tradiciones".

BIBLIOGRAFÍA

Compton, Merlin D. *Ricardo Palma*. Boston: Twayne, 1982.
Flores, Ángel, ed. *Aproximaciones a Ricardo Palma*. Lima: Francisco Campodónico, 1973.
Gómez–Gil, Orlando. *Historia crítica de la literatura hispanoamericana. De los orígenes hasta el momento actual*. N. York: Holt, Rinehart and Winston, 1968.
Oviedo, José Miguel. *Genio y figura de Ricardo Palma*. Buenos Aires: EUDEBA, 1965.
Tanner, Roy L. *The Humor of Irony and Satire in the 'Tradiciones peruanas'*. Columbia: U. of Missouri P, 1986.

Realismo. Naturalismo y Modernismo

EL REALISMO

NOVELA

Si el Romanticismo trataba de reflejar el mundo subjetivo e íntimo, el Realismo buscará captar la realidad exterior y los problemas socio-políticos con la mayor objetividad posible. En Hispanoamérica, lo mismo que en España, los novelistas tratarán de mostrar la realidad concreta y específica de sus países, y a esta tendencia narrativa se le llama *criollismo*. El escritor más destacado del Realismo hispanoamericano es el chileno Alberto Blest Gana (1830–1920), quien dedicó la mayor parte de su vida a la diplomacia y la escritura. Sus primeras obras revelan una fuerte influencia de la escuela romántica que dejará de lado en 1860 con la publicación de *La aritmética en el amor*. Poco después publica *Martín Rivas* (1862), una de sus novelas más celebradas, y tras interrumpir su trabajo creativo por más de treinta años publica en 1897 otra de sus mejores novelas, *Durante la reconquista*. *Martín Rivas* es la historia de un joven perteneciente a la clase media que se va a Santiago a vivir con una familia adinerada y logra triunfar en la vida. La novela nos presenta un cuadro de la realidad socio-política chilena de mitad de siglo: las fiestas, los desfiles militares, los enfrentamientos entre liberales y conservadores, y el habla regional. *Durante la reconquista* es una novela histórica que recuenta uno de los acontecimientos históricos más relevantes en la lucha independista de Chile contra España.

Otro escritor destacado es Eduardo Acevedo Díaz (1851–1921), uruguayo, quien compartió la vida política y diplomática con la de escritor. Es autor de una trilogía de novelas históricas, *Ismael* (1888), *Nativa* (1889–1890), y *Grito de guerra* (1893). La primera de estas novelas narra la lucha de los gauchos contra los españoles, y las dos siguientes relatan el triunfo de la lucha independentista uruguaya, liderada por Artigas, contra los españoles. Su mejor novela es *Soledad* (1894), en la que combina elementos románticos y naturalistas para describir la lucha entre criollos y españoles.

Más conocido que el anterior es Roberto Jorge Payró (1867–1928), argentino, y uno de los fundadores del partido socialista de su país. De su abundante obra narrativa, en la que suelen predominar los relatos picarescos, destaca *El casamiento de Laucha* (1906). El protagonista de esta novela es un pícaro al que una buena mujer no sólo le da trabajo en su negocio, sino que además se casa con él. Tras arruinar su negocio con los vicios de jugar y apostar, el pícaro Laucha le confiesa que el matrimonio no tenía validez legal y la abandona. En sus obras posteriores, *Pago Chico* (1908), y las *Divertidas aventuras del nieto de Juan Moreira* (1910), Payró recurre, una vez más, a protagonistas pícaros o faltos de escrúpulos que buscan el éxito político sin importarles los medios para conseguirlo.

En Perú destaca la escritora Clorinda Matto de Turner (1854–1909), discípula de Ricardo Palma. Aunque escribió otras novelas, su obra maestra es *Aves sin nido* (1889), en la que relata la imposible historia de amor, por la diferencia de clase social, entre una india huérfana y el hijo de la esposa del gobernador. Aparte de la crítica anticlerical, en esta novela ya no encontramos una idealización romántica del indio, sino una representación real y una denuncia de su marginación y explotación. Por su carácter de denuncia social, la novela de Matto de Turner abre el camino a la novela indianista.

En México sobresale José López–Portillo y Rojas (1850–1923), que llegó a ser diputado al congreso y gobernador del estado de Jalisco. López–Portillo y Rojas cultivó los tres géneros, pero su fama se debe a su labor novelística. Su obra maestra es *La parcela* (1898), en la que nos revela los problemas que sufrían las clases rurales mexicanas. Esta preocupación por los campesinos y las clases más humildes de la sociedad reaparece en otras de sus novelas, convirtiendo a López–Portillo en precursor de la novela de la Revolución Mexicana.

TEATRO

El teatro nacional hispanoamericano nace bajo la influencia del realismo de fines del siglo XIX y principios del siglo XX. El teatro realista tratará de reflejar problemas sociales, personales y morales, y supone una reacción contra el sentimentalismo y melodramatismo del teatro romántico. Los más importantes representantes de este teatro son Gregorio Laferrère, Florencio Sánchez y Ernesto Herrera.

Gregorio Laferrère (1867–1913), argentino, es el máximo representante de la comedia realista de costumbres. Compartió la vida política con la de dramaturgo, y tuvo la suerte de estrenar con gran éxito su primera obra, *Jettatore* (1904). El tema de la obra es el mal de ojo, y Laferrère se vio influido por el teatro de los hermanos Quintero, de España. En *Bajo la garra* (1907), dramatiza los problemas de un matrimonio que es víctima de las calumnias de personas cercanas a él. Su obra maestra es *Las de barranco* (1908), en la que retrata la lucha de una viuda por mantener su stándard económico y la influencia que aquélla ejerce en las decisiones sentimentales de sus tres hijas.

El dramaturgo más destacado, sin lugar a dudas, de este período es Florencio Sánchez (1875–1910). De origen humilde, se dedicó al periodismo, y su formación intelectual es la de un verdadero autodidacta. Su primera obra es *Gente honesta* (1902), un sainete de costumbres, pero el éxito le llega con la comedia *M'hijo el dotor* (1903), obra gauchesca que plantea el enfrentamiento entre el campo y la ciudad. Esta obra, junto con *La gringa* (1904), y *Barranca abajo* (1905), pertenecen a sus dramas rurales; y *Los derechos de la salud* (1907), *En familia* (1905), y *Los muertos* (1905), a sus obras dedicadas a la vida urbana. *La gringa* es una de sus mejores obras, y en ella plantea el conflicto entre el inmigrante italiano y el criollo. Al final de la obra se celebra el matrimonio entre dos de los protagonistas, la hija de unos italianos con el hijo de unos criollos, para mostrar así que el futuro del país se encontraba en la unión de las razas. Su obra maestra es *Barranca abajo*, tragedia en la que se describe el fracaso económico, social y familiar de un criollo rico y honesto. En *Los derechos de la salud*, otra de sus mejores obras, presenta el drama de una mujer tuberculosa que pierde el respeto de la sociedad y termina siendo abandonada por su esposo e hijo. El teatro de Sánchez se caracteriza por el pesimismo, la representación de problemas sociales y personales, y por el enfrentamiento entre criollos e inmigrantes. Es un teatro realista que incorpora técnicas del teatro europeo moderno y se muestra solidario con los problemas de las clases empobrecidas.

Uno de los discípulos de Florencio Sánchez es el uruguayo Ernesto Herrera (1877–1917). Lo mismo que su epígono, Herrera era pobre y murió de tuberculosis. Su obra más conocida es *León ciego* (1911), en la que plantea el conflicto de un viejo gaucho con la civilización. Por su temática social y por el riguroso análisis del alma humana, la obra tuvo un éxito clamoroso. Otras obras renombradas de Herrera incluyen *La moral de Misía Paca* (1911), y *El pan nuestro* (1912).

EL NATURALISMO

NOVELA

En la segunda mitad del siglo XIX surge el Naturalismo, un movimiento literario influido por la filosofía positivista de Comte y las teorías sobre la evolución de las especies de Darwin. El naturalismo, fundado por el escritor francés Emilio Zola, concibe la novela como un campo de investigación y análisis. La obra de arte, pues, se propone estudiar e investigar la realidad con rigor científico. Asimismo, los personajes de estas obras se verán influidos por un determinismo natural –la herencia y el medio ambiente– que les privará del libre albedrío. Las obras naturalistas, por otro lado, se caracterizan por el pesimismo y por la representación de los aspectos crudos y repugnantes de la realidad. En Hispanoamérica, el naturalismo trató de analizar los problemas sociales y de la enseñanza, la crisis moral, y la opresión de los trabajadores. Algunos de los escritores más representativos de esta corriente literaria son Eugenio Cambacéres, Baldomero Lillo, Javier de Viana y Federico Gamboa.

Eugenio Cambacéres (1843–1888), argentino y nacido en el seno de una familia adinerada, fue uno de los más firmes seguidores de Zola. Sus cinco novelas se caracterizan por su espíritu cínico y por captar los aspectos sórdidos y crudos de la realidad y la condición hipócrita de la sociedad. Su obra maestra es *Sin rumbo* (1885), en la que nos relata la violación de una campesina por el protagonista, Andrés, la muerte de la hija de éstos y el suicidio de Andrés. La obra plantea el problema de las diferencias de clases sociales, el conflicto entre la ciudad y el campo, y la pérdida de valores morales. La obra, asimismo, destaca por un excelente uso del lenguaje y por la importancia concedida al mundo onírico y del subconsciente. En *Pot-Pourri* (1881), su primera novela, nos describe un adulterio, y en *Música sentimental* (1884) describe con gran crudeza la enfermedad de la sífilis contraída por su protagonista.

En Chile sobresale Baldomero Lillo (1867–1923), nacido en el seno de una familia minera, pero que llegó a trabajar en la universidad de Chile. Lillo se sirvió de Zola para criticar los problemas sociales que vivía su país. Su escasa obra literaria se reduce a un soneto y tres libros de cuentos. Su primera colección se titula *Sub sole* (1904), y en ella nos pinta la dura vida de los mineros chilenos y la crueldad de sus superiores. En esta obra encontramos algunos de sus mejores cuentos: "Juan Fariña", "El pozo", y "El chiflón del diablo". En cuentos posteriores, como "Vísperas de difuntos", "El vagabundo", y otros, Lillo incluye entre sus temas la problemática de los campesinos, la vida en los puertos, y el folklore. En otros cuentos, como "El rapto del sol" o "Las nieves eternas", cultiva la vena alegórica y simbólica.

En Uruguay merece mención Javier de Viana (1868–1926), miembro del parlamento que se exiló a Buenos Aires y combinó los trabajos de periodista, dramaturgo, novelista y cuentista. Su fama se debe principalmente a su labor como cuentista. Su primera colección de cuentos naturalistas, *Campo, escenas de la vida de la campaña* (1896), tiene por tema central la vida rural y el gaucho, y la misma temática es la que Viana utilizará en su novela *Gaucha* (1899) y en muchos otros de sus cuentos. En sus colecciones de cuentos *Macachines* (1910) y *Leña seca* (1911) Viana se confirma como un excelente escritor regionalista.

El más importante exponente del naturalismo mexicano es federico Gamboa (1864–1939). Gamboa llegó a ocupar los puestos de ministro y embajador, y cultivó principalmente el teatro y la novela. Su novela más conocida es *Santa* (1903), historia de una bella mujer que después de dormir con su novio se hace prostituta y termina muriendo trágicamente. Gamboa se caracteriza por describir con gran crueldad los problemas sociales de México.

EL MODERNISMO

El Modernismo hispanoamericano es una corriente literaria que trata de sustituir la representación de una realidad regional o criollista por otra más universal y cosmopolita. De las influencias ejercidas en este movimiento literario sobresalen las francesas –Gautier y Baudelaire (parnasianos), Hugo y Lamartine (románticos), y Verlaine y Mallarmé (simbolistas). Los escritores modernistas llevan a cabo una renovación formal y temática que abarca a todos los géneros literarios. A nivel formal se ve en el uso de un vocabulario culto y refinado, en la utilización de una variedad de metros, y en la importancia concedida al ritmo, la musicalidad y el color del verso. A nivel temático la poesía modernista se ve poblada de ninfas, princesas, fuentes, jardines, pavos reales, flores, estatuas y dioses. En su búsqueda por lo exótico y cosmopolita vuelven la mirada al oriente lejano: China, Japón y la India. La vena pagana del modernismo se manifiesta en el culto a dioses de la antigüedad; y se transparenta en estos escritores un profundo pesimismo como reflejo de la crisis espiritual y existencial que vivía la sociedad a fines del siglo XIX. Se pueden distinguir dos grupos de escritores modernistas, uno formado por los precursores, y otro integrado por escritores que llevan este movimiento a su punto más alto. Entre los primeros destacan Manuel González Prada, Salvador Díaz Mirón, Manuel Gutiérrez Nájera, Julián Casal, José Asunción Silva, y sobre todo José Martí.

Manuel González Prada (1848–1918), peruano, luchó en la guerra del Pacífico y fue director de la Biblioteca Nacional. Uno de los grandes méritos de Prada es el cuidado que puso en la expresión formal. Pero esto no fue obstáculo para que defendiera los derechos del indio y atacara la corrupción política y al clero. Sus obras en prosa más destacadas son *Páginas libres* (1894) y *Horas de lucha* (1908). Su mejor obra poética es *Minúsculas* (1901), y en ella revela su espíritu cosmopolita al tiempo que experimenta con formas métricas importadas de Francia e Italia.

Salvador Díaz Mirón (1853–1928), mexicano, compartió la política con la literatura. Perdió un brazo en un duelo y pasó cuatro años en prisión por matar a un rival político. Sus primeros poemas son románticos, pero pronto pasó a escribir una poesía caracterizada por la renovación formal, un tono apasionado y una actitud arrogante. En su poesía hay una constante presencia de la muerte, y la cárcel, y una visión grotesca de la sociedad. Algunas de sus obras más importantes son *Lascas* (1901) y *Astillas y triunfos*, publicada póstumamente.

El también mexicano Manuel Gutiérrez Nájera (1859–1895) fue inicialmente influido por los místicos españoles, pero esta influencia fue posteriormente sustituida por la de escritores franceses. El choque entre estas dos ideologías le llegó a producir una crisis espiritual que se manifiesta en el tono pesimista de su poesía. Formalmente se distingue por la creación de nuevas imágenes poéticas, el refinamiento, el ritmo, y el uso del color. Sus temas predilectos eran el dolor, la muerte, y el amor imposible. Su obra poética más conocida lleva por título *Poesías* (1896). En su prosa se reiteran las mismas cualidades que en su poesía, y sobresale su obra *Cuentos frágiles* (1883).

Julián del Casal (1863–1893), cubano, llevó una existencia marcada por la penuria y la enfermedad. Estos problemas personales, unidos a la difícil situación socio–económica de Cuba, determinan el carácter pesimista de su poesía, una poesía caracterizada por la representación de mundos exóticos en los que parece refugiarse el poeta. En su obra maestra, *Nieve* (1892), se percibe la influencia de los escritores franceses parnasianos, pero esta influencia no fue suficiente para que Casal dejara de expresar en su poesía su soledad, dolor y melancolía. Al igual que otros modernistas, Casal experimentó con nuevas imágenes, metros y estrofas.

José Asunción Silva (1865–1896), colombiano, vivió las guerras civiles de su país, y el sino de la desgracia lo persiguió hasta el mismo día en que se suicidó. Algunas de las notas relevantes de su poesía son el lirismo y la experimentación con la métrica, y entre los temas preferidos destacan la crítica de la sociedad, la reflexión filosófica, la tristeza, la muerte, y principalmente la rememoración de su infancia, vista como un paraíso perdido. Silva no publicó nada en vida, y sus poemas fueron recogidos posteriormente en una *Obra completa* (1990). Uno de sus mejores poemas es "Nocturno III", una elegía a la muerte de su hermana en la que el poeta deja constancia de su profundo dolor y tristeza. Otros poemas meritorios son "Los maderos de San Juan" y "Ars". Asunción Silva escribió también algunos cuentos y dos novelas. A pesar de la contribución poética de estos escritores, ninguno de ellos tuvo una influencia tan determinante como José Martí.

CUESTIONARIO

1. ¿Cuál es el argumento de *Martín Rivas*?
2. ¿Qué lucha se narra en la novela *Ismael*, de Eduardo Acevedo Díaz?
3. ¿De qué trata *El casamiento de Laucha*?
4. ¿Qué intenta representar Clorinda Matto de Turner en *Aves sin nido*?
5. ¿Contra qué reacciona el teatro realista hispanoamericano? ¿Cuáles son algunos de sus temas?

6. ¿Qué conflicto se plantea en *La gringa* de Florencio Sánchez?

7. ¿Qué características podemos asociar con el naturalismo hispano-americano?

8. ¿Qué temas destacan en *Sin rumbo*, de Eugenio Cambacéres?

9. ¿Qué tipo de vida nos retrata *Sub sole*, de Baldomero Lillo?

10. ¿En qué consiste la renovación formal y temática que llevan a cabo los escritores modernistas?

11. ¿por qué se caracteriza la poesía de Salvador Díaz Mirón?

12. ¿Qué dos influencias importantes recibe la poesía de Manuel Gutiérrez Nájera?

13. ¿Cuál es el tema de "Nocturno III", de José Asunción Silva?

IDENTIFICAR

1. Criollismo
2. *Pago chico*
3. *La parcela*
4. *Las de barranco*
5. *Los derechos de la salud*

6. Ernesto Herrera
7. Javier de Viana
8. *Minúsculas*
9. Juan del Casal

ENSAYO

1. Escriba un ensayo sobre uno de los escritores más representativos del realismo o naturalismo

2. Escoja una obra o poema modernistas y comente qué características de esta corriente literaria se dan cita en el texto.

BIBLIOGRAFÍA

Ara, Guillermo. *La novela naturalista hispanoamericana*. Buenos Aires: EUDEBA, 1979.

Castagnaro, R. Anthony. *The Early Spanish American Novel*. New York: Las Américas, 1971.

Franco, Jean. *Historia de la literatura hispanoamericana*. Barcelona: ed. Ariel, 1980.

Gómez Gil, Orlando. *Historia crítica de la literatura hispanoamericana. Desde los orígenes hasta el momento actual*. New York: Holt, Rinehart and Winston, 1968.

Leal, Luis. *Breve historia de la literatura hispanoamericana*. New York: Alfred A. Knopf, 1971.

Nichols, Peter. *Modernisms. A Literary Guide*. Berkeley–Los Angeles: U of California P, 1995.

Oviedo, José Miguel. *Historia de la literatura hispanoamericana. 2. Del romanticismo al modernismo*. Madrid: Alianza Ed., 1997.

José Martí
(1853-1895)

Cubano, e hijo de padres españoles, Martí participó activamente en la lucha política por la independencia de su país. Fue condenado a trabajos forzados y posteriormente desterrado a España, donde reside de 1871 a 1874. Aquí escribe *El presidio político en Cuba* (1871), donde recoge sus experiencias como prisionero en la isla de Pinos por haber participado en la lucha independentista de su país. De 1875 a 1879 vivió en México y Guatemala. En México dirigió la *Revista Universal*, y en 1877 recibió el nombramiento de profesor en la universidad de Guatemala. Los últimos años de su vida, de 1880 a 1895, los pasó mayormente en Estados Unidos. En 1895 se dirigió a Cuba para luchar por la independencia de su país. El 19 de mayo de este mismo año muere en un enfrentamiento con los españoles en la localidad de Dos Ríos, Cuba.

A pesar de su corta vida, Martí fue un escritor sumamente prolífico. Su obra, reunida en veintisiete volúmenes, incluye poesía, novela, cuento, teatro, diarios, crítica literaria, periodismo, un epistolario, discursos, cartas, y trabajos de índole política.

Entre sus primeras obras, aparecidas en Cuba y España, se encuentran el drama romántico *Abdala* (1869), y el drama romántico-realista *La adúltera* (1873), obras que no llegan al nivel literario de sus obras en prosa o poesía. En varias revistas y periódicos de México publicó poesía y numerosos ensayos, y en Guatemala publicó un drama indio titulado *Patria y libertad* (1877). Sin embargo, será durante su estadía en Estados Unidos cuando Martí escribe lo mejor de su producción literaria.

Como poeta, Martí es el gran precursor de la renovación poética que traería el modernismo. Su primer libro de poemas, *Ismaelillo* (1882), lo publica durante su destierro en Nueva York. La aparición de esta obra, unida a la de Manuel Gutiérrez Nájera, *Cuentos frágiles* (1883), marca el inicio del movimiento modernista hispanoamericano. El poemario de Martí consta de quince composiciones, y está inspirado por su hijo, a quien transforma en un héroe, en un conquistador, y en su protector. Algunos de los aspectos modernistas que vemos en *Ismaelillo* son el cromatismo e imágenes exóticas, y estos recursos poéticos cobrarán mayor relieve en *Versos libres* (escritos de 1878-1882), *Flores del destierro* (escritos de 1885 a 1895) y *Versos sencillos* (1891), obras en las que Martí revela un profundo conocimiento del espíritu humano.

En *Versos sencillos*, escritos principalmente en versos octosílabos, encontramos una gran riqueza de imágenes originales y profundas, gran plasticidad y cosmopolitismo. A pesar de ser una obra modernista, Martí conjuga el ejercicio formal modernista con temas relacionados con el amor, la amistad, la exaltación patriótica, y escenas costumbristas de España. A través de estos y otros temas tratados aquí se transparenta una dolorosa representación del alma del poeta. Esta obra e *Ismaelillo* ejercieron una gran influencia en los poetas modernistas, especialmente en Rubén Darío y Leopoldo Lugones. Su obra *Versos libres*, debido a que se publicó mucho después de haber sido escrita, no ejerció en los poetas modernistas la misma influencia que sus obras anteriores. Esta colección incluye algunos poemas de excelente factura, como "Yugo y estrella", "Copa con alas" o "Hierro", y los temas que dominan son los del amor, la libertad, el egoísmo y, ocasionalmente, algunos comentarios sobre la realidad política del país o los deberes para con la patria. Influido por su estadía en Nueva York, la capital del capitalismo, Martí trata un nuevo tema, el de la ciudad moderna capitalista que condena al individuo a vivir en la confusión y la soledad.

En la prosa de Martí se percibe la influencia de escritores españoles del Siglo de Oro, como Santa Teresa de Jesús y Gracián, y de franceses como Víctor Hugo, Flaubert o los hermanos Goncourt. En su prosa, sencilla, poética, y llena de ritmo y melodía, encontramos numerosas imágenes, metáforas y símbolos. Sus trabajos en prosa son de lo más variado: novela, cuento, crónicas, ensayos, discursos, cartas etc. Su única novela, *Amistad funesta* (1885), combina aspectos del Neoclasicismo, Romanticismo y Modernismo. Fundó una revista infantil, *La edad de oro* (1889), y aquí publicó algunos excelentes cuentos, como "La muñeca negra" y "Nené traviesa". No obstante, lo más destacado de su prosa son sus crónicas, ensayos, discursos y cartas, en donde canta a la libertad, a los héroes americanos que lucharon contra la injusticia social, a la independencia de Cuba, y en los que se solidariza con personajes de la historia americana. Las crónicas eran comentarios sobre acontecimientos de la actualidad americana, y los publicaba en diarios de todo el continente, en especial *La Nación* de Buenos Aires. Escribió numerosos ensayos políticos y críticos, destacando, entre los primeros, "El presidio político en Cuba" (1871), y entre los segundos los dedicados a Walt Whitman y Emerson. Sus discursos lo confirman como un excelente orador con una gran capacidad de convicción y elocuencia, y sobresalen los dedicados a Bolívar y al poeta Heredia. Sus cartas, llenas de gran intimismo y deseo por el sacrificio, son de una extraordinaria calidad literaria.

Yo soy un hombre sincero

Versos sencillos

GUÍA DE LECTURA

"Yo soy un hombre sincero" es el primer poema de la colección *Versos sencillos*, y es representativo del simbolismo y de la concepción dualista de la vida que domina en otros poemas de la mencionada obra y en los poemarios *Ismaelillo* y *Versos libres*. Asimismo, en este poema reaparecen algunos de los símbolos más usados en la poesía de Martí: alas, montes, mariposas, aguilas y la luz, y colores como el negro, rojo, y amarillo. En este poema, escrito en estrofas de cuatro versos, cuartetas (abab), Martí nos revela algunas facetas de su interioridad y, simultáneamente, nos presenta una galería de reflexiones, anécdotas y testimonios relativos a su vida o a la de otras personas. Estas reflexiones y anécdotas parecen estar desconectadas las unas de las otras, pero a todas ellas las une el espíritu y la visión estética del poeta.

Yo soy un hombre sincero
de donde crece la palma,
y antes de morirme quiero
echar° mis versos del alma.°

Yo vengo de todas partes
y hacia todas partes voy:
arte soy entre las artes;
en los montes, monte soy.
Yo sé los nombres extraños°
de las yerbas y las flores,
y de mortales engaños,°
y de sublimes dolores.°

Yo he visto en la noche oscura
llover sobre mi cabeza
los rayos de lumbre° pura
de la divina belleza.
Alas° nacer, vi en los hombros
de las mujeres hermosas;
y salir de los escombros,°
volando las mariposas.
He visto vivir a un hombre
con el puñal° al costado,°
sin decir jamás° el nombre
de aquella que lo ha matado.

Rápida, como un reflejo,°
dos veces vi el alma, dos:
cuando murió el pobre viejo
cuando ella me dijo adiós…

Temblé° una vez – en la reja,°
a la entrada de la viña – ,
cuando la bárbara° abeja°
picó° en la frente a mi niña.

Gocé una vez, de tal suerte°
que gocé cual nunca; –cuando
la sentencia de mi muerte
leyó el alcalde llorando.

Oigo un suspiro° a través
de las tierras y la mar,
y no es un suspiro, –es
que mi hijo va a despertar.

Si dicen que del joyero
tome la joya° mejor,
tomo a un amigo sincero
y pongo a un lado el amor.

Yo he visto al águila° herida°
volar al azul sereno,
y morir en su guarida°
la víbora° del veneno.

Yo sé bien que cuando el mundo
cede,° lívido,° al descanso,°
sobre el silencio profundo
murmura° el arroyo° manso.°

Echar: sacar
Alma: espíritu
Extraños: raros
Engaños: mentiras, falsedad
Dolores: sufrimientos, tormentos
Lumbre: luz
Alas: lo que usa un pájaro para volar
Escombros: basuras
Puñal: tipo de cuchillo
Costado: parte lateral del cuerpo
Jamás: nunca
Reflejo: imagen
Temblé: oscilé, temí
Reja: red metálica, valla
Bárbara: inhumana, salvaje
Abeja: insecto que da la miel

Picó: picar, los insectos pican, acto de causar
    daño
Suerte: fortuna
Suspiro: suspirar, respirar, exhalar suavemente
Joyas: anillos, brazaletes, piedras preciosas
Águila: pájaro grande y rapaz
Herida: lesión, daño, fractura
Guarida: cueva, refugio de animales
Víbora: serpiente venenosa
Cede: ceder, cesar, abandonar
Lívido: pálido, descolorido, cadavérico
Descanso: tranquilidad, pausa, recreo
Murmura: habla en voz baja
Arroyo: pequeño río
Manso: calmo, tranquilo

Yo he puesto° la mano osada,
de horror y júbilo° yerta,°
sobre la estrella apagada°
que cayó frente a mi puerta.

Oculto en mi pecho bravo
la pena que me lo hiere:°
el hijo de un pueblo esclavo°
vive por él, calla° y muere.

Todo es hermoso y constante,
todo es música y razón,
y todo, como el diamante,
antes que luz es carbón.°
Yo sé que el necio se entierra°
con gran lujo y con gran llanto,°
y que no hay fruta en la tierra
como la del camposanto.°

Callo, y entiendo, y me quito
la pompa del rimador:°
cuelgo en un árbol marchito°
mi muleta de doctor.°

ANÁLISIS CRÍTICO

1. ¿Qué quiere hacer el yo poético antes de morirse?

2. ¿De dónde es el yo poético?

3. ¿Qué lo hizo disfrutar?

4. En la vida ¿de qué tuvo miedo el yo poético?

5. ¿Cuáles son las dos veces que el yo poético ve su propia alma?

6. Entre la amistad y el amor ¿qué prefiere el yo poético?

7. ¿Cuál fue una desilusión en la vida del poeta?

8. ¿Qué significa "el pueblo esclavo"?

9. En este poema hay insinuaciones de protesta social y política, identifíquelas y coméntelas.

10. ¿Qué le da a este poema un tono universal?

11. Explique el significado que toman en este poema los símbolos de la palma, el monte, las alas, las mariposas, el águila y la estrella.

12. En la primera y última estrofa el yo poético toma conciencia de su facultad creadora. Comente el significado de ambas estrofas.

Puesto: participio pasado de poner
Júbilo: alegría
Yerta: rígido
Apagada: apagar, antónimo de "prender"
Hiere: Herir, causa daño
Esclavo: no libre, prisionero
Calla: que no habla
Carbón: mineral negro que se encuentra
   en las minas

Entierro: poner bajo tierra
Llanto: lágrimas, llorar
Camposanto: cementerio
Me quito la pompa del rimador: hablo como
   hombre simple, dejo de ser poeta.
Marchito: seco
Muleta de doctor: sin uniforme de doctor

13. En varias de las estrofas del poema hay un planteamiento dicotómico, una polarización de conceptos en torno al bien o al mal, a la nobleza o a la ruindad, y a la verdad o a la falsedad, ¿puede identificar y explicar el sentido de estas dicotomías?

14. ¿Cuál es el sentir personal del yo poético con respecto a la situación política de Cuba?

15. A lo largo del poema hay momentos en los que el yo poético nos confiesa algunas de sus emociones personales. Indique en qué ocasiones y cuál es la naturaleza de las mismas.

16. La luz y la oscuridad aparecen con cierta frecuencia en el poema, ¿puede explicar su significado?

17. ¿Qué quiere decir el yo poético cuando afirma en la estrofa siete que vio el alma dos veces?

"Dos patrias"

GUÍA DE LECTURA

"Dos patrias", otro de los poemas más conocidos de Martí, forma parte de su colección *Flores del destierro*. Es un poema patriótico que tiene por contexto histórico la lucha independentista de Cuba contra España. Por otro lado, el poema se puede considerar perteneciente a la escuela modernista, y la dificultad que plantea su lectura deriva del uso de complejas imágenes y tropos. El yo poético nos indica que ha llegado ya la hora de iniciar la lucha definitiva contra los españoles, y él mismo se presenta como mártir, como un ser que se inmola a fin de lograr la libertad de su país, "la viuda triste" del poema.

Dos patrias° tengo yo: Cuba y la noche.
¿O son una las dos? No bien retira°
su majestad el sol, con largos velos
y un clavel° en la mano, silenciosa.
Cuba cual viuda° triste me aparece.
¡Yo sé cuál es ese clavel sangriento°
que en la mano le tiembla! Está vacío
mi pecho, destrozado° está y vacío
en donde estaba el corazón. Ya es hora
de empezar a morir. La noche es buena
para decir adiós. La luz estorba°
y la palabra humana. El universo

Patria: país donde uno nace
Retira: aleja, va
Clavel: tipo de flor de diversos colores
Viuda: mujer cuyo marido ha muerto

Sangriento: que expulsa sangre
Destrozado: romper, fragmentar.
Estorba: dificulta, es un obstáculo

habla mejor que el hombre.
Cual bandera
que invita a batallar, la llama roja
de la vela flamea.° Las ventanas
abro, ya estrecho en mí. Muda,° rompiendo
las hojas del clavel, como una nube
que enturbia° el cielo, Cuba, viuda, pasa…

ANÁLISIS CRÍTICO

1. ¿Hay rima en este poema? ¿Existe regularidad en el número de sílabas de cada verso?

2. ¿Con quién compara el yo poético a Cuba? ¿Cómo aparece Cuba?

3. La metáfora, como es sabido, consiste en que dos términos o frases diferentes apuntan a un mismo referente, al mismo objeto. ¿Puede explicar qué representa metafóricamente el clavel sangriento?

4. Comente el verso "El universo habla mejor que el hombre".

5. Describa cómo el yo poético se identifica con la viuda.

6. ¿Por qué el yo poético se siente destrozado y vacío?

7. Analice el juego cromático que presenta Martí en este poema.

8. ¿Qué sentimientos inspiran al yo poético en esta noche?

9. La luz se relaciona con la lógica y la razón, ¿por qué en el contexto histórico de este poema "la luz estorba y la palabra humana"?

10. ¿Por qué es éste un poema patriótico?

11. ¿Qué función cumple el encabalgamiento en este poema?

ENSAYO

1. Analice y compare el simbolismo cromático en estos dos poemas.

2. Investigue la lucha política de Martí en favor de la independencia de Cuba.

BIBLIOGRAFÍA

Agramonte, Roberto. *Martí y su concepción del mundo.* Río Piedras, San Juan: Ed. Universitaria, 1982.
Ette, Ottmar y Titus Heydenreich. *José Martí 1895/1995.* Frankfurt: Iberoamericana, 1994.
Jiménez, José O. *La raíz y el ala. Aproximaciones críticas a la obra de José Martí.* Valencia: PRE-TEXTOS, 1993.
Schulman, Ivan A. *Símbolo y color en la obra de José Martí.* Madrid: Ed. Gredos, 1960.
_____ , y Manuel Pedro González. *Martí, Darío y el modernismo.* Madrid: Ed. Gredos, 1969.
Vitier, Cintio, y Fina García Marruz. *Temas martianos.* Puerto Rico: Ed. Huracán, 1981

Flamea: llamea, arde   *Enturbia*: Obscurece, lo contrario de aclarar
Muda: que no habla, silenciosa

❧ ❧ ❧

Apogeo del Modernismo

POESÍA

El apogeo del movimiento modernista llegó con un grupo de poetas encabezado por Rubén Darío. Entre los poetas que forman parte de este grupo merecen mención Amado Nervo, Leopoldo Lugones, Ricardo Jaimes Freyre, y Julio Herrera y Reissig.

Amado Nervo (1870–1919), mexicano, desempeñó cargos de ministro en Argentina, Uruguay y Paraguay, y gozó de una excelente reputación como escritor. Esencialmente, Nervo es un poeta romántico que se sirve de moldes modernistas. En un principio, Nervo muestra una gran preocupación por la forma y un deseo de innovar en el campo de la sintaxis. Destaca en este período su obra *Místicas* (1897), en la que revela sus crisis espirituales. En un segundo momento, Nervo se plantea los enigmas de esta vida y el misterio de la venidera. De esta etapa sobresale su *Elevación* (1917) y *Plenitud* (1918). En sus últimos años la poesía de Nervo se vuelve más profunda y se pregunta sobre la noción cristiana de la resurrección. Es ahora cuando publica su obra más conocida, *La amada inmóvil* (1920). Además de poeta, Nervo fue cuentista, novelista, ensayista y cronista, y en su obra ficticia trata temas como el amor, la muerte y la metempsicosis con un tono bastante artificioso. El éxito clamoroso que alcanzó su obra a lo largo de su vida ha ido disminuyendo con el paso del tiempo.

Leopoldo Lugones (1874–1938), argentino, fue director de la Biblioteca del Consejo Nacional de Educación y en 1926 se le concedió el Premio Nacional de Literatura. En su poesía aparece de manera constante la poetización de un mundo natural caracterizado por la oposición de dos fuerzas antagónicas: macho/hembra, amor/odio, o luz y noche. En *Los crepúsculos del jardín* (1905), Lugones demostró sus excelentes dotes para la creación de imágenes y metáforas en la representación de escenarios rurales. Mayor riqueza metafórica, de imágenes, humor e ironía se pueden ver en su obra *Lunario sentimental* (1909). En su obra *En odas seculares* (1910), Lugones toca temas de la tradición nacional o relacionados con las faenas del campo. Una de sus obras claves es *Poemas solariegos* (1927), en la que Lugones vuelve a tratar temas nacionales pero sirviéndose de imágenes y metáforas más simples.

Su obra en prosa incluye ensayo, ficción, biografía y crítica. Una de sus mejores obras ensayísticas es *El imperio jesuítico* (1904), sobre la colonización española y la influencia de los jesuitas en Argentina. La ficción de corte fantástico se aprecia en su colección de cuentos *Las fuerzas extrañas* (1906). En biografía es conocida su *Historia de Sarmiento* (1911), y en crítica *El payador* (1916).

Ricardo Jaimes Freyre (1868–1933), boliviano, ejerció de profesor, periodista, escritor, y diplomático, entre otros oficios. Predomina en su poesía una visión del mundo moderno como un espacio frío, carente de calor humano. Su obra maestra, y una de las más notorias de la escuela modernista, es *Castalia bárbara* (1899).

En esta obra, Freyre evoca el mundo mitológico nórdico y la épica escandinava, haciendo un uso magistral de la métrica. En *Los sueños son vida* (1918), el mundo escandinavo fue sustituido por el helénico, y el poeta boliviano evolucionó hacia una poesía más simbólica. Como historiador escribió una obra sobre la Argentina colonial, *El tucumán del siglo XVI* (1914); y también redactó un *Curso de historia de la literatura castellana* (1917).

Julio Herrera y Reissig (1875-1910), uruguayo, fue miembro de una familia rica venida a menos. Vivió recluido en su casa, prácticamente aislado de la sociedad. Sus primeras composiciones poéticas caen dentro del Romanticismo, pero pronto evoluciona a formas modernistas. Ejemplo representativo de su filiación a esta última tendencia es *Maitines de la noche* (1902), en la que hace uso de neologismos y metáforas originales. Pero es en su obra maestra, *Los éxtasis de la montaña* (1904), donde Herrera y Reissig brilla por el uso de imágenes y el dominio formal. En ésta, y en otras de sus obras, el poeta uruguayo repite la creación de paisajes fantásticos y, al tiempo, grotescos. El exotismo y simbolismo son dos rasgos claves de su poesía, y se le considera puente de paso entre el Modernismo y la Vanguardia.

PROSA

La prosa modernista comparte muchas de las características que hemos visto en la poesía modernista: exotismo, pesimismo, y preocupación por la forma, entre otras. Algunos de los poetas más importantes del modernismo también cultivaron la ficción, como Rubén Darío, José Martí, Leopoldo Lugones, Amado Nervo, y Manuel Gutiérrez Nájera, pero además de éstos merecen mención Carlos Reyles, Enrique R. Larreta, y Augusto D'Halmar.

Carlos Reyles (1868-1938), uruguayo, y de familia adinerada, pudo dedicar su vida enteramente a la literatura. Sus primeras novelas, *Por la vida* (1888) y *Beba* (1894), son naturalistas, pero con la publicación de *La raza de Caín* (1900) evoluciona a una novela de corte sicológico. Otras dos novelas importantes de Reyles son *El embrujo de Sevilla* (1922) y *El gaucho florido* (1932). En la primera de estas novelas, Reyles relata el triángulo amoroso entre un torero, una gitana, y el antiguo novio de ésta. Es una obra que demuestra cómo la doctrina modernista se había convertido en un manierismo, en una mera fórmula. La segunda novela representa una vuelta de Reyles al criollismo, y en ella canta al gaucho, sus costumbres y su habla.

Enrique R. Larreta (1875-1961), argentino, ejerció de abogado y representó a su país como ministro en París. Su obra maestra es *La gloria de don Ramiro* (1908), novela histórica en la que Larreta se propone recrear, a través de un argumento novelesco, la historia y la lengua en tiempos del reinado de Felipe II. Larreta se aprovecha de este argumento histórico para contrastar la agresividad cristiana con la sensualidad de los moriscos. Posteriormente publicó una novela gaucha y criollista, *Zogoibi* (1926), que no tuvo mucho éxito. También trabajó la poesía, el teatro y el ensayo.

Augusto D'Halmar (1880-1950), chileno, fue cónsul, y ejerció una gran influencia en los círculos literarios chilenos. En su primera novela, *Juana Lucero* (1902), D'Halmar retrata la desgraciada vida de una mujer que se ve convertida en prostituta. Del naturalismo de esta novela pasó a escribir novelas preciosistas y fantásticas alejadas de la realidad social de su tiempo. De este período destaca su mejor novela, *Vida y pasión del cura Deusto* (1924), trágica historia de un chico gitano que termina por enamorarse de su protector, un cura vasco establecido en Sevilla. Aparte del lenguaje, el otro aspecto meritorio de la obra es el estudio sicológico de los personajes. D'Halmar también escribió excelentes cuentos y teatro.

ENSAYO

A los ensayistas del Modernismo hispanoamericano les preocupan las ideas, la filosofía y el destino de sus países. Los más importantes ensayistas fueron Rubén Darío, José Martí, José Enrique Rodó, Manuel Díaz Rodríguez, Enrique Gómez Carrilo, y Baldomero Sanín Cano. Aquí, sin embargo, nos referiremos solamente a Rodó.

El uruguayo José Enrique Rodó (1872–1917) fue profesor, político, periodista, y escritor. Como ensayista es autor de uno de los ensayos más influyentes en Hispanoamérica: *Ariel* (1900). Ariel es una estatua que simboliza lo ideal y bello, y a él se opone Calibán, encarnación del espíritu egoísta del hombre. En esta obra, Rodó propone un desarrollo integral del ser que incluya la parte material lo mismo que la espiritual. Asimismo, defiende la libertad y critica el materialismo y el positivismo. De los EE.UU reconoce su espíritu de trabajo, la buena educación pública, y el individualismo, pero critica su espíritu materialista. Otra de sus grandes obras es *Motivos de Proteo* (1909), en la que estudia la vocación y voluntad del individuo. Estas dos obras han ejercido una gran influencia entre la juventud hispanoamericana. Sus trabajos de crítica literaria, especialmente los dedicados a Rubén Darío y Montalvo, son excelentes.

CUESTIONARIO

1. ¿Qué temas dominan en la poesía de Amado Nervo?
2. ¿Por qué se caracteriza la poesía de Leopoldo Lugones?
3. ¿Qué trata de evocar Ricardo J. Freyre en *Castalia Bárbara*?
4. ¿Qué características comparte la prosa modernista con la poesía modernista?
5. ¿Qué intenta recrear Enrique R. Larreta en *La gloria de don Ramiro*?
6. ¿De qué trata la *Vida y pasión del cura Deusto*, de Augusto D'Halmar?
7. ¿Qué opiniones sobre EE.UU expresa José E. Rodó en *Ariel*?

INDENTIFICAR

1. *Místicas*
2. *Las fuerzas extrañas*

3. *Los éxtasis de la montaña*

4. *El embrujo de Sevilla*

5. *Juana Lucero*

6. *Motivos de Proteo*

ENSAYO

1. Escoja uno o dos poemas de alguno de los poemarios modernistas mencionados en este capítulo y estudie sus aspectos modernistas.

2. Seleccione algunos fragmentos de *Ariel* relativos a EE.UU y analice la visión que nos presenta José E. Rodó de este país.

BIBLIOGRAFÍA

Franco, Jean. *Historia de la literatura hispanoamericana. A partir de la independencia*. Barcelona: ed. Ariel, 1980.

Gómez–Gil, Orlando. *Historia crítica de la literatura hispanoamérica. Desde los orígenes hasta el momento actual*. New York: Holt, Rinehart and Winston, 1968.

Kirkpatrick, Gwen. *The Dissonant Legacy. Lugones, Herrera, y Reissig and the Voices of Modern Spanish American Poetry*. Berkeley: U of California P, 1989.

Leal, Luis. *Breve historia de la literatura hispanoamericana*. New York: Alfred A. Knopf, 1971.

Oviedo, José Miguel. *Historia de la literatura hispanoamericana. 2. Del romanticismo al modernismo*. Madrid: Alianza Ed., 1997.

Yahni, Roberto, ed. *Prosa modernista hispanoamericana. Antología*. Madrid: Alianza Editorial, 1974.

RUBÉN DARÍO

(1867–1916)

Aunque Rubén Darío no fue el iniciador del Modernismo, es indiscutible que a él le corresponde el papel de líder y máximo representante del proceso de renovación estética que experimentará la poesía hispanoamericana a finales del siglo XIX y principios del XX. Darío nació en Nicaragua, se crió con una tía, y parte de su educación corrió a cargo de los jesuitas. Adquirió una enorme cultura española, y por su precocidad como poeta a los catorce años ya se le conocía como el "poeta niño". En 1882 se va a El Salvador, donde trabaja como profesor de gramática al tiempo que triunfa como poeta. En 1884 regresa a Nicaragua y en 1886 se afinca en Chile donde estudia literatura francesa, colabora en varios periódicos, y publica una de sus obras cumbres, *Azul...* (1888). De 1893 a 1899 reside en Argentina, y desde 1899 hasta su muerte en Nicaragua, Darío alterna su residencia entre España y Francia.

A los catorce años Darío publica su primer cuaderno de poemas, titulado *Poesías y artículos en prosa*. A este cuaderno le siguen otros tres, y en todos ellos se percibe la influencia de escritores románticos, como Heine, Bécquer y Espronceda.

En 1887 publica *Abrojos y rimas*, libro anecdótico y biográfico en el que, a pesar de la influencia romántica, ya empiezan a aparecer premonitoriamente algunas de las características modernistas que explorará más detenidamente en obras posteriores.

Un año más tarde publica *Azul...*, obra que marcará un hito en la historia de la literatura hispanoamericana al ser la que, verdaderamente, da un impulso universal al movimiento modernista. En esta nueva fase modernista la realidad se comunica a través de numerosas imágenes y de una expresión artística rica en musicalidad, ritmo y color. El libro se compone de una serie de poemas y de dos partes en prosa –"Cuentos en prosa" y "En Chile". Las formas de versificación que escoge Darío para sus poemas son tradicionales: romances, sonetos, silvas y serventesios, pero incorpora en éstas algunas innovaciones métricas. En cuanto a los temas tratados, Darío canta al amor imposible o trágico, la mujer, el disfrute de la primavera, el erotismo, y el arte. Los relatos de la segunda parte están escritos en prosa poética y los temas tratados difieren considerablemente unos de otros. Algunos de ellos revelan una preocupación por la realidad social, mientras que otros se internan en el mundo de lo fantástico o la leyenda.

En Buenos Aires publicó *Los raros* y *Prosas profanas*, ambos de 1896. *Los raros* es una colección de ensayos en la que Darío revela algunos de los nombres que inspiraron su obra: Ibsen, Poe, Martí, y otros. La obra es importante para el crítico porque le permite contrastar su posición teórica como líder del Modernismo con su escritura creadora. En *Prosas profanas* se percibe la influencia de los simbolistas y parnasianos franceses, un lenguaje refinado, un gran sentido del ritmo y la musicalidad e innovaciones en la métrica. Los temas tratados incluyen el amor, el erotismo, el cristianismo, el paganismo, la duda, el enfrentamiento entre la carne y el espíritu, la muerte, el poeta y la poesía misma. Los ambientes que dominan en esta obra son selvas, jardines, templos, fuentes, salones y palacios desbordantes de lujo; y los animales que más reaparecen, en representación simbólica del poeta o de alguna idea artística, son los cisnes, ruiseñores y pavos reales.

En 1905 Darío publica la obra cumbre del modernismo: *Cantos de vida y esperanza*. El libro consiste de una recopilación de poemas escritos entre 1892 y 1905, y en él hace gala de una gran variedad de metros y combinaciones estróficas. Los temas tratados aquí son bastante similares a los de la obra anterior, pero en *Cantos* Darío da entrada a temas de índole metafísica: el paso del tiempo, el dolor, el remordimiento, y la angustia ante la inminente llegada de la muerte. Asimismo, y haciéndose eco de algunas críticas, Darío introduce en esta obra el "mundonovismo", concepto innovador con el que, por un lado, exalta las raíces y la herencia cultural españolas de los pueblos hispanoamericanos, y por otro los alerta sobre la amenaza estadounidense que se cierne sobre ellos.

Sus obras posteriores no alcanzan el valor artístico de las anteriores. En 1897 publica *El canto errante*, colección de poemas en los que trata temas autobiográficos o de índole metafísica, tales como la reencarnación del alma o la angustia del ser humano. En 1910 publica *Poema de otoño y otros poemas*, en donde explora temas relacionados con el *carpe diem*, la muerte, el amor o la incógnita de nuestra existencia.

Un aspecto importante de su poesía es el sincretismo. Además de las tendencias poéticas del momento, como el parnasianismo y simbolismo franceses, Darío se deja influir por algunos escritores de la literatura española del Siglo de Oro, como Cervantes, Lope de Vega, Góngora y Quevedo. A pesar de ello, Darío fue capaz de crear nuevas formas de expresión poética e imprimir en ellas su sello personal. En la poesía de Darío no sólo se encuentra una preocupación por la renovación de sus aspectos formales, sino que también se ve una toma de conciencia, un compromiso, con los problemas de la realidad social, con la crisis espiritual finisecular, y con el papel que debía jugar la poesía en esta época de crisis.

🌿 🌿 🌿

Canción de otoño en primavera

GUÍA DE LECTURA

"Canción de otoño en primavera" forma parte de la obra *Cantos de vida y esperanza*. En este poema el yo poético rememora melancólicamente sus amores pretéritos. A pesar del triste final de estas experiencias, el yo poético las recuerda con la nostalgia y satisfacción de algo que se fue y, quizá, no volverá. El poema plantea un enfrentamiento entre dos dioses: Cronos, dios del tiempo, y Eros, dios del amor; y aunque el yo poético se siente víctima del paso del tiempo, la imagen del último verso del poema parece abrir una puerta esperanzadora.

Juventud, divino tesoro,
¡ya te vas para no volver!
Cuando quiero llorar, no lloro…
y a veces lloro sin querer…

Plural ha sido la celeste°
historia de mi corazón.
Era una dulce niña, en este
mundo de duelo y aflicción.

Miraba como el alba° pura;
sonreía como una flor.
Era su cabellera° obscura
hecha de noche y de dolor.

Yo era tímido como un niño.
Ella, naturalmente, fue,
para mi amor hecho de armiño,°
Herodías° y Salomé°…

Juventud, divino tesoro,
¡ya te vas para no volver…!
Cuando quiero llorar, no lloro,
y a veces lloro sin querer…

La otra fue más sensitiva,
y más consoladora° y más
halagadora° y expresiva,
cual no pensé encontrar jamás.

Celeste: del cielo, color azul
Alba: temprano en la mañana, aurora, madrugada
Cabellera: todo el cabello junto
Armiño: animal blanco cuya piel es valiosa, significa pureza
Herodías: segunda esposa de Herodes.

Simboliza celos. Herodes fue el gobernador romano de Judea cuando nació Jesús
Salomé: hija de Herodías. Simboliza erotismo
Consoladora: que da consuelo
Halagadora: agradable, satisfactoria, atractiva

Pues a su continua ternura°
una pasión violenta unía.
En un peplo° de gasa pura
una bacante° se envolvía…

En sus brazos tomó mi ensueño°
y lo arrulló° como a un bebé…
y la mató, triste y pequeño,
falto° de luz, falto de fe°…

Juventud, divino tesoro,
¡te fuiste para no volver!
Cuando quiero llorar, no lloro,
y a veces lloro sin querer…

Otra juzgó° que era mi boca
el estuche° de su pasión;
y que me roería,° loca,
con sus dientes el corazón,

poniendo en un amor de exceso
la mira° de su voluntad,°
mientras eran abrazo y beso
síntesis de la eternidad.

y de nuestra carne ligera
imaginar siempre un Edén,°
sin pensar que la Primavera
y la carne acaban también…

Juventud, divino tesoro,
¡ya te vas para no volver!
Cuando quiero llorar, no lloro,
¡y a veces lloro sin querer!

¡Y las demás! en tantos climas,
en tantas tierras, siempre son,
si no pretextos de mis rimas,
fantasmas de mi corazón.

En vano busqué a la princesa
que estaba triste de esperar.
La vida es dura. Amarga y pesa.
¡Ya no hay princesa que cantar!

Mas a pesar del tiempo terco,°
mi sed de amor no tiene fin;
con el cabello gris, me acerco°
a los rosales del jardín…

Juventud, divino tesoro,
¡ya te vas para no volver…!
cuando quiero llorar, no lloro,
y a veces lloro sin querer…

¡Mas es mía el Alba de oro!

ANÁLISIS CRÍTICO

1. ¿Qué combinación estrófica escoge Darío en este poema? Comente el tipo de rima y el cómputo silábico.

Ternura: cariño, afecto
Peplo: túnica
Bacante: mujer que participaba en las bacanales (fiestas) de Baco, dios del vino en la mitología grecorromana
Ensueño: sueño, imaginación
Arrulló: adormeció, acarició
Falto: incompleto, escaso
Fe: creencia

Juzgó: dio su propia opinión
Estuche: caja, bolsa, cartera
Roería: mordería, comería
Mira: objetivo, ideal
Voluntad: fuerza, querer
Edén: paraíso
Terco: severo, intransigente
Me acerco: me aproximo

2. Enumere y analice algunos de los tropos del poema: apóstrofe, metáforas y comparaciones.

3. El yo poético está recordando su pasado en un momento de la vejez, sin embargo, al hablar de la juventud pasada, "¡ya te vas para no volver!", utiliza el presente de indicativo en lugar del pretérito, ¿qué trata de sugerirnos con esta anomalía temporal?

4. ¿Cómo califica Darío el mundo en el que se desarrollan sus historias de amor?

5. ¿Cómo describe el yo poético a su primer amor? ¿Cómo podemos interpretar el hecho que este primer amor fue "Herodías y Salomé"?

6. ¿Qué significa que su segundo amor "En un un peplo de gasa pura/ una bacante se envolvía…"?

7. ¿Qué diferencia encuentra en la descripción de cada uno de los tres amores del yo poético? ¿Cómo concluye cada una de estas historias? ¿Cómo reacciona el yo poético ante su conclusión?

8. ¿Qué lugar ocupan en la vida del yo poético esos otros amores denominados como "las demás"?

9. ¿Qué representa la princesa en la vida amorosa del yo poético? Ante la imposibilidad de encontrar a ésta, ¿cómo reacciona el yo poético?

10. ¿Cómo interpreta la segunda parte del estribillo, "Cuando quiero llorar, no lloro…/y a veces lloro sin querer"

11. El poema termina con una imagen, "¡Mas es mía el Alba de oro!" ¿Qué posibles interpretaciones podemos dar de esta imagen? Tenga en cuenta el tema del poema y el hecho que "Alba" va en mayúsculas.

12. ¿Cómo interpreta el título de este poema?

A Roosevelt

GUÍA DE LECTURA

"A Roosevelt" es un poema de la colección *Cantos de vida y esperanza*. El poema consta de cincuenta versos, y en cuarenta y dos de ellos Darío usa el verso alejandrino de catorce sílabas. En este poema reaparecen algunos de los temas que Darío trata en otros poemas: Dios y la religión, Hispanoamérica y su herencia cultural indígena y española, el imperialismo de Estados Unidos, referencias a figuras clásicas, mitológicas, legendarias o históricas, y la confrontación de dos ideas o significados antitéticos. Esta dualidad, representada en otros poemas por medio del enfrentamiento carne/espíritu, o cristianismo/paganismo, aquí se materializa en la oposición de Estados Unidos a Hispanoamérica. El uno rico, poderoso y amenazador, y la otra rica en valores culturales y religiosos. No es difícil figurarse cuál es la posición ideológica que toma el poeta.

¡Es con voz de la Biblia, o verso de Walt Whitman,°
que habría que llegar hasta ti, Cazador!°
¡Primitivo y moderno, sencillo° y complicado,
con un algo de Washington y cuatro de Nemrod!°
Eres los Estados Unidos,
eres el futuro invasor
de la América ingenua° que tiene sangre indígena,
que aún reza a Jesucristo y aún habla en español.

Eres soberbio y fuerte ejemplar° de tu raza;
eres culto, eres hábil; te opones a Tolstoy.°
Y domando caballos, o asesinando tigres,
eres un Alejandro°–Nabucodonosor.°
(Eres un Profesor de Energía
como dicen los locos de hoy).

Crees que la vida es incendio,°
que el progreso es erupción;
que en donde pones la bala°
el porvenir° pones.

Walt Whitman: (1819–1892) poeta, periodista y ensayista americano
Cazador: busca y mata animales. Noten la mayúscula
Sencillo: simple
Nemrod: Personaje bíblico. Por metoninia se asocia (designa) a los varones muy aficionados a la caza.
Ingenua: inocente
Ejemplar: modelo

Tolstoy: 1828–1910. Novelista y filósofo ruso del período realista. Escribió *Guerra y paz*
Alejandro: (356–323 a.C.) rey de Macedonia llamado "Magno". Extendió sus territorios hasta Asia
Nabucodosonor: rey de Babilonia
Incendio: fuego
Bala: proyectil que se pone en una pistola
Porvenir: futuro

No.

Los Estados Unidos son potentes y grandes.
Cuando ellos se estremecen° hay un hondo° temblor
que pasa por las vértebras enormes de los Andes.°
Si clamáis,° se oye como el rugir° de león.
Ya Hugo° a Grant° lo dijo: "Las estrellas son vuestras."
(Apenas brilla, alzándose, el argentino sol
y la estrella chilena se levanta…) Sois ricos.
Juntáis al culto de Hércules° el culto de Mammón;°
y alumbrando° el camino de la fácil conquista,
la Libertad° levanta su antorcha° en Nueva–York.

Mas la América nuestra, que tenía poetas
desde los viejos tiempos de Netzahualcoyotl,°
que ha guardado° las huellas° de los pies del gran Baco,°
que el alfabeto pánico en un tiempo aprendió;
que consultó los astros,° que conoció la Atlántida
cuyo nombre nos llega resonando° en Platón,°
que desde los remotos momentos de su vida
vive de luz, de fuego, de perfume, de amor,
la América del grande Moctezuma,° del Inca,°
la América fragante° de Cristóbal Colón,°
la América católica, la América española,
la América en que dijo el noble Guatemoc;
"Yo no estoy en un lecho de rosas"; esa América
que tiembla de huracanes y que vive de amor;
hombres de ojos sajones y alma bárbara,° vive.
Y sueña. Y ama, y vibra; y es la hija del Sol.
Tened cuidado. ¡Vive la América española!

Estremecen: se alteran, se espantan
Hondo: profundo
Andes: montañas de América del Sur
Clamáis: llamáis, gritáis
Rugir: ruido del león
Hugo: poeta y novelista francés. Líder del
     movimiento romántico. Escribió Les
     Misérables
Grant: soldado y décimo octavo presidente de
     los Estados Unidos (1869 –1877)
Hércules: figura mitológica que gozaba de una
     gran fortaleza física
Mammón: Dios de la avaricia y del materialismo
Alumbrando: dando luz
Libertad: estatua de la libertad
Antorcha: vela, llama
Netzahualcoyotl: rey de los chichimecas en el

siglo décimo quinto
Guardado: conservado
Huellas: marcas de las manos, de los pies
Baco: Dios del vino en la mitología
     grecorromana
Astros: estrellas
Resonando: haciendo eco, repitiendo
Platón: filósofo griego
Monteczuma: emperador azteca durante la
     conquista de los españoles
Inca: indígenas de Perú y Bolivia
Fragante: aromática
Cristóbal Colón: navegante y explorador
     italiano. Descubrió el nuevo mundo en
     1492
Bárbara: inhumana, salvaje

Hay mil cachorros° sueltos del León Español.
Se necesitaría, Roosevelt, ser por Dios mismo,
el Riflero terrible y el fuerte Cazador,
para poder tenernos en vuestras férreas° garras.°

Y, pues contáis con todo, falta una cosa: ¡Dios!

ANÁLISIS CRÍTICO

1. ¿Existe algún tipo de combinación estrófica en este poema. ¿Qué tipo de rima encuentra? ¿Hay regularidad en el cómputo silábico?

2. La anáfora consiste en la repetición de una palabra al principio de varios versos o frases, y el polisíndeton consiste en la repetición innecesaria de una conjunción al principio de una enumeración. ¿Puede encontrar algún ejemplo de estas figuras retóricas? ¿Qué trata de comunicar el poeta con estas figuras?

3. De acuerdo al tema ¿en cuántas partes dividiría el poema?

4. ¿Qué connotaciones tiene el uso del adverbio temporal "aún" en el verso octavo?

5. La caracterización de Roosevelt se presenta por medio de términos antitéticos. ¿Cómo aparece caracterizado Roosevelt? ¿Qué trata de sugerir Darío con estos contrastes?

6. Energía para Darío significa creatividad o una forma de vida interior y espiritual. ¿Qué connotaciones puede tener el apelativo de "profesor de Energía" dado a Roosevelt?

7. El calificativo de "cazador" se repite en la caracterización de Roosevelt. Enumere y comente las referencias concretas que apuntan a este rasgo de su personalidad.

8. Comente el verso "Juntáis al culto de Hércules el culto de Mammón".

9. ¿Cómo explica la alusión a la estatua de la Libertad dentro del contexto del presente poema?

10. ¿Qué piensa el yo poético con respecto a la conquista de Hispanoamérica por los Estados Unidos?

11. ¿Cuál es la visión cultural que nos da el yo poético de Hispanoamérica?

12. ¿Qué otro poder se contrapone a la fuerza y riqueza de los Estados Unidos? Comente el último verso del poema.

Cachorros: perros u otros animales pequeños   *Garras*: uñas de los animales
Férreas: resistentes, fuertes

Lo fatal

En este poema, también de la colección *Cantos de vida y esperanza*, vemos cómo Darío ha abandonado el cultivo de un lenguaje poético preciosista que caracteriza a muchas de sus composiciones típicamente modernistas. El yo poético reflexiona sobre el terrible dolor que supone ignorar el origen y el destino final del ser humano, y esta toma de conciencia sobre los enigmas de la humanidad es, precisamente, lo que distingue al hombre de las plantas o los minerales.

Dichoso° el árbol que es apenas° sensitivo,
y más la piedra dura° porque ésa ya no siente,
pues no hay dolor más grande que el dolor de ser vivo,
ni mayor pesadumbre° que la vida consciente.°

Ser, y no saber nada, y ser sin rumbo° cierto,
y el temor° de haber sido y un futuro terror...
Y el espanto° seguro° de estar mañana muerto,
y sufrir por la vida y por la sombra° y por

lo que no conocemos y apenas sospechamos,°
y la carne que tienta° con sus frescos racimos,°
y la tumba que aguarda° con sus fúnebres° ramos,°
¡y no saber a dónde vamos,
ni de dónde venimos...!

ANÁLISIS CRÍTICO

1. ¿Qué tipo de estrofa forman los versos alejandrinos de este poema? ¿Cuántas sílabas hay en cada verso?

2. La anáfora es un tropo consistente en la repetición de la misma palabra al principio de varios versos. El polisíndeton, por otro lado, se refiere a la repetición innecesaria de una conjunción. En base a estas definiciones, ¿puede encontrar algunos de estos tropos en el poema? ¿Qué carga emotiva trata de expresar el poeta con estos tropos?

Dichoso: feliz, afortunado
Apenas: con dificultad, escasamente
Dura: persiste
Pesadumbre: angustia, dolor, ansiedad
Consciente: estar alerta y despierto. Saber lo que pasa alrededor
Rumbo: camino, senda
Temor: miedo
Espanto: horror, miedo

Seguro: sin duda, cierto
Sombra: reflejo oscuro que da la luz
Sospechamos: intuimos
Tienta: anima, incita, impulsa, instiga
Racimos: conjuntos de algunas frutas
Aguarda: espera
Fúnebres: funeral
Ramos: arreglo floral

3. En la primera estrofa hay un sentido de gradación que culmina en la vida consciente del cuarto verso. ¿Puede distinguir y explicar las distintas fases de este proceso gradual?

4. ¿Cuál es la reacción del yo poético, dotado de vida consciente, con respecto al árbol, la piedra o el ser viviente? ¿Se siente superior a ellos o los envidia?

5. ¿Cuál es la angustia más grande que tiene el poeta? ¿Qué aspectos de la vida le provocan al poeta tanta angustia y preocupación?

6. ¿Qué impresión tiene el yo poético de la vida consciente?

7. Hay dos versos en los que se materializa la dualidad del ser. ¿Puede identificarlos y comentarlos? Explique el significado del título del poema. ¿Por qué se clasifica como poesía metafísica este poema?

8. Tomando en consideración el lenguaje poético, las imágenes, el color, el ritmo y la musicalidad, ¿difiere este poema de los dos anteriores? ¿A qué se debe esta marcada diferencia?

9. En los dos últimos versos hay una ruptura formal con respecto a todos los anteriores. ¿Qué trata de sugerir Darío con esta disparidad?

ENSAYO

1. Haga un estudio sobre cómo se manifiesta el paso del tiempo en "Canción de otoño en primavera".

2. Estudie el enfrentamiento entre Cronos y Eros en los poemas "Canción de otoño en primavera" y "Poema del otoño".

3. Investigue el significado de todas las figuras, históricas, mitológicas o bíblicas que aparecen en el poema "A Roosevelt". Relaciónelas con los temas del poema.

BIBLIOGRAFÍA

Ghiano, Juan Carlos. *Análisis de 'Cantos de vida y esperanza'* Buenos Aires: Centro Editor de América Latina, 1968.

Ingwersen, Sonya A. *Light and Longing: Silvan and Darío: Modernism and Religious Heterodoxy.* New York: Peter Lang, 1986.

Porrata Francisco E. y Jorge A. Santana, eds. *Antología comentada del modernismo.* Colombia: Ed. Bedout, 1974.

Salinas, Pedro. *La poesía de Rubén Darío.* Buenos Aires: Ed. Losada, 1958.

Schulman, Iván A. y Manuel Pedro González. *Martí Darío y el modernismo.* Madrid: Gredos, 1969.

Zavala, Iris M. *Rubén Darío bajo el signo del cisne.* Río Piedras: Ed. de la Universidad de Puerto Rico, 1989.

CAPÍTULO IV

Siglo XX
Hispanoamérica dentro del
concierto mundial de las naciones

INTRODUCCIÓN HISTÓRICO-CULTURAL

LA REVOLUCIÓN MEXICANA (1910-1920)

La historia hispanoamericana del siglo XX comienza con una de las revoluciones más conocidas mundialmente: la Revolución Mexicana. El presidente mexicano Porfirio Díaz gobernó de 1876 a 1910, y durante su largo mandato se olvidó de las deplorables condiciones económico-sociales de los indígenas y otras clases pobres. Díaz prometió elecciones libres para el año 1909, y Francisco I. Madero se presentó a ellas con la promesa de defender los intereses de las clases menos privilegiadas. Mandado encarcelar por Díaz, se escapó a EE.UU donde exhortó a sus compatriotas a que tomaran las armas contra el presidente mexicano. Este hecho marca el inicio de una revolución que marcará el curso de la historia mexicana durante todo el siglo XX. En 1911 Madero regresa a México para encabezar una revolución que ya cuenta con otros líderes adictos a su causa en otros puntos del país. En el norte se habían levantado Pancho Villa y Venustiano Carranza, y en el sur Emiliano Zapata. En este mismo año de 1911, y vista la situación del país, Díaz renuncia a su puesto y se exilia. Madero, entonces, toma el poder, pero es criticado por no resolver el problema de la repartición de tierras entre los pobres. Durante su mandato se produjeron varios levantamientos que fueron sofocados por su general Victoriano Huerta. En 1913, sin embargo, el general Huerta manda encarcelar y matar a Madero, y se hace nombrar presidente. Huerta gobierna dictatorialmente, y esto provoca una serie de luchas civiles entre los distintos jefes revolucionarios –Venustiano Carranza, Pancho Villa y Emiliano Zapata– y entre éstos y las fuerzas leales a Huerta. Carranza derrota a Villa en el norte, y ante la resistencia de aquél en esa parte del territorio, y de Zapata en el sur, Huerta decide exilarse. Carranza toma el poder en 1917 y lleva a cabo grandes reformas sociales, pero es acusado de corrupción y su general Obregón, unido a otros revolucionarios, lo mandaron matar en 1920. En este año toma el poder Obregón, y en 1924 gana las elecciones Plutarco Elías Calles, fundador de lo que más tarde se llamaría el PRI –Partido Revolucionario Institucional–, partido que ha ganado todas las elecciones en la historia mexicana del siglo XX. En 1928 vuelve a ser elegido presidente Obregón, pero antes de tomar el poder fue asesinado. Uno de los presidentes más sobresalientes del PRI fue Lázaro Cárdenas (1934-1940), a quien se debe la nacionalización de las compañías petroleras del país.

LA GUERRA DEL CHACO (1933-1938)

Otro de los acontecimientos político-militares de gran importancia en la historia de Hispanoamérica fue la guerra del Chaco. La guerra del Chaco enfrentó a Bolivia y Paraguay, países que se disputaban la posesión de una región selvática ubicada en su línea fronteriza y que poseía importantes yacimientos petrolíferos. Fue una guerra tremendamente cruenta en la que Paraguay se anexionó la mayor parte de esta zona, el Chaco, antes de que la intervención de otros países pusiera fin al conflicto. Uno de los héroes paraguayos de esta guerra, el general Alfredo Stroessner, fue elegido presidente del Paraguay y gobernó por muchos años.

PERÚ

En 1924 Raúl Haya de la Torre funda la Alianza Popular Revolucionaria Americana –APRA–, un movimiento que se proponía sacar al indio de la pobreza y hacer un reparto más equitativo de los beneficios obtenidos de las minas e industrias petroleras. Por sus ideas revolucionarias, Haya de la Torre fue encarcelado y exiliado. En 1968, y después de la elección democrática de varios presidentes, un golpe militar da el poder al general Juan Velasco Alvarado. El gobierno militar trató de eliminar las injusticias y desigualdades sociales, pero llevaron al país a la ruina económica. Al problema económico se sumaba la lucha terrorista del grupo marxista-maoísta Sendero Luminoso, dirigido por Abigaíl Guzmán. Después de que varios gobiernos democráticos fracasaran en resolver los problemas socio-económicos del país, es elegido presidente en 1985 Alan García. Con él, de tendencia izquierdista, el país vivió la mayor corrupción administrativa, un notable incremento del terrorismo y la ruina económica.

ARGENTINA

Uno de los fenómenos políticos más importantes de Argentina en el siglo XX fue la organización, por parte de Juan D. Perón, del "peronismo". Perón, casado con la popular Evita, gobernó Argentina de 1946 a 1955. En los primeros seis años de su gobierno apoyó a los trabajadores y a las clases bajas de la sociedad, pero posteriormente atacó a los intelectuales y la iglesia. En 1955 las fuerzas armadas, con el apoyo del pueblo, expulsaron a Perón del poder. Los gobiernos militares que siguieron fracasaron por falta de experiencia política, y en 1973 Perón es nuevamente elegido presidente. Muerto Perón poco después, su nueva esposa, "Isabelita", asume el mando. "Isabelita" lleva el país al caos socio-económico, y en 1976 los militares toman el poder y crean una junta de gobierno encabezada por el general Videla. Videla trató de detener la inflación e incrementó la producción de petróleo, pero su gobierno se vio envuelto en la denominada "guerra sucia". Se estima que unas 15.000 personas, en su mayoría estudiantes y enemigos políticos, "desaparecieron" durante el gobierno de Videla. A Videla le sustituye el general Viola, y a éste el general Leopoldo F. Galtieri, quien se enfrentó a Inglaterra en la guerra de las Malvinas. Perdida la contienda militar, el general Bignone toma el poder y convoca elecciones libres en 1983. Las gana Raúl Alfonsín, y uno de sus planes fue la reconstrucción económica del país; pero a mediados de su mandato el plan fue abandonado y el país cayó nuevamente en una profunda crisis económica. Tras nuevas elecciones es elegido presidente Carlos Menem, quien llevó a cabo unas reformas económicas de signo capitalista con resultados positivos para el país.

CUBA

El acontecimiento político más relevante de Cuba en el siglo XX fue la Revolución Cubana, liderada por Fidel Castro. En 1952 fue elegido presidente Fulgencio Batista, hombre autoritario y corrupto, a quien se propone derrocar Fidel Castro. En 1956 Castro partió de México con 83 hombres, y tras desembarcar en Cuba inicia una guerra de guerrillas que le lleva a la victoria. A fines de 1958 Batista se exilia en la República Dominicana y a primeros de enero de 1959 Castro entra en la Habana. Poco después de tomar el poder, las reformas político-económicas que implantó Castro iban destinadas a convertir a Cuba en un estado marxista. En la década de los sesenta, Castro tuvo que lidiar con dos incidentes que pusieron en peligro su poder y soberanía nacional. El primero fue un intento de invasión por parte de exiliados anticastristas que concluyó con la derrota de éstos en la Bahía de Cochinos (1961). El segundo, a punto de provocar la tercera guerra mundial, se centró en la instalación en Cuba de unas plataformas soviéticas para el lanzamiento de misiles nucleares (1962). Ante la queja del presidente norteamericano Kennedy, el líder soviético Krushchev decidió retirar las plataformas y los misiles. A pesar de ello, la Unión Soviética siguió apoyando política y económicamente a Cuba. Con la disolución de la Unión Soviética, la crisis económica de la isla se ha agudizado sin que ello haya influido para que Castro permita la apertura del país a la democracia.

NICARAGUA Y EL SANDINISMO

Desde principios del siglo XX EE.UU ha intervenido militarmente en Nicaragua en apoyo de los conservadores. Una de las míticas figuras que luchó contra la ocupación o intervención extranjeras fue Augusto C. Sandino, mandado asesinar en 1934 por Augusto C. Somoza. Desde que éste tomó el poder, los sucesores de la dinastía Somoza mantuvieron una constante acaparación de las tierras laborables e industrias del país. En 1967 el último Somoza, Anastasio, tomó el poder, y pocos años después se produjeron dos incidentes cruciales para su mandato. El primero fue un devastador terremoto (1972), y el segundo el asesinato de unos 3.000 campesinos por la Guardia Nacional de Somoza. Estos hechos provocaron la organización del movimiento revolucionario conocido como Frente Sandinista de Liberación Nacional (FSLN), y pronto comenzó una guerra en la que los sandinistas se hacen con el poder. En un principio los sandinistas formaron un gobierno democrático, pero poco después la mayoría de sus miembros era comunista. Es entonces cuando el presidente, Daniel Ortega, empieza a perder el apoyo de algunos de sus antiguos aliados –católicos, demócratas y algunos pueblos indígenas. Pronto comenzó una guerra civil entre éstos, conocidos como los "contras", y los sandinistas. Tras múltiples negociaciones se aceptó la convocatoria de elecciones libres que ganó en 1990 Violeta Chamorro.

CHILE Y EL MARXISMO (1970-1973)

Uno de los acontecimientos históricos más destacados de Chile en el Siglo XX fue la elección del candidato socialista, Salvador Allende, como presidente de Chile en 1970. Allende nacionalizó las industrias del país y continuó el programa de expropiación de tierras que había iniciado el presidente democristiano Eduardo Frei (1964-1970). Pronto, sin embargo, el país se vio envuelto en huelgas, manifestaciones y divisiones políticas dentro del partido gobernante. En 1973 las fuerzas armadas, lideradas por Augusto Pinochet, se levantaron contra Allende y tomaron el poder. Allende, muerto en la casa de gobierno, fue sustituido por Pinochet. A pesar de la represión política y la desaparición de opositores al régimen de Pinochet, Chile experimentó un notable progreso económico. Se produjo un descenso de la inflación, un superávit en la balanza de pagos, la reducción de la deuda externa, y un descenso drástico del desempleo. En 1990, Chile volvió a la democracia con la elección de Patricio Alwin como presidente.

COLOMBIA. GUERRAS CIVILES

Desde el siglo XIX, la historia política de Colombia ha estado protagonizada por el enfrentamiento endémico entre dos partidos rivales: el conservador y el liberal. En 1957 se llegó a un acuerdo mediante el cual los dos partidos se adjudicarían el gobierno del país por períodos de 20 años. Aunque el acuerdo sirvió para apaciguar a los dos partidos rivales, pronto surgió la inestabilidad social, y con ésta la aparición de movimientos revolucionarios como el M–19 y las FARC –Fuerzas Armadas Revolucionarias de Colombia–, y los "barones de la droga" del Cartel de Medellín y del de Cali. A pesar de estos problemas, la economía colombiana ha experimentado un aumento considerable. La explicación de esta paradójica situación hay que buscarla en el hecho que los narcotraficantes invierten parte del dinero en el país, a que Colombia posee importantes yacimientos petroleros, a que es uno de los principales exportadores de café, y a que posee importantes industrias.

LAS ARTES

LA PINTURA

Las artes creativas más destacables en Hispanoamérica durante el siglo XX son la pintura, la literatura y la arquitectura. En pintura, el movimiento pictórico más importante en el continente es el muralismo mexicano, iniciado al principio de la Revolución Mexicana por el pintor mexicano Gerardo Murillo, también conocido como Dr. Atl. El muralismo se caracteriza por la representación realista de indígenas y personajes tomados de las clases más empobrecidas, y por la elección de contextos históricos marcados por la tragedia. Los más importantes exponentes son Diego Rivera (1887–1957), David Alfaro Siqueiros (1898–1949) y José Clemente Orozco (1883–1949). Diego Rivera se caracteriza por representar en sus murales meticulosas escenas históricas de la vida de México, y en ellas el indio aparece como el bueno y el español como el explotador. De sus numerosos murales destacan los pintados en el Palacio Nacional de la Ciudad de México. Los murales de Siqueiros se caracterizan por sus enormes dimensiones, la visión de los objetos bajo distintas perspectivas, y la representación de escenas de guerra llenas de horror y violencia. Y en Orozco predomina una visión pesimista y apocalíptica del mundo, y revela un rechazo del poder político y de todo tipo de instituciones burocráticas. En el resto del continente, e incluso en México, los pintores participaron de las mismas tendencias artísticas europeas vigentes a lo largo de todo el siglo XX. En cubismo merece especial mención el argentino Emilio Pettorutti (1895–1971), en la pintura surrealista sobresalen el chileno Roberto Matta (1911–), el cubano Wifredo Lam (1902–) y el mexicano Rufino Tamayo (1899–1991), en pintura indigenista el peruano José Sabogal (1888–1956) y el ecuatoriano Osvaldo Guayasamín (1918–), y en Colombia sobresale con un nuevo estilo Fernando Botero (1932–), cuyos personajes gordos revelan una concepción satírica de la realidad.

ARQUITECTURA

La arquitectura hispanoamericana de este siglo se caracteriza por la construcción de obras monumentales en las que se conjuga funcionalidad con belleza artística. Los ejemplos más notables de esta nueva arquitectura se encuentran en obras y edificios públicos, y en la construcción de éstos los arquitectos han tratado de seleccionar entornos o paisajes naturales abiertos. Ejemplos notables de este tipo de arquitectura se ven en la construcción de las ciudades universitarias de la ciudad de México y de Caracas. En la construcción de la primera de éstas colaboraron más de 150 arquitectos, escultores, pintores y muralistas mexicanos, y en ella se mezcla la influencia indígena con técnicas arquitectónicas modernas. Uno de los edificios más originales, el de la biblioteca, está decorado en su parte exterior por mosaicos, obra del arquitecto O'Gorman, y por murales de Siqueiros y Rivera. A diferencia de la universidad de México, en la de Caracas no se ven influencias indias, y en toda su construcción se siguieron técnicas arquitectónicas modernas.

ESCULTURA

La escultura hispanoamericana no ha contado con manifestaciones artísticas tan destacadas como en las artes anteriores. Lo mismo que en éstas, la escultura sigue una doble orientación: indigenista e internacional. Una figura prominente de la escultura es el peruano Joaquín Roca Rey (1923–). Roca Rey prescinde de lo indígena y su estilo se vincula al internacionalismo. Otro importante escultor es el argentino Rogelio Yrurtia (1879–1950), quien buscó inspiración en el francés Auguste Rodin y realizó importantes trabajos para plazas públicas.

CUESTIONARIO

1. ¿Qué causas político–económicas provocaron la Revolución Mexicana?

2. ¿Qué países se enfrentaron en la guerra del Chaco?

3. ¿Qué se proponía el APRA?

4. ¿A qué se denomina la "guerra sucia"?

5. ¿Por qué estuvo Cuba a punto de provocar la tercera guerra mundial?

6. ¿Qué papel desempeñó la dinastía Somoza en Nicaragua? ¿Qué repercusiones tuvo en la vida pública del país?

7. ¿Qué medidas económicas tomó Salvador Allende al subir al poder?

8. ¿Qué fuerzas adversas al gobierno de Colombia están provocando la inestabilidad político y social del país?

9. ¿Por qué se caracteriza el muralismo mexicano?

10. ¿Qué distingue a la arquitectura hispanoamericana del siglo XX?

IDENTIFICAR

1. Porfirio Díaz

2. Emiliano Zapata

3. El PRI

4. Sendero Luminoso

5. Perón

6. Fulgencio Batista

7. Frente Sandinista de Liberación Nacional

8. Augusto Pinochet

9. Diego Rivera

10. Fernando Botero

11. Joaquín Roca Rey

ENSAYO

1. Escriba un ensayo sobre la Revolución Mexicana o las dictaduras militares de Argentina en la segunda mitad del siglo XX.

2. Haga un estudio del muralismo mexicano escogiendo una de sus figuras más representativas.

BIBLIOGRAFÍA

Bayón, Damián y Paolo Gasparini. *Panorámica de la arquitectura latinoamericana*. Barcelona: ed. Blume/UNESCO, 1977.

Castedo, Leopoldo. *A History of Latin American Art and Architecture from Precolumbian Times to the Present*. Phyllis Freeman, trad. Nueva York: Frederick A. Praeger, 1969.

Halperin Donghi, Tulio. *Historia contemporánea de América latina*. Madrid: Alianza Ed., 1985.

Kattán–Ibarra, Juan. *Perspectivas culturales de Hispanoamérica*. Lincolnwood: National Textbook Co., 1995.

Loprete, Carlos. *Iberoamérica. Historia de su civilización y cultura*. Englewood Cliffs: Prentice Hall, 1995.

Skidmore, Thomas y Peter Smith. *Modern Latin America*. Londres: Oxford U P, 1984.

❦ ❦ ❦

La Vanguardia (I)

A principios del siglo XX comienza a decaer la estética modernista, visible incluso en un escritor como Rubén Darío, quien pasa a escribir una poesía con orientación social en su obra *Cantos de vida y esperanza* (1905). En el período de entreguerras, los años que van de la primera a la segunda guerra mundial, se producen numerosos movimientos artísticos de corta duración. Estos movimientos vanguardistas, llamados "ismos", incluyen al cubismo, futurismo, dadaísmo, creacionismo, y surrealismo, y traen consigo una profunda renovación estética en el arte europeo e hispanoamericano. A grandes rasgos, sus características más importantes se podrían resumir en un rechazo de todo tipo de reglas artísticas o ideológicas, un cultivo exhaustivo de la metáfora, una búsqueda de la originalidad creativa, un arte orientado hacia las minorías intelectuales, y una tendencia, en poesía particularmente, al simbolismo y a una aparente incoherencia en sus poemas. Muchos de los poetas hispanoamericanos que se adscribieron a este movimiento fueron evolucionando con el tiempo hacia otras formas o tendencias estéticas. Un primer grupo de escritores vanguardistas es el integrado por una serie de mujeres que describen con gran maestría su intimidad personal al tiempo que cantan al amor y tratan de expresar lo universal. Las escritoras de esta generación son: Gabriela Mistral, Delmira Agustini, Alfonsina Storni, Julia de Burgos y Juana de Ibarbourou. En un segundo grupo de escritores vanguardistas podemos incluir a poetas como Vicente Huidobro, César Vallejo, Jorge Luis Borges, Octavio Paz, Rosario Castellanos, Pablo Neruda y Nicolás Guillén

Gabriela Mistral (1889–1957), chilena, dedicó parte de su vida a la enseñanza, hasta que en 1925 sirvió de cónsul de su país en varios países de Europa y América. En 1945 le fue concedido el Premio Nóbel de Literatura. Los temas que dominan en su poesía son la soledad, la tristeza, la frustración de la mujer soltera y, sobre todo, el amor: amor a la humanidad entera, a la naturaleza, a los pobres, y a los niños, todo ello expresado por medio de un lenguaje sencillo. En su mejor obra poética, *Desolación* (1922), Mistral expresa la nostalgia y tristeza ante la pérdida de un ser querido. En *Ternura: canciones de niños* (1924), predomina el tema del amor a los niños, especialmente los niños pobres, y los marginados. En su tercera obra, *Tala* (1938), Mistral expresa sus más profundos sentimientos; y en su última obra, *Lagar* (1954), la poeta canta su amor hacia el mundo que le rodea. Las formas poéticas usadas por Mistral son bastante tradicionales, el vocabulario refleja el habla cotidiano, y su poesía, en términos generales, se ve marcada por la sencillez. Mistral también escribió algunos excelentes cuentos y varias canciones de cuna.

Delmira Agustini (1886–1914), uruguaya, perteneció a una familia acomodada. Se casó, y después de la separación su esposo la asesinó. Agustini comenzó como modernista, pero pronto su poesía evolucionó para dejar la forma en un lugar secundario. Las notas dominantes en la poesía de Agustini son la rebelión de la mujer contra la opresión del hombre, el pesimismo, la búsqueda de mundos alejados de la realidad, el erotismo y el amor descrito abierta y sinceramente. Su obra maestra es *Los cálices vacíos* (1913), en la que expresa su desengaño ante una realidad que contradice lo que ella se había imaginado de la vida. Otras obras destacadas de la poeta incluyen *Los astros del abismo* (1909), y *Cantos de la mañana* (1910).

Juana de Ibarbourou (1895–1979), uruguaya, difiere de las escritoras anteriores en llevar una vida de mujer casada y feliz. Fue llamada la "Juana de América", y en 1947 ingresó en la Academia Nacional de Letras de su país. Sus mejores colecciones de poemas son *Las lenguas de diamante* (1919) y *Raíz salvaje* (1920). En la primera de estas obras, en la que despunta el uso de la luz y el color, canta al amor pasional y a la vida, y revela el deseo de entregarse al ser amado. En la segunda obra aparece una visión del paisaje llena de profunda emoción, un paisaje al que se siente unida espiritualmente. En obras posteriores, Ibarbourou toma conciencia del *carpe diem*, la llegada de la vejez, y la pérdida de la belleza, y con estos temas sus versos se vuelven más reflexivos.

CUESTIONARIO

1. ¿Qué movimientos artísticos se producen en el período de entreguerras?

2. ¿Cuáles son algunos de los rasgos característicos de estos movimientos vanguardistas?

3. ¿Qué escritores se adscriben a cada uno de los dos grupos en que se divide la vanguardia?

4. ¿Qué temas predominan en la poesía de Gabriela Mistral? ¿Cuál es su mejor poemario? ¿De qué trata en él?

5. ¿Qué temas suele tratar Delmira Agustini en su poesía?

6. ¿A qué canta Juana de Ibarbourou en su poemario *Las lenguas de diamante*?

IDENTIFICAR

1. *Los astros del abismo*

2. *Raíz salvaje*

3. *Ternura: canciones de niños*

4. *Los cálices vacíos*

5. *Tala*

ENSAYO

1. Escriba un ensayo sobre uno de los movimientos vanguardistas del período de entreguerras. Señale sus características más importantes y algunos de sus escritores más representativos.

2. Escoja uno de los poemarios de alguna de las poetas estudiadas anteriormente y comente sus rasgos poéticos más salientes.

BIBLIOGRAFÍA

Ferro, Hellén. *Historia de la poesía hispanoamericana*. Nueva York: Las Américas, 1964.

Oviedo, José Miguel. *Historia de la literatura hispanoamericana. 3. Postmodernismo, vanguardia, regionalismo*. Madrid: Alianza ed., 2001.

Schwartz, Jorge, ed. *Las vanguardias latinoamericanas*. Madrid: Cátedra, 1991.

Unruh, Vicky. *Latin American Vanguards. The Art of Contentious Encounters*. Berkeley: U of California P, 1994.

Verani, Hugo, ed. *Las vanguardias literarias en Hispanoamérica (Manifiestos, proclamas y otros escritos)*. México: Fondo de Cultura Económica, 1986.

❧ ❧ ❧

ALFONSINA STORNI

(1892–1938)

Alfonsina Storni nació en Suiza, y en 1901 se asentó en Argentina. De adolescente trabajó en una compañía dramática, con la que viajó por Argentina. Trabajó en la docencia como maestra y tuvo un hijo natural, Alejandro Alfonso. En 1912 se mudó de Rosario a Buenos Aires y recibió varios premios literarios. Se suicidó tirándose al mar cuando supo que tenía cáncer.

Su obra poética comprende siete volúmenes y se divide en dos etapas. La primera incluye *La inquietud del rosal* (1916), *El dulce daño* (1918), *Irremediablemente* (1919) y *Languidez* (1920). Y a la segunda pertenecen *Ocre* (1925), *Mundo de siete pozos* (1934), y *Mascarilla y trébol* (1938). Storni fue una de las primeras poetas feministas de Hispanoamérica, y en su poesía se aprecia una tendencia a la irregularidad métrica, la repetición de algunas palabras, el sobreuso de anáforas y la imposición de un ritmo acelerado. En sus primeras obras prima el tono confesional de una mujer frente al amor, una denuncia del sistema patriarcal, y la búsqueda de una expresión verbal adecuada a estos temas. En *Irremediablemente*, por ejemplo, toca los temas de la virginidad, la igualdad entre el hombre y la mujer, la muerte, y la naturaleza como un lugar de acogida espiritual. Y en *Languidez* se percibe un tono depresivo y de angustia existencial.

En su segunda etapa se percibe una influencia de la escuela vanguardista, y escribe una poesía lírica, altamente subjetiva, y a veces hermética, en la que prevalecen temas como el amor, la frustración amorosa, la búsqueda de la libertad, y la lucha contra el orden patriarcal. Estos temas se pueden apreciar en su obra maestra, *Ocre*, donde, además lucha contra algunos de los convencionalismos de la sociedad de su tiempo. *Ocre* es una obra de autoconocimiento, de análisis de su sensualidad frente a las restricciones impuestas por la sociedad patriarcal. Al final de su vida escribió una poesía de formas barrocas, y dentro de esta vena destacan *Mundo de siete pozos* y *Mascarilla y trébol*. En la primera de estas obras se aprecia un espíritu de renovación formal y la sustitución del soneto, tan frecuente hasta ahora, por el empleo del verso libre. En la segunda, escrita en sus últimos años de vida, el tema viene dado por las dos palabras del título, alusivas, respectiva y simbólicamente, a la muerte y a la regeneración. En esta obra, Storni concibe al hombre como parte de los ciclos naturales de nacimiento, desarrollo, decadencia, muerte, y regeneración. El libro se compone de 52 sonetos sin rima que por sus juegos con la lengua es de difícil lectura. Al hablar del amor, el campo, la gente o los animales, la poeta los describe en tonos pesimistas y carentes de encanto o trascendencia.

Escribió también, y con gran éxito, teatro infantil. Aparte de dramaturga fue autora de dos breves novelas y de varios artículos periodísticos en los que expone sus ideas feministas.

❧ ❧ ❧

Tú me quieres blanca

GUÍA DE LECTURA

"Tú me quieres blanca", incluido en la colección *El dulce engaño* (1918), es un romancillo de corte feminista que tiene por tema el amor erótico. En él, Storni se hace eco de los juicios expresados por Sor Juana Inés de la Cruz en sus redondillas "Hombres necios…" y otras de sus composiciones. Es un poema muy antologado que trata del sentimiento ambivalente, o la dualidad, con que enfrenta el hombre el tema de la virginidad de la mujer: por un lado buscando la mujer casta y por otro siguiendo los pasos del mítico don Juan. El poema sigue una clara división temática y concluye con una serie de imperativos por medio de los cuales el yo poético le pide al hombre un cambio dramático en su comportamiento a fin de que pueda exigir una mujer casta.

Tú me quieres alba,°
Me quieres de espumas,°
Me quieres de nácar.
Que sea azucena°
Sobre todas, casta.
De perfume tenue.
Corola cerrada.

Ni un rayo de luna
Filtrado me haya.
Ni una margarita

Se diga mi hermana.
Tú me quieres nívea,°
Tú me quieres blanca,
Tú me quieres alba.

Tú que hubiste° todas
Las copas a mano,
De frutos y mieles
Los labios morados.
Tú que en el banquete
Cubierto de pámpanos°

Alba: temprano en la mañana, amanecer
Espumas: la espuma de una ola del mar que
    rompe
Azucena: flor blanca

Nívea: blanca como la nieve
Hubiste: tuviste
Pámpanos: tallo nuevo de la vid

Dejaste las carnes
Festejando a Baco.°
Tú que en los jardines
Negros del Engaño
Vestido de rojo
Corriste al Estrago.°
Tú que el esqueleto
Conservas intacto
No sé todavía
Por cuáles milagros,
Me pretendes blanca
(Dios te lo perdone)
¡Me pretendes alba!

Huye° hacia los bosques;
Vete a la montaña;
Límpiate la boca;
Vive en las cabañas;
Toca con las manos

La tierra mojada;
Alimenta el cuerpo
Con raíz amarga;
Bebe de las rocas;
Duerme sobre escarcha;°
Renueva tejidos
Con salitre y agua;
Habla con los pájaros
Y lévate al alba.
Y cuando las carnes
Te sean tornadas,
Y cuando hayas puesto
En ellas el alma
Que por las alcobas°
Se quedó enredada,°
Entonces, buen hombre,
Preténdeme blanca,
Preténdeme nívea,
Preténdeme casta.

ANÁLISIS CRÍTICO

1. Analice formalmente el poema –cómputo silábico, rima, tipo de estrofas, figuras retóricas, y tropos.

2. A nivel temático, ¿en cuántas partes dividiría este poema?

3. ¿Cómo quiere el hombre a la mujer? ¿Cómo interpreta el verso "corola cerrada"?

4. ¿Qué visión nos da el yo poético del hombre en los versos precedidos por "Tú que…"? Mencione algunas de las acusaciones que hace el yo poético de éste.

5. En la serie de imperativos encabezada por "Huye hacia los bosques", ¿qué le pide el yo poético al hombre? ¿Qué tipo de transformación espera de él? ¿Con qué objeto le pide este cambio?

6. ¿A qué espacios geográficos conmina el yo poético al hombre? ¿Qué impacto pueden tener estos lugares en el hombre?

7. ¿En qué tono se dirige el yo poético al hombre?

Baco: Dios del vino, asociado con fiesta, bailes
   y música
Estrago: desastre, daño
Huye: corre, escapa
Escarcha: hielo que se forma sobre la

vegetación o tierra en las mañanas de
   invierno
Alcobas: cuarto donde se duerme, dormitorio
Enredada: arrollada, envuelta

8. Comente la importancia que adquiere el cromatismo en este poema. Tenga en cuenta el antagonismo existente entre el color blanco y los otros colores.

ENSAYO

Haga un estudio comparativo entre este poema y "Hombres necios que acusáis", de Sor Juana Inés de la Cruz. Centre su trabajo en el comportamiento ambivalente del hombre y el tono con que ambas poetas se dirigen a éste.

Peso ancestral

GUÍA DE LECTURA

"Peso ancestral", incluido en la colección *Irremediablemente* (1919), es un breve poema que, como el anterior, sigue una estricta división temática. Rachel Phillips apunta que en este poema y "Bien pudiera ser", Storni reflexiona sobre su propia madre y el estoicismo con que sobrellevó tanto sufrimiento. El poema, una vez más, contrasta dos mundos antagónicos: el de la mujer y el del orden patriarcal, representado por los hombres. El poema, bastante hermético, gira en torno a la noción de carga ancestral que tiene que arrastrar la mujer, y a su desahogo por medio de una lágrima cargada de veneno que apunta a los efectos destructivos de ese sistema patriarcal.

Tú me dijiste: no lloró mi padre;
Tú me dijiste: no lloró mi abuelo;
No han llorado los hombres de mi raza,
Eran de acero.°

Así diciendo te brotó° una lágrima
Y me cayó en la boca… más veneno
Yo no he bebido nunca en otro vaso
Así pequeño.

Débil mujer, pobre mujer que entiende,
Dolor de siglos conocí al beberlo;
Oh, el alma mía soportar° no puede
Todo su peso.

Acero: metal muy duro y fuerte   *Soportar*: tolerar
Brotó: salió, nació

ANÁLISIS CRÍTICO

1. Analice formalmente el poema, cómputo silábico, rima, figuras retóricas y tropos.

2. ¿A quién se dirige el yo poético? ¿Podemos identificar este "Tú" con una persona concreta?

3. En base a la contraposición entre la primera y segunda estrofas ¿podemos inferir quién es el interlocutor del yo poético?

4. ¿Qué connotaciones tiene el término "lágrima" para que se convierta en "veneno"? ¿Qué significado implícito tiene "lágrima" si relacionamos el último verso del poema, "Todo su peso", con la descripción de sus antepasados como hombres "de acero"?

5. ¿Qué es lo que entiende la "Débil mujer, pobre mujer"?

6. ¿Qué significado tiene el título del poema, "Peso ancestral"?

ENSAYO

Escriba un ensayo analizando el papel que juega la mujer frente al orden patriarcal en este poema, "Veinte siglos", y "Bien pudiera ser", todos ellos incluidos en la colección *El dulce daño*.

BIBLIOGRAFÍA

Fishburn, Evelyn. "Alfonsina Storni: A Feminist Reading of Her Poetry." *Feminist Readings on Spanish and Latin American Literature*. Lisa P. Conde y Stephen M. Hart, eds.. Lewiston: Mellen, 1991.

Jones, Sonia. *Alfonsina Storni*. Boston: Twayne, 1979.

Oviedo. José Miguel. *Historia de la literatura hispanoamericana. 3. Postmodernismo, vanguardia, regionalismo*. Madrid: Alianza ed., 2001.

Phillips, Rachel. *Alfonsina Storni. From Poetess to Poet*. London: Tamesis Books Limited, 1975.

Salgado, María. "Alfonsina Storni in Her Self–Portraits: The Woman and the Poet." *Confluencia* 7.2 (1992): 37–46.

🌿 🌿 🌿

JULIA DE BURGOS

(1914–1953)

Julia de Burgos, puertorriqueña, era de origen campesino y sangre negra. Obtuvo el Certificado de Maestra Normal en 1933, y trabajó entre 1936 y 1937 en un programa de radio del Departamento de Instrucción Pública. Pronto, sin embargo, perdió el puesto por sus declaraciones en favor de la independencia de Puerto Rico. Sus lugares de residencia alternaron entre La Habana, Washington y Nueva York. Fue hospitalizada en esta última ciudad en varias ocasiones y diagnosticada con una cirrosis hepática. Murió en una calle de Nueva York.

Julia de Burgos pertenece a una generación de poetas –Juan Cunha y Efraín Huerta, entre otros– que rompe con las tendencias poéticas imperantes en la década de los treinta. En su poesía predominan dos temas: la representación de una subjetividad femenina y la denuncia de algunos de los problemas socio–políticos de su país. En 1937 concluye su primera colección de poemas titulada *Poemas exactos a mí misma*. Desgraciadamente, este poemario se perdió sin llegar a ser publicado. Es autora de *Poema en veinte surcos* (1938), *Canción de la verdad sencilla* (1939) y *El mar y tú* (1941). Su producción poética incluye otros poemas que aparecieron en vida de la autora en periódicos y revistas. En su primer libro, *Poema en veinte surcos*, Julia de Burgos critica las condiciones socio políticas y económicas de su país, y expresa su confianza en la posibilidad de un cambio social que redima a su pueblo del sufrimiento.

En *Canción de la verdad sencilla*, Julia de Burgos abandona los temas de índole socio–político y canta al amor en toda su extensión. Pero pronto este canto al amor se ve interrumpido por los problemas que asaltan a los dos amantes y por la incertidumbre y las dudas que reaparecen en la conciencia del yo poético. María M. Solá observa que en este poemario hace continuo acto de presencia el silencio, un silencio que tiene distintos significados, a veces como sinónimo de la perfección, y otras como una señal de cautela, sumisión u obediencia.

En *El mar y tú*, Julia de Burgos revela su desconfianza en un amor que pueda unir a dos seres felizmente. Esta desesperanza, unida al rechazo de que es objeto por parte del ser amado, producen un sentido tal de frustración en el yo poético que éste piensa en la muerte como la única salida. Consciente del carácter efímero de la vida, y perdida su fe en el amor como fuente de salvación, el yo poético busca refugio en la creación poética como una forma de perpetuarse y de vencer a la muerte.

A Julia de Burgos

GUÍA DE LECTURA

En este poema, Julia de Burgos plantea una oposición binaria entre un "yo" y un "tú", dos formas pronominales que corresponden a la escisión del mismo sujeto en dos entidades antagónicas. A lo largo de este poema con sesgo autobiográfico, el yo poético se revela como un ser creador, generoso, independiente, insumiso al orden patriarcal, idealista, solidario con el pueblo, y revolucionario. El tú, en cambio, representa todo lo contrario. Además de estos dos retratos, Julia de Burgos incorpora en este poema un sentimiento romántico de rebeldía social, y una denuncia de los convencionalismos sociales y de los valores que la sociedad patriarcal ha impuesto en la mujer.

Ya las gentes murmuran° que yo soy tu enemiga
porque dicen que en verso doy al mundo tu yo.

Mienten, Julia de Burgos. Mienten, Julia de Burgos.
La que se alza° en mis versos no es tu voz; es mi voz;
porque tú eres ropaje° y la esencia soy yo;
y el más profundo abismo se tiende entre las dos.

Tú eres fría muñeca de mentira social,
y yo, viril destello° de la humana verdad.

Tú, miel de cortesanas hipocresías; yo no;
que todo me lo juego a ser lo que soy yo.

Tú eres sólo la grave señora señorona;
yo no, yo soy la vida, la fuerza, la mujer.

Tú eres de tu marido, de tu amo; yo no;
yo de nadie, o de todos, porque a todos, a todos,
en mi limpio sentir y en mi pensar me doy.

Tú te rizas° el pelo y te pintas; yo no;
a mí me riza el viento; a mí me pinta el sol.

Tú eres dama casera, resignada, sumisa,
atada° a los prejuicios de los hombres; yo no;
que yo soy Rocinante corriendo desbocado°
olfateando horizontes de justicia de Dios.

Tú en ti misma no mandas; a ti todos te mandan;
en ti mandan tu esposo, tus padres, tus parientes,
el cura, la modista, el teatro, el casino,
el auto, las alhajas,° el banquete, el champán,
el cielo y el infierno, y el qué dirán social.°

En mí no, que en mí manda mi solo corazón,
mi solo pensamiento; quien manda en mí soy yo.

Tú, flor de aristocracia; y yo la flor del pueblo.
Tú en ti lo tienes todo y a todos se lo debes,°
mientras que yo, mi nada a nadie se la debo.

Murmuran: hablan en voz baja
Alza: levanta
Ropaje: vestimenta
Destello: chispa, resplandor
Rizas: Hacerse rizos en el pelo

Atada: el contrario de suelta
Desbocado: desenfrenado, sin frenos
Alhajas: joyas
Dirán social: Lo que la gente dice de una persona
Se lo debes: tienes una deuda con alguien

Tú, clavada al estático dividendo ancestral,
y yo, un uno en la cifra del divisor social,
somos el duelo a muerte que se acerca fatal.

Cuando las multitudes corran alborotadas°
dejando atrás cenizas de injusticias quemadas,
y cuando con la tea° de las siete virtudes,
tras los siete pecados, corran las multitudes,
contra ti, y contra todo lo injusto y lo inhumano,
yo iré en medio de ellas con la tea en la mano.

ANÁLISIS CRÍTICO

1. Cómputo silábico. ¿Es un poema estrófico? Comente el tipo de rima prestando especial atención a la última estrofa. ¿Puede identificar algunas figuras retóricas y tropos?

2. Explique por qué esta composición es un metapoema. En concreto ¿en qué se diferencia la visión que tienen Julia Burgos y el yo poético de la poesía?

3. ¿Cómo se caracteriza la vida social de Julia de Burgos? ¿Cómo difiere de ésta la vida del yo poético?

4. ¿Qué papel juega cada una de las dos protagonistas frente al hombre?

5. ¿Quién de las dos protagonistas representa el papel de la mujer tradicional? ¿A quién se halla, según el yo poético, sometida esta mujer tradicional?

6. ¿A qué clase social se adscribe cada una de las dos protagonistas?

7. ¿Qué representa moralmente cada una de las dos protagonistas? ¿Quién de las dos canta victoria en el enfrentamiento final?

ENSAYO

En este poema Julia de Burgos establece una dicotomía dialéctica del ser en un yo y un álter ego que nos recuerda al "Borges y yo", incluido en *El hacedor* (1960), de Jorge Luis Borges. Lea este relato de Borges e identifique qué diferencias establece uno y otro autor en la representación de las dos identidades pertenecientes al mismo ser.

BIBLIOGRAFÍA

Durán, Ana Luisa. "Julia de Burgos." *Revista el Cóndor.* IX 1 (mayo, 1984): 47–69.
González, José Emilio. "Algo más sobre la vida y la poesía de Julia de Burgos." *La Torre* XII, 51 (1965): 151–174.

Alborotadas: en desorden, ruidosas   *Tea*: vela, antorcha

___. "Julia de Burgos, la mujer y la poesía." *Sin Nombre* 3 (Oct.–Dic. 1976): 86.

Jiménez de Báez, Yvette. *Julia de Burgos: vida y poesía*. San Juan: Ed. Coquí, 1966.

Quiroga, Carmen Lucila. *Julia de Burgos: el desarrollo de la conciencia femenina en la expresión poética*. Ann Arbor: UMI Dissertation Abstracts, 1980.

Solá María M. Ed. e Introd. *Julia de Burgos: Yo misma fui mi ruta*. Río Piedras: Ed. Huracán, 1986.

LA VANGUARDIA (II)

En el segundo grupo de escritores vanguardistas sobresalen algunos poetas que conjugaron su labor creativa con la expresión crítica de sus ideas sobre los derroteros que debería seguir el nuevo arte. Uno de los vocales de la nueva estética es el chileno Vicente Huidobro (1893–1948). Huidobro fue un hombre de bienes que se pudo permitir el lujo de dedicarse enteramente a las letras, viajar y vivir largos períodos de tiempo en Francia. Sus comienzos como poeta están en la línea del Romanticismo y el Modernismo, pero pronto los sustituye por una nueva estética de la que él, equivocadamente, se cree iniciador: el *creacionismo*. El *creacionismo*, según Huidobro, consistía en la independencia del poema del mundo exterior. Es decir, el poeta no reflejaba el mundo externo en su obra, sino que lo creaba. Las palabras, al dejar de ser vehículo o medio de transmisión de una realidad exterior, se contradicen y adoptan nuevas formas para crear nuevas realidades. Sus libros *Ecuatorial* (1918) y *Poemas árticos* (1918) forman parte de esta estética, y en ellos abunda el uso de las metáforas y la falta de puntuación. Su obra maestra, *Altazor o el viaje en paracaídas* (1931), está escrita en versos libres y sin puntuación. En este poemario, el poeta describe su viaje hacia la muerte, y revela la falta de fe en un dios que pueda ayudarle en este descenso a la muerte, o que pueda evitar la caída de la civilización humana en el caos. Huidobro escribió algunos poemas en francés, novelas y teatro.

Otro de los gigantes de la Vanguardia hispanoamericana es el peruano César Vallejo (1892–1938). Vallejo nació en el seno de una familia perteneciente a la clase media, pero su vida se vio marcada por la desgracia y los problemas económicos. En 1923, tras la muerte de su madre y después de pasar unos meses en prisión, Vallejo se mudó a París y viajó extensamente por Europa. En 1918 publicó *Los heraldos negros*, obra en la que se funden las influencias modernistas con profundas preocupaciones existenciales. En 1922 saca a la luz su obra culminante, *Trilce*, en la que se percibe la influencia del surrealismo y el dadaísmo. Vallejo juega con el simbolismo numérico para transformarlo y hacerle perder su significado convencional. Es una obra en la que el poeta viola las reglas de la sintaxis y la ortografía para llegar a una aparente incoherencia. Desde el punto de vista ideológico se trasunta la visión pesimista, absurda, y existencialista de un hombre que no encuentra refugio en Dios. En 1939 publica *España, aparta de mí este cáliz*, obra inspirada por las atrocidades ocurridas en la guerra civil española. Vallejo escribió algunos cuentos, novelas y crónicas. Entre sus novelas merece mención *Tungsteno* (1931), obra de propaganda leninista. Sus crónicas recogen la revolución bolchevique, y aparecen bajo el título *Rusia en 1931*.

Otro poeta vanguardista de renombre es el ecuatoriano Jorge Carrera Andrade (1902–1978), quien combinó la carrera literaria con la diplomacia y la historia. Su prolífica producción literaria incluye poesía, crónicas, ensayo, estudios históricos, y traducciones del francés. Sus primeros pasos en la poesía están marcados por un intenso amor hacia el mundo. Más tarde se incursiona en el creacionismo, y posteriormente evoluciona a una poesía conceptual en la que sobresale por el uso de símbolos y símiles. Algunas de sus obras más conseguidas son *La hora de las ventanas iluminadas* (1937), y *Canto a las fortalezas volantes* (1945).

La influencia vanguardista también llegó a otros países hispanoamericanos. En México se formó una generación de poetas en torno a la revista *Contemporáneos*, y los mejores poetas de este grupo fueron Carlos Pellicer y José Gorostiza. En Venezuela destacó Jacinto Fombona Pachano, y en Bolivia Herib Campos Cervera. Ninguno de estos poetas, sin embargo, llegó a la altura de Rosario Castellanos o Pablo Neruda.

La Vanguardia se extiende hasta finales de la década de los sesenta, y en estos últimos años se caracteriza por un rechazo de la literatura regionalista, una representación de la angustia y soledad del hombre moderno, una influencia predominante de las literaturas europeas y norteamericana, y una preocupación por los problemas sociales. En poesía se puede ver la preponderancia de nuevas formas poéticas, como la poesía pura o existencial, y el auge que adquiere una variedad de la poesía popular, la poesía negra o afro–antillana. Algunos de los exponentes más destacados en esta última fase son Octavio Paz y Nicolás Guillén.

Octavio Paz (1914–1998), mexicano, fue testigo de la guerra civil española, cursó estudios de poesía hispanoamericana en EE.UU, y desempeñó importantes cargos diplomáticos en el extranjero. Octavio Paz compone un tipo de poesía existencial en la que su preocupación por el destino del hombre rompe fronteras para tomar una dimensión universal. Algunas de sus obras poéticas son *¡No pasarán!* (1936), *Entre la piedra y la flor* (1941), *Libertad bajo palabra* (1949) y *Magia de la risa* (1962). Algunos de los temas que trata en estas obras son la soledad, el amor, la naturaleza y la poesía. En *Piedra de sol* (1958) y *Ladera este,* escrito de 1962 a 1968, Paz identifica la expresión poética con la atemporalidad, y experimenta con nuevas técnicas. Para Paz, el amor y la poesía son las dos claves para el mantenimiento de una buena comunicación entre los hombres. Asimismo, cree que la violencia existente en el mundo es la causante de la destrucción del amor, y que el poeta debe ir al encuentro de este amor universal

Como ensayista, una de sus obras más aclamadas es *El laberinto de la soledad* (1950). Aquí Paz analiza el espíritu y carácter mexicanos desde la conquista hasta el presente. En *El arco y la lira* (1956), el bardo mexicano nos da una síntesis de sus ideas sobre su filosofía y poesía, y en *Conjunciones y disyunciones* (1969) contrasta la visión filosófica que tienen los orientales y occidentales sobre el cuerpo.

La poesía negra se caracteriza por representar la vida, bailes, ritos, psicología, y forma de hablar del negro. Es una poesía en la que los elementos rítmicos y musicales cobran gran importancia. Encontramos, igualmente, una proliferación de imágenes, jitanjáforas y figuras onomatopéyicas que contribuyen a la creación del ritmo del poema. En algunos poemas, por otra parte, hay un tono de denuncia o protesta ante la injusta opresión que viven los negros. Dos de los representantes más destacados de este tipo de poesía son Luis Palés Matos y Nicolás Guillén.

Luis Palés Matos (1898–1958), puertorriqueño, fue profesor de la universidad de Puerto Rico. Escribió poesía culta y popular, y en ambas alcanzó gran notoriedad. Su obra *Tuntún de pasa y rifería* (1926) lo sitúa entre los grandes autores de la poesía negra. Palés Matos habla del negro de todas las Antillas, y en su poesía nos brinda una visión mitificada del mismo. Desde el punto de vista formal, se suele ver una mezcla de jitanjáforas con ritmos africanos, y en algunas ocasiones lo vemos echar mano del romancero español. Uno de sus poemas más conocido es el titulado "Danza negra". Los temas de su poesía son bastante variados, y no es extraño encontrar poemas en los que denuncia las duras condiciones sociales en que vive el negro junto a otros de tono más bien humorístico.

CUESTIONARIO

1. Según Huidobro, ¿en qué consiste el *creacionismo*?
2. ¿Qué nos revela Huidobro en su poemario *Altazor o el viaje en paracaídas*?
3. Mencione algunas de las corrientes literarias que influyen en la poesía de Cesár Vallejo.
4. ¿Qué visión del mundo y de Dios nos da César Vallejo en *Trilce*?
5. ¿A través de qué fases se mueve el desarrollo de la producción poética de Jorge Carrera Andrade?
6. ¿Por qué se caracteriza el movimiento postvanguardista? ¿Y la poesía negra?
7. ¿Qué visión nos da Palés Matos del negro de las Antillas?
8. ¿Qué aspectos formales sobresalen en la poesía de Palés Matos?

IDENTIFICAR

1. *Contemporáneos*
2. *Ecuatorial*
3. *Los heraldos negros*
4. *España, aparta de mí este caliz*
5. *Poemas árticos*
6. "Danza negra"
7. José Gorostiza
8. Jacino Fombona Pachano

ENSAJO

1. Escriba un ensayo sobre el *creacionismo* de Vicente Huidobro.

2. Escoja una de los poemarios de alguno de los poetas vanguardistas o postvanguardistas y estudie los aspectos formales y temáticos más destacados.

BIBLIOGRAFÍA

Gómez–Gil, Orlando. *Historia crítica de la literatura hispanoamericana. Desde los orígenes hasta el momento actual.* New York: Holt, Rinehart and Winston, 1968.

Oviedo, José Miguel. *Historia de la literatura hispanoamericana. 3. Postmodernismo, Vanguardia, Regionalismo.* Madrid: Alianza ed., 2001.

Unruh, Vicky. *Latin American Vanguards. The Art of Contentious Encounters.* Berkeley: University of California Press, 1994.

Valdés–Cruz, Rosa E. *La poesía negroide en América.* New York: Las Américas, 1970.

Videla, Gloria. *Direcciones del vanguardismo hispanoamericano.* 2 Vols. Mendoza, Argentina: Universidad de Cuyo, 1994.

Wentzlaff–Eggebert, Harald, ed. *Las literaturas hispánicas de vanguardia. Orientación bibliográfica.* Frankfurt: Vervuert, 1991.

Yurkievich, Saúl. *A través de la trama: sobre vanguardias literarias y otras concomitancias.* Barcelona: Muchnik, 1984.

❧ ❧ ❧

Pablo Neruda
(1904–1973)

Pablo Neruda, chileno, se crió en el seno de una familia humilde. En 1921 publica su primer libro de poemas, *La canción de la fiesta*, pero fue *Crepusculario* (1923) la obra que le dio fama nacional. De 1927 a 1945 desempeñó el cargo de cónsul en varios países, entre ellos España, donde entabló amistad con los escritores de la llamada "Generación del 27" –Federico García Lorca, Rafael Alberti, y Vicente Aleixandre. En 1971, mientras ejercía el trabajo de cónsul en Francia, le fue concedido el Premio Nobel de Literatura. Muere en 1973, pocos días después de haberse consumado el golpe militar contra el gobierno socialista de Salvador Allende. Su producción poética se puede dividir en varias fases:

1. Etapa de adolescencia y juventud. A esta etapa corresponden sus obras *Canción de la fiesta* (1921) y *Crepusculario* (1923). Aunque en esta fase se puede ver la influencia modernista, ya despuntan temas típicamente suyos, como el subjetivismo, escepticismo, soledad, y preocupación social.

2. A un segundo momento corresponden sus obras *El hondero entusiasta* (1923), poemario erótico, y *Veinte poemas de amor y una canción desesperada* (1924*),* su obra más popular. *Veinte poemas de amor* se caracteriza por una concepción platónica del amor, una exaltación del sentimiento amoroso, y una gran riqueza metafórica.

3. A una tercera fase corresponden sus *Residencias en la tierra I, II, y III*, publicadas en 1933, 1935 y 1939 respectivamente. Ahora Neruda rompe con su pasado y se mete en el surrealismo para escribir su mejor poesía, una poesía que le servirá al poeta para expresar el mundo de su subconsciente, los sueños, el futuro del hombre, la muerte, la soledad, la decadencia, o el fracaso. Para la expresión de este mundo subjetivo Neruda se sirve de complejas metáforas y rompe con las reglas de la sintaxis y la gramática.

4. La cuarta fase se inicia hacia 1945, y está marcada por la presencia de ideas socio–políticas de carácter marxista. Neruda creía que el marxismo podía ser la ideología redentora de las masas oprimidas. A esta fase corresponden sus obras *España en el corazón* (1937) y *Nuevo canto de amor a Stalingrado* (1943).

5. En una quinta fase Neruda canta la historia, la flora y la fauna, a los dictadores y la política de Hispanoamérica bajo el punto de vista de un marxista. A esta etapa corresponde *Un canto para Bolívar* (1941) y *Canto general*, poema épico comenzado en 1938 y concluido en 1950. *Canto general* es su obra maestra, y en los quince cantos en que se divide la obra Neruda traza el desarrollo histórico de América desde antes de la llegada del hombre hasta el presente. Por él desfilan las civilizaciones precolombinas, los conquistadores, los libertadores, los obreros, el océano, una crítica del imperialismo norteamericano, y finalmente sus propias experiencias vitales y poéticas.

6. En una última etapa, en la que destacan sus *Nuevas odas elementales* (1954), *Tercer libro de las odas* (1957) y *Navegaciones y regresos* (1959), Neruda busca la claridad y sencillez para cantar las cosas simples y cotidianas, y los oficios no especializados. En esta fase también se incluye *Estravagario* (1958), una obra caracterizada por el humor y el rechazo de las convenciones sociales. En 1964 publicó su *Memorial de Isla Negra*, biografía poética en la que tras hacer un recuento de su vida termina con una nota de resignación ante la llegada de la muerte.

"*Me gustas cuando callas*"
Veinte poemas de amor 15

GUÍA DE LECTURA

El poema "Me gustas cuando callas", de su colección *Veinte poemas de amor*, ha sido interpretado de distintas maneras, y se puede considerar ilustrativo de toda su colección por los temas que trata en él: la pasión amorosa por una mujer y el espíritu de melancolía. Aunque el yo poético se dirige a un ser amado, su pasión amorosa no se expresa de manera concreta, sino vaga y abstracta. Existe en este canto amoroso de Neruda un juego constante entre las nociones de presencia y ausencia, lo cual nos da la impresión de ser sinónimos, y entre la articulación de unos sentimientos de amor y el silencio.

> Me gustas cuando callas° porque estás como ausente,
> y me oyes desde lejos, y mi voz no te toca.
> Parece que los ojos se te hubieran volado
> y parece que un beso te cerrara la boca.
>
> Como todas las cosas están llenas de mi alma,
> emerges de las cosas llena del alma mía.
> Mariposa de sueño, te pareces a mi alma,
> y te pareces a la palabra melancolía.
>
> Me gustas cuando callas y estás como distante.
> Y estás como quejándote, mariposa en arrullo.°
> Y me oyes desde lejos, y mi voz no te alcanza.°
> Déjame que me calle con el silencio tuyo.
>
> Déjame que te hable también con tu silencio
> claro como una lámpara,° simple como un anillo.°
> Eres como la noche, callada y constelada.
> Tu silencio es de estrella, tan lejano y sencillo.
>
> Me gustas cuando callas porque estás como ausente.
> Distante y dolorosa como si hubieras muerto.
> Una palabra entonces, una sonrisa bastan.°
> Y estoy alegre, alegre de que no sea cierto.

Callas: no hablas, estás en silencio
Arrullo: adormecimiento, murmullo
Alcanza: llega

Lámpara: luz
Anillo: joya
Bastan: son suficientes

ANÁLISIS CRÍTICO

1. Analice formalmente el poema: cómputo silábico, licencias poéticas, ritmo, rima, tipos de estrofa, figuras retóricas y tropos.

2. ¿Cómo interpreta la repetición y variación de algunos términos lingüísticos del poema?

3. ¿Qué sentimientos amorosos se transparentan en estas palabras del yo poético?

4. ¿Cómo ve el yo poético a su amada?

5. ¿De qué manera siente la amada la presencia del yo poético?

6. El poeta emplea en dos ocasiones la imagen de la mariposa, ¿a quién se refiere? ¿Qué interpretación da de esta imagen?

7. ¿Qué significado le da al último verso?

ENSAYO

Lea el poema número 20 de *Veinte poemas de amor y una canción desesperada* y lo compárelo con el poema anterior, el número 15, teniendo en cuenta la disposición sentimental del yo poético y de la amada hacia el amor.

🌿 🌿 🌿

"Walking Around"

GUÍA DE LECTURA

En el segundo volumen de *Residencias*, al que pertenece este poema, abundan las imágenes oníricas y un profundo sentido de soledad y tristeza. A causa de esta visión negativa y pesimista de la sociedad, los poemas de estas *Residencias* han sido bautizados con el nombre de "residencias en el infierno". En este poema concretamente, el sujeto poético expresa su rechazo de la vida organizada por el hombre, una vida que esclaviza al ser humano. A través de unas imágenes desagradables y, a veces, repugnantes, el yo poético nos describe esta realidad abominable que va vislumbrando en su deambular por la calle. Junto a esta visión de la realidad, el yo poético nos da una imagen de sí mismo que corresponde a la de un ser desarraigado y desencantado con este mundo.

Sucede que me canso de ser hombre.
Sucede que entro en las sastrerías° y en los cines
marchito,° impenetrable, como un cisne° de fieltro°
navegando en un agua de origen y ceniza.

El olor de las peluquerías me hace llorar a gritos.
Sólo quiero un descanso de piedras o de lana,
sólo quiero no ver establecimientos ni jardines,
ni mercaderías, ni anteojos,° ni ascensores.

Sucede que me canso de mis pies y mis uñas
y mi pelo y mi sombra.
Sucede que me canso de ser hombre.
Sin embargo sería delicioso
asustar a un notario con un lirio° cortado
o dar muerte a una monja con un golpe de oreja.
Sería bello
ir por las calles con un cuchillo verde
y dando gritos hasta morir de frío.

No quiero seguir siendo raíz en las tinieblas,°
vacilante,° extendido, tiritando° de sueño,
hacia abajo, en las tripas mojadas de la tierra,°
absorbiendo y pensando, comiendo cada día.

No quiero para mí tantas desgracias.
No quiero continuar de raíz y de tumba,°
de subterráneo solo, de bodega° con muertos,
aterido,° muriéndome de pena.

Por eso el día lunes arde como el petróleo
cuando me ve llegar con mi cara de cárcel,
y aúlla° en su transcurso° como una rueda herida,
y da pasos de sangre caliente hacia la noche.

Sastrería: taller donde se cose ropa
Marchito: perder la frescura en plantas o flores
Cisne: ave de color blanco con cuello largo
Fieltro: material similar a una tela gruesa o
    rígida
Anteojos: lentes, gafas
Lirio: flor blanca o morada
Tinieblas: sombras, obscuridad
Vacilante: que balancea o fluctúa. No tiene
    estabilidad

Tiritando: temblando
Tripas mojadas de la tierra: adentro en la
    profundidad de la tierra
Tumba: sepulcro, donde está enterrada una
    persona
Bodega: espacio subterráneo donde se guarda
    mercancía
Aterido: rígido, paralizado
Aúlla: sonido de algunos animales como el perro
Transcurso: el paso del tiempo

Y me empuja a ciertos rincones, a ciertas casas húmedas,
a hospitales donde los huesos salen por la ventana,
a ciertas zapaterías con olor a vinagre,
a calles espantosas° como grietas.°

Hay pájaros de color de azufre y horribles intestinos
colgando de las puertas de las casas que odio,
hay dentaduras olvidadas en una cafetera,
hay espejos
que debieran haber llorado de vergüenza y espanto,
hay paraguas en todas partes, y venenos y ombligos.

Yo paseo con calma, con ojos, con zapatos,
con furia, con olvido,
paso, cruzo oficinas y tiendas de ortopedia,
y patios donde hay ropas colgadas de un alambre:°
calzoncillos, toallas y camisas que lloran
lentas lágrimas sucias.

ANÁLISIS CRÍTICO

1. Analice formalmente el poema: cómputo silábico, licencias poéticas, ritmo, rima, tipos de estrofa, figuras retóricas, y tropos.

2. ¿Qué significado le da al título del poema?

3. El cisne era uno de los símbolos más frecuentemente utilizado por los modernistas, ¿qué valor adquiere en este poema de Neruda? ¿En qué se diferencia del significado simbólico dado por los modernistas?

4. En la tercera estrofa, ¿a qué alude el poeta cuando dice que está cansado de su sombra?

5. ¿Cómo interpreta la cuarta estrofa? ¿Qué papel juegan el notario y la monja en nuestra sociedad que no son del agrado del yo poético?

6. ¿Qué trata de hacernos ver el yo poético con esas series de enumeraciones negativas del mundo que va recorriendo?

7. ¿Cuál es el valor simbólico de las piedras y la lana –estrofa número 2? ¿Por qué busca descanso en ellas el yo poético?

8. ¿Qué conexión existe entre las raíces de la estrofa quinta y el yo poético? ¿A qué otro espacio se contraponen?

Espantosas: que asustan, que dan miedo   *Alambre*: metal fino
Grietas: aberturas

9. ¿A qué apuntan las tres referencias temporales –lunes, rueda y noche– que vemos en la estrofa séptima? Coméntelas.

10. ¿Por qué llora la ropa, en la última estrofa, "lentas lágrimas sucias?

ENSAYO

Haga un estudio comparativo entre este poema y "Sólo la muerte", de *Residencia en la tierra. 2*, o "Arte poética", de *Residencia en la tierra. 1*, tomando como tema la representación del yo poético frente al mundo deprimente y alienante que le rodea.

🌿　🌿　🌿

"Oda a la alcachofa"

GUÍA DE LECTURA

En ésta y otras de sus odas Neruda emplea un lenguaje simple y unas imágenes transparentes para hacer un elogio de las más variadas verduras, frutas, utensilios, objetos, profesiones, etc. A veces, sin embargo, hay en estas odas un ataque contra sus enemigos, un rechazo de la pobreza, o unos comentarios sobre la poesía misma. En esta oda que hemos seleccionado, Neruda nos cuenta el itinerario de la alcachofa desde que crece en el huerto hasta que sirve de alimento a un comensal. La comprensión de este sencillo poema sólo pude verse obstaculizada por el uso de personificaciones de fácil interpretación.

La alcachofa°
de tierno corazón
se visitió de guerrero,
erecta, construyó
una pequeña cúpula,°
se mantuvo
impermeable
bajo
sus escamas,°
a su lado,
los vegetales locos
se encresparon,°
se hicieron
zarcillos,° espadañas,°
bulbos° conmovedores,
en el subsuelo
durmió la zanahoria
de bigotes rojos,
la viña
resecó los sarmientos°
por donde sube el vino,
la col°
se dedicó
a probarse faldas,

Alcachofa: vegetal verde. Afuera está revestida de hojas muy duras
Cúpula: cubierta de un edificio en forma de semicírculo
Escamas: lo que tienen los peces encima de la piel
Encresparon: enrizaron, envolvieron
Zarcillos: tipo de planta

Espadañas: planta de hojas semejantes a espadas
Bulbos: parte subterránea del tallo de una planta, como la cebolla
Sarmientos: ramas de la vid
Col: planta de huerta de la misma familia de la coliflor. Repollo

el orégano
a perfumar el mundo,
y la dulce
alcachofa
allí en el huerto,
vestida de guerrero,
bruñida°
como una granada,
orgullosa,
y un día
una con otra
en grandes cestos
del mimbre,° caminó
por el mercado
a realizar su sueño:
la milicia.
En hileras°
nunca fue tan marcial
como en la feria,
los hombres
entre las legumbres
con sus camisas blancas
eran
mariscales°
de las alcachofas,
las filas apretadas,°
las voces de comando,
y la detonación°
de una caja que cae,
pero
entonces

viene
María
con su cesto,
escoge
una alcachofa,
no le teme,
la examina, la observa
contra la luz como si fuera un
   huevo,
la compra,
la confunde
en su bolsa
con un par de zapatos,
con un repollo° y una
botella
de vinagre
hasta
que entrando a la cocina
la sumerge en la olla.°
Así termina
en paz
esta carrera
del vegetal armado
que se llama alcachofa,
luego
escama por escama
desvestimos
la delicia
y comemos
la pacífica pasta
de su corazón verde.

ANÁLISIS CRÍTICO

1. Comente los aspectos formales del poema: cómputo silábico, ritmo, rima, figuras retóricas y tropos.

2. Identifique y comente algunas de las personificaciones que hay en esta oda.

Bruñida: brillante
Mimbre: paja gruesa
Hileras: filas
Mariscales: alto grado del ejército

Apretadas: estrechas
Detonación: sonido de una explosión
Repollo: planta de huerta de anchas hojas. Col
Olla: recipiente que se usa para cocinar

3. ¿Qué sucede con los vegetales que estaban cerca de la alcachofa?

4. ¿Cuál era el sueño de la alcachofa?

5. ¿Qué oficio desempeñan los hombres en el campo militar de las alcachofas?

6. ¿En qué espacios físicos se mueve la alcachofa?

7. ¿Quién es María?

8. La alcachofa pasa por varios mundos bastante distintos unos de otros. Comente cómo pasa de uno a otro mundo y cómo es descrita en cada uno de estos casos.

ENSAYO

Escoja otra oda relacionada con el mundo vegetal, como la "oda a la cebolla", y haga un estudio comparativo teniendo en cuenta el uso de la lengua, los recursos formales –figuras retóricas, tropos, etc.– y el contenido.

BIBLIOGRAFÍA

Agosín, Marjorie. *Pablo Neruda*. Trad. Lorraine Roses. Boston: Twayne Pub., 1986.
Alonso, Amado. *Poesía y estilo de Pablo Neruda*. Buenos Aires: Ed. Sudamérica, 1951.
Costa, René de. *The Poetry of Pablo Neruda*. Cambridge: Harvard U P, 1979.
Flores, Ángel, ed. *Aproximaciones a Pablo Neruda*. Barcelona: ed. Llibres de Sinera, 1974.
___, ed. *Nuevas aproximaciones a Pablo Neruda*. México: Fondo de cultura económica, 1987.
Gómez–Gil, Orlando. *Historia crítica de la literatura hispanoamericana*. New York: Holt, Rinehart and Winston, 1968.
Santí, Enrico Mario. *Pablo Neruda. The Poetics of Prophecy*. Ithaca: Cornell U P, 1982.
Sicard, Alain. *El pensamiento poético de Pablo Neruda*. Madrid: ed. Gredos, 1981.
Silva Castro, Raúl. *Pablo Neruda*. Santiago: Ed. Universitaria, 1964.

Rosario Castellanos

(1925–1974)

Rosario Castellanos nació en la ciudad de México, pero pasó su infancia y adolescencia en el estado de Chiapas. Volvió al D. F. para estudiar en la universidad y licenciarse en filosofía y letras. De 1956 a 1961 trabajó para el Instituto Nacional Indigenista, y en 1971 fue nombrada embajadora en Israel, país en el que murió, accidentalmente electrocutada, tres años más tarde. Rosario Castellanos cultivó todos los géneros literarios: poesía, novela, cuento, teatro, y ensayo.

La poesía de Rosario Castellanos, a grandes rasgos, se caracteriza por expresar experiencias femeninas en el marco de un sistema opresivo patriarcal, y por la reiteración de temas como la soledad y la muerte. En sus primeras obras poéticas, *Apuntes para una declaración de fe* (1948), y *Trayectoria del polvo* (1948) se percibe el profundo dolor de la poeta ante la pérdida de sus padres, por ello su poesía es altamente emocional. En *El rescate del mundo* (1952) y *Poemas* (1957) se concentra en poetizar lo cotidiano, y en *Al pie de la letra* (1959) emplea un discurso coloquial para expresar los sentimientos de una mujer frente al amor y las relaciones sexuales. La poeta mexicana hace una recopilación de una parte de su obra poética en *Poesía no eres tú*, publicada en 1972.

Como novelista es autora de *Balún-Canán* (1957), y *Oficio de tinieblas* (1962), obras que se han caracterizado de indigenistas. En *Balún-Canán* Rosario Castellanos relata la pobreza y explotación que sufre el indio chiapaneco. Asimismo, recrea los mitos y el mundo mágico de estos indios y analiza su historia a la luz del *Popol Vuh* y el *Chilam Balan*. *Oficio de tinieblas*, quizá su mejor obra narrativa, es una novela de estructura circular en la que, una vez más, se centra en la lucha entre el blanco y el indio en la región de Chiapas. Castellanos sugiere que entre ambas razas existe una falta de comunicación y critica principalmente al blanco por este problema.

Como cuentista es autora de las colecciones *Ciudad real* (1960) y *Los convidados de agosto* (1964), obras en las que vuelve a explorar el tema de los indios. Sin embargo, en su última colección de cuentos, *Álbum de familia* (1971), Rosario Castellanos toca temas relacionados con la mujer.

Como dramaturga es autora de *Tablero de damas* (1952) y *El eterno femenino* (1975). La acción de esta última obra se sitúa en un salón de belleza, y se centra en la frustración que sienten muchas mujeres casadas, tema que reaparece en algunos de sus poemas.

Rosario Castellanos escribió tres libros de crítica literaria: *Juicios sumarios* (1966) *Mujer que sabe latín* (1973) y *El mar y sus pescaditos* (1975). Publicó varios artículos periodísticos en el diario *Excelsior* que fueron recopilados y publicados bajo el título de *El uso de la palabra* (1976).

ℬ ℬ ℬ

"Autorretrato"

GUÍA DE LECTURA

"Autorretrato" se compone de una serie de escenas correspondientes a la vida diaria, doméstica, personal o profesional de un yo poético que podemos identificar con la autora: Rosario Castellanos. Las distintas escenas son descritas de una manera clara y directa, sin el ropaje de un discurso poético figurativo. De esta forma, la poeta consigue llegar a la mujer de la calle, común y corriente. No obstante lo cual, el lector es invitado a hacer una lectura más profunda de estos poemas y relacionar la vida de la poeta y su espacio doméstico con la posición de la mujer latina dentro de un contexto en el que los convencionalismos y normas sociales son dictados por la ideología dominante, el orden patriarcal.

Yo soy una señora; tratamiento
arduo° de conseguir, en mi caso, y más úitil
para alternar con los demás que un título
extendido a mi nombre en cualquier academia.

Así, pues, luzco° mi trofeo y repito:
yo soy una señora. Gorda o flaca
según las posiciones de los astros,
los ciclos glandulares
y otros fenómenos que no comprendo.

Rubia, si elijo una peluca rubia.
O morena, según la alternativa.
(En realidad, mi pelo encanece,° encanece.)

Soy más o menos fea. Eso depende mucho
de la mano que aplica el maquillaje.

Mi apariencia ha cambiado a lo largo del tiempo
–aunque no tanto como dice Weininger°
que cambia la apariencia del genio–. Soy mediocre.
Lo cual, por una parte, me exime de enemigos
y, por la otra, me da la devoción
de algún admirador y la amistad
de esos hombres que hablan por teléfono
y envían largas cartas de felicitación.
Que beben lentamente whisky sobre las rocas
y charlan de política y de literatura.

Amigas…hmm…a veces, raras veces
y en muy pequeñas dosis.
En general, rehuyo° los espejos.
Me dirían lo de siempre: que me visto muy mal
y que hago el ridículo
cuando pretendo coquetear° con alguien.

Tratamiento arduo: logro difícil
Luzco: exhibo
Encanece: se pone blanco
Weininger: Filósofo y psicólogo austríaco.
    Su principal contribución filosófica se
encuentra en el campo de la psicología
sexual con un sentido pesimista al tratar
del sexo femenino
Rehuyo: escapo
Coquetear: flirtear

Soy madre de Gabriel: ya usted sabe, ese niño
que un día se erigirá° en juez inapelable°
y que acaso, además, ejerza de verdugo.°
Mientras tanto lo amo.

Escribo. Este poema. Y otros. Y otros.
Hablo desde una cátedra.°
Colaboro en revistas de mi especialidad
y un día a la semana publico en un periódico.

Vivo enfrente del Bosque. Pero casi
nunca vuelvo los ojos para mirarlo. Y nunca
atravieso la calle que me separa de él
y paseo y respiro y acaricio
la corteza rugosa° de los árboles.

Sé que es obligatorio escuchar música
pero la eludo con frecuencia. Sé
que es bueno ver pintura
pero no voy jamás a las exposiciones
ni al estreno teatral ni al cine–club.
Prefiero estar aquí, como ahora, leyendo
y, si apago la luz, pensando un rato
en musarañas° y otros menesteres.°

Sufro más bien por hábito, por herencia, por no
diferenciarme más de mis congéneres
que por causas concretas.

Sería feliz si yo supiera cómo.
Es decir, si me hubieran enseñado los gestos,
los parlamentos, las decoraciones.

En cambio me enseñaron a llorar. Pero el llanto
es en mí un mecanismo descompuesto
y no lloro en la cámara mortuoria°
ni en la ocasión sublime° ni frente a la catástrofe.

Lloro cuando se quema el arroz o cuando pierdo
el último recibo de impuesto predial.°

Erigirá: llegará a ser
Inapelable: sentencias o juicios que no se
    pueden apelar
Verdugo: oficio antiguo de una persona que
    ejecutaba torturas o daba la muerte a los
    prisioneros y a otras personas
Cátedra: Asiento de un profesor
Corteza rugosa: la parte que cubre el tronco de

    un árbol que no es lisa
Pensando en musarañas: absorta en sus propios
    pensamientos
Menesteres: asuntos, cosas
Cámara mortuoria: Salón fúnebre
Sublime: superior, fabuloso
Impuesto predial: dinero que se paga por la
    propiedad

ANÁLISIS CRÍTICO

1. ¿Hay uniformidad en el cómputo silábico? ¿Hay rima y estrofas en este poema? ¿En qué se diferencian unas estrofas de otras? ¿Puede mencionar alguna figura retórica o tropo en este poema?

2. ¿Qué concepto tiene el yo poético del tratamiento de señora? ¿Nos sugiere algo sobre la sociedad patriarcal en la que vive?

3. ¿Qué descripción física nos da el yo poético de su persona? ¿Qué otras facetas de su vida nos revela?

4. ¿Qué imagen nos da el yo poético de las mujeres en este poema?

5. ¿Cómo se representan en este poema la cultura y stándards androcéntricos? ¿Qué influencia ejerce el orden patriarcal en el comportamiento del yo poético como mujer?

6. ¿Cuál es la esfera o espacio desde el que escribe el yo poético? ¿Cómo se funden los papeles de escritora y mujer en este poema?

7. ¿Podría decirse que a veces se percibe un tono irónico y sarcástico en algunos de los comentarios que hace el yo–poético? Comente alguno de los casos que encuentre.

8. La crítica feminista señala que la autobiografía escrita por mujeres no suele ser lineal, sino discontinua, cíclica y repetitiva. ¿Cómo se refleja esta visión en el poema de Rosario Castellanos?

ENSAYO

Haga un estudio comparativo de este poema y "Economía doméstica", o "Lecciones de cosas", todos ellos incluidos en la colección *En la tierra de en medio*. Centre su estudio en la imagen y papel de la mujer dentro de un sistema patriarcal.

"Kinsey Report"

GUÍA DE LECTURA

Rosario Castellanos titula el poema tomando como referencia el conocido informe de Kinsey, un informe centrado en el comportamiento sexual del ser humano. El poema consiste de seis respuestas a unas preguntas contenidas en un formulario que el lector desconoce. Sin embargo, en la respuesta va implícita la pregunta. Con cierta ironía y sarcasmo, el yo poético nos presenta las respuestas de distintos tipos de mujeres: casadas, solteras, divorciadas..., y la relación de éstas, o confrontación en algunos casos, con el orden patriarcal. De modo similar al poema anterior, bajo la sencillez del poema se transparentan verdades profundas sobre la realidad de la mujer latinoamericana.

1

–¿Si soy casada? Sí. Esto quiere decir
que se levantó un acta° en alguna oficina
y se volvió amarilla con el tiempo
y que hubo ceremonia en una iglesia
con padrinos y todo. Y el banquete
y la semana entera en Acapulco.

No, ya no puedo usar mi vestido de boda.
He subido de peso con los hijos,
con las preocupaciones. Ya usted ve, no faltan.

Con frecuencia, que puedo predecir,
mi marido hace uso de sus derechos o,
como él gusta llamarlo, paga el débito
conyugal. Y me da la espalda. Y ronca.

Yo me resisto siempre. Por decoro.
Pero, siempre también, cedo. Por obediencia.

No, no me gusta nada.
De cualquier modo no debería de gustarme
porque yo soy decente ¡y él es tan material!

Además, me preocupa otro embarazo.
Y esos jadeos° fuertes y el chirrido
de los resortes de la cama° pueden
despertar a los niños que no duermen después
hasta la madrugada.°

2

Soltera, sí. Pero no virgen. Tuve
un primo a los trece años.
El de catorce y no sabíamos nada.
Me asusté mucho. Fui con un doctor
que me dio algo y no hubo consecuencias.

Ahora soy mecanógrafa° y algunas veces salgo
a pasear con amigos.
Al cine y a cenar. Y terminamos
la noche en un motel. Mi mamá no se entera.

Levantó un acta: quedó registrado un
   documento de matrimonio
Jadeos: respiración forzada

Chirrido de los resortes de la cama: ruido de los
   alambres de la cama
Madrugada: primeras horas de la mañana
Mecánografa: persona que escribe a máquina

Al principio me daba vergüenza,° me humillaba
que los hombres me vieran de ese modo
después. Que me negaran
el derecho a negarme cuando no tenía ganas
porque me habían fichado° como puta.

Y ni siquiera cobro.° Y ni siquiera
puedo tener caprichos° en la cama.

Son todos unos tales. ¿Que que por qué lo hago?
Porque me siento sola. O me fastidio.

Porque ¿no lo ve usted? estoy envejeciendo.
Ya perdí la esperanza de casarme
y prefiero una que otra cicatriz°
a tener la memoria como un cofre° vacío.

3

Divorciada. Porque era tan mula como todos.
Conozco a muchos más. Por eso es que comparo.

De cuando en cuando echo una cana al aire°
para no convertirme en una histérica.

Pero tengo que dar el buen ejemplo
a mis hijas. No quiero que su suerte
se parezca a la mía.

4

Tengo ofrecida a Dios esta abstinencia
¡por caridad, no entremos en detalles!

A veces sueño. A veces despierto derramándome
y me cuesta un trabajo decirle al confesor
que, otra vez, he caído porque la carne es flaca.°

Y dejé de ir al cine. La oscuridad ayuda
y la aglomeración en los elevadores.

Creyeron que me iba a volver loca
pero me está atendiendo un médico. Masajes.

Y me siento mejor.

Vergüenza: humillación, degradación
Fichado: considerado, marcado
Cobro: no pido dinero, no me pagan
Caprichos: deseos personales
Cicatriz: marca de una herida que queda en la piel

Cofre: caja de tamaño pequeño en la que se guardan las joyas. Joyero
Echo una cana al aire: Tengo una aventura sexual
La carne es flaca: la carne es débil

5

A los indispensables (como ellos se creen)
los puede usted echar a la basura,
como hicimos nosotros

Mi amiga y yo nos entendemos bien.
Y la que manda es tierna, como compensación;
así como también, la que obedece,
es coqueta y se toma sus revanchas.°

Vamos a muchas fiestas, viajamos a menudo
y en el hotel pedimos
un solo cuarto y una sola cama.

Se burlan de nosotras pero también nosotras
nos burlamos de ellos y quedamos a mano.

Cuando nos aburramos de estar solas
alguna de las dos irá a agenciarse un hijo.
¡No, no de esa manera! En el laboratorio
de la inseminación artificial.

6

Señorita. Sí, insisto. Señorita.

Soy joven. Dicen que no fea. Carácter
llevadero.° Y un día
vendrá el Príncipe Azul, porque se lo he rogado°
como un milagro a San Antonio. Entonces
vamos a ser felices. Enamorados siempre.
¿Qué importa la pobreza? Y si es borracho
lo quitaré del vicio. Si es un mujeriego
yo voy a mantenerme siempre tan atractiva,
tan atenta a sus gustos, tan buena ama de casa,
tan prolífica madre
y tan extraordinaria cocinera
que se volverá fiel como premio a mis méritos
entre los que, el mayor, es la paciencia.

Lo mismo que mis padres y los de mi marido
celebraremos nuestras bodas de oro
con gran misa solemne.

No, no he tenido novio. No, ninguno
todavía. Mañana.

Revanchas: venganzas
Llevadero: simpática, se lleva bien con otras
   personas

He rogado: he pedido

ANÁLISIS CRÍTICO

1. ¿Hay uniformidad en el cómputo silábico? ¿Hay rima o estrofas? ¿En qué se diferencian unas estrofas de otras? ¿Puede mencionar alguna figura retórica o tropo en este poema?

2. ¿Cuál es el estado civil u orientación sexual de las mujeres encuestadas?

3. ¿Qué visión nos da el yo poético de las distintas mujeres que aparecen en este poema?

4. ¿Existe un tono irónico o sarcástico en las respuestas que nos dan las distintas mujeres? Explique su respuesta.

5. ¿Qué da unidad a este poema con protagonistas tan diferentes?

6. ¿Cómo se transparenta el orden patriarcal a través de las respuestas de estas mujeres?

7. ¿Qué efectos tiene la cultura "machista" en la vida de la mujer latinoamericana?

8. ¿Hay una oposición o resistencia de las mujeres poetizadas en este poema al poder patriarcal?

ENSAYO

Tomando como ejemplo este poema de Rosario Castellanos, comente en un ensayo la influencia que ejerce el sistema patriarcal en el comportamiento sexual de la mujer latinoamericana y cómo esta influencia y comportamiento difieren de los registrados en otras sociedades occidentales.

BIBLIOGRAFÍA

Ahern, Maureen. *A Rosario Castellanos Reader. An Anthology of Her Poetry, Short Fiction, Essays and Drama*. Austin: U of Texas P, 1988.

Alarcón, Norma. *Ninfomanía: el discurso feminista en la obra poética de Rosario Castellanos*. Madrid: ed. Pliegos, 1992.

Beer, Gabriella de. "Feminismo en la obra poética de Rosario Castellanos." *Revista de crítica literaria* 7 (1981): 105–12.

Calderón, Germaine. *El universo poético de Rosario Castellanos*. México: Universidad Nacional Autónoma de México, 1979.

Franco, María Estela. *Rosario Castellanos. Semblanza psicoanalítica*. México: Plaza y Janés, 1984.

López González, Aralia. *La espiral parece un círculo*. México: Universidad Autónoma Metropolitana, 1991.

Miller, Yvette. "El temario poético de Rosario Castellanos." *Hispamérica* 10 (1981): 107–15.

Oviedo, José Miguel. *Historia de la literatura hispanoamericana. 4. De Borges al presente*. Madrid: Alianza ed., 2001.

Nicolás Guillén
(1902–1989)

Nicolás Guillén, cubano, tuvo ascendientes españoles y africanos. Abandonó sus estudios de leyes y se dedicó al periodismo, la poesía y a dar conferencias. A causa de su oposición al régimen político dictatorial de Batista se vio obligado a exilarse por cinco años en París (1953–1958). El conocimiento de Federico García Lorca en 1930 ejercerá una gran influencia en su carrera poética. Fue miembro del partido comunista y en 1954 le fue concedido el Premio Stalin de la Paz.

Guillén inició su carrera poética dentro del modernismo, y publicó sus primeros poemas en la revista *Lis*, fundada por él mismo en 1923. En 1930 publicó una obra que impresionó dentro de los círculos literarios: *Motivos de son*, breve colección de ocho poemas escritos en lenguaje popular, en los que Guillén describe pintorescamente las costumbres y forma de vida del negro. El son, por cierto, es un tipo de música cubana que combina mitos, motivos, ritmos y música africanos con letras del romancero español. Desde el punto de vista formal, en el son suele haber irregularidad en la rima, métrica variada, y versos cortos. Al llevar el son musical a la poesía, Guillén incorpora la negritud y lo popular. En 1931 sale a la luz *Sóngoro cosongo*, en la que se percibe la influencia de Lorca y una mayor preocupación por el tema del negrismo, las diferencias raciales, y las injusticias sociales. La obra, marcadamente pintoresca, expresa ritmos y danzas de los negros sirviéndose de recursos poéticos como la aliteración, onomatopeyas y paralelismos. Su obra *West Indies, Ltd* (1934) es una proclama a favor del marxismo, al tiempo que expresa un claro sentimiento antinorteamericano y una actitud de solidaridad con el negro oprimido. En 1937 aparecen sus *Cantos para soldados*, en la que vuelve a condenar el capitalismo norteamericano y denunciar la marginación del negro. En *España, poema en cuatro angustias y una esperanza* (1937), Guillén describe la tragedia de la guerra civil española. Otras obras del poeta cubano incluyen *El son entero* (1947), canto de protesta social, *La paloma de vuelo popular* (1957), en la que hace una apología de la paz y se solidariza con los pobres y marginados del mundo, y *Elegías* (1958), consistente en una serie de elegías dedicadas a famosos escritores y líderes populares.

Después del triunfo de la revolución cubana, que Guillén apoyó, publicó *Tengo* (1964), obra en la que canta el triunfo de la revolución cubana y celebra el mestizaje de su pueblo cubano. En *El gran zoo* (1967), vuelve a criticar los males de la sociedad capitalista. Y en *La rueda dentada* (1972), se percibe como nota dominante la preocupación social, una apología de algunos de los más destacados líderes comunistas –Fidel Castro, Ho Chi Minh–, y una crítica del imperialismo americano.

"Balada de los dos abuelos"

GUÍA DE LECTURA

El negrismo afrocubano tiene en Nicolás Guillén, y en sus obras *Motivos de son*, *Sóngoro cosongo*, y *West Indies Ltd.*, a su mayor exponente. En "Balada de los dos abuelos", incluida en su colección *West Indies Ltd.*, Nicolás Guillén poetiza el dualismo ancestral y el mestizaje racial de Cuba al fundir en un abrazo final a los dos abuelos de raza blanca y negra. Guillén, pues, defiende una cultura multirracial en un país donde se discrimina por el color de la piel; y proclama la unidad, el mestizaje, en esta dualidad de razas que el yo poético encarna. El poema, un romance, comienza dándonos una representación mítica de un mundo que progresivamente se transforma en tiempo real, en historia.

Sombras que solo yo veo,
me escoltan° mis dos abuelos.

Lanza con punta de hueso,
tambor° de cuero y madera:
Mi abuelo negro.

Gorguera° en el cuello ancho,
gris armadura guerrera:
Mi abuelo blanco.

Pie desnudo, torso pétreo°
los de mi negro;
pupilas de vidrio antártico
las de mi blanco.
África de selvas húmedas
y de gordos gongos sordos…
–¡Me muero!
(Dice mi abuelo negro.)
Aguaprieta° de caimanes,
verdes mañanas de cocos…
–¡Me canso!
(Dice mi abuelo blanco.)
Oh velas de amargo viento,
galeón° ardiendo en oro…
–¡Me muero!

(Dice mi abuelo negro.)
¡Oh costa de cuello virgen
engañadas de abalorios°…!
–¡Me canso!
(Dice mi abuelo blanco.)
¡Oh puro sol repujado,°
preso en el aro° del trópico;
oh luna redonda y limpia
sobre el sueño de los monos!

¡Qué de barcos, qué de barcos!
¡Qué de negros, qué de negros!
¡Qué largo fulgor de cañas!
¡Qué látigo° el del negrero!°
Piedra de llanto y de sangre,
venas y ojos entreabiertos,
y madrugadas vacías,
y atardeceres de ingenio,
y una gran voz, fuerte voz,
despedazando° el silencio.
¡Qué de barcos, qué de barcos,
qué de negros!

Sombras que sólo yo veo,
me escoltan mis dos abuelos.

Escoltan: acompañan
Tambor: instrumento de percusión
Gorguera: cuello alto de una camisa
Pétreo: como piedra, rígido
Aguaprieta: agua sucia
Galeón: nave, embarcación

Abalorios: piezas de vidrio para hacer collares
Repujado: labrado
Aro: círculo
Látigo: objeto usado para golpear a los negros
Negrero: el que explota a los negros esclavos
Despedazando: rompiendo

Don Federico me grita
y taita Facundo calla;
los dos en la noche sueñan
y andan, andan.
Yo los junto.

–¡Federico!
¡Facundo! Los dos se abrazan.
Los dos suspiran. Los dos
las fuertes cabezas alzan;

los dos del mismo tamaño,
bajo las estrellas altas;
los dos el mismo tamaño,
ansia negra y ansia blanca
los dos del mismo tamaño,
gritan, sueñan, lloran, cantan.
Sueñan, lloran, cantan.
Lloran, cantan.
¡Cantan!

ANÁLISIS CRÍTICO

1. Análisis formal del poema: cómputo silábico, licencias poéticas, ritmo, rima. ¿A cuál de los abuelos se refieren los versos con rima asonante en "a–o" y en "e–o"?

2. ¿De dónde son originarios los dos abuelos? ¿Cómo llegan a Cuba? ¿Cómo difiere su caracterización?

3. ¿Puede comentar si hay algún tipo de desarrollo o progreso temporal en este poema?

4. Identifique y comente las distintas metonimias que hay en este poema.

5. ¿Existe alguna anáfora en este poema? Coméntela.

6. Puede mencionar algún ejemplo de polisíndeton? Explíquelo.

7. ¿Tiene estribillo este poema? Comente su significado.

8. Comente los versos "Oh velas de amargo viento,/galeón ardiendo en oro". ¿Existe algún tipo de figura retórica en estos versos?

9. A lo largo de este poema, ¿toma el yo poético un punto de vista en favor de uno u otro de los dos abuelos? ¿Y al final del poema?

10. Según el poema ¿qué tratamiento reciben los negros en Cuba?

11. ¿Qué interpretación da a la enumeración de verbos en los últimos cuatro versos del poema?

ENSAYO

Aparte del poema que hemos visto, la dicotomía blanco/negro también se da en el poema "Dos niños", de *West Indies Ltd.* Estudie esta dicotomía en ambos poemas apuntando sus semejanzas y diferencias, y el punto de vista que nos presenta Nicolás Guillén con respecto a una sociedad cubana multirracial.

❧ ❧ ❧

"Sensemayá. Canto para matar una culebra"

GUÍA DE LECTURA

Este poema fue compuesto para ser cantado, y por ello la musicalidad y el ritmo se imponen al contenido. Esta musicalidad y ritmo, además, producen el efecto hipnótico de un encantamiento. El poema ha sido interpretado como un ritual en el que el canto va unido a una ceremonia que tiene poderes mágicos sobre la serpiente, enemigo que hay que matar. El crítico Keith Ellis ve la culebra como un símbolo del imperialismo, e interpreta el poema como una alegoría del deseo de liberarse de este imperialismo. Otros críticos leen el poema como una composición en la que predominan las jitanjáforas, es decir, constituida de enunciados populares faltos de gramaticalidad y de sonidos ininteligibles que expresan musicalidad y sensualidad. Josaphat B. Kubayanda, por otra parte, nos ofrece una lectura diferente de este poema. Según Kubayanda, éste y otros poemas de Guillén en los que hay términos que no parecen tener sentido, se basan en "ideófonos" derivados del africano, y define el "ideófono" como la representación de una idea por medio de un sonido onomatopéyico. Kubayanda piensa que el poema nos muestra el rito mágico de la serpiente llevado a cabo por la secta cubana Mayombe, de origen bantú –pueblo del África central. El "ideófono" Sensemayá, añade, es una combinación de dos palabras: Sensa –Providencia– y Yemanya. Y por tanto el poema sería un panegírico ritual en honor de Yemanya, la Venus afrocubana de origen Yoruba, diosa de los mares y reina madre de la tierra. Con lo cual, Guillén mezcla en este poema tradiciones bantúes y Yorubas con algunas modificaciones de origen cubano. La serpiente, en África y otras civilizaciones antiguas, se ve como una criatura sagrada que simboliza renovación, fertilidad y sabiduría. Kubayanda concluye afirmando que para la comunidad Mayombe, o los seguidores de Yemanya, estas secuencias de Sensemanyá significan un diálogo con el Infinito, representado por la serpiente. Es importante que en la lectura de este poema el lector distinga y aprecie las pausas, silencios, musicalidad y ritmo de este poema.

¡Mayombe–bombe–mayombé!
¡Mayombe–bombe–mayombé!
¡Mayombe–bombe–mayombé!

La culebra° tiene los ojos de vidrio;
la culebra viene y se enreda° en un
   palo;
con sus ojos de vidrio en un palo,
con sus ojos de vidrio.

La culebra camina sin patas;
la culebra se esconde en la yerba°;
caminando se esconde en la yerba,
caminando sin patas.

¡Mayombe–bombe–mayombé!
¡Mayombe–bombe–mayombé!
¡Mayombe–bombe–mayombé!

Culebra: serpiente
Se enreda: se enrosca

Yerba: hierba

Tú le das con el hacha° y se muere:
¡Dale ya!
¡No le des con el pie, que te
    muerde,
no le des con el pie, que se va!

Sensemayá, la culebra,
sensemayá.
Sensemayá, con sus ojos,
sensemayá.
Sensemayá, con su lengua,
sensemayá.
Sensemayá, con su boca,
sensemayá.

La culebra muerta no puede comer,
la culebra muerta no puede silbar,
no puede caminar,
no puede correr.

La culebra muerta no puede mirar,
la culebra muerta no puede beber,
no puede respirar,
no puede morder.

¡Mayombe–bombe–mayombé!
Sensemayá, la culebra…
¡Mayombe–bombe–mayombé!
Sensemayá, no se mueve…

¡Mayombe–bombe–mayombé!
Sensemayá, la culebra…
¡Mayombe–bombe–mayombé!
Sensemayá, se murió.

ANÁLISIS CRÍTICO

1. Análisis formal del poema: cómputo silábico, licencias poéticas, figuras retóricas y tropos.

2. ¿Qué tipo de rima hay en este poema? ¿Existe algún tipo de rima interna en estos versos? Justifique, en caso de haberla, cuál es el propósito de la misma.

3. Comente el tipo de estrofas que hay en este poema y la función del estribillo.

4. Explique cómo se crea el ritmo en este poema y qué relación guarda éste con los movimientos de la culebra.

5. ¿Qué objeto tiene la repetición de "Sensemayá" en las estrofas sexta y séptima?

6. ¿Con cuál de las interpretaciones del poema expuestas en la "Guía de lectura" está usted de acuerdo? Fundamente su respuesta.

ENSAYO

Haga un estudio comparativo entre este poema, "Sensemayá. Canto para matar una culebra", y "Son número 6", de la colección *Motivos de son*, prestando atención a la musicalidad, el ritmo y la representación de motivos afro–cubanos.

Hacha: instrumento cortante

BIBLIOGRAFÍA

Augier, Ángel. *Nicolás Guillén. Estudio biográfico-crítico.* La Hababa: ed. Unión, 1984.

Ellis, Keith. *Cuba's Nicolás Guillén. Poetry and Ideology.* Toronto: U of Toronto P, 1983.

Fernández Retamar, Roberto. *El son de vuelo popular.* La Habana: ed. Letras Cubanas, 1979.

Kubayanda, Josaphat B. *The Poet's Africa. Africannes in the Poetry of Nicolás Guillén and Aimé Césaire.* Wesport: Greenwood P, 1990.

Oviedo, José Miguel. *Historia de la literatura hispanoamericana. 3 Postmodernismo, vanguardia, regionalismo.* Madrid: Alianza ed., 2001.

Tous, Adriana. *La poesía de Nicolás Guillén.* Madrid: ed. Cultura hispánica, 1971.

Williams, Lorna. *Self and Society in the Poetry of Nicolás Guillén.* Baltimore: The Johns Hopkins U P, 1982.

Prosa (I)

La novela hispanoamericana del siglo XX experimenta un auge insospechado, superando en valor artístico a los demás géneros literarios. Este hecho se hace realidad especialmente a partir de 1932, fecha en la que se puede decir que comienza la fase de mayor esplendor de la novela hispanoamericana. Las distintas novelas que se publican en el siglo XX muestran, a grandes rasgos, dos tendencias, las que entroncan con la tradición europea, y las que tienen un caráter más local y regionalista. La amplia variedad de temas tratados hace casi imposible una clasificación tipológica de los diferentes tipos de novela que aparecen en estas fechas. Unas escogen temas de denuncia social, otras se centran en la descripción de individuos como el gaucho o el indio, hay novelas históricas, sociológicas, y experimentales, como la novela metafictiva. A continuación vamos a ver algunos escritores representativos de las distintas tendencias narrativas que imperan en la novela hispanoamericana.

Manuel Gálvez (1882–1962), argentino, se licenció como abogado y desempeñó el trabajo de inspector escolar. Fue un escritor prolífico, cultivó todos los géneros literarios y recibió varios premios nacionales de literatura. El tema que domina en su narrativa es el de la denuncia social, y su obra cumbre es *La maestra normal* (1914). La novela nos presenta un detallado cuadro de la vida, las costumbres, los rumores, chismes, envidias y luchas políticas en una ciudad argentina. La trama se centra en la seducción y abandono de una maestra por parte de un maestro. Otras dos novelas importantes de Gálvez son *El mal metafísico* (1916) y *Nacha Regules* (1919).

Eduardo Barrios (1884–1963), chileno, desempeñó numerosos trabajos poco cualificados hasta que llegó a ministro de educación y director de la Biblioteca Nacional. En 1948 ganó el Premio Nacional de Literatura. En sus cuentos y novelas Barrios explora los móviles del alma humana, y se le considera representante de la novela psicológica. El éxito le llegó con la novela corta *El niño que enloqueció de amor* (1915), en la que se relata el apasionado amor de un niño de doce años por una mujer mayor que él, y el dolor que siente al verla con su novio. Otra obra importante, con rasgos naturalistas, es *Un perdido* (1917), historia de un joven inadaptado que termina refugiándose en el alcohol. Su obra maestra, sin embargo, es *El hermano asno* (1922). La trama de esta novela se densenvuelve en torno a un hombre, Lázaro, que tras llevar una vida ociosa y mundanal decide entrar en la orden de los padres franciscanos. Una mujer, María Mercedes, frecuenta la iglesia del convento, y un fraile con fama de santo, Fray Rufino, trata de violarla. Es entonces cuando Fray Lázaro, con objeto de salvar la reputación de la orden y de Fray Rufino, se hace responsable de lo ocurrido. En ésta, como en otras novelas, Barrios presenta un excelente estudio sicológico del alma humana.

Rómulo Gallegos (1884–1969), venezolano, es uno de los representantes más importantes de la novela regional o criolla. En este tipo de novela la naturaleza y el mundo físico cobran un papel protagónico, y suele presentarse un enfrentamiento entre estos mundos y el hombre que concluye con una victoria de la naturaleza. Es una novela de corte realista y tono pesimista.

Gallegos se autoexilió en EE.UU y España, y en 1935, al caer la dictadura de su país, regresa a su tierra. Fue ministro de educación y llegó a ser elegido presidente de su país, pero un golpe de estado le privó del cargo. Exilado de nuevo, regresó a su patria una vez caída la dictadura para ejercer cargos diplomáticos. Publicó varias novelas, pero el éxito se debe a la trilogía formada por *Doña Bárbara* (1929), *Cantaclaro* (1931) y *Canaima* (1935). En *Doña Bárbara*, su obra más conocida, Gallegos plantea la lucha entre Doña Bárbara y Santos Luzardo, un abogado de la ciudad. Aquélla, que se ha propuesto como misión destruir a todos los hombres, se dedica al robo y a ejercer la violencia para vengar una ofensa sufrida en sus años jóvenes. Doña Bárbara es una representación de la barbarie de los llanos venezolanos, así como de la dictadura de Juan Vicente Gómez. A Luzardo, por el contrario, le corresponde el papel de civilizador y del hombre que quiere reformar Venezuela. El enfrentamiento entre estas dos fuerzas antitéticas se resuelve por medio de un matrimonio entre la hija de Doña Bárbara, Marisela, y Santos Luzardo. De este modo, los hijos de Marisela conciliarán en una síntesis armónica la barbarie de la naturaleza con los valores de la civilización. De las otras dos novelas pertenecientes a esta trilogía sobresale *Canaima*, en donde se relata la historia de un joven que abandona todo para vivir y sentirse parte de la selva. Se casa con una india, pero al final decide irse porque no quiere que su hijo viva en la barbarie. Una vez más, vemos el enfrentamiento entre la civilización y la barbarie, y aquí el vencedor es la naturaleza.

José Eustasio Rivera (1889–1928), colombiano, se licenció en leyes y sirvió a su país como político en varias misiones oficiales. En algunas de estas misiones tuvo la oportunidad de conocer la topografía del Amazonas y los habitantes de estas tierras. Escribió numerosos sonetos, y algunos de ellos fueron recopilados en *Tierra de promisión* (1921). Pero su fama se debe a su única novela, *La vorágine* (1924). El protagonista de la novela es un tal Arturo Cova, un joven poeta que huye de Bogotá con su novia Alicia para irse al campo. En una de las ausencias de Cova, Alicia se va con Barrera, un reclutador de trabajadores para las gomeras. Cova sale en busca de ella y vive numerosas aventuras en la selva hasta que encuentra, reta y mata a Barrera. Al final, los dos amantes se reúnen para perderse definitivamente en la selva. *La vorágine* se considera la novela por antonomasia de la selva. Rivera nos da una visión trágica de la selva que, en su enfrentamiento con el hombre, sale victoriosa. Además, Rivera describe con gran maestría el comportamiento sicológico de sus personajes, denuncia las condiciones laborales de los trabajadores caucheros, expone la brutalidad instintiva de los hombres en el ámbito de la selva, y utiliza algunos regionalismos típicos de la zona.

Ricardo Güiraldes (1886–1927), argentino, compartió su vida entre París, Buenos Aires y la hacienda de sus padres. En 1926 ganó el Premio Nacional de Literatura con *Don Segundo Sombra*. Su carrera literaria la inicia como poeta, pero el éxito le llega como narrador. En 1923 publica *Xamaica*, una novela con aspectos románticos en la que Güiraldes relata el desarrollo de una historia de amor durante un viaje de Argentina a Jamaica. Su obra cumbre, no obstante, es *Don Segundo Sombra*, centrada en un adolescente que huye de su casa para hacerse gaucho con el apoyo de don Segundo Sombra. Cinco años después, el joven recibe la noticia de que ha sido nombrado heredero de una gran fortuna. Don Segundo le recomienda que la acepte y abandone la vida de gaucho. El joven, entonces, se hace escritor y don Segundo sigue siendo su compañero; pero un día éste decide cambiar su vida por la de la Pampa y se va. Güiraldes no nos da en esta obra un retrato real, sino idealizado del gaucho. La novela nos presenta una descripción bastante minuciosa de todas las actividades que tienen lugar en la Pampa. Aquí la naturaleza aparece como una fuerza que sólo se puede dominar si el hombre es capaz de controlar sus instintos. Es una novela de gran misticismo, de aprendizaje y episódica, y su unidad, como en la novela picaresca, la da el protagonista.

NOVELA DE LA REVOLUCIÓN MEXICANA

A raíz de la Revolución Mexicana se escribieron cientos de novelas que trataban de explicar, desde distintos puntos de vista, la dimensión de este importantísimo acontecimiento histórico. Incluso hoy día se siguen escribiendo novelas tomando como inspiración este evento histórico. La novela de la Revolución Mexicana se caracteriza por su realismo, por tener elementos autobiográficos, un protagonista colectivo –el pueblo, un grupo revolucionario…–, y por estructurarse como un conjunto de cuadros o escenas autónomos. De la larga lista de autores que trabajó el tema hemos escogido a Mariano Azuela, Martín Luis Guzmán y José Rubén Romero.

Mariano Azuela (1873–1952), mexicano, compartió la carrera de médico con la de escritor. Durante la Revolución Mexicana prestó sus servicios de médico a las tropas de Pancho Villa. Le fue concedido, entre otros, el Premio Nacional de Ciencias y Artes. La producción literaria de Azuela incluye teatro, crítica literaria, cuentos y novela. Es conocido como el mejor cronista de la Revolución Mexicana. Su obra maestra es *Los de abajo* (1915), en donde traza la historia de unos hombres humildes que se unen a la revolución. El jefe de éstos es Demetrio Macías, quien termina muriendo en su lucha contra el ejército oficial. La novela trata de captar el momento caótico y anárquico del principio de la revolución y la falta de motivos claros por los que muchos hombres se unían a la lucha revolucionaria. Los distintos personajes que forman parte del grupo revolucionario de Macías representan al campesinado, las clases bajas, los marginados y delincuentes, y los intelectuales, entre otros. La obra describe con gran realismo las ambiciones de unos, el idealismo de otros, y las atrocidades cometidas en algunos momentos de la revolución. Azuela nos da una visión de ésta desde el punto de vista de los humildes, de la tropa y la soldadesca. Otras novelas de interés de Azuela son *Las tribulaciones de una familia decente* (1919), y *La luciérnaga* (1932).

Martín Luis Guzmán (1887–1977), mexicano, trabajó como periodista acompañando a las fuerzas revolucionarias. Por problemas políticos vivió veinte años en el exilio. Guzmán se distinguió como ensayista, cronista, historiador, periodista y novelista. De toda su producción literaria sobresale *El águila y la serpiente* (1928). La novela, narrada en primera persona, es un recuento de las aventuras vividas por el narrador durante la Revolución Mexicana, y de su relación con algunos de los líderes revolucionarios. Guzmán pone el punto de mira no en los soldados regulares, sino en los grandes caudillos o líderes, como Pancho Villa. El interés que sintió por este caudillo hizo que de 1938 a 1940 publicara unas imaginarias *Memorias de Pancho Villa* en cuatro volúmenes.

José Rubén Romero (1890–1952), mexicano, participó en la Revolución Mexicana del lado de Madero. A partir de 1930 desempeñó cargos diplomáticos importantes, como cónsul, ministro y embajador. Fue nombrado miembro de la Academia Mexicana de la Lengua. En varias de sus novelas, como *Apuntes de un lugareño* (1932), o *Mi caballo, mi perro y mi rifle* (1936), Romero relata algunos episodios de la Revolución Mexicana. Aparte de que su visión de la misma es un tanto lejana, Romero nos da una impresión bastante escéptica y desesperanzadora de esta guerra civil. El tema de la Revolución Mexicana fue tratado, y sigue siéndolo, por muchos otros escritores. Por ejemplo, el ensayista José Vasconcelos también escribió una novela sobre el tema, *Ulises criollo* (1935).

La obra maestra de Romero es *La vida inútil de Pito Pérez* (1938), novela picaresca en la que, a través del protagonista, un pícaro alcohólico, Romero hace una crítica del clero, políticos, burócratas, y otros estamentos sociales. Pito Pérez aparece como un ser inocente que resulta victimizado no sólo por la sociedad, sino también por su propia familia. Las numerosas anécdotas que va acumulando durante los muchos viajes de su corta vida convierten a Pito Pérez en un ser escéptico y marginado que, al no tener cabida en este mundo, termina muriendo.

NOVELA INDIANISTA

Desde los cronistas, todos los géneros y períodos literarios de la literatura hispanoamericana han mostrado un interés especial en la representación del indio. En el siglo XX son varios los escritores que denuncian las condiciones sociales y la explotación del indio. Entre los escritores que se hicieron eco de estos problemas del indio merecen mención Alcides Arguedas, Jorge Icaza y Ciro Alegría.

Alcides Arguedas (1879–1946), boliviano, hizo estudios en París y descolló como historiador, periodista, ensayista y novelista. Su obra maestra, *Raza de bronce* (1919), consta de dos partes, la primera, "El valle", relata el viaje de los indios del altiplano al valle. Y en la segunda, "El yermo", narra la explotación que sufre el indio a manos del blanco, la violación y embarazo de una india por el mayordomo, la rebelión de los indios y su derrota por el ejército. Paradójicamente, Arguedas presenta los problemas sociales de los indios, protagonista colectivo de la novela, al tiempo que nos describe magistralmente la naturaleza de la cordillera andina. Según Arguedas, las supersticiones e idiosincrasia del indio son las culpables de la falta de progreso de su país. De hecho, en algunos de sus trabajos ensayísticos Arguedas tacha de inferior al cholo y al mestizo. A pesar de la descripción de algunos ritos, ceremonias, y costumbres de los indios, Arguedas no nos da un retrato comprensivo y realista de la vida de los indios.

Jorge Icaza (1906–1978), ecuatoriano, se afilió al partido marxista y viajó por varios países comunistas. Se inició en el mundo del teatro y escribió varias piezas dramáticas. Cambió el mundo del teatro por el de la prosa y en 1934 publicó su novela más importante, *Huasipungo*. La trama se centra en la construcción de un camino por una firma extranjera para acceder a unas tierras con yacimientos petrolíferos. La construcción material del camino la hacen los indios, y cuando los indios se niegan a salir de los huasipungos –fincas–, el ejército interviene causando una gran matanza entre aquéllos. En la descripción de los indios como seres animalizados e ignorantes hay un tono naturalista. La obra se propone como una defensa de los indios y una crítica a su explotación. En otras novelas y cuentos, Icaza vuelve a levantar su voz en favor de los indios y el mestizo.

Ciro Alegría (1909–1967), peruano, trabajó en la tala de árboles cerca de la selva peruana. Posteriormente se dirigió a Lima y fundó un periódico, pero sus ideas revolucionarias lo llevaron a la cárcel y al exilio en Chile. No fue un escritor prolífico, pero cada una de sus novelas se vio acompañada del éxito. Su obra más conocida, considerada la cumbre máxima de la novela indianista, lleva por título *El mundo es ancho y ajeno* (1941). El tema de la novela es la lucha de la tribu indígena Rumi contra los blancos, los cuales son ayudados por unos jueces corruptos en el reparto de tierras. Al final, la rebelión de los indios es aplastada por la intervención de las fuerzas del ejército. Alegría se propone demostrar que los indios tienen la capacidad para gobernar una comuna tradicional. En ésta, como en otras novelas de Alegría, vemos un protagonista colectivo y, además, nos presenta un cuadro completo de las costumbres, ritos y tradiciones de los indios.

CUESTIONARIO

1. ¿Qué dos tendencias destacables hay en la novela hispanoamericana del siglo XX?

2. Comente la trama de *El hermano asno*, de Eduardo Barrios.

3. ¿Qué lucha plantea Rómulo Gallegos en *Doña Bárbara*?

4. ¿Cuál es la novela prototípica de la selva? ¿Cuál es su argumento?

5. Comente la trama de *Don Segundo Sombra*

6. ¿Qué trata de representar Mariano Azuela en *Los de abajo*?

7. ¿Qué posición ideológica toma Jorge Icaza con respecto a los indios?

IDENTIFICAR

1. *La maestra normal*
2. *El águila y la serpiente*
3. *Mi caballo, mi perro y mi rifle*
4. *Raza de bronce*
5. *El mundo es ancho y ajeno*
6. *Ulises criollo*

BIBLIOGRAFÍA

Brushwood, John S. *La novela hispanoamericana del siglo XX*. México: Fondo de Cultura Económica, 1984.

Franco, Jean. *Historia de la literatura hispanoamericana. A partir de la independencia*. Barcelona: Ed. Ariel, 1980.

Gómez–Gil, Orlando. *Historia crítica de la literatura hispanoamericana. Desde los orígenes hasta el momento actual*. New York: Holt, Rinehart and Winston, 1968.

Leal, Luis. *Breve historia de la literatura hispanoamericana*. New York: Alfred A. Knopf, 1971.

Oviedo, José Miguel. *Historia de la literatura hispanoamericana. 3. Postmodernismo, vanguardia, regionalismo*. Madrid: Alianza Ed., 2001.

❦ ❦ ❦

HORACIO QUIROGA

(1878–1937)

Horacio Quiroga, uruguayo, vivió la mayor parte de su vida en Argentina. En los años 1899–1900 funda y coordina la *Revista del Salto* con objeto de promocionar las ideas modernistas, pero pronto abandona el proyecto y se afilia a las ideas realistas y naturalistas. En Buenos Aires dirigió una tertulia literaria y trabó amistad con Leopoldo Lugones. Vivió bastantes años como colono en la región del Chaco y posteriormente en la provincia de Misiones, escenario de varios de sus cuentos. Quiroga era una persona obsesionada con la locura y la muerte, y ésta le rondó muy de cerca toda su vida: su padre murió en un accidente de caza, su esposa se suicidó, su padrastro se suicidó, él mismo mató a un amigo de forma accidental, y Quiroga, al saber que tenía cáncer, se suicidó. El autor uruguayo conocía muy bien la selva, y ésta aparece repetidamente en sus cuentos como escenario y como protagonista.

La producción literaria de Quiroga, considerado el primer gran cuentista hispanoamericano, ha sido clasificada en tres fases: en una primera, de aprendizaje, destacan sus novelas *Historia de un amor turbio* (1908), y *Pasado amor* (1929). En la segunda, de madurez creadora, sobresalen sus *Cuentos de amor de locura y de muerte* (1917), *Cuentos de la selva para niños* (1918), *Anaconda* (1921), *Los desterrados* (1926), y *La gallina degollada y otros cuentos* (1925). Y en una tercera, en la que Quiroga se sirve de textos escritos con anterioridad, rompe con una estructura ordenada del relato y se deleita en presentar personajes o acontecimientos extraños, fuera de lo ordinario. En esta tercera fase merece especial mención su obra *Más allá* (1935).

En *Cuentos de amor de locura y de muerte*, una de sus obras más celebradas, encontramos varios cuentos de horror en los que se percibe la influencia de Edgar A. Poe. La crítica considera *Los desterrados* como su obra maestra. En esta colección, en la que hay elementos autobiográficos, encontramos aventuras y seres marginados que rompen con las reglas impuestas por la sociedad civilizada y se aventuran en la selva para realizar sus sueños o proyectos de vida. La obra fue influida por la lectura de Gogol, Dostoievski, Kipling y Conrad. En los escritos de sus últimos años, los temas predilectos de Quiroga giran en torno a la selva, la enfermedad, la muerte, la problemática relación matrimonial, y la representación de alucinaciones u otros estados de una conciencia alterada. Quiroga es un maestro en la creación del misterio y el suspense, y frecuentemente se ve un enfrentamiento del hombre con las fuerzas telúricas de la naturaleza que concluye, irremisiblemente, con la victoria de ésta.

Aparte de su creaciones narrativas, Quiroga escribió dos trabajos teóricos: el "Decálogo del perfecto cuentista" (1925) y "Ante el tribunal" (1930) En estos ensayos Quiroga elabora una normativa sobre el arte narrativo del perfecto cuentista, y establece unas diferencias claras entre el oficio del novelista y el del cuentista.

❦ ❦ ❦

"El hijo"

GUÍA DE LECTURA

"El hijo" pertenece a su última colección de cuentos *Mas allá* (1935), y fue escrito en 1928. Considerada por muchos críticos como una de sus mejores narraciones, Quiroga nos presenta en este cuento el temor y los vagos presentimientos de un padre ante lo que ha podido ocurrir a su hijo que ha salido de caza. La mente del padre vacila entre hipótesis, alucinaciones, y hechos reales; y el lector, por un momento, no sabe a ciencia cierta si el hijo realmente murió. La conclusión del cuento, sin embargo, no deja lugar a dudas. Ambientado en la región de Misiones, es una historia en la que las fuerzas de la naturaleza acentúan la carga de dramatismo y emoción que permea esta historia.

❦ ❦ ❦

Es un poderoso día de verano en Misiones con todo el sol, el calor y la calma que puede deparar° la estación. La naturaleza, plenamente abierta, se siente satisfecha de sí.

Como el sol, el calor y la calma del ambiente, el padre abre también su corazón a la naturaleza.

Deparar: traer

–Ten cuidado, chiquito–dice a su hijo abreviando en esa frase todas las observaciones del caso y que su hijo comprende perfectamente.

–Sí, papá–responde la criatura, mientras coge la escopeta y carga de cartuchos° los bolsillos de su camisa, que cierra con cuidado.

–Vuelve a la hora de almorzar–observa aún el padre.

–Sí, papá–repite el chico.

Equilibra la escopeta en la mano, sonríe a su padre, lo besa en la cabeza y parte.

Su padre lo sigue un rato con los ojos y vuelve a su quehacer° de ese día, feliz con la alegría de su pequeño.

Sabe que su hijo, educado desde su más tierna infancia en el hábito y la precaución del peligro, puede manejar un fusil y cazar no importa qué. Aunque es muy alto para su edad, no tiene sino trece años. Y parecería tener menos, a juzgar por la pureza de los ojos azules, frescos aún de sorpresa infantil.

No necesita el padre levantar los ojos de su quehacer para seguir con la mente la marcha de su hijo: Ha cruzado la picada° roja y se encamina rectamente al monte a través del abra° de espartillo.°

Para cazar en el monte–caza de pelo–se requiere más paciencia de la que su cachorro° puede rendir.° Después de atravesar esa isla de monte, su hijo costeará la linde de cactus° hasta el bañado,° en procura° de palomas, tucanes o tal cual casal de garzas, como las que su amigo Juan ha descubierto días anteriores.

Solo ahora, el padre esboza una sonrisa al recuerdo de la pasión cinegética° de las dos criaturas. Cazan sólo a veces un yacútoro, un surucuá–menos aún–y regresan triunfales, Juan a su rancho con el fusil de nueve milímetros que él le ha regalado, y su hijo a la meseta, con la gran escopeta Saint–Etienne calibre 16, cuádruple cierre y pólvora blanca.

Él fue lo mismo. A los trece años hubiera dado la vida por poseer una escopeta. Su hijo, de aquella edad, la posee ahora;–y el padre sonríe.

No es fácil, sin embargo, para un padre viudo, sin otra fe ni esperanza que la vida de su hijo, educarlo como lo ha hecho él, libre en su corto radio de acción, seguro de sus pequeños pies y manos desde que tenía cuatro años, consciente de la inmensidad de ciertos peligros y de la escasez de sus propias fuerzas.

Ese padre ha debido luchar fuertemente contra lo que él considera su egoísmo. ¡Tan fácilmente una criatura calcula mal, sienta un pie en el vacío, y se pierde un hijo!

El peligro subsiste° siempre para el hombre en cualquier edad; pero su amenaza amengua° si desde pequeño se acostumbra a no contar sino con sus propias fuerzas.

Cartucho: contenedor cargado de explosivos
Quehacer: tareas
Picada: senda, camino
Abra: espacio sin árboles en un bosque
Espartillos: planta
Cachorro: hijo
Puede rendir: tiene

Costeará la linde de cactus: caminará por una zona limitada por cactus
Bañado: terreno pantanoso
En procura: a la búsqueda de
Cinegética: relativo a la caza
Subsiste: permanece, está
Amengua: disminuye

De este modo ha educado el padre a su hijo. Y para conseguirlo ha debido resistir no sólo a su corazón, sino a sus tormentos morales; porque ese padre, de estómago y vista débiles, sufre desde hace un tiempo de alucinaciones.

Ha visto, concretados en dolorosísima ilusión, recuerdos de una felicidad que no debía surgir más de la nada en que se recluyó.° La imagen de su propio hijo no ha escapado a este tormento. Lo ha visto una vez rodar envuelto en sangre cuando el chico percutía° en la morsa° del taller una bala de parabellum, siendo así que lo que hacía era limar la hebilla de su cinturón de caza.

Horribles cosas…Pero hoy, con el ardiente y vital día de verano, cuyo amor su hijo parece haber heredado, el padre se siente feliz, tranquilo y seguro del porvenir.

En ese instante, no muy lejos, suena un estampido.°

–La Saint–Etienne…–piensa el padre al reconocer la detonación.–Dos palomas de menos en el monte…

Sin prestar más atención al nimio° acontecimiento, el hombre se abstrae de nuevo en su tarea.

El sol, ya muy alto, continúa ascendiendo. Adonde quiera que se mire–piedras, tierra, árboles–el aire, enrarecido como un horno, vibra con el calor. Un profundo zumbido que llena el ser entero e impregna el ámbito hasta donde la vista alcanza, concentra a esa hora toda la vida tropical.

El padre echa una ojeada a su muñeca; las doce. Y levanta los ojos al monte.

Su hijo debía estar ya de vuelta. En la mutua confianza que depositan el uno en el otro–el padre de sienes plateadas y la criatura de trece años–no se engañan jamás. Cuando su hijo responde:–Sí, papá, haré lo que dice. Dijo que volvería antes de las doce, y el padre ha sonreído al verlo partir.

Y no ha vuelto.

El hombre torna a su quehacer, esforzándose en concentrar la atención en su tarea. ¡Es tan fácil, tan fácil perder la noción de la hora dentro del monte, y sentarse un rato en el suelo mientras se descansa inmóvil…

Bruscamente, la luz meridiana, el zumbido° tropical y el corazón del padre se detienen a compás° de lo que acaba de pensar: su hijo descansa inmóvil…

El tiempo ha pasado; son las doce y media. El padre sale de su taller, y al apoyar la mano en el banco de mecánica sube del fondo de su memoria el estallido° de una bala de parabellum, e instantáneamente, por primera vez en las tres horas transcurridas, piensa que tras el estampido de la Saint–Etienne no ha oído nada más. No ha oído rodar el pedregullo bajo un paso conocido. Su hijo no ha vuelto, y la naturaleza se halla detenida a la vera del° bosque, esperándolo…

¡Oh! No son suficientes un carácter templado y una ciega confianza en la educación de un hijo para ahuyentar° el espectro de la fatalidad que un padre

---

Recluyó: metió, encerró
Percutía: golpeaba
Morsa: pieza de metal con la que sujeta la bala
Estampido: explosión
Nimio: pequeño, insignificante

Zumbido: ruido sordo
A compás: al mismo tiempo
Estallido: explosión
A la vera del: cerca del
Ahuyentar: alejar, espantar

de vista enferma ve alzarse desde la línea del monte. Distracción, olvido, demora fortuita: ninguno de estos nimios motivos que pueden retardar la llegada de su hijo, hallan cabida en aquel corazón.

Un tiro, un solo tiro ha sonado, y hace ya mucho. Tras él el padre no ha oído un ruido, no ha visto un pájaro, no ha cruzado el abra una sola persona a anunciarle que el cruzar un alambrado, una gran desgracia…

La cabeza al aire y sin machete, el padre va. Corta el abra de espartillo, entra en el monte, costea la línea de cactus sin hallar el menor rastro° de su hijo.

Pero la naturaleza prosigue detenida. Y cuando el padre ha recorrido las sendas de caza conocidas y ha explorado el bañado en vano, adquiere la seguridad de que cada paso que da en adelante lo lleva, fatal e inexorablemente, al cadáver de su hijo.

Ni un reproche que hacerse, es lamentable. Sólo la realidad fría, terrible y consumada: Ha muerto su hijo al cruzar un…

¡Pero dónde, en qué parte! ¡Hay tantos alambrados allí, y es tan tan sucio el monte!… ¡Oh, muy sucio!.. ¡Por poco que no se tenga° cuidado al cruzar los hilos con la escopeta en la mano…

El padre sofoca un grito. Ha visto levantarse en el aire…¡Oh, no es su hijo, no!…Y vuelve a otro lado, y a otro y otro…

Nada se ganaría con ver el color de su tez° y la angustia de sus ojos. Ese hombre aún no ha llamado a su hijo. Aunque su corazón clama por él a gritos, su boca continúa muda. Sabe bien que el solo acto de pronunciar su nombre, de llamarlo en voz alta, será la confesión de su muerte…

–¡Chiquito!–se le escapa de pronto. Y si la voz de un hombre de carácter es capaz de llorar, tapémonos° de misericordia los oídos ante la angustia que clama en aquella voz.

Nadie ni nada ha respondido. Por las picadas rojas de sol, envejecido en diez años, va el padre buscando a su hijo que acaba de morir.

–¡Hijo mío!…¡Chiquito mío!…–clama en un diminutivo que se alza del fondo de sus entrañas.

Ya antes, en plena dicha° y paz, ese padre ha sufrido la alucinación de su hijo rodando con la frente abierta por una bala al cromo níquel. Ahora, en cada rincón sombrío del bosque ve centelleos° de alambre; y al pie de un poste, con la escopeta descargada al lado, ve a su…

–¡Chiquito!…¡Mi hijo!…

Rastro: huella, pista
Por poco que no se tenga: si no se tiene
Tez: parte superficial de la piel de la cara

Tapémonos: cubrámonos
Dicha: felicidad
Centelleos: brillo intermitente

Las fuerzas que permiten entregar un pobre padre alucinado a la más atroz pesadilla tienen también un límite. Y el nuestro siente que las suyas se le escapan, cuando ve bruscamente° desembocar° de un pique° lateral a su hijo.

A un chico de trece años bástale° ver desde cincuenta metros la expresión de su padre sin machete dentro del monte, para apresurar el paso con los ojos húmedos.

–Chiquito…–murmura el hombre. Y, exhausto, se deja caer sentado en la arena albeante,° rodeando con los brazos las piernas de su hijo.

La criatura, así ceñida,° queda de pie; y como comprende el dolor de su padre, le acaricia despacio la cabeza:

–Pobre papá…

En fin, el tiempo ha pasado. Ya van a ser las tres. Juntos, ahora, padre e hijo emprenden el regreso a la casa.

–¿Cómo no te fijaste° en el sol para saber la hora?…–murmura aún el primero.
–Me fijé, papá…Pero cuando iba a volver vi las garzas de Juan y las seguí…
–¡Lo que me has hecho pasar, chiquito!…
–Piapiá…–murmura también el chico.

Después de un largo silencio:

–Y las garzas, ¿las mataste?–pregunta el padre.
–No…

Nimio detalle, después de todo. Bajo el cielo y el aire candentes,° a la descubierta° por el abra de espartillo, el hombre vuelve a casa con su hijo, sobre cuyos hombros, casi del alto de los suyos, lleva pasado su feliz brazo de padre. Regresa empapado° de sudor, y aunque quebrantado° de cuerpo y alma, sonríe de felicidad…
Sonríe de alucinada felicidad…Pues ese padre va solo. A nadie ha encontrado, y su brazo se apoya en el vacío. Porque tras él, al pie de un poste y con las piernas en alto, enredadas° en el alambre de púa, su hijo bien amado yace al sol, muerto desde las diez de la mañana.

Bruscamente: repentinamente, de repente
Desembocar: salir
Pique: senda
Bástale: le es suficiente
Albeante: blanca
Ceñida: agarrada, asida

Fijaste: prestaste atención
Candentes: incandescentes
A la descubierta: a campo abierto
Empapado: mojado
Quebrantado: destrozado
Enredadas: atrapadas

CUESTIONARIO

1. ¿En qué estación del año tiene lugar la acción narrativa?
2. ¿A qué hora le pide el padre al hijo que regrese a casa?
3. ¿Qué edad tiene el hijo?
4. ¿Qué tipo de animales sale a cazar el hijo?
5. ¿Qué anhelaba el padre a la edad de trece años?
6. ¿Qué problemas de salud tiene el padre?
7. ¿Qué alucinación tuvo el padre cuando el hijo limaba una hebilla?
8. Aparte del hijo, ¿qué otra familia tiene el padre?

SELECCIÓN MÚLTIPLE

I.   ¿Cuál es la actitud emocional del padre ante la presencia de un día tan soleado y caluroso?

1. De apertura y aceptación.
2. De rechazo por temor a que algo grave ocurra.
3. De total indiferencia.
4. De temor ante la posibilidad de una gran sequía.

II.   Cuando el hijo sale de caza, el padre

1. Teme que le pueda ocurrir un accidente.
2. Le pide que no cace en el monte.
3. Se siente confiado porque su hijo está preparado para este tipo de actividad.
4. Le recomienda que vaya acompañado.

III. En la última alucinación, el padre

1. Ve a su hijo vivo.
2. Lo ve muerto en el monte.
3. Lo ve con su amigo Juan.
4. Lo ve cazando garzas.

IV. En la realidad, el padre

1. No consigue encontrar a su hijo.
2. Lo encuentra muerto.
3. Lo encuentra vivo.
4. Lo encuentra malherido de un disparo en la pierna.

ANÁLISIS CRÍTICO

1. ¿Qué trata de señalar Quiroga con la falta de nominación de los dos personajes principales de este cuento?

2. ¿Cómo trata el narrador de confundir y crear cierta ambigüedad con respecto a lo que constituye la última alucinación del padre?

3. ¿Podría separar la acción real de esta historia de otras imaginadas?

4. ¿Qué reminiscencia tiene el padre al poner la mano en el "banco de mecánica"?

5. ¿Hay alguna o algunas anticipaciones en el texto que presagien un final trágico?

6. ¿Cómo se crea el suspense en este cuento?

7. ¿Puede apreciar algún o algunos cambios de punto de vista en este cuento?

8. ¿Qué papel juega la naturaleza en este cuento?

ENSAYO

Analice cómo representa Quiroga la locura o una determinada patología mental en "El hijo" y en uno de los siguientes cuentos: "La gallina degollada", "Los perseguidos", "El almohadón de plumas", o "El perro rabioso".

BIBLIOGRAFÍA

Bratosevich, Nicolás A. S. *El estilo de Horacio Quiroga en sus cuentos*. Madrid: Ed. Gredos, 1973.

Garet, Leonardo, ed. *Horacio Quiroga por uruguayos*. Montevideo: Academia uruguaya de letras, 1995.

Martínez M., José Luis. *Horacio Quiroga. Teoría y práctica del cuento*. Xalapa: Universidad veracruzana, 1982.

Oviedo, José Miguel. *Historia de la literatura hispanoamericana. 3. Postmodernismo, vanguardia, regionalismo*. Madrid: Alianza Ed., 2001.

Rodríguez Monegal, Emir. *Horacio Quiroga*. Buenos Aires: Editorial Universitaria de Buenos A., 1967.

Rocca, Pablo. *Horacio Quiroga. El escritor y el mito*. Montevideo: Ed. De la Banda Oriental, 1996.

PROSA (II)

A partir de la década de los treinta la novela hispanoamericana rompe con el regionalismo e incorpora técnicas narrativas importadas de Europa y EE.UU. La novela hispanoamericana, al igual que la de estos países, participa de las corrientes literarias que dominan en el resto del siglo XX: el existencialismo, el neorrealismo, lo fantástico, y la postmodernidad, ésta con toda su amplia gama de subgéneros narrativos –novela feminista, policíaca, histórica, autobiográfica, etc. Algunas de las muchas técnicas narrativas con las que experimentarán los novelistas de este período son el monólogo interior, la simultaneidad de planos narrativos, la fragmentación temporal, el uso de estructuras laberínticas, el empleo de protagonistas colectivos, la aplicación de técnicas cinematográficas, y la desmitificación de mitos clásicos. La novela hispanoamericana conoce en este período su máximo esplendor, y es difícil hacer justicia, en el corto espacio de este estudio, a todos los grandes novelistas surgidos en el panorama literario de Hispanoamérica. Algunos de ellos son los siguientes.

Eduardo Mallea (1903-1982), argentino, estudió leyes, pero cambió esta carrera por la literatura. Desempeñó importantes cargos diplomáticos y ganó algunos premios literarios de prestigio. Aunque cultivó casi todos los géneros literarios sobresalió como novelista. La nota dominante de su producción literaria es su carácter existencialista. De sus obras en prosa cabe destacar *Fiesta en noviembre* (1938), en donde utiliza la técnica de la simultaneidad de aconteceres. La obra consta de dos partes, en una relata el asesinato de García Lorca y en la otra narra la historia de la obra, de su confección. Una de sus obras más ambiciosas es *La bahía del silencio* (1940), en la que Mallea presenta una galería de personajes al tiempo que reflexiona sobre su futuro, soledad, y angustia. Su mejor obra, en opinión de muchos críticos, es *Todo verdor perecerá* (1941), relato centrado en la soledad de una mujer que después de causar la muerte de su esposo se enamora de un hombre que termina por dejarla. Los temas dominantes de esta novela son la soledad y falta de comunicación, y una de las técnicas empleadas es la del fluir de conciencia.

Ernesto Sábato (1911-), argentino, se doctoró en física, pero pronto abandonó esta carrera para dedicarse a la literatura. Tiene varias colecciones de ensayos, pero se ha distinguido principalmente como novelista. La obra que le dio fama internacional fue *El túnel* (1948), ejemplo de novela existencialista. La novela relata la historia de un crimen cometido por un pintor de nombre Juan Pablo Castel. A través del fluir de conciencia de este personaje el lector va descubriendo la soledad y falta de comunicación de este hombre con el mundo exterior, y los móviles que le inducen a asesinar a María. Otra de sus grandes novelas es *Sobre héroes y tumbas* (1962), centrada en la relación sentimental de un hombre de clase media con una mujer perteneciente a una familia aristocrática que mantiene una relación incestuosa con su padre. Sábato retrata en esta obra la soledad del mundo bonaerense y su deseo de encontrar a alguien con quien establecer una relación afectiva.

Manuel Puig (1933-1990), argentino, se suele servir de personajes femeninos que huyen de la cruda realidad para refugiarse en los mundos fantásticos que les ofrece la cultura *pop*. En *La traición de Rita Hayworth* (1968), Puig nos muestra la vida de un pueblo de la pampa –sus egoísmos, celos, envidias, chismes–, la soledad detrás de estas vidas, y la necesidad de escaparse de esta realidad. Uno de los méritos de la obra es la excelente reproducción de la lengua hablada. En *Boquitas pintadas* (1969), Puig nos presenta unos personajes femeninos, protagonistas habituales en su narrativa, que tratan de adecuar sus relaciones sentimentales reales a las que suceden en el cine. Su novela más popular es *El beso de la mujer araña* (1976), centrada en la relación que entablan un joven revolucionario y un homosexual en la celda de una prisión de Buenos Aires. En la exposición de estas dos ideologías, la lucha política y la de la liberación sexual, Puig pone mayor énfasis en esta última. La prisión de los dos protagonistas revela cómo la represión política y social impide la lucha liberadora o la afirmación de la identidad sexual del individuo.

José Donoso (1924–1997), chileno, se distingue por la innovación técnica y la representación de una realidad, sea la de la familia o la de la sociedad, marcada por la desintegración y la decadencia de sus valores. Estos rasgos se aprecian en *Coronación* (1956), la primera novela del autor chileno, en la que describe la decadencia de una familia perteneciente a la alta burguesía de Chile. El mismo tema lo vuelve a repetir en *Este domingo* (1966), en la que, además, introduce importantes juegos innovadores con el tiempo del relato. Su obra maestra es *El obsceno pájaro de la noche* (1970). La novela relata la creencia de unas viejas en un niño que se encargará de redimirlas y llevarlas al cielo. Es una obra antiburguesa que refleja la nostalgia de un dios que impida el caos en el mundo. Sin la creencia o fe en este dios, el mundo no tiene sentido y los hombres terminan deformándose y perdiendo su individualidad.

Agustín Yáñez (1904–1980), mexicano, se doctoró en filosofía y ocupó una catedra en la Universidad Nacional de México. Yáñez comienza, aunque con poco éxito, a publicar novelas a los 19 años. No obstante lo cual, a partir de 1940, con novelas como *Espejismo de Juchitán* (1940), Yáñez principia a ganar renombre por sus altas dotes de escritor costumbrista. En 1947 publica su obra maestra, *Al filo del agua*, novela que constituirá un hito en la narrativa mexicana. La novela consiste de una serie de estampas que recogen la vida de un pueblo del estado de Jalisco antes de la Revolución Mexicana. Es una novela realista caracterizada por el uso de un protagonista colectivo, monólogo interior, fragmentación del tiempo, y un excelente análisis sicológico de los personajes. En la misma línea narrativa de esta novela se encuentra *La creación* (1959), pero ahora la acción se sitúa en un México postrevolucionario, y Yáñez pone de relieve la necesidad de la libertad artística.

Miguel Ángel Asturias (1899–1974), guatemalteco, se doctoró en leyes, ocupó algunos cargos diplomáticos, fundó la Universidad Popular de Guatemala y obtuvo el Premio Nobel de Literatura en 1968. Sus primeros pasos en la literatura los da como poeta y dramaturgo, pero la primera obra que le dio reconocimiento mundial fue *Leyendas de Guatemala* (1930), en la que recoge los mitos, historias, y tradiciones de los mayas. En 1946 publica su obra maestra, *El señor presidente*, en la que retrata de modo grotesco y caricaturesco la vida caótica del pueblo guatemalteco durante la dictadura de Estrada Cabrera (1889–1920). Asturias capta con gran realismo y perspicacia el clima de temor y pesadilla que vivía el pueblo bajo este dictador. Asturias se basa en mitos mayas para estructurar la acción narrativa en dos fuerzas contrapuestas: las de la luz y las de las tinieblas, el sueño y la pesadilla, o la corrupta ciudad y el pueblo idílico. La novela, asimismo, es un experimento con distintas técnicas narrativas, como la fragmentación espacial y el uso de un tiempo síquico. En *Hombres de maíz* (1949), otra de sus grandes creaciones, Asturias vuelve a contraponer las fuerzas de la luz con las de las tinieblas para justificar el doble sentido que encuentran los indios y los blancos en el cultivo del maíz; mientras que los primeros lo plantan para que les sirva de alimentación, los segundos lo hacen por puro negocio. En obras posteriores, Asturias critica la explotación de las bananeras por compañías extranjeras.

José María Arguedas (1911–1969), peruano, se sirvió de mitos populares y modismos quechuas para la escritura de sus primeras obras. Su primera novela, *Yawar fiesta* (1941), tiene puntos de conexión con la novela indianista y hay elementos de denuncia social. Su obra maestra, *Los ríos profundos* (1958), tiene algunos aspectos autobiográficos y relata la vida del adolescente Ernesto en un pensionado. Ernesto siente que comparte la cultura india y la española, y no se inclina a aceptar o condenar una en detrimento de la otra. La obra de Arguedas, como la de Asturias, evoca un mundo mítico, pero a diferencia de éste, Arguedas no busca una solución a las contradicciones planteadas.

Juan Carlos Onetti (1909–1994), uruguayo, sitúa la acción narrativa de varias de sus novelas en el espacio imaginario de Santa María, un puerto fluvial en el que reinan la desesperanza y la mediocridad. Su primera novela, *El pozo* (1939), trata de un hombre que fracasa en todos sus intentos de comunicación con la sociedad. En *Juntacadáveres* (1964), Onetti sitúa la acción narrativa en Santa María, y trata de un hombre que planea la construcción de un burdel. Esta decisión provoca un enfrentamiento y una polarización de ideologías y creencias en un pueblo marcado por la amoralidad y la hipocresía. En su obra maestra, *El astillero* (1961), Onetti nos relata la historia de un fracaso. Larsen, el mismo protagonista que en la obra anterior, sueña con levantar el astillero, un negocio que perteneció a un hombre que ahora se encuentra en la cárcel acusado de robo. Larsen termina fracasando no sólo en este negocio, sino también en sus aventuras sentimentales, y al final su vida termina trágicamente en la muerte.

José Lezama Lima (1910–1976), cubano, fue director de la revista *Orígenes* y escribió poesía y novela. Su novela más importante es *Paradiso* (1966), obra singular, con una trama imposible de resumir por la variedad de sus temas. La acción narrativa de *Paradiso* gira en torno a la niñez, adolescencia y juventud como estudiante universitario del protagonista, José Cemí. Muerto su padre, José hace amistad con dos amigos homosexuales, y muerta su abuela busca la dirección espiritual de un tal Oppiano Licario. Todos los incidentes narrados sólo sirven de complemento a los temas más importantes de la obra: el proceso de creación literaria y el juego con la lengua. Algún crítico ha percibido en la novela una simbología budista, y la explica como un viaje de las tienieblas de los sentidos a la luz del paraíso. Lezama Lima dejó incompleta una continuación de esta novela, *Oppiano Licario* (1977), y en ella establece una conexión entre lo erótico y el mundo metafísico.

Alejo Carpentier (1904–1980), cubano, y viajero incansable, abandonó su carrera de arquitectura para dedicarse al periodismo, música y antropología. Es uno de los gigantes de la narrativa hispanoamericana. En *Ecué-Yamba-O* (1933), Carpentier describe el mundo mágico de un grupo de negros cubanos. A raíz de una visita a Haití publica *El reino de este mundo* (1949), en donde recrea la época del rey negro Henri Christophe de Haití, la rebelión de Mackandal contra los franceses, la revolución francesa, la caída de Henri Christophe, y el período posterior a la muerte de éste. Es una obra experimental en la que Carpentier funde realidad con ficción a la vez que juega con el uso del tiempo y los planos narrativos. Una de sus mejores novelas es *Los pasos perdidos* (1953), en la que relata el viaje de un músico de EE.UU hasta el alto Orinoco en busca de ancestrales instrumentos musicales. Aquí conoce y se ve sorprendido por la vida paradisíaca de unos hombres que viven en la Edad de Piedra. Al final el protagonista regresa con los instrumentos musicales que había ido a buscar, pero al tratar de volver de nuevo se encuentra con unos ríos crecidos que no le permiten hallar ese paraíso. La novela plantea la dicotomía mundo civilizado versus civilización primitiva, y contrasta la decadencia moral de aquél con la plenitud espiritual de este mundo mitológico, primitivo y mágico. En 1962 publicó su obra maestra, *El siglo de las luces*, en la que retrata las peripecias de dos hermanos huérfanos, Carlos y Sofía, y su primo Esteban, el fracaso de la Revolución Francesa y el encumbramiento del haitiano Víctor Hugues en rey de la isla. Decepcionados por la Revolución Francesa, y una vez recorrida la isla, Esteban y Sofía se alejan del mundo de la civilización para buscar refugio en un mundo natural. Otras obras de importancia de Carpentier son *La Guerra del tiempo* (1958) y *Camino de Santiago*, en las que el autor cubano vuelve a jugar con el tiempo y a fundir la realidad con la fantasía para crear lo real maravilloso.

Guillermo Cabrera Infante (1929–), cubano, desempeñó el cargo de periodista durante los primeros años del régimen cubano, pero pronto dejó la isla e instaló su residencia en el extranjero. Es autor de una colección de cuentos ambientada en la época del ex–presidente cubano Batista. Su obra maestra es *Tres tristes tigres* (1967). La trama de la novela se centra en las conversaciones de bohemios, personalidades del mundo de la televisión, fotógrafos, etc. Esta variedad de personajes hablan el afrocubano, el "Spanglish", la jerga del jazz, y otras muchas lenguas o jergas. Con esta obra, Cabrera Infante nos da una imagen de la cultura cubana de la década de los cincuenta, o más bien la bastardización de la misma por las influencias extranjeras. Al final, Cabrera Infante parece decirnos que no existe cultura cubana, sino reflejos de otras civilizaciones, como la europea y la norteamericana. En *La Habana para un infante difunto* (1979), obra autobiográfica, Cabrera Infante reconstruye sus años de adolescente en una Habana un tanto mitificada de los años cuarenta.

Severo Sarduy (1937–1993), cubano, se propone destruir en su narrativa todo intento por representar la realidad. En *Gestos* (1963), la protagonista es una lavandera, cantante y actriz que, además, se dedica a poner bombas. A pesar de sus actividades subversivas, la narración no se centra en su compromiso político con la realidad, sino en sus preocupaciones personales. En *De dónde son los cantantes* (1967), Sarduy presenta tres pastiches de tres culturas cubanas: la española, la africana y la china. En su novela más compleja, *Cobra* (1972), la ausencia de realidad llega al paroxismo. No hay una trama definida sino una serie de acontecimientos grotescos, falta de caracterización sicológica y reducción de la lengua a clichés.

Reynaldo Arenas (1943–1990), cubano, representa, con Sarduy, a una nueva generación de escritores cubanos. Su primera novela, *Celestino antes del alba* (1967), trata del largo monólogo de un niño mentalmente retrasado. A medida que progresa la narración comprendemos que Celestino es una creación imaginaria del hablante con objeto de sobrellevar mejor su difícil situación económica y personal. Su obra más importante es *El mundo alucinante* (1969), biografía imaginaria de un fraile dominico mexicano, Fray Servando Teresa de Mier (1763–1827), que sufrió persecución y cárcel por sus ideas políticas y religiosas. Fray Servando termina comprendiendo, después de repetidas huidas de la cárcel, que la vida es una cárcel y que el ser humano se halla prisionero dentro de su propio ser. Esta novela, narrada por tres narradores en primera, segunda y tercera personas, tiene elementos del realismo mágico y plantea la lucha del hombre frente a un destino adverso. Poco antes de morir escribió *Antes que anochezca*, autobiografía en la que deja constancia de la persecución que fue objeto en Cuba debido a sus actividades intelectuales y su identidad homosexual.

Augusto Roa Bastos (1917–), paraguayo, se exilió en Buenos Aires a causa de las dictaduras de su país. Ha ejercido de guionista de cine y periodista. Sus inicios literarios se dieron en el verso, pero el género literario que mayores éxitos le deparará será la prosa. La primera obra en este género es una colección de cuentos que lleva por título *El trueno entre las hojas* (1953). En estos cuentos, Roa Bastos nos relata los problemas que enfrenta su país de Paraguay. Más importante que esta colección de cuentos es *Hijo de hombre* (1959), obra de carácter simbólico en la que el autor hace un recuento de los problemas socio–políticos de su país y de algunas de las causas que los originan: la injusticia, la dictadura, y la separación de clases. La acción narrativa cubre un período histórico de unos cien años de dictadura, mediados del siglo XIX hasta la década de los treinta, y la unidad narrativa de este relato fragmentado se encuentra en los dos símbolos de la rebelión: una escultura de Cristo y la línea del ferrocarril. Su obra maestra es *Yo el Supremo* (1974), vasto proyecto narrativo en el que se funde la ficción con el ensayo, la crónica, la historia, la biografía y el panfleto. La obra recrea los efectos socio–políticos que tuvo el gobierno del primer dictador del Paraguay: Gaspar Rodríguez de Francia. Algunos de los problemas que plantea la lectura de esta novela se deben al uso de un discurso altamente barroco y al juego con la voz narrativa, todo lo cual sirve para crear confusión en el relato y hacer imposible la búsqueda de una verdad histórica.

Mario Vargas Llosa (1936–), peruano, es autor, entre otras obras, de *La ciudad y los perros* (1962), *La casa verde* (1966), y *Conversaciones en la catedral* (1969). *La ciudad y los perros* es la historia de un grupo de cadetes, "los perros", de una academia militar. Uno de sus miembros, el Jaguar, organiza el robo de unas preguntas de un examen, y el Esclavo lo denuncia ante sus superiores. El Jaguar lo mata y Alberto, el Poeta, lo denuncia como asesino. Este simple argumento le sirve a Vargas Llosa para exponer los efectos que tiene en la sociedad el poder represor de una institución o ideología oficial. En *La casa verde* se funde la narración de una serie de historias paralelas. La de Bonifacia es la historia de una chica que después de ser expulsada de un convento se casa con un sargento y termina en un prostíbulo; la del sargento es la historia del hombre que termina en la cárcel y se encuentra con su esposa en el prostíbulo; y la de Fushía, es la del hombre que de presidiario se convierte en jefe de una banda de ladrones, se enferma y termina en una leprosería. La originalidad de esta novela está en la ruptura con el tiempo cronológico, la yuxtaposición de distintos niveles temporales, y el cambio constante de puntos de vista y tiempos verbales. La novela, asimismo, plantea la falta de comunicación entre los indios, la iglesia y el ejército. La anécdota de *Conversación en la catedral* se centra en la conversación entre un periodista que fue militante comunista y el guardaespaldas de un dictador, y a través de ellos Vargas Llosa hace un retrato de la corrupción político–social.

Alfredo Bryce Echenique (1939–), peruano, es autor de dos novelas que han sido bien recibidas por el público lector: *Un mundo para Julius* (1970), y *Tantas veces Pedro* (1977). En la primera, un *bildungsroman* o novela de aprendizaje, se describe la iniciación del niño Julius a la vida de la clase alta limeña, el contraste de esta clase vacía con la de sus sirvientes, y la comprensión de Julius de ese mundo habitado por marginados y desposeídos. La segunda novela es la historia de un don juan peruano que busca el amor imposible en distintos países del mundo. Al final, y lo mismo que en la novela anterior, el protagonista de la novela se ve obligado a enfrentarse a la soledad y desilusión de la vida. Sobresale en esta obra su carácter metafictivo, manifiesto en la rebelión de los personajes contra el autor y las reflexiones sobre el proceso creador literario. En 1999 publicó *La amigdalitis de Tarzán*, parodia en la que la protagonista hace el papel de Tarzán y su enamorado se dedica a cantar música popular.

CUESTIONARIO

1. ¿Cuáles son algunas de las técnicas narrativas con las que experimenta la novela hispanoamericana del siglo XX?

2. Mencione algunos de los rasgos narrativos que distinguen a Eduardo Mallea como escritor existencialista.

3. ¿Quién es el autor de *El túnel*? ¿De qué trata esta novela?

4. ¿Qué tipo de protagonistas y temas destacan en la narrativa de Manuel Puig? ¿Qué dos ideologías entran en conflicto en *El beso de la mujer araña*?

5. Comente algunos de los temas que trabaja José Donoso en su obra narrativa.

6. ¿Qué características narrativas definen la novela de Agustín Yáñez, *Al filo del agua*?

7. Explique el argumento y algunos de los rasgos narrativos más relevantes de *El señor presidente*, de Miguel A. Asturias.

8. ¿En qué se asemeja y distingue la obra narrativa de José María Arguedas de la de Miguel A. Asturias?

9. Comente alguna de las tramas narrativas que se sitúan en la ciudad imaginaria de Santa María.

10. ¿Qué dos temas predominan en *Paradiso*? Comente alguno de sus incidentes narrativos.

11. Escoja una de las novelas de Alejo Carpentier y comente su trama narrativa.

12. ¿Qué papel juegan la lengua y la representación de la cultura o culturas cubanas en *Tres tristes tigres*, de Cabrera Infante, y en la obra narrativa de Severo Sarduy?

13. ¿Cuál es el argumento de *El mundo alucinante*, de Reynaldo Arenas? ¿Qué trata de demostrar el autor cubano con esta trama?

14. ¿Qué problemas socio–políticos plantea Augusto Roa Bastos en *Hijo de hombre*?

15. ¿Cuáles son algunas de las técnicas narrativas empleadas por Mario Vargas Llosa en *La casa verde*?

16. ¿Qué clases sociales representa Alfredo Bryce Echenique en *Un mundo para Julius*?

IDENTIFICAR

1. *Todo verdor perecerá*
2. *Cobra*
3. *Yo el supremo*
4. *La ciudad y los perros*
5. *Hombres de maíz*
6. *El pozo*
7. *Sobre héroes y tumbas*
8. *La creación*
9. *El siglo de las luces*
10. *La Habana para un infante difunto*
11. *Boquitas pintadas*
12. *Tantas veces Pedro*
13. *Los ríos profundos*

ENSAYO

1. Escriba un ensayo comentando las innovaciones técnicas que incorporan los novelistas hispanoamericanos en su narrativa en el pasado siglo XX.

2. Seleccione una de las novelas anteriormente mencionadas y haga un estudio de sus rasgos narrativos más destacados.

BIBLIOGRAFÍA

Brower, Keith H. *Contemporary Latin American Fiction*. Pasadena: Salem Press, 1989.

Brushwood, John S. *La novela hispanoamericana del siglo XX*. México: Fondo de Cultura Económica, 1984.

Franco, Jean. *Historia de la literatura hispanoamericana. A partir de la independencia*. Barcelona: ed. Ariel, 1980.

Gómez–Gil, Orlando. *Historia crítica de la literatura hispanoamericana. Desde los orígenes hasta el momento actual*. New York: Holt, Rinehart and Winston, 1968.

Oviedo, José Miguel *Historia de la literatura hispanoamericana. 3. De Borges al presente*. Madrid: Alianza ed., 2001

_____. *Historia de la literatura hispanoamericana. 2. Postmodernismo, vanguardia, regionalismo*. Madrid: Alianza ed., 2001.

Shaw, Donald L. *Nueva narrativa hispanoamericana*. Madrid: ed. Cátedra, 1981.

❦ ❦ ❦

EL ENSAYO

El ensayo hispanoamericano, nacido en el siglo XVI, llega a sus más altas cimas en el siglo XX. Los ensayistas de este período funden doctrinas filosóficas venidas del extranjero con aportaciones propias, y los estudios resultantes revelan un alto nivel ideológico. Algunos de los ensayistas tratan problemas sociales universales, otros se centran en el destino del hombre, y otros estudian los distintos problemas de las realidades nacionales hispanoamericanas. Se pueden dividir estos ensayistas en dos grupos, unos pertenecientes al postmodernismo y otros más actuales que podríamos vincular a la postmodernidad. Entre los primeros merecen especial mención Pedro Henríquez Ureña, José Vasconcelos y Alfonso Reyes.

Pedro Henríquez Ureña (1884–1946), dominicano, vivió el exilio voluntario en varios países hispanoamericanos y España. Fue poeta, dramaturgo, historiador y ensayista. Poseía una enorme cultura y sobresalió principalmente por sus excelentes estudios de crítica literaria. Lo mismo que Andrés Bello, Ureña ejerció una enorme influencia en la educación literaria e intelectual de las juventudes hispanoamericanas. Su obra *En la orilla, mi España* (1922) constituye un estudio crítico de algunos escritores españoles, y un estudio similar, pero dedicado a la literatura hispanoamericana, es el que hace en *Seis ensayos en busca de nuestra expresión* (1928). Posteriormente publicó otro estudio sobre la literatura española, *Plenitud de España. Estudios de historia de la cultura* ((1940–1945), y varios libros sobre el desarrollo de la cultura y civilización de Hispanoamérica, como *Romances en América* (1913), o *Historia de la cultura en la América hispánica* (1947)

José Vasconcelos (1882–1959), mexicano, participó en la Revolución Mexicana, se licenció de abogacía y ejerció como político. Trabajó cinco años en el Ministerio de Educación, y desde aquí promovió el desarrollo de la enseñanza y educación mexicanas. Escritor muy prolífico, Vasconcelos cultivó la poesía, el teatro, la ficción corta, la novela, el ensayo, y la autobiografía. Pronto adquirió fama con la publicación de ensayos filosóficos, especialmente con *Estética* (1936) e *Historia del pensamiento filosófico* (1939). Los ensayos que mayor influencia han ejercido son los de tipo sociológico, especialmente *La raza cósmica* (1925) e *Ideología* (1926). La primera de estas dos colecciones de ensayos es bastante heterogénea, y en ella Vasconcelos mezcla el estudio de los problemas raciales de Hispanoamérica, y su confianza en el brillante porvenir de la nueva raza mestiza, con ensayos relativos a sus viajes por algunos países del cono sur. De sus ensayos políticos descolla *Bolivarismo y monroísmo* (1934), en donde analiza, no sin preocupación, el progreso económico de EE.UU.

Alfonso Reyes (1889–1959), mexicano, se licenció en derecho y fue profesor de lengua y literatura españolas. Llegó a ser ministro de su país y viajó extensamente por Europa e Hispanoamérica. Es una de las figuras intelectuales más notables de México en el siglo XX. Su obra incluye teatro, poesía, novela, cuentos y, sobre todo, ensayos. Sus ensayos abarcan un amplio repertorio. Entre los dedicados a la teoría literaria destaca *El deslinde: prolegómenos a la teoría literaria* (1942), centrado en el proceso de creación literaria. Cuenta, además, con numerosos ensayos de crítica literaria sobre escritores españoles e hispanoamericanos, como *Simpatías y diferencias* (1921), y *Letras de Nueva España* (1948). De sus ensayos históricos merece mención *El pasado inmediato y otros ensayos* (1941) donde estudia la influencia de la Revolución Mexicana en la historia de su país.

En la postmodernidad, el ensayo continúa explorando la realidad socio-política y cultural de los distintos países hispanoamericanos. En crítica literaria el énfasis ha recaído en el análisis de los principales exponentes de su literatura, y los ensayos filosóficos han tratado de examinar los cambios culturales de sus países. Quizá el aspecto más innovador sea la perspectiva más universal de sus enfoques. Entre los más destacados ensayistas de la actualidad se podría mencionar los nombres de los argentinos Francisco Romero y Ezequiel Martínez Estrada, del uruguayo Eduardo Galeano, del colombiano Germán Arciniegas, y del venezolano Mariano Picón-Salas. Otro importante ensayista, aunque sobresalió principalmente por la ficción corta, fue Jorge Luis Borges.

CUESTIONARIO

1. ¿Qué tipo de problemas tratan los ensayistas hispanoamericanos del siglo XX?
2. ¿En qué grupos se suelen dividir los ensayistas hispanoamericanos?
3. ¿En qué campo destaca la labor ensayística de Pedro Henríquez Ureña?
4. ¿Qué temas estudia José Vasconcelos en *La raza cósmica*?
5. ¿Cuáles son algunos de los campos temáticos que cubre Alfonso Reyes en sus ensayos?
6. ¿En qué se diferencia la nueva producción ensayística de la anterior?

IDENTIFICAR

1. *Simpatías y diferencias*
2. *Estética*
3. *En la orilla, mi España*
4. *Ideología*
5. *Letras de Nueva España*
6. Mariano Picón-Salas

ENSAYO

1. Partiendo de la obra de José Vasconcelos, *Bolivarismo y monroísmo*, analice la visión que nos da el ensayista mexicano del progreso económico de EE.UU.

2. Escoja una obra ensayística de alguno de los anteriores ensayistas y comente algunas de sus ideas más destacadas.

BIBLIOGRAFÍA

Earle, Peter G. y Robert G. Mead, Jr. *Historia del ensayo hispanoamericano*. México: De Andrea, 1973.

Fernández, Teodosio. *Los géneros ensayísticos hispanoamericanos*. Madrid: Taurus, 1990.

Gómez–Gil, Orlando. *Historia crítica de la literatura hispanoamericana. Desde los orígenes hasta el momento actual*. New York: Holt, Rinehart and Winston, 1968.

Oviedo, José Miguel. *Historia de la literatura hispanoamericana 3. Postmodernismo, Vanguardia, Regionalismo*. Madrid: Alianza ed., 2001.

Rotker, Susana, ed. *Ensayistas de nuestra América*. 2 Vols. Buenos Aires: Losada, 1994.

❦ ❦ ❦

Julio Cortázar

(1914–1984)

Julio Cortázar, argentino, nació en Bélgica. Pasó su infancia y adolescencia en Argentina, donde enseñó francés y sacó un título de traductor. Vivió la mayor parte de su vida en París, y combinó la vida de escritor con la de traductor para la UNESCO. Algunos de los temas que dominan en la obra narrativa de Cortázar son la creación de mundos imaginarios, la incorporación de lo fantástico en un ámbito que parece normal, la superposición de dos órdenes distintos de la realidad, el juego con los dobles y las metamorfosis, la búsqueda de una expresión artística, y la reflexión sobre el proceso creador.

Su primera obra es un cuaderno de poemas titulado *Presencia* (1938). Después viene *Los reyes* (1949), poema dramático en el que presenta una versión actualizada del mito del Minotauro. Escribió por estos años dos novelas que fueron publicadas póstumamente, *El examen* (1986) y *Divertimento* (1996). Gran interés despertó entre el público lector su colección de cuentos fantásticos *Bestiario* (1951), en la que anticipa algunos de los temas que tratará en obras posteriores. Aquí se ve cómo la realidad de todos los días se transforma en un mundo diferente regido por una lógica que se contrapone a la del mundo cotidiano.

Posteriormente publicó tres conocidas colecciones de cuentos tituladas *Final del juego* (1956), *Las armas secretas* (1959), e *Historias de cronopios y de famas* (1962). En estas colecciones Cortázar suele introducir elementos fantásticos, míticos o sobrenaturales en un contexto de gente normal y situaciones cotidianas. En 1960 publica su primera novela, *Los premios*, centrada en un grupo de argentinos que ha ganado la lotería y viajan en un crucero. La novela explora cómo el viaje sirve para que algunos busquen el placer mientras que otros tratan de llegar a un conocimiento interior.

En 1963 publicó su obra maestra, *Rayuela*. Debido a su fragmentación espacial y temporal, Cortázar facilita al principio de la novela un "Tablero de dirección" para orientar al lector en la lectura de la novela. Esta es una forma de leer la novela, pero también se puede leer siguiendo el orden de sus partes de acuerdo a como aparecen en el libro. La primera de las tres partes de que consta la obra tiene por escenario París, y la trama se centra en las relaciones sentimentales de Oliveira con la Maga y Pola y la reunión de aquél con unos amigos en un club. La segunda trata de las distintas relaciones amorosas y de amistad de Oliveira en Buenos Aires. Y la tercera consta de citas y reflexiones sobre el proceso de la creación literaria. La novela plantea el problema de cómo captar la realidad a través del arte y la lengua.

En *62: Modelo para armar* (1968) Cortázar presenta un grupo de elementos narrativos –personajes, ciudades, y medios de transporte– a la espera de que sea el lector el que construya, cree, la novela. Esta obra, además, revela la solidaridad política del autor con la revolución cubana, las manifestaciones estudiantiles de mayo de 1968, y la crítica de las dictaduras hispanoamericanas. Asimismo incluye una colección de ensayos sobre temas diversos. Su última novela, *Libro de Manuel* (1973), trata de una pareja de revolucionarios hispanoamericanos en París que tratan de elaborar un álbum con recortes de periódico para educar a un niño que no sabe leer.

En algunas de sus obras, como *La vuelta al día en ochenta mundos* (1967), *Último round* (1969), y *Los autonautas de la cosmopista* (1983), Cortázar mezcló textos suyos con textos de otros autores. Lo novedoso de estas obras es que incluyen fotografías, ensayos, cuentos, poemas, y sugerentes ilustraciones, que invitan a una multiplicidad de lecturas.

"La noche boca arriba"

GUÍA DE LECTURA

"La noche boca arriba", cuento incluido en la colección *Final del juego*, nos relata el accidente de un motociclista en una ciudad moderna, su hospitalización y el sueño delirante, o más bien pesadilla, sobre un indio que va a ser sacrificado por los indios aztecas. El desarrollo de la acción narrativa, como es habitual en Cortázar, se mueve en dos planos u órdenes distintos de la realidad: la vigilia y el sueño, o lo consciente y lo inconsciente. A medida que se acerca al final, el lector cree tener las claves de la historia, pero la lectura del último párrafo le obligará a replantear su lectura y encontrar una o varias interpretaciones ante un final un tanto sorprendente. En la lectura de este cuento es importante que el lector note las transiciones de un nivel u orden de la realidad a otro, los cambios espacio-temporales, y que trate de dar significado a la representación textual de varias de las facultades sensoriales –olfativas, visuales y auditivas.

🌿 🌿 🌿

Y salían en ciertas épocas a cazar enemigos; le llamaban la Guerra florida.°

A mitad del largo zaguán° del hotel pensó que debía ser tarde, y se apuró° a salir a la calle y sacar la motocicleta del rincón donde el portero de al lado le permitía guardarla. En la joyería de la esquina vio que eran las nueve menos diez; llegaría con tiempo sobrado° adonde iba. El sol se filtraba entre los altos edificios del centro, y él –porque para sí mismo, para ir pensando, no tenía nombre– montó en la máquina saboreando° el paseo. La moto ronroneaba° entre sus piernas, y un viento fresco le chicoteaba° los pantalones.

Dejó pasar los ministerios (el rosa, el blanco) y la serie de comercios con brillantes vitrinas° de la calle Central. Ahora entraba en la parte más agradable del trayecto, el verdadero paseo: una calle larga, bordeada de árboles,° con poco tráfico y amplias villas que dejaban venir los jardines hasta las aceras, apenas demarcadas por setos° bajos. Quizá algo distraído, pero corriendo sobre la derecha como correspondía, se dejó llevar por la tersura,° por la leve crispación° de ese día apenas empezado. Tal vez su involuntario relajamiento le impidió prevenir el accidente. Cuando vio que la mujer parada en la esquina se lanzaba a la calzada a pesar de las luces verdes, ya era tarde para las soluciones fáciles. Frenó con el pie y la mano, desviándose a la izquierda; oyó el grito de la mujer, y junto con el choque perdió la visión. Fue como dormirse de golpe.

Volvió bruscamente del desmayo. Cuatro o cinco hombres jóvenes lo estaban sacando de debajo de la moto. Sentía gusto a sal y sangre, le dolía una rodilla, y cuando lo alzaron gritó, porque no podía soportar la presión en el brazo derecho. Voces que no parecían pertenecer a las caras suspendidas° sobre él, lo alentaban° con bromas y seguridades. Su único alivio fue oír la confirmación de que había estado en su derecho al cruzar la esquina. Preguntó por la mujer, tratando de dominar la náusea que le ganaba la garganta. Mientras lo llevaban boca arriba hasta una farmacia próxima, supo que la causante del accidente no tenía más que rasguños° en las piernas. "Usté la agarró° apenas, pero el golpe le hizo saltar la máquina de costado°…" Opiniones, recuerdos, despacio, éntrenlo de espaldas, así va bien, y alguien con guardapolvo° dándole a beber un trago que lo alivió en la penumbra de una pequeña farmacia de barrio.

Guerra florida: guerra en la que los aztecas salían a cazar indios de otras tribus para ofrecerlos en sacrificio a sus dioses
Zaguán: pasillo
Se apuró: se apresuró
Tiempo sobrado: con tiempo suficiente, adelantado
Saboreando: disfrutando
Ronroneaba: emitía un ruido
Chicoteaba: sacudía, movía
Vitrinas: escaparates
Bordeada de árboles: con árboles a los lados

Setos: plantas que forman como una pared en un jardín
Tersura: brillantez
Crispación: tensión, rigidez
Caras suspendidas: caras que lo miraban
Alentaban: animaban
Rasguños: pequeñas heridas
Agarró: golpeó
De costado: de lado
Guardapolvo: prenda de vestir que se pone sobre la ropa regular para evitar la suciedad

La ambulancia policial llegó a los cinco minutos, y lo subieron a una camilla blanda donde pudo tenderse a gusto. Con toda lucidez, pero sabiendo que estaba bajo los efectos de un shock terrible, dio sus señas al policía que lo acompañaba. El brazo casi no le dolía; de una cortadura en la ceja goteaba sangre por toda la cara. Una o dos veces se lamió° los labios para beberla. Se sentía bien, era un accidente, mala suerte; unas semanas quieto y nada más. El vigilante le dijo que la motocicleta no parecía muy estropeada.° "Natural", dijo él. "Como que me la ligué encima°…" Los dos se rieron, y el vigilante le dio la mano al llegar al hospital y le deseó buena suerte. Ya la náusea volvía poco a poco; mientras lo llevaban en una camilla de ruedas hasta un pabellón del fondo, pasando bajo árboles llenos de pájaros, cerró los ojos y deseó estar dormido o cloroformado. Pero lo tuvieron largo rato en una pieza con olor a hospital, llenando una ficha, quitándole la ropa y vistiéndolo con una camisa grisácea y dura. Le movían cuidadosamente el brazo, sin que le doliera. Las enfermeras bromeaban todo el tiempo, y si no hubiera sido por las contracciones del estómago se habría sentido muy bien, casi contento.

Lo llevaron a la sala de radio, y veinte minutos después, con la placa° todavía húmeda puesta sobre el pecho como una lápida° negra, pasó a la sala de operaciones. Alguien de blanco, alto y delgado, se le acercó y se puso a mirar la radiografía. Manos de mujer le acomodaban la cabeza, sintió que lo pasaban de una camilla a otra. El hombre de blanco se le acercó otra vez, sonriendo, con algo que le brillaba en la mano derecha. Le palmeó° la mejilla e hizo una seña a alguien parado atrás.

Como sueño era curioso porque estaba lleno de olores y él nunca soñaba olores. Primero un olor a pantano,° ya que a la izquierda de la calzada empezaban las marismas,° los tembladerales° de donde no volvía nadie. Pero el olor cesó, y en cambio vino una fragancia compuesta y oscura como la noche en que se movía huyendo de los aztecas. Y todo era tan natural, tenía que huir de los aztecas que andaban a caza de hombre, y su única probabilidad era la de esconderse en lo más denso de la selva, cuidando de no apartarse de la estrecha calzada° que sólo ellos, los motecas, conocían.

Lo que más lo torturaba era el olor, como si aun en la absoluta aceptación del sueño algo se rebelara contra eso que no era habitual, que hasta entonces no había participado del juego. "Huele a guerra", pensó, tocando instintivamente el puñal° de piedra atravesado en su ceñidor° de lana tejida. Un sonido inesperado lo hizo agacharse y quedar inmóvil, temblando. Tener miedo no era extraño, en sus sueños abundaba el miedo. Esperó, tapado por° las ramas de un arbusto y la noche sin estrellas. Muy lejos, probablemente del otro lado del gran lago, debían estar ardiendo fuegos de vivac;° un resplandor rojizo teñía esa parte del cielo. El

Se lamió: se pasó la lengua por
Estropeada: rota, en mal estado
Me la ligué encima: me cayó encima
Placa: radiografía
Lápida: piedra
Le palmeó: le tocó con la palma de la mano
Pantano: superficie cubierta de agua y barro.
    Aquí se refiere a olor a agua sucia.

Marismas: terreno pantanoso
Tembladerales: cenagal, tierra pantanosa
Calzada: senda, camino
Puñal: cuchillo
Ceñidor: cinturón
Tapado por: cubierto por, oculto
vivac: campamento militar

sonido no se repitió. Había sido como una rama quebrada.° Tal vez un animal que escapaba como él del olor de la guerra. Se enderezó° despacio, venteando.° No se oía nada, pero el miedo seguía allí como el olor, ese incienso dulzón de la guerra florida. Había que seguir, llegar al corazón de la selva evitando las ciénagas. A tientas,° agachándose a cada instante para tocar el suelo más duro de la calzada, dio algunos pasos. Hubiera querido echar a correr, pero los tembladerales palpitaban a su lado. En el sendero en tinieblas, buscó el rumbo.° Entonces sintió una bocanada horrible del olor que más temía, y saltó desesperado hacia delante.

–Se va a caer de la cama –dijo el enfermo de al lado–. No brinque tanto, amigazo.

Abrió los ojos y era de tarde, con el sol ya bajo en los ventanales de la larga sala. Mientras trataba de sonreír a su vecino, se despegó° casi físicamente de la última visión de la pesadilla. El brazo, enyesado, colgaba de un aparato con pesas y poleas.° Sintió sed, como si hubiera estado corriendo kilómetros, pero no querían darle mucha agua, apenas para mojarse los labios y hacer un buche.° La fiebre lo iba ganando despacio y hubiera podido dormirse otra vez, pero saboreaba el placer de quedarse despierto, entornados los ojos, escuchando el diálogo de los otros enfermos, respondiendo de cuando en cuando a alguna pregunta. Vio llegar un carrito blanco que pusieron al lado de su cama, una enfermera rubia le frotó con alcohol la cara anterior del muslo y le clavó una gruesa aguja conectada con un tubo que subía hasta un frasco lleno de líquido opalino. Un médico joven vino con un aparato de metal y cuero que le ajustó al brazo sano para verificar alguna cosa. Caía la noche, y la fiebre lo iba arrastrando blandamente a un estado donde las cosas tenían un relieve como de gemelos° de teatro, eran reales y dulces y a la vez ligeramente repugnantes; como estar viendo una película aburrida y pensar que sin embargo en la calle es peor; y quedarse.

Vino una taza de maravilloso caldo de oro oliendo a puerro, a apio, a perejil.° Un trocito de pan, más precioso que todo un banquete, se fue desmigajando poco a poco. El brazo no le dolía nada y solamente en la ceja, donde lo habían suturado,° chirriaba° a veces una punzada° caliente y rápida. Cuando los ventanales de enfrente viraron° a manchas de un azul oscuro, pensó que no le iba a ser difícil dormirse. Un poco incómodo, de espaldas, pero al pasarse le lengua por los labios resecos y calientes sintió el sabor del caldo, y suspiró de felicidad, abandonándose.

Primero fue una confusión, un atraer hacia sí todas las sensaciones por un instante embotadas° o confundidas. Comprendía que estaba corriendo en plena oscuridad, aunque arriba el cielo cruzado de copas de árboles era menos negro que el resto. "La calzada", pensó. "Me salí de la calzada." Sus pies se hundían en

---

quebrada: rota
Se enderezó: se levantó
Venteando: olfateando, oliendo a su alrededor.
A tientas: desorientado, tocando a un lado y otro
Rumbo: el camino
Se despegó: se separó
Poleas: rueda de metal por la que pasa una cuerda
Hacer un buche: Retener agua en la boca y

expulsarla
Gemelos: aparato que sirva para ver más cerca un objeto lejano
Puerro, apio, perejil: tipos de verdura
Suturado: cosido
Chirriaba: hacía ruido
Punzada: sensación de dolor
Viraron: cambiaron
Embotadas: ofuscadas

un colchón de hojas y barro, y ya no podía dar un paso sin que las ramas de los arbustos le azotaran el torso y las piernas. Jadeante,° sabiéndose acorralado° a pesar de la oscuridad y el silencio, se agachó para escuchar. Tal vez la calzada estaba cerca, con la primera luz del día iba a verla otra vez. Nada podía ayudarlo ahora a encontrarla. La mano que sin saberlo él aferraba° el mango del puñal, subió como el escorpión de los pantanos hasta su cuello, donde colgaba el amuleto protector. Moviendo apenas los labios musitó° la plegaria° del maíz que trae las lunas felices, y la súplica a la Muy Alta, a la dispensadora de los bienes motecas. Pero sentía al mismo tiempo que los tobillos se le estaban hundiendo despacio en el barro, la espera en la oscuridad del chaparral desconocido se le hacía insoportable. La guerra florida había empezado con la luna y llevaba ya tres días y tres noches. Si conseguía refugiarse en lo profundo de la selva, abandonando la calzada más allá de la región de las ciénagas, quizá los guerreros no le siguieran el rastro. Pensó en los muchos prisioneros que ya habían hecho. Pero la cantidad no contaba, sino el tiempo sagrado. La caza continuaría hasta que los sacerdotes dieran la señal del regreso. Todo tenía su número y su fin, y él estaba dentro del tiempo sagrado, del otro lado de los cazadores.

Oyó los gritos y se enderezó de un salto, puñal en mano. Como si el cielo se incendiara en el horizonte, vio antorchas moviéndose entre las ramas, muy cerca. El olor a guerra era insoportable, y cuando el primer enemigo le saltó al cuello casi sintió placer en hundirle la hoja de piedra en pleno pecho. Ya lo rodeaban las luces, los gritos alegres. Alcanzó a cortar el aire una o dos veces, y entonces una soga lo atrapó desde atrás.

—Es la fiebre –dijo el de la cama de al lado–. A mí me pasaba igual cuando me operé del duodeno. Tome agua y va a ver que duerme bien. slept well

Al lado de la noche de donde volvía, la penumbra tibia de la sala le pareció deliciosa. Una lámpara violeta velaba° en lo alto de la pared del fondo como un ojo protector. Se oía toser, respirar fuerte, a veces un diálogo en voz baja. Todo era grato y seguro, sin ese acoso,° sin... Pero no quería seguir pensando en la pesadilla. Había tantas cosas en qué entretenerse. Se puso a mirar el yeso del brazo, las poleas que tan cómodamente se lo sostenían en el aire. Le habían puesto una botella de agua mineral en la mesa de noche. Bebió del gollete,° golosamente. Distinguía ahora las formas de la sala, las treinta camas, los armarios con vitrinas. Ya no debía tener tanta fiebre, sentía fresca la cara. La ceja le dolía apenas, como un recuerdo. Se vio otra vez saliendo del hotel, sacando la moto. ¿Quién hubiera pensado que la cosa iba a acabar así? Trataba de fijar el momento del accidente, y le dio rabia advertir que había ahí como un hueco, un vacío que no alcanzaba a rellenar. Entre el choque y el momento en que lo habían levantado del suelo, un desmayo o lo que fuera no le dejaba ver nada. Y al mismo tiempo tenía la sensación de que ese hueco, esa nada, había durado una eternidad. No, ni siquiera tiempo, más bien como si en ese hueco él hubiera pasado a través de algo o recorrido distancias inmensas.

Jadeante: respirando con grandes esfuerzos   *Plegaria*: oración
Acorralado: rodeado   *Velaba*: lucía, hacía vigilancia
Aferraba: agarraba   *Acoso*: persecución
Musitó: dijo en voz baja   *Gollete*: cuello de botella

El choque, el golpe brutal contra el pavimento. De todas maneras al salir del pozo negro había sentido casi un alivio mientras los hombres lo alzaban del suelo. Con el dolor del brazo roto, la sangre de la ceja partida, la contusión en la rodilla; con todo eso, un alivio al volver al día y sentirse sostenido y auxiliado. Y era raro. Le preguntaría alguna vez al médico de la oficina. Ahora volvía a ganarlo el sueño, a tirarlo despacio hacia abajo. La almohada era tan blanda, y en su garganta afiebrada la frescura del agua mineral. Quizá pudiera descansar de veras,° sin las malditas pesadillas. La luz violeta de la lámpara en lo alto se iba apagando poco a poco.

Como dormía de espaldas, no lo sorprendió la posición en que volvía a reconocerse, pero en cambio el olor a humedad, a piedra rezumante° de filtraciones, le cerró la garganta y lo obligó a comprender. Inútil abrir los ojos y mirar en todas direcciones; lo envolvía una oscuridad absoluta. Quiso enderezarse y sintió las sogas en las muñecas y los tobillos. Estaba estaqueado° en el suelo, en un piso de lajas° helado y húmedo. El frío le ganaba la espalda desnuda, las piernas. Con el mentón buscó torpemente el contacto con su amuleto, y supo que se lo habían arrancado. Ahora estaba perdido, ninguna plegaria podía salvarlo del final. Lejanamente, como filtrándose entre las piedras del calabozo, oyó los atabales° de la fiesta. Lo habían traído al teocalli,° estaba en las mazmorras del templo a la espera de su turno.

Oyó gritar, un grito ronco que rebotaba en las paredes. Otro grito, acabando en un quejido. Era él que gritaba en las tinieblas, gritaba porque estaba vivo, todo su cuerpo se defendía con el grito de lo que iba a venir, del final inevitable. Pensó en sus compañeros que llenarían otras mazmorras,° y en los que ascendían ya los peldaños° del sacrificio. Gritó de nuevo sofocadamente, casi no podía abrir la boca, tenía las mandíbulas agarrotadas° y a la vez como si fueran de goma y se abrieran lentamente, con un esfuerzo interminable. El chirriar de los cerrojos° lo sacudió como un látigo. Convulso, retorciéndose, luchó por zafarse° de las cuerdas que se hundían en la carne. Su brazo derecho, el más fuerte, tiraba hasta que el dolor se hizo intolerable y tuvo que ceder. Vio abrirse la doble puerta, y el olor de las antorchas le llegó antes que la luz. Apenas ceñidos° con el taparrabos° de la ceremonia, los acólitos° de los sacerdotes se le acercaron mirándolo con desprecio. Las luces se reflejaban en los torsos sudados, en el pelo negro lleno de plumas. Cedieron las sogas, y en su lugar lo aferraron manos calientes, duras como bronce; se sintió alzado, siempre boca arriba, tironeado por los cuatro acólitos que lo llevaban por el pasadizo.° Los portadores de antorchas iban adelante, alumbrando vagamente el corredor de paredes mojadas y techo tan bajo que los acólitos debían agachar la cabeza. Ahora lo llevaban, lo llevaban, era el final. Boca arriba, a un

---

De veras: de verdad
Rezumante: que se filtra
Estaqueado: atado a estacas o palos clavados en el suelo
Lajas: piedras
Atabales: instrumento musical parecido al tambor
Teocalli: templo
Mazmorras: prisión subterránea

Peldaños: escaleras
Agarrotadas: fijas, sin poderlas mover
Cerrojos: cerraduras
Zafarse: librarse
Ceñidos: vestidos
Taparrabos: prenda de vestir corta que cubre el bajo vientre
Acólitos: ayudantes
Pasadizo: pasillo

metro del techo de roca viva que por momentos se iluminaba con un reflejo de antorcha. Cuando en vez de techo nacieran las estrellas y se alzara frente a él la escalinata° incendiada de gritos y danzas, sería el fin. El pasadizo no acababa nunca, pero ya iba a acabar, de repente olería el aire lleno de estrellas, pero todavía no, andaban llevándolo sin fin en la penumbra roja, tironeándolo brutalmente, y él no quería, pero cómo impedirlo si le habían arrancado el amuleto que era su verdadero corazón, el centro de la vida.

Salió de un brinco a la noche del hospital, al alto cielo raso° dulce, a la sombra blanda que lo rodeaba. Pensó que debía haber gritado, pero sus vecinos dormían callados. En la mesa de noche, la botella de agua tenía algo de burbuja, de imagen translúcida contra la sombra azulada de los ventanales. Jadeó, buscando el alivio de los pulmones, el olvido de esas imágenes que seguían pegadas a sus párpados. Cada vez que cerraba los ojos las veía formarse instantáneamente, y se enderezaba aterrado pero gozando a la vez del saber que ahora estaba despierto, que la vigilia lo protegía, que pronto iba a amanecer, con el buen sueño profundo que se tiene a esa hora, sin imágenes, sin nada… Le costaba mantener los ojos abiertos la modorra° era más fuerte que él. Hizo un último esfuerzo, con la mano sana esbozó° un gesto hacia la botella de agua; no llegó a tomarla, sus dedos se cerraron en un vacío otra vez negro, y el pasadizo seguía interminable, roca tras roca, con súbitas fulguraciones rojizas, y él boca arriba gimió° apagadamente porque el techo iba a acabarse, subía, abriéndose como una boca de sombra, y los acólitos se enderezaban y de la altura una luna menguante le cayó en la cara donde los ojos no querían verla, desesperadamente se cerraban y abrían buscando pasar al otro lado, descubrir de nuevo el cielo raso protector de la sala. Y cada vez que se abrían era la noche y la luna mientras lo subían por la escalinata, ahora con la cabeza colgando hacia abajo, y en lo alto estaban las hogueras, las rojas columnas de humo perfumado, y de golpe vio la piedra roja, brillante de sangre que chorreaba,° y el vaivén° do los pies del sacrificado que arrastraban para tirarlo rodando por las escalinatas del norte. Con una última esperanza apretó los párpados, gimiendo por despertar. Durante un segundo creyó que lo lograría, porque otra vez estaba inmóvil en la cama, a salvo del balanceo° cabeza abajo. Pero olía la muerte, y cuando abrió los ojos vio la figura ensangrentada del sacrificador que venía hacia él con el cuchillo de piedra en la mano. Alcanzó a cerrar otra vez los párpados, aunque ahora sabía que no iba a despertarse, que estaba despierto, que el sueño maravilloso había sido el otro, absurdo como todos los sueños; un sueño en el que había andado por extrañas avenidas de una ciudad asombrosa, con luces verdes y rojas que ardían sin llama ni humo, con un enorme insecto de metal que zumbaba° bajo sus piernas, en la mentira infinita de ese sueño también lo habían alzado del suelo, también alguien se le había acercado con un cuchillo en la mano, a él tendido boca arriba, a él boca arriba con los ojos cerrados entre las hogueras.

Escalinata: escalera grande
Cielo raso: cielo sin nubes
Modorra: somnolencia pesada
Esbozó: dibujó, trazó
Gimió: se lamentó

Chorreaba: goteaba, caía
Vaivén: movimiento de un lado a otro
Balanceo: movimiento de un lado a otro
Zumbaba: metía ruido

CUESTIONARIO

1. ¿Cómo y con quién tuvo el accidente el motorista?

2. ¿Dónde asistieron al motociclista accidentado antes de llevarlo al hospital?

3. ¿Dónde siente malestar el motociclista tras el accidente? ¿Qué otros problemas de salud tiene una vez internado en el hospital?

4. ¿Quiénes atienden al motociclista en el hospital? ¿Se encuentra acompañado de algún otro enfermo?

5. En el sueño del motociclista ¿quién es el que huye?

6. ¿Qué tipo de olores experimenta el indio perseguido? ¿Qué significado tiene para él el amuleto?

7. ¿Cuándo y con qué motivo tiene lugar la persecución del indio con el que sueña el motociclista?

8. ¿Qué ropa llevan los acólitos de los sacerdotes que van a sacrificar al indio?

9. ¿Qué sueño tiene el indio que va a ser sacrificado?

SELECCIÓN MÚLTIPLE

I . ¿En qué lugar se desarrolla la acción narrativa correspondiente al motociclista?

1. En París.

2. En Madrid

3. En Buenos Aires

4. En un lugar impreciso.

II. ¿Adónde quería llegar el indio perseguido por los aztecas?

1. A su tribu

2. A su casa

3. A la selva

4. A las montañas

III. ¿A qué hora del día comienza y concluye la historia centrada en el motociclista?

1. Empieza al amanecer y finaliza al anochecer.

2. Principia a las nueve menos diez y concluye por la tarde.

3. Se inicia por la tarde y llega a su fin en la madrugada.

4. Comienza a las nueve menos diez y termina poco antes del amanecer.

IV. ¿Cuánto tiempo llevaba la guerra florida cuando fue capturado el indio que iba a ser sacrificado?

1. Tres días y tres noches.

2. Un día y medio.

3. Dos días.

4. Tres noches.

V. ¿Qué esperanza ha depositado el motoclista en la llegada del nuevo día?

1. Que el doctor le va a dar de alta.

2. Que va a poder dormir sin tener pesadillas.

3. Que podrá recibir la visita de sus familiares.

4. Que podrá volver a soñar con el indio perseguido.

ANÁLISIS CRÍTICO

1. ¿Qué tipo de voz narrativa tenemos en este cuento? ¿Bajo qué punto de vista se narra la historia?

2. Comente algunos de los estimulantes que propician el paso de la vigilia al sueño, y viceversa.

3. ¿Existe una demarcación clara entre la vigilia y el sueño a lo largo de toda la narración?

4. Aparte de la vigilia/sueño, ¿existen otras oposiciones binarias en el cuento?

5. Comente algunos de los paralelismos existentes entre los dos planos de la narración.

6. ¿Qué significado le da a las sensaciones olfativas, auditivas y visuales que aparecen en el cuento?

7. ¿Qué referencias temporales se dan en los relatos centrados en el motociclista y en el de los indios?

8. ¿Cómo se refleja en este cuento la noción del laberinto?

9. ¿Tiene un final cerrado este cuento? Justifique su respuesta.

10. ¿Qué interpretación o interpretaciones puede dar a este cuento una vez leído el sueño del indio? ¿Podemos interpretarlo como una paradoja?

ENSAYO

1. Escriba un ensayo contrastando los conceptos platónicos de realidad y apariencia con los de vigilia y sueño, o conciencia e inconsciencia, que vemos en este cuento de Cortázar.

"Continuidad de los parques"

GUÍA DE LECTURA

Este cuento de Cortázar es un ejemplo modélico de cómo con gran economía de medios narrativos se puede elaborar una historia con suspense y llevarla a una sorprendente conclusión. La primera línea del cuento comienza con el protagonista de la historia y la novela que lee, ambos pertenecientes a dos niveles ontológicos diferentes: el de la realidad y el de la ficción. A medida que progresa la historia, la línea divisoria que separa estos niveles se rompe, y el protagonista de la misma se verá mezclado con los protagonistas de la novela que lee. Rota la frontera que separa un nivel de otro, el lector real del cuento se preguntará si su creador puede, bajo cualquier pretexto, interferir en sus asuntos personales. Es importante que el lector real de este cuento preste atención a cómo la lengua contribuye a borrar la línea que separa ambos planos narrativos.

Había empezado a leer la novela unos días antes. La abandonó por negocios urgentes, volvió a abrirla cuando regresaba en tren a la finca; se dejaba interesar lentamente por la trama, por el dibujo de los personajes. Esa tarde, después de escribir una carta a su apoderado° y discutir con el mayordomo° una cuestión de aparcerías,° volvió al libro en la tranquilidad del estudio que miraba hacia el parque de los robles. Arrellanado° en su sillón favorito, de espaldas a la puerta que lo hubiera molestado como una irritante posibilidad de intrusiones, dejó que su mano izquierda acariciara una y otra vez el terciopelo verde y se puso a leer los últimos capítulos. Su memoria retenía sin esfuerzo los nombres y las imágenes de los protagonistas; la ilusión novelesca lo ganó casi en seguida Gozaba del placer casi perverso de irse desgajando° línea a línea de lo que lo rodeaba, y sentir a la vez que su cabeza descansaba cómodamente en le terciopelo del alto respaldo,° que los cigarrillos seguían al alcance de la mano que más allá de los ventanales danzaba el aire del atardecer bajo los robles. Palabra a palabra, absorbido por la sórdida disyuntiva de los héroes, dejándose ir hacia las imágenes que se concertaban y adquirían color y movimiento, fue testigo del último encuentro en la cabaña del monte. Primero entraba la mujer, recelosa;° ahora llegaba el amante, lastimada la cara por el chicotazo° de una rama. Admirablemente restañaba° ella la sangre con sus besos, pero él rechazaba las caricias, no había venido para

---

Apoderado: persona con poderes legales
Mayordomo: administrador
Aparcerías: contrato entre el dueño y el
    trabajador de una tierra
Arrellanado: sentado cómodamente
Desgajando: separando

Respaldo: parte del sillón en donde descansa la
    espalda
Recelosa: con miedo
Chicotazo: golpe
Restañaba: detenía la salida

repetir las ceremonias de una pasión secreta, protegida por un mundo de hojas secas y senderos furtivos. El puñal se entibiaba° contra su pecho, y debajo latía la libertad agazapada.° Un diálogo anhelante° corría por las páginas como un arroyo de serpientes, y se sentía que todo estaba decidido desde siempre. Hasta esas caricias que enredaban° el cuerpo del amante como queriendo retenerlo y disuadirlo, dibujaban abominablemente la figura de otro cuerpo que era necesario destruir. Nada había sido olvidado: coartadas, azares, posibles errores. A partir de esa hora cada instante tenía su empleo minuciosamente atribuido. El doble repaso despiadado° se interrumpía apenas para que una mano acariciara una mejilla. Empezaba a anochecer.

Sin mirarse ya, atados rígidamente a la tarea que los esperaba se separaron en la puerta de la cabaña. Ella debía seguir por la senda que iba al norte. Desde la senda opuesta él se volvió un instante para verla correr con el pelo suelto. Corrió a su vez, parapetándose° en los árboles y los setos, hasta distinguir en la bruma° malva del crepúsculo° la alameda que llevaba a la casa. Los perros no debían ladrar, y no ladraron. El mayordomo no estaría a esa hora, y no estaba. Subió los tres peldaños del porche y entró. Desde la sangre galopando en sus oídos le llegaban las palabras de la mujer: primero una sala azul, después una galería, una escalera alfombrada. En lo alto, dos puertas. Nadie en la primera habitación, nadie en la segunda. La puerta del salón, y entonces el puñal en la mano, la luz de los ventanales, el alto respaldo de un sillón de terciopelo verde, la cabeza del hombre en el sillón leyendo una novela.

CUESTIONARIO

1. ¿Cuántos días llevaba leyendo la novela el protagonista?
2. Después de abandonar el protagonista su lectura, ¿en qué otra u otras ocasiones volvió a reanudar la lectura?
3. ¿Qué actividades profesionales hace el protagonista al llegar a la finca?
4. ¿Qué interés muestra el protagonista por la novela que lee?
5. ¿De qué trata la novela que lee el protagonista?
6. ¿Cómo recibe la mujer al amante en la cabaña del monte? ¿Cómo reacciona él?
7. ¿A qué hora del día van a llevar a cabo el plan los amantes?
8. ¿Quién o quiénes se encargan de ejecutar el plan?
9. ¿Qué estancias de la casa del protagonista son mencionadas?
10. ¿Qué sucede con el protagonista al final del cuento?

Entibiaba: se calentaba un poco
Agazapada: oculta
Anhelante: lleno de deseo
Enredaban: envolvían

Despiadado: cruel
Parapetándose: colocándose detrás de
Bruma: niebla
Crepúsculo: atardecer

SELECCIÓN MÚLTIPLE

I.   En una ocasión el protagonista dejó de leer la novela porque
   1. Se encontraba fatigado
   2. Tuvo que atender algunos negocios
   3. No le interesaba la trama
   4. Empezó a leer otra novela

II.   ¿Adónde mira el estudio del protagonista que lee la novela?

   1. A una avenida de la ciudad
   2. A un lago de su finca
   3. Al parque de los robles
   4. A una estación de ferrocarril

III. ¿Cómo reacciona el protagonista ante los nombres y las imágenes de los personajes de la novela?

   1. Los relacionaba con un hermano suyo
   2. Los podía memorizar fácilmente
   3. No podía memorizar los nombres
   4. Las vidas de los protagonistas no le despertaban ningún interés

IV. Cuando el amante entró en la casa, el hombre que iba a ser asesinado se encontraba

   1. Acompañado del mayordomo
   2. Acompañado del perro
   3. Durmiendo
   4. Leyendo una novela

V.   El amante conocía la distribución de la casa gracias

   1. Al mayordomo
   2. A la mujer
   3. Al protagonista
   4. A él mismo porque ya había estado en ella.

ANÁLISIS CRÍTICO

   1. ¿Por qué es testigo el protagonista del "último encuentro en la cabaña del monte"?
   2. ¿Cómo se va creando el suspense en este cuento?
   3. ¿Qué relación existe entre el protagonista del principio de la historia y el hombre que está leyendo al final de la misma?
   4. ¿Por qué gozaba el protagonista del "placer casi perverso de irse desgajando línea a línea de lo que lo rodeaba"?

5. Indique qué partes de la historia pertenecen a un nivel narrativo o a otro.

6. ¿Qué sucede al final del cuento con los dos niveles narrativos –realidad y ficción– que operan en este cuento? Justifique su respuesta.

7. ¿Qué relación existe entre el título del cuento y el planteamiento narrativo del mismo?

ENSAYO

1. Escriba un ensayo comentando cómo la lengua crea un determinado tono narrativo y cómo refleja la pasión de los amantes, la conciencia del protagonista, y la trágica resolución de la historia.

BIBLIOGRAFÍA

Alazraki, Jaime. *En busca del unicornio: los cuentos de Julio Cortázar*. Madrid: Gredos, 1983.

Franco, Jean. *Historia de la literatura hispanoamericana*. A partir de la independencia. Barcelona: Ed. Ariel, 1980.

Lagmanovich, David, ed. *Estudios sobre los cuentos de Julio Cortázar*. Barcelona: Ed. Hispam, 1975.

Lastra, Pedro, ed. *Cortázar*. Madrid: Taurus, 1981.

Oviedo, José Miguel. *Historia de la literatura hispanoamericana. 4. De Borges al presente*. Madrid: Alianza Ed., 2001.

Shaw, Donald L. *Nueva narrativa hispanoamericana*. Madrid: Cátedra, 1981.

Standish, Peter. *Understanding Julio Cortázar*. Columbia: U of South Carolina P, 2001.

JORGE LUIS BORGES

(1899-1986)

Jorge Luis Borges, argentino, cursó estudios en Suiza y durante su juventud viajó por Europa. Una vez familiarizado con las distintas tendencias vanguardistas en el curso de estos viajes, regresó a Argentina en 1921 y fundó las revistas *Prisma* y *Proa*. Fue nombrado director de la Biblioteca Nacional y en 1955 fue admitido en la Academia Argentina de Letras. En 1957 le concedieron el Premio Nacional de Literatura por su colección de cuentos *El Aleph* y con otra colección de cuentos, *Ficciones*, ganó el Premio Internacional Formentor. Borges es uno de los escritores hispanoamericanos de mayor renombre internacional. Cultivó el ensayo, la poesía y el cuento.

Sus ensayos se pueden dividir en dos grupos, unos centrados en la crítica literaria, y otros dedicados a la reflexión metafísica sobre el ser, el tiempo, el infinito, la realidad, el universo, etc. Entre los primeros sobresalen sus estudios sobre *Leopoldo Lugones* (1955) y *Evaristo Carriego* (1930). Y entre los segundos cabe mencionar *Inquisiciones* (1925), donde explora conceptos como la naturaleza del sujeto y del tiempo, *Historia de la eternidad* (1936), y *Otras inquisiciones 1937–1952* (1952). De su obra ensayística impresiona la erudición de Borges, y la lectura original de numerosos escritores internacionales –Keats, Milton, Coleridge, Kafka, Whitman, etc.– bajo una nueva óptica. Sus ensayos se suelen estructurar de la siguiente manera: exposición de una teoría literaria o filosófica, presentación de las distintas interpretaciones que ha tenido a lo largo de la historia, errores que él presupone, algunas ideas alternativas sobre el tema, y una conclusión en la que sugiere que todas son pura falacia.

Como poeta y representante más destacado del ultraísmo escribió, entre otras obras, *Fervor de Buenos Aires* (1923), *Luna de enfrente* (1925), y *Cuaderno de San Martín* (1929). No hay en estas obras un abuso de la metáfora o el verso libre, como ocurre con los vanguardistas, y en estos poemas se encuentran hondas preocupaciones metafísicas y un reflejo de la historia de su país y del mundo gauchesco. En estas obras ya aparecen dos de los temas predominantes en toda la obra de Borges. El primero, influido por los filósofos ingleses Locke, Hume y Berkeley, que el mundo es inventado por nosotros los hombres; y el segundo, que el hombre no busca la verdad, sino que especula sobre la misma con argumentos falaces. Ligada a esta última idea se encuentra el espejo, relacionado con los conceptos de repetición e imagen. Su último libro de poesías lleva por título *Los conjurados* (1985), y es un tributo a Suiza, en especial Ginebra, tierra en la que pidió que fuera sepultado. En 1943, 1954 y 1958, Borges recopila su obra poética y la publica bajo el título de *Poemas*. En estas nuevas ediciones, Borges sustituye el verso libre y la irregularidad formal por metros y estrofas más regulares. Posteriormente, Borges sacaría nuevas ediciciones de su obra poética, como la titulada *Obra poética* (1964 y 1978), en la que hace uso de varios de los símbolos que reaparecerán en su obra en prosa: el laberinto, el tigre, el doble, y el ajedrez.

Sus cuentos suelen pertenecer al género de lo fantástico o detectivesco, y en ellos reaparecen los mismos elementos filosóficos y metafísicos, y la misma erudición que vemos en sus ensayos. En su primera colección de relatos, *Historia universal de la infamia* (1935), Borges nos cuenta la historia de famosos criminales –piratas, pistoleros, etc–, algunos reales y otros legendarios. Estas historias condensan la vida de una persona en muy pocas páginas, y son textos influidos por la novela policial y el cine. En 1944 y 1949 publica, respectivamente, *Ficciones* y *El Aleph*. En estas colecciones de cuentos, repletas de verdaderas obras maestras, Borges reitera algunos de los temas y símbolos que vemos en su obra poética o ensayística. En algunos de los cuentos de estas dos colecciones Borges concluye la historia con la muerte del protagonista, signando con ello el momento de comprensión de su vida pasada. Más tarde publicó *El informe de Brodie* (1970) y *El libro de arena* (1975). El primero suele tratar temas relacionados con la historia de Argentina o Hispanoamérica, mientras que el segundo supone un regreso al mundo de los sueños y fantasías, y está escrito en un estilo más simple. Otra de sus obras es *El hacedor* (1960), colección de cuentos muy breves, y poemas, en los que Borges vuelve a recalcar la noción del tiempo que se repite. Si en *Ficciones* el símbolo reiterativo es el laberinto, aquí lo es el espejo.

🌿 🌿 🌿

"El sur"

GUÍA DE LECTURA

"El sur" apareció primeramente publicado en 1953 en el diario *La nación* de Buenos Aires, y luego fue incluido en la segunda edición de *Ficciones* (1956). El argumento de la historia gira en torno a un accidente de Dahlmann, protagonista principal, su grave enfermedad, y el viaje a una estancia familiar en el sur de Argentina. Poco antes de llegar a su destino, Dahlmann se ve obligado a bajar del tren y decide comer en un almacén donde es provocado y retado a un duelo por un compadrito. El desenlace de la historia, aunque no se revela abiertamente, se supone: Dahlmann muere la muerte deseada. El cuento contrapone el mundo épico y violento de la pampa, representado por los gauchos, al mundo de la civilización, representado por Dahlman. Sin embargo, en una segunda lectura del cuento el lector descubre que el texto consta de dos historias que se desarrollan en dos niveles narrativos diferentes. Algunos de los factores que el lector debe ponderar para corroborar esta segunda lectura son el desdoblamiento del protagonista, reflejo de la vida de sus antepasados, los paralelismos entre las dos partes del cuento, y los distintos cambios espacio–temporales.

🌿 🌿 🌿

El hombre que desembarcó en Buenos Aires in 1871 se llamaba Johannes Dahlmann y era pastor de la iglesia evangélica; en 1939, uno de sus nietos, Juan Dahlmann, era secretario de una biblioteca municipal en la calle Córdoba y se sentía hondamente° argentino. Su abuelo materno había sido aquel Francisco Flores, del 2 de infantería de línea, que murió en la frontera de Buenos Aires, lanceado° por indios de Catriel; en la discordia de sus dos linajes, Juan Dahlmann (tal vez a impulsos de la sangre germánica) eligió el de ese antepasado romántico, o de muerte romántica. Un estuche con el daguerrotipo° de un hombre inexpresivo y barbado, una vieja espada, la dicha y el coraje de ciertas músicas, el hábito de estrofas del *Martín Fierro*, los años, el desgano° y la soledad, fomentaron° ese criollismo algo voluntario, pero nunca ostentoso. A costa de° algunas privaciones, Dahlmann había logrado salvar el casco de una estancia° en el Sur, que fue de los Flores; una de las costumbres de su memoria era la imagen de los eucaliptos balsámicos y de la larga casa rosada que alguna vez fue carmesí. Las tareas y acaso la indolencia lo retenían° en la ciudad. Verano tras verano se contentaba con la idea abstracta de posesión y con la certidumbre de que su casa estaba esperándolo, en un sitio preciso de la llanura. En los últimos días de febrero de 1939, algo le aconteció.°

Hondamente: profundamente
Lanceado: muerto a punta de lanza
Daguerrotipo: tipo de fotografía
Desgano: apatía, desánimo
Fomentaron: estimularon

A costa de: a expensas de
Casco de una estancia: el edificio de una finca
   de campo
Retenían: mantenían
Aconteció: sucedió

Ciego a las culpas, el destino puede ser despiadado° con las mínimas distracciones. Dahlmann había conseguido, esa tarde, un ejemplar descabalado° de las Mil y Una Noches, de Weil; ávido° de examinar ese hallazgo no esperó que bajara el ascensor y subió con apuro° las escaleras; algo en la oscuridad le rozó la frente ¿un murciélago, un pájaro? En la cara de la mujer que le abrió la puerta vio grabado el horror, y la mano que se pasó por la frente salió roja de sangre. La arista de un batiente° recién pintado que alguien se olvidó de cerrar le había hecho esa herida. Dahlmann logró dormir, pero a la madrugada estaba despierto y desde aquella hora el sabor de todas las cosas fue atroz. La fiebre lo gastó y las ilustraciones de las Mil y Una Noches sirvieron para decorar pesadillas. Amigos y parientes lo visitaban y con exagerada sonrisa le repetían que lo hallaban muy bien. Dahlmann los oía con una especie de débil estupor° y le maravillaba que no supieran que estaba en el infierno. Ocho días pasaron, como ocho siglos. Una tarde, el médico habitual se presentó con un médico nuevo y lo condujeron a un sanatorio de la calle Ecuador, porque era indispensable sacarle una radiografía. Dahlmann, en el coche de plaza que los llevó, pensó que en una habitación que no fuera la suya podría, al fin, dormir. Se sintió feliz y conversador; en cuanto llegó, lo desvistieron, le raparon la cabeza,° lo sujetaron con metales a una camilla, lo iluminaron hasta la ceguera y el vértigo, lo auscultaron y un hombre enmascarado le clavó una aguja en el brazo. Se despertó con náuseas, vendado, en una celda que tenía algo de pozo y, en los días y noches que siguieron a la operación pudo entender que apenas había estado, hasta entonces, en un arrabal° del infierno. El hielo no dejaba en su boca el menor rastro° de frescura. En esos días, Dahlmann minuciosamente se odió; odió su identidad, sus necesidades corporales, su humillación, la barba que le erizaba la cara.° Sufrió con estoicismo las curaciones, que eran muy dolorosas, pero cuando el cirujano de dijo que había estado a punto de morir de una septicemia,° Dahlmann se echó a llorar, condolido° de su destino. Las miserias físicas y la incesante previsión de las malas noches no le habían dejado pensar en algo tan abstracto como la muerte. Otro día, el cirujano le dijo que estaba reponiéndose y que, muy pronto, podría ir a convalecer a la estancia. Increíblemente, el día prometido llegó.

A la realidad le gustan las simetrías y los leves anacronismos; Dahlmann había llegado al sanatorio en un coche de plaza y ahora un coche de plaza lo llevaba a Constitución. La primera frescura del otoño, después de la opresión del verano, era como un símbolo natural de su destino rescatado de la muerte y la fiebre. La ciudad, a las siete de la mañana, no había perdido ese aire de casa vieja que le infunde° la noche; las calles eran como largos zaguanes,° las plazas como patios. Dahlmann la reconocía con felicidad y con un principio de vértigo; unos segundos

---

Despiadado: cruel
Descabalado: incompleto
Ávido: deseoso
Con apuro: con dificultad
Arista de un batiente: borde o esquina del marco de una ventana
Estupor: asombro, sorpresa
Le raparon la cabeza: le cortaron el pelo

En un arrabal: a las afueras de
Rastro: señal
Erizaba la cara: impresión de la cara al tener la barba rígida
Septicemia: enfermedad
Condolido: compadecido
Infunde: da
zaguanes: pasillos

antes de que las registraran sus ojos, recordaba las esquinas, las carteleras,° las modestas diferencias de Buenos Aires. En la luz amarilla del nuevo día, todas las cosas regresaban a él.

Nadie ignora que el Sur empieza del otro lado de Rivadavia. Dahlmann solía repetir que ello no es una convención y que quien atraviesa esa calle entra en un mundo más antiguo y más firme. Desde el coche buscaba entre la nueva edificación, la ventana de rejas, el llamador,° el arco de la puerta, el zaguán, el íntimo patio.

En el *hall* de la estación advirtió que faltaban treinta minutos. Recordó bruscamente que en un café de la calle Brasil (a pocos metros de la casa de Irigoyen) había un enorme gato que se dejaba acariciar por la gente, como una divinidad desdeñosa. Entró. Ahí estaba el gato, dormido. Pidió una taza de café, la endulzó lentamente, la probó (ese placer le había sido vedado° en la clínica) y pensó mientras alisaba el negro pelaje, que aquel contacto era ilusorio y que estaban como separados por un cristal, porque el hombre vive en el tiempo, en la sucesión, y el mágico animal, en la actualidad, en la eternidad del instante.

A lo largo del penúltimo andén el tren esperaba. Dahlmann recorrió los vagones y dio con uno° casi vacío. Acomodó en la red la valija;° cuando los coches arrancaron, la abrió y sacó, tras alguna vacilación, el primer tomo° de las Mil y Una Noches. Viajar con este libro, tan vinculado a la historia de su desdicha° era una afirmación de que esa desdicha había sido anulada y un desafío alegre y secreto a las frustradas fuerzas del mal.

A los lados del tren, la ciudad se desgarraba° en suburbios; esta visión y luego la de jardines y quintas° demoraron° el principio de la lectura. La verdad es que Dahlmann leyó poco; la montaña de piedra imán y el genio que ha jurado matar a su bienhechor eran, quién lo niega, maravillosos, pero no mucho más que la mañana y que el hecho de ser. La felicidad lo distraía de Shahrazad y de sus milagros superfluos; Dahlmann cerraba el libro y se dejaba simplemente vivir.

El almuerzo (con el caldo servido en *bols* de metal reluciente, como en los ya remotos veraneos de la niñez) fue otro goce tranquilo y agradecido.

Mañana me despertaré en la estancia, pensaba, y era como si a un tiempo fuera dos hombres: el que avanzaba por el día otoñal y por la geografía de la patria, y el otro, encarcelado en un sanatorio y sujeto a metódicas servidumbres. Vio casas de ladrillo sin revocar,° esquinadas° y largas, infinitamente mirando pasar los trenes; vio jinetes en los terrosos caminos; vio zanjas y lagunas y hacienda; vio largas nubes luminosas que parecían de mármol, y todas estas cosas eran casuales, como sueños de la llanura. También creyó reconocer árboles y sembrados° que no hubiera podido nombrar, porque su directo conocimiento de la campaña era harto° inferior a su conocimiento nostálgico y literario.

Carteleras: lugar donde se colocan anuncios
Llamador: objeto en la puerta que sirve para llamar
Vedado: prohibido
Dio con uno: encontró
Valija: maleta
Tomo: volumen
Desdicha: desgracia

Se desgarraba: se interrumpía y veía continuada
Quintas: fincas con casas
Demoraron: retrasaron
Sin revocar: sin pintar o cubrir de material alguno
Esquinadas: que forman esquinas
Sembrados: tierras sembradas, cultivadas
Harto: muy

Alguna vez durmió y en sus sueños estaba el ímpetu del tren. Ya el blanco sol intolerable de las doce del día era el sol amarillo que precede al anochecer y no tardaría en ser rojo. También el coche era distinto; no era el que fue en Constitución, al dejar el andén: la llanura y las horas lo habían atravesado y transfigurado. Afuera la móvil sombra del vagón se alargaba hacia el horizonte. No turbaban° la tierra elemental ni poblaciones ni otros signos humanos. Todo era vasto, pero al mismo tiempo era íntimo y, de alguna manera, secreto. En el campo desaforado,° a veces no había otra cosa que un toro. La soledad era perfecta y tal vez hostil, y Dahlmann pudo sospechar que viajaba al pasado y no sólo al Sur. De esa conjetura fantástica lo distrajo el inspector, que, al ver su boleto, le advirtió que el tren no lo dejaría en la estación de siempre sino en otra, un poco anterior y apenas conocida por Dahlmann. (El hombre añadió una explicación que Dahlmann no trató de entender ni siquiera de oír, porque el mecanismo de los hechos no le importaba.)

El tren laboriosamente se detuvo, casi en medio del campo. Del otro lado de las vías quedaba la estación, que era poco más que un andén con un cobertizo. Ningún vehículo tenían, pero el jefe opinó que tal vez pudiera conseguir uno en un comercio que le indicó a unas diez, doce, cuadras.

Dahlmann aceptó la caminata como una pequeña aventura. Ya se había hundido° el sol, pero un esplendor final exaltaba la viva y silenciosa llanura, antes de que la borrara la noche. Menos para no fatigarse que para hacer durar esas cosas, Dahlmann caminaba despacio, aspirando con grave felicidad el olor del trébol.

El almacén, alguna vez, había sido punzó,° pero los años habían mitigado para su bien ese color violento. Algo en su pobre arquitectura le recordó un grabado en acero, acaso de una vieja edición de *Pablo y Virginia*. Atados al palenque había unos caballos. Dahlmann, adentro, creyó reconocer al patrón; luego comprendió que lo había engañado su parecido con uno de los empleados del sanatorio. El hombre, oído el caso, dijo que le haría atar la jardinera;° para agregar otro hecho a aquel día y para llenar ese tiempo, Dahlmann resolvió comer en el almacén.

En una mesa comían y bebían ruidosamente unos muchachotes, en los que Dahlmann, al principio, no se fijó. En el suelo, apoyado en el mostrador, se acurrucaba,° inmóvil como una cosa, un hombre muy viejo. Los muchos años lo habían reducido y pulido como las aguas a una piedra o las generaciones de los hombres a una sentencia. Era oscuro, chico° y reseco, y estaba como fuera del tiempo, en una eternidad. Dahlmann registró con satisfacción la vincha,° el poncho de bayeta,° el largo chiripá° y la bota de potro° y se dijo, rememorando inútiles discusiones con gente de los partidos del Norte o con entrerrianos,° que gauchos de ésos ya no quedan más que en el Sur.

Dahlmann se acomodó junto a la ventana. La oscuridad fue quedándose con el campo, pero su olor y sus rumores aún le llegaban entre los barrotes de

---

Turbaban: alteraban
Desaforado: abierto, inmenso
Hundido: puesto
Punzó: rojo
Jardinera: coche, carruaje
Acurrucaba: se hallaba encogido y doblado
Chico: pequeño

Vincha° cinta o pañuelo para sujetar el pelo
De bayeta: de tela de lana
Chiripá: prenda de vestir de los indios que
    cuelga de la cintura a modo de pantalones
Bota de potro: recipiente para poner vino hecho
    de cuero
Entrerrianos: habitantes de Entre Ríos

hierro. El patrón le trajo sardinas y después carne asada; Dahlmann las empujó con unos vasos de vino tinto. Ocioso, paladeaba° el áspero sabor y dejaba errar la mirada por el local, ya un poco soñolienta. La lámpara de kerosén pendía° de uno de los tirantes;° los parroquianos° de la otra mesa eran tres: dos parecían peones de chacra;° otro, de rasgos achinados y torpes, bebía con el chambergo° puesto. Dahlmann, de pronto, sintió un leve roce en la cara. Junto al vaso ordinario de vidrio turbio, sobre una de las rayas del mantel, había una bolita de miga. Eso era todo, pero alguien se la había tirado.

Los de la otra mesa parecían ajenos a él. Dahlmann, perplejo, decidió que nada había ocurrido y abrió el volumen de las *Mil y Una Noches*, como para tapar la realidad. Otra bolita lo alcanzó a los pocos minutos, y esta vez los peones se rieron. Dahlmann se dijo que no estaba asustado, pero que sería un disparate° que él, un convaleciente, so dejara arrastrar por desconocidos a una pelea confusa. Resolvió salir; ya estaba de pie cuando el patrón se le acercó y lo exhortó con voz alarmada:

–Señor Dahlmann, no les haga caso a esos mozos, que están medio alegres.

Dahlmann no se extrañó de que el otro, ahora, lo conociera, pero sintió que estas palabras conciliadoras agravaban, de hecho, la situación. Antes, la provocación de los peones era a una cara accidental, casi a nadie; ahora iba contra él y contra su nombre y lo sabrían los vecinos. Dahlmann hizo a un lado° al patrón, se enfrentó con los peones y les preguntó qué andaban buscando.

El compadrito de la cara achinada se paró, tambaleándose. A un paso de Juan Dahlmann, lo injurió° a gritos, como si estuviera muy lejos. Jugaba a exagerar su borrachera y esa exageración era una ferocidad y una burla. Entre malas palabras y obscenidades, tiró al aire un largo cuchillo, lo siguió con los ojos, lo barajó, e invitó a Dahlmann a pelear. El patrón objetó con trémula voz que Dahlmann estaba desarmado. En ese punto, algo imprevisible ocurrió.

Desde un rincón, el viejo gaucho extático, en el que Dahlmann vio una cifra del Sur (del Sur que era suyo), le tiró una daga° desnuda que vino a caer a sus pies. Era como si el Sur hubiera resuelto que Dahlmann aceptara el duelo. Dahlmann se inclinó a recoger la daga y sintió dos cosas. La primera, que ese acto casi instintivo lo comprometía a pelear. La segunda, que el arma, en su mano torpe, no serviría para defenderlo, sino para justificar que lo mataran. Alguna vez había jugado con un puñal,° como todos los hombres, pero su esgrima° no pasaba de una noción de que los golpes deben ir hacia arriba y con el filo° para adentro. *No hubieran permitido en el sanatorio que me pasaran estas cosas*, pensó.

–Vamos saliendo –dijo el otro.

Salieron, y si en Dahlmann no había esperanza, tampoco había temor. Sintió, al atravesar el umbral,° que morir en una pelea a cuchillo, a cielo abierto y

---

Paladeaba: saboreaba
Pendía: colgaba
Tirantes: vigas de madera
Parroquianos: clientes
Peones de chacra: obreros de una granja
Chambergo: sombrero
Disparate: locura

Hizo a un lado: separó, apartó a un lado
Injurió: ofendió
Daga: cuchillo
Puñal: cuchillo
Esgrima: arte en el manejo del cuchillo
Filo: parte del cuchillo que corta
Umbral: parte inferior de la puerta

acometiendo,° hubiera sido una liberación para él, una felicidad y una fiesta, en la primera noche del sanatorio, cuando le clavaron la aguja. Sintió que si él, entonces, hubiera podido elegir o soñar su muerte, ésta es la muerte que hubiera elegido o soñado.

Dahlmann empuña° con firmeza el cuchillo, que acaso no sabría manejar, y sale a la llanura.

CUESTIONARIO

1. ¿Qué le sucedió al abuelo materno de Dahlmann?
2. ¿Cuál de los dos linajes escoge Dahlman, el de su abuelo paterno, el de su abuelo materno, o el de ambos?
3. ¿Qué profesión ejerce Dahlmann?
4. ¿Qué le hacen a Dahlmann nada más llegar al sanatorio?
5. ¿A dónde viaja Dahlmann cuando sale del sanatorio?
6. ¿En qué estación del año tiene lugar el viaje al sur?
7. ¿A dónde le dice el cirujano que puede convalecer Dahlmann?
8. ¿Qué ve Dahlmann mientras viaja en el tren?
9. ¿Qué le dice el inspector del tren a Dahlmann cuando vio su boleto?
10. Cuando Dahlmann vio el almacén, ¿qué le recordó? ¿Qué clientela había en este local?
11. ¿Qué le sirve de comer el patrón a Dahlmann?
12. ¿Quién le proporciona a Dahlmann el cuchillo para que luche contra el compadrito?

SELECCIÓN MÚLTIPLE

I. Los amigos que visitan a Dahlmann después de su accidente comentan que

1. Lo encontraban bien de salud.
2. Lo veían muy enfermo.
3. Debía ser internado en un hospital
4. Se recuperaría en poco más de un mes.

Acometiendo: atacando   *Empuña*: agarra, sujeta

II. En los días y noches que siguieron a la operación, ¿dónde se imaginó Dahlmann que había estado hasta ese momento?

1. En el paraíso.

2. En su estancia del sur de Argentina.

3. En el infierno

4. En su casa.

III. ¿Por qué afirma el narrador que "A la realidad le gustan las simetrías y los leves anacronismos"?

1. Porque la vida de Dahlman es similar a la de su padre.

2. Porque Dahlmann y el médico se parecen.

3. Porque la casa de Dahlmann y el sanatorio guardan una cierta semejanza.

4. Porque algunos incidentes y objetos del primer plano narrativo reaparecen en el segundo.

IV. ¿Cómo provocan a Dahlmann los gauchos del almacén?

1. Uno de ellos le golpeó la cara con una miga de pan.

2. Lo empujaron contra la mesa donde iba a sentarse para comer.

3. Lo insultaron.

4. Le quitaron la silla y se cayó al suelo.

V. Dahlmann se imaginó que morir en un duelo con un compadrito sería

1. Un acto denigrante porque él pertenecía a una clase social más elevada.

2. Lo propio, ya que se encontraba en tierra de gauchos.

3. Algo muy triste porque su familia no estaba cerca de él en sus últimos momentos.

4. Un acto de júbilo y liberación.

ANÁLISIS CRÍTICO

1. ¿Qué analogía o analogías encontramos entre *Las mil y una noches*, obra que aparece mencionada a lo largo de la historia, y el cuento de Borges?

2. ¿Qué viajes o desplazamientos realiza Dahlmann en esta historia? ¿Qué significado tiene el viaje que hace Dahlmann a la estancia del sur?

3. ¿Qué representa el viejo gaucho que aparece en el almacén al final del cuento?

4. ¿Cómo se manifiesta el desdoblamiento del protagonista?

5. ¿Cuántas líneas argumentales hay en este cuento?

6. ¿Qué correspondencias o paralelismos hay entre las dos partes del cuento?

7. Después de que el doctor le clavó una aguja en el brazo, Dahlmann "se despertó con náuseas, vendado, en una celda que tenía algo de pozo…" Explique el significado de esta frase con respecto a la estructura narrativa de la historia.

8. De acuerdo a una división bipartita de esta historia, ¿qué dos tipos de tiempos podríamos identificar con una y otra parte? Busque las referencias al gato y al viejo gaucho, ¿cómo podríamos denominar este otro tipo de tiempo?

ENSAYO

1. Haga un estudio comparativo entre "El sur" y "La noche boca arriba" de Julio Cortázar. Preste especial atención a los dos niveles narrativos en que se dividen ambas historias, el uso del tiempo y el espacio, los paralelismos entre ambos cuentos, el discurso, la noción de laberinto, y otros aspectos narrativos que juzgue de interés.

2. Haga una lectura de "El sur" basada en una división bipartita del mismo. Discuta los paralelismos, simetrías, el uso irónico del sueño y del despertar, los colores, y la descripción del escenario geográfico.

"La muerte y la brújula"

GUÍA DE LECTURA

"La muerte y la brújula" y "El jardín de senderos que se bifurcan", ambos pertenecientes al género policial, fueron publicados en 1942. "La muerte y la brújula" trata de un detective, Lönnrot, que sigue las pistas que le va dejando el criminal Scharlach en cada uno de sus crímenes. Éste, por su parte, juega con las facultades de la lógica y del raciocinio de Lönnrot, y construye un laberinto en el que termina aprisionando a su perseguidor. Scharlach le hace creer a Lönnrot que habrá cuatro crímenes, y Lönnrot, que deduce donde se producirá el cuarto, acude al lugar sospechado y se convierte en la víctima inesperada. El lector debe leer con detenimiento este cuento para no quedar atrapado, como Lönnrot con Scharlach, en la compleja malla textual de esta historia. Por ello, es imprescindible que recuerde nombres y fechas, y preste atención a las imágenes geométricas y a los colores para comprender la urdimbre de una serie de trampas tejidas por el autor.

🌿 🌿 🌿

A Mandie Molina Vedia

De los muchos problemas que ejercitaron la temeraria° perspicacia° de Lönnrot, ninguno tan extraño – tan rigurosamente extraño, diremos– como la periódica serie de hechos de sangre° que culminaron en la quinta de Triste-le-Roy, entre el interminable olor de los eucaliptos. Es verdad que Eric Lönnrot no logró° impedir el último crimen, pero es indiscutible que lo previó. Tampoco adivinó° la identidad del infausto° asesino de Yarmolinky, pero sí la secreta morfología de la malvada° serie y la participación de Red Scharlach, cuyo segundo apodo° es Scharlach el Dandy. Ese criminal (como tantos) había jurado por su honor la muerte de Lönnrot, pero éste nunca se dejó intimidar. Lönnrot se creía un puro razonador, un Auguste Dupin, pero algo de aventurero había en él y hasta de tahúr.°

El primer crimen ocurrió en el Hôtel du Nord –ese alto prisma que domina el estuario° cuyas aguas tienen el color del desierto. A esa torre (que muy notoriamente reúne la aborrecida° blancura de un sanatorio,° la numerada divisibilidad de una cárcel y la apariencia general de una casa mala) arribó el día 3 de diciembre el delegado de Podólsk al Tercer Congreso Talmúdico,° doctor Marcelo Yarmolinsky, hombre de barba gris y ojos grises. Nunca sabremos si el Hôtel du Nord le agradó: lo aceptó con la antigua resignación que le había permitido tolerar tres años de guerra en los Cárpatos y tres mil años de opresión y de *pogroms*.° Le dieron un dormitorio en el piso R, frente a la *suite* que no sin esplendor ocupaba el Tetrarca de Galilea. Yarmolinsky cenó, postergó° para el día siguiente el examen de la desconocida ciudad, ordenó en un *placard*° sus muchos libros y sus muy pocas prendas y antes de media noche apagó la luz. (Así lo declaró el *chauffeur* del Tetrarca, que dormía en la pieza contigua.) El cuatro, a las 11 y 3 minutos a.m., lo llamó por teléfono un redactor de la *Yidische Zaitung*; el doctor Yarmolinksy no respondió; lo hallaron en su pieza, ya levemente oscura la cara, casi desnudo bajo una gran capa anacrónica. Yacía no lejos de la puerta que daba al corredor; una puñalada° profunda le había partido el pecho. Un par de horas después, en el mismo cuarto, entre periodistas, fotógrafos y gendarmes,° el comisario Treviranus y Lönnrot debatían con serenidad el problema.

–No hay que buscarle tres pies al gato° –decía Treviranus, blandiendo un imperioso cigarro–. Todos sabemos que el Tetrarca de Galilea posee los mejores

---

Temeraria: atrevida
Perspicacia: intuición, astucia
Hechos de sangre: delitos, asesinatos
Logró: consiguió
Adivinó: previó, presintió
Infausto: infeliz, desafortunado
Malvada: mala, desgraciada
Apodo: sobrenombre
Tahúr: jugador que hace trampas
Estuario: tierras a la orilla de un río
Aborrecida: odiada
Sanatorio: clínica

Talmúdico: del Talmud. Compilación de las tradiciones religiosas de los judíos hecha en el siglo II
pogroms: matanza de judíos
Postergó: pospuso
Placard: palabra francesa. Armario
Puñalada: herida con un puñal
Gendarmes: policías
No hay que buscarle tres pies al gato: Expresión idiomática. No hay que hacer más difícil la situación o complicarla

zafiros del mundo. Alguien, para robarlos, habrá penetrado aquí por error. Yarmolinsky se ha levantado; el ladrón ha tenido que matarlo. ¿Qué le parece?

–Posible, pero no interesante –respondió Lönnrot–. Usted replicará que la realidad no tiene la menor obligación de ser interesante. Yo le replicaré que la realidad puede prescindir° de esa obligación, pero no las hipótesis. En la que usted ha improvisado, interviene copiosamente el azar.° He aquí un rabino° muerto; yo preferiría una explicación puramente rabínica, no los imaginarios percances de un imaginario ladrón.

Treviranus repuso con mal humor:

–No me interesan las explicaciones rabínicas; me interesa la captura del hombre que apuñaló a este desconocido.

–No tan desconocido –corrigió Lönnrot–. Aquí están sus obras completas. –Indicó en el *placard* una fila de altos volúmenes: una *Vindicación de la cábala*; un *Examen de la filosofía de Robert Fludd*; una traducción literal de *Sepher Yezirah*; una *Biografía del Baal Shem*; una *Historia de la secta de los Hasidim*; una monografía (en alemán) sobre el Tetragrámaton; otra, sobre la nomenclatura divina del Pentateuco. El comisario los miró con tremor, casi con repulsión. Luego, se echó a reír.

–Soy un pobre cristiano –repuso–. Llévese todos esos mamotretos, si quiere; no tengo tiempo que perder en supersticiones judías.

–Quizá este crimen pertenece a la historia de las supersticiones judías – murmuró Lönnrot.

–Como el cristianismo –se atrevió a completar el redactor de la *Yidische Zaitung*. Era miope, ateo y muy tímido.

Nadie le contestó. Uno de los agentes había encontrado en la pequeña máquina de escribir una hoja de papel con esta sentencia inconclusa:

La primera letra del Nombre ha sido articulada.

Lönnrot se abstuvo de sonreír. Bruscamente bibliófilo° o hebraísta, ordenó que le hicieran un paquete con los libros del muerto y los llevó a su departamento. Indiferente a la investigación policial, se dedicó a estudiarlos. Un libro en octavo mayor° le reveló las enseñanzas de Israel Ball Shem Toba, fundador de la secta de los Piadosos; otro, las virtudes y terrores del Tetragrámaton, que es el inefable Nombre de Dios; otro, la tesis de que Dios tiene un nombre secreto, en el cual está compendiado (como en la esfera de cristal que los persas atribuyen a Alejandro de Macedonia°) su noveno atributo, la eternidad –es decir, el conocimiento inmediato de todas las cosas que serán, que son y que han sido en el universo. La tradición enumera noventa y nueve nombres de Dios; los hebraístas atribuyen ese imperfecto número al mágico temor de las cifras pares; los Hasidim razonan que ese hiato señala un centésimo nombre –el Nombre Absoluto.

De esa erudición lo distrajo, a los pocos días, la aparición del redactor de la *Yidische Zaitung*. Éste quería hablar del asesinato; Lönnrot prefirió hablar de los

---

Prescindir: Omitir, excluir
Azar: casualidad, suerte, acaso
Rabino: maestro o sacerdote de la religión de
    los judíos

Bibliófilo: amante de libros
Octavo mayor: tamaño especial al imprimir un
    libro
Alejandro de Macedonia: Alejandro Magno

diversos nombres de Dios; el periodista declaró en tres columnas que el investigador Eric Lönnrot se había dedicado a estudiar los nombres de Dios para dar con el nombre del asesino. Lönnrot, habituado a las simplificaciones del periodismo no se indignó. Uno de esos tenderos que han descubierto que cualquier hombre se resigna a comprar cualquier libro, publicó una edición popular de la *Historia de la secta de los Hasidim.*

El segundo crimen ocurrió la noche del 3 de enero, en el más desamparado y vacío de los huecos suburbios occidentales de la capital. Hacia el amanecer, uno de los gendarmes que vigilan a caballo esas soledades vio en el umbral de una antigua pinturería un hombre emponchado,° yacente. El duro rostro estaba como enmascarado de sangre; una puñalada profunda le había rajado el pecho. En la pared, sobre los rombos amarillos y rojos, había unas palabras en tiza. El gendarme las deletreó°... Esa tarde, Treviranus y Lönnrot se dirigieron a la remota escena del crimen. A izquierda y a derecha del automóvil, la ciudad se desintegraba; crecía el firmamento y ya importaban poco las casas y mucho un horno de ladrillos o un álamo. Llegaron a su pobre destino: un callejón final de tapias rosadas que parecían reflejar de algún modo la desaforada puesta del sol. El muerto ya había sido identificado. Era Daniel Simón Azevedo, hombre de alguna fama en los antiguos arrabales del Norte, que había ascendido de carrero a guapo electoral, para degenerar después en ladrón y hasta en delator. (El singular estilo de su muerte les pareció adecuado: Azevedo era el último representante de una generación de bandidos que sabía el manejo del puñal, pero no del revólver.) Las palabras de tiza eran las siguientes:

La segunda letra del Nombre ha sido articulada.

El tercer crimen ocurrió la noche del 3 de febrero. Poco antes de la una, el teléfono resonó en la oficina del comisario Treviranus. Con ávido sigilo, habló un hombre de voz gutural; dijo que se llamaba Ginzberg (o Ginsburg) y que estaba dispuesto a comunicar, por una remuneración razonable, los hechos de los dos sacrificios de Azevedo y de Yarmolinsky. Una discordia° de silbidos° y de cornetas ahogó la voz del delator. Después, la comunicación se cortó. Sin rechazar aún la posibilidad de una broma (al fin, estaban en carnaval) Treviranus indagó que le habían hablado desde *Liverpool House,* taberna de la Rue de Toulon –esa calle salobre en la que conviven el cosmorama y la lechería, el burdel y los vendedores de biblias. Treviranus habló con el patrón. Éste (Black Finnegan, antiguo criminal irlandés, abrumado° y casi anulado° por la decencia) le dijo que la última persona que había empleado el teléfono de la casa era un inquilino,° un tal Gryphius, que acababa de salir con unos amigos. Treviranus fue en seguida a *Liverpool House.* El patrón le comunicó lo siguiente: Hace ocho días, Gryphius había tomado una pieza° en los altos del bar. Era un hombre de rasgos afilados,° de nebulosa barba gris, trajeado° pobremente de negro; Finnegan (que destinaba esa habitación a un

---

Emponchado: cubierto con un poncho
Deletreó: decir letra por letra
Discordia: sin armonia
Silbidos: sonidos que se hacen soplando con los
    dos labios juntos
Abrumado: angustiado, triste, afligido

Anulado: cancelado
Inquilino: persona que alquila un apartamento,
    casa o cuarto
Pieza: cuarto, habitación
Afilados: delgado
Trajeado: vestido

empleo que Treviranus adivinó) le pidió un alquiler sin duda excesivo; Gryphius inmediatamente pagó la suma estipulada.° No salía casi nunca; cenaba y almorzaba en su cuarto; apenas si le conocían la cara en el bar. Esa noche, bajó a telefonear al despacho de Finnegan. Un cupé° cerrado se detuvo ante la taberna. El cochero no se movió del pescante;° algunos parroquianos recordaron que tenía máscara de oso. Del cupé bajaron dos arlequines; eran de reducida estatura y nadie pudo no observar que estaban muy borrachos. Entre balidos de cornetas, irrumpieron° en el escritorio de Finnegan; abrazaron a Gryphius, que pareció reconocerlos, pero que les respondió con frialdad; cambiaron unas palabras en yiddish –él en voz baja, gutural, ellos con voces falsas, agudas– y subieron a la pieza del fondo. Al cuarto de hora bajaron los tres, muy felices; Gryphius, tambaleante, parecía tan borracho como los otros. Iba, alto y vertiginoso, en el medio, entre los arlequines enmascarados. (Una de las mujeres del bar recordó los losanges° amarillos, rojos y verdes.) Dos veces tropezó; dos veces lo sujetaron los arlequines. Rumbo a la dársena inmediata, de agua rectangular, los tres subieron al cupé y desaparecieron. Ya en el estribo° del cupé, el último arlequín garabateó° una figura obscena y una sentencia en una de las pizarras de la recova.

Treviranus vio la sentencia. Era casi previsible, decía:

La última de las letras del Nombre ha sido articulada.

Examinó, después, la piecita de Gryphius–Ginzberg. Había en el suelo una brusca estrella de sangre; en los rincones, resto de cigarrillos de marca húngara; en un armario, un libro en latín –el *Philologus hebraeograecus* (1739) de Leusden– con varias notas manuscritas. Treviranus lo miró con indignación e hizo buscar a Lönnrot. Éste, sin sacarse el sombrero, se puso a leer, mientras el comisario interrogaba a los contradictorios testigos del secuestro posible. A las cuatro salieron. En la torcida Rue de Toulon, cuando pisaban las serpentinas muertas del alba, Treviranus dijo:

–¿Y si la historia de esta noche fuera un simulacro?

Eric Lönnrot sonrió y le leyó con toda gravedad un pasaje (que estaba subrayado) de la disertación trigésima tercera del *Philologus: Dies Judacorum incipit a solis occasu usque ad solis occasum diei sequentis.* Esto quiere decir –agregó–. *El día hebreo empieza al anochecer y dura hasta el siguiente anochecer.*

El otro ensayó una ironía.

–¿Ese dato es el más valioso que usted ha recogido esta noche?

–No. Más valiosa es una palabra que dijo Ginzberg.

Los diarios de la tarde no descuidaron esas desapariciones periódicas. *La Cruz de la Espada* las contrastó con la admirable disciplina y el orden del último Congreso Eremítico; Ernst Palast, en *El Mártir*, reprobó° "las demoras intolerables de un *pogrom* clandestino y frugal, que ha necesitado tres meses para liquidar tres judíos"; la *Yidische Zaitung* rechazó la hipótesis horrorosa de un complot

---

Estipulada: acordada, debida
Cupé: tipo de coche
Pescante: asiento delantero
Balidos: toques, sonidos
Irrumpieron: entraron

Losanges: rombos
Estribo: plataforma que sirve para poner el pie al subir o bajar de un coche
Garabateó: escribió
Reprobó: censuró, desaprobó

antisemita, "aunque muchos espíritus penetrantes no admiten otro solución del triple misterio"; el más ilustre de los pistoleros del Sur, Dandy Red Scharlach, juró que en su distrito nunca se producirían crímenes de ésos y acusó de culpable negligencia al comisario Franz Treviranus.

Éste recibió, la noche del primero de marzo, un imponente sobre sellado. Lo abrió: el sobre contenía una carta firmada *Baruj Spinoza* y un minucioso plano de la ciudad, arrancado notoriamente de un Baedeker. La carta profetizaba que el 3 de marzo no habría un cuarto crimen pues la pinturería del Oeste, la taberna de la Rue de Toulon y el Hôtel du Nord eran "los vértices perfectos de un triángulo equilátero y místico"; el plano demostraba en tinta roja la regularidad de ese triángulo. Treviranus leyó con resignación ese argumento *more geometrico* y mandó la carta y el plano a casa de Lönnrot –indiscutible merecedor de tales locuras.

Eric Lönnrot las estudió. Los tres lugares, en efecto, eran equidistantes. Simetría en el tiempo. (3 de diciembre, 3 de enero, 3 de febrero); simetría en el espacio, también... Sintió, de pronto, que estaba por descifrar el misterio. Un compás y una brújula completaron esa brusca intuición. Sonrió, pronunció la palabra *Tetragrámaton* (de adquisición reciente) y llamó por teléfono al comisario. Le dijo:

–Gracias por ese triángulo equilátero que usted anoche me mandó. Me ha permitido resolver el problema. Mañana viernes los criminales estarán en la cárcel; podemos estar muy tranquilos.

–Entonces ¿no planean un cuarto crimen?

–Precisamente porque planean un cuarto crimen, podemos estar muy tranquilos. Lönnrot colgó el tubo. Una hora después, viajaba en un tren de los Ferrocarriles Australes, rumbo a la quinta abandonaba de Triste-le-Roy. Al sur de la ciudad de mi cuento fluye un ciego riachuelo de aguas barrosas,° infamado de curtiembres° y de basuras. Del otro lado hay un suburbio fabril° donde, al amparo de un caudillo barcelonés, medran° los pistoleros. Lönnrot sonrió al pensar que el más afamado –Red Scharlach– hubiera dado cualquier cosa por conocer esa clandestina visita. Azevedo fue compañero de Scharlach; Lönnrot consideró la remota posibilidad de que la cuarta víctima fuera Scharlach. Después, la desechó... Virtualmente, había descifrado el problema; las meras circunstancias, la realidad (nombres, arrestos, caras, trámites judiciales y carcelarios), apenas les interesaban ahora. Quería pasear, quería descansar de tres meses de sedentaria investigación. Reflexionó que la explicación de los crímenes estaba en un triángulo anónimo y en una polvorienta palabra griega. El misterio casi le pareció cristalino; se abochornó° de haberle dedicado cien días.

El tren paró en una silenciosa estación de cargas. Lönnrot bajó. Era una de esas tardes desiertas que parecen amaneceres. El aire de la turbia° llanura era húmedo y frío. Lönnrot echó a andar por el campo. Vio perros, vio un furgón en una vía

---

Barrosas: llenas de barro
Curtiembres: lugares donde se curte, trabaja, la piel
Fabril: industrial

Medran: prosperan, mejoran
Abochornó: se avergonzó
Turbia: sucia

muerta, vio el horizonte, vio un caballo plateado que bebía el agua crapulosa° de un charco. Oscurecía cuando vio el mirador rectangular de la quinta de Triste–le–Roy, casi tan alto como los negros eucaliptos que lo rodeaban. Pensó que apenas un amanecer y un ocaso (un viejo resplandor en el oriente y otro en el occidente) lo separaban de la hora anhelada por los buscadores del Nombre.

Una herrumbrada° verja° definía el perímetro irregular de la quinta. El portón principal estaba cerrado. Lönnrot, sin mucha esperanza de entrar, dio toda la vuelta. De nuevo ante el portón infranqueable,° metió la mano entre los barrotes, casi maquinalmente, y dio con el pasador.° El chirrido° del hierro lo sorprendió. Con una pasividad laboriosa, el portón entero cedió.

Lönnrot avanzó entre los eucaliptos, pisando confundidas generaciones de rotas hojas rígidas. Vista de cerca, la casa de la quinta de Triste–le–Roy abundaba en inútiles simetrías y en repeticiones maniáticas: a una Diana glacial en un nicho lóbrego correspondía en un segundo nicho otra Diana; un balcón se reflejaba en otro balcón; dobles escalinatas se abrían en doble balaustrada. Un Hermes de dos caras proyectaba una sombra monstruosa. Lönnrot rodeó la casa como había rodeado la quinta. Todo lo examinó; bajo el nivel de la terraza vio una estrecha persiana.

La empujó: unos pocos escalones de mármol descendían a un sótano. Lönnrot, que ya intuía las preferencias del arquitecto, adivinó que en el opuesto muro del sótano había otros escalones. Los encontró, subió, alzó las manos y abrió la trampa de salida.

Un resplandor lo guió a una ventana. La abrió: una luna amarilla y circular definía en el triste jardín dos fuentes cegadas. Lönnrot exploró la casa. Por antecomedores y galerías salió a patios iguales y repetidas veces al mismo patio. Subió por escaleras polvorientas a antecámaras circulares; infinitamente se multiplicó en espejos opuestos; se cansó de abrir o entreabrir ventanas que le revelaban, afuera, el mismo desolado jardín desde varias alturas y varios ángulos; adentro, muebles con fundas° amarillas y arañas embaladas en tarlatán.° Un dormitorio lo detuvo; en ese dormitorio, una sola flor en una copa de porcelana; al primer roce los pétalos antiguos se deshicieron. En el segundo piso, en el último, la casa le pareció infinita y creciente. *La casa no es tan grande,* pensó. *La agrandan la penumbra, la simetría, los espejos, los muchos años, mi desconocimiento, la soledad.*

Por una escalera espiral llegó al mirador. La luna de esa tarde atravesaba los losanges de las ventanas; eran amarillos, rojos y verdes. Lo detuvo un recuerdo asombrado y vertiginoso.

Dos hombres de pequeña estatura, feroces y fornidos,° se arrojaron sobre él y lo desarmaron; otro, muy alto, lo saludó con gravedad y le dijo:

–Usted es muy amable. No ha ahorrado una noche y un día.

Era Red Scharlach. Los hombres maniataron° a Lönnrot. Éste, al fin, encontró su voz.

–Scharlach ¿usted busca el Nombre Secreto?

Crapulosa: sucia
Herrumbrada: oxidada
Verja: valla de metal
Infranqueable: que no se puede pasar
Pasador: pieza que sirve para cerrar una puerta

Chirrido: ruido
Fundas: cubiertas
Arañas...tarlatán: lámparas envueltas en tela
Fornidos: fuertes
Maniataron: ataron las manos

Scharlach seguía de pie, indiferente. No había participado en la breve lucha, apenas si alargó° la mano para recibir el revólver de Lönnrot. Habló; Lönnrot oyó en su voz una fatigada victoria, un odio del tamaño del universo, una tristeza no menor que aquel odio.

–No –dijo Scharlach–. Busco algo más efímero y deleznable,° busco a Eric Lönnrot. Hace tres años, en un garito de la Rue de Toulon, usted mismo arrestó, e hizo encarcelar a mi hermano. En un cupé, mis hombres me sacaron del tiroteo con una bala policial en el vientre. Nueve días y nueve noches agonicé en esta desolada quinta simétrica; me arrasaba° la fiebre, el odioso Jano bifronte que mira los ocasos y las auroras daba horror a mi ensueño y a mi vigilia. Llegué a abominar de mi cuerpo, llegué a sentir que dos ojos, dos manos, dos pulmones, son tan monstruosos como dos caras. Un irlandés trató de convertirme a la fe de Jesús; me repetía la sentencia de los *góim*: Todos los caminos llevan a Roma. De noche, mi delirio se alimentaba de esa metáfora: yo sentía que el mundo es un laberinto, del cual era imposible huir, pues todos los caminos, aunque fingieran ir al norte o al sur, iban realmente a Roma, que era también la cárcel cuadrangular donde agonizaba mi hermano y la quinta de Triste–le–Roy. En esas noches yo juré por el dios que ve con dos caras y por todos los dioses de la fiebre y de los espejos tejer un laberinto en torno del hombre que había encarcelado a mi hermano. Lo he tejido y es firme: los materiales son un heresiólogo muerto, una brújula, una secta del siglo XVIII, una palabra griega, un puñal, los rombos de una pinturería.

El primer término de la serie me fue dado por el azar. Yo había tramado° con algunos colegas –entre ellos, Daniel Azevedo– el robo de los zafiros del Tetrarca. Azevedo nos traicionó; se emborrachó con el dinero que le habíamos adelantado y acometió la empresa el día antes. En el enorme hotel se perdió; hacia las dos de la mañana irrumpió en el dormitorio de Yarmolinsky. Éste, acosado° por el insomnio, se había puesto a escribir. Verosímilmente, redactaba unas notas o un artículo sobre el Nombre de Dios; había escrito ya las palabras *La primera letra del Nombre ha sido articulada.* Azevedo le intimó silencio; Yarmolinsky alargó la mano hacia el timbre que despertaría todas las fuerzas del hotel; Azevedo le dio una sola puñalada en el pecho. Fue casi un movimiento reflejo; medio siglo de violencia le había enseñado que lo más fácil y seguro es matar... A los diez días yo supe por la *Yidische Zaitung* que usted buscaba en los escritos de Yarmolinsky la clave de la muerte de Yarmolinsky. Leí la *Historia de la secta de los Hasidim*; supe que el miedo reverente de pronunciar el Nombre de Dios había originado la doctrina de que ese Nombre es todopoderoso y recóndito. Supe que algunos Hasidim, en busca de ese Nombre secreto, habían llegado a cometer sacrificios humanos... Comprendí que usted conjeturaba que los Hasidim habían sacrificado al rabino; me dediqué a justificar esa conjetura.

Marcelo Yarmolinsky murió la noche del tres de diciembre; para el segundo "sacrificio" elegí la del tres de enero. Murió en el Norte; para el segundo "sacrificio" nos convenía un lugar del Oeste. Daniel Azevedo fue la víctima necesaria. Merecía

---

Alargó: extendió
Deleznable: insustancial
Arrasaba: sufría

Tramado: tejido, ideado
Acosado: perseguido

la muerte: era un impulsivo, un traidor; su captura podía aniquilar todo el plan. Uno de los nuestros lo apuñaló; para vincular su cadáver al anterior, yo escribí encima de los rombos de la pinturería *La segunda letra del Nombre ha sido articulada*.

El tercer "crimen" se produjo el tres de febrero. Fue, como Treviranus adivinó, un mero simulacro. Gryphius–Ginzberg–Ginsburg soy yo; una semana interminable sobrellevé (suplementado por una tenue barba postiza) en ese perverso cubículo de la Rue de Toulon, hasta que los amigos me secuestraron. Desde el estribo del cupé, uno de ellos escribió en un pilar *La última de las letras del Nombre ha sido articulada*. Esa escritura divulgó que la serie de crímenes era *triple*. Así lo entendió el público; yo, sin embargo, intercalé repetidos indicios para que usted, el razonador Eric Lönnrot, comprendiera que es *cuádruple*. Un prodigio en el Norte, otros en el Este y en el Oeste, reclaman un cuarto prodigio en el Sur; el Tetragrámaton –el Nombre de Dios, JHVH– consta del *cuatro* letras; los arlequines y la muestra del pinturero sugieren *cuatro* términos. Yo subrayé cierto pasaje en el manual de Leusden; ese pasaje manifiesta que los hebreos computaban° el día de ocaso a ocaso; ese pasaje da a entender que las muertes ocurrieron el *cuatro* de cada mes. Yo mandé el triangulo equilátero a Treviranus. Yo presentí que usted agregaría el punto que falta. El punto que determina un rombo perfecto, el punto que prefija el lugar donde una exacta muerte lo espera. Todo lo he premeditado, Eric Lönnrot, para atraerlo a usted a las soledades de Triste–le–Roy.

Lönnrot evitó los ojos de Scharlach. Miró los árboles y el cielo subdivididos en rombos turbiamente amarillos, verdes y rojos. Sintió un poco de frío y una tristeza impersonal, casi anónima. Ya era de noche; desde el polvoriento jardín subió el grito inútil de un pájaro. Lönnrot consideró por última vez el problema de las muertes simétricas y periódicas.

–En su laberinto sobran tres líneas –dijo por fin–. Yo sé de un laberinto griego que es una línea única, recta. En esa línea se han perdido tantos filósofos que bien puede perderse un mero *detective*. Scharlach, cuando en otro avatar° usted me dé caza, finja (o cometa) un crimen en A, luego un segundo crimen en B, a 8 kilómetros de A, luego un tercer crimen en C, a 4 kilómetros de A y de B, a mitad de camino entre los dos. Aguárdeme° después en D, a 2 kilómetros de A y de C, de nuevo a mitad de camino. Máteme en D, como ahora va a matarme en Triste–le–Roy.

–Para la otra vez que lo mate –replicó Scharlach– le prometo ese laberinto, que consta de una sola línea recta y que es invisible, incesante.

Retrocedió unos pasos. Después, muy cuidadosamente, hizo fuego.

CUESTIONARIO

1. ¿Quién se había propuesto asesinar a Lönnrot?
2. ¿Dónde y en qué fecha ocurrió el primer crimen? ¿Quién fue la víctima? ¿Quién fue el asesino?

Computaban: medían   *Aguárdeme*: espéreme
Avatar: circunstancia

3. ¿Qué explicación da Treviranus al primer crimen?

4. ¿Qué es el Tetragrámaton?

5. ¿Dónde y cuádo ocurrió el segundo crimen? ¿Quién fue la víctima? ¿Quién fue el asesino?

6. ¿Quién es Black Finnegan?

7. ¿Tiene realmente razón *Baruj Spinoza* cuando afirma que no habrá un cuarto crimen? ¿Cuántos crímenes hay realmente en la historia?

8. ¿En dónde cree Lönnrot que se producirá el cuarto crimen?

9. ¿De qué acusa Scharlach a Lönnrot cuando se encuentran en la quinta de Triste–le–Roy?

10. ¿Qué relación existe entre Ginzburg y Scharlach?

11. ¿Qué pistas le da Scharlach a Lönnrot para que éste crea que habrá una serie de cuatro crímenes?

SELECCIÓN MÚLTIPLE

I.   El primer párrafo del cuento presenta al lector

1. Una descripción de los antecedentes policiales de Lönnrot.

2. Un resumen de la vida de las futuras víctimas.

3. Una anticipación del último crimen en Triste–le–Roy.

4. Una apología de los crímenes cometidos por Scharlach.

II.   Según el redactor de la *Yidische Zaitung*, Lönnrot

1. Intentaba descubrir el nombre del asesino estudiando los nombres de Dios.

2. Había descubierto la primera letra del nombre del asesino.

3. Ya conocía la identidad del asesino.

4. Había dejado el caso en manos del comisario Treviranus.

III.   ¿Quién fue asesinado el tres de febrero?

1. Azevedo.

2. Ginzberg, o Ginsburg

3. Black Finnegan

4. No se produjo ningún crimen en esa fecha, todo fue un simulacro de Scharlach.

IV.   Lönnrot deduce que habrá un cuarto crimen

1. Porque Treviranus se lo dijo.

2. A raíz de la carta de *Baruj Spinoza* que aseguraba que no habría un cuarto crimen.

3. Después de leer el diario *Yidische Zaitung*

4. Después de que Scharlach se lo advirtiera.

V. La frase "La primera letra del Nombre ha sido articulada" fue escrita por

1. Lönnrot.
2. Scharlach.
3. Azevedo.
4. Yarmolinsky.

ANÁLISIS CRÍTICO

1. ¿Podemos considerar al narrador de este cuento como fiable?

2. Si pensamos en Lönnrot y Scharlach, ¿a quién le corresponde el papel de creador y a quién el de crítico?

3. ¿Qué significado encuentra en las imágenes geométricas y en las de colores? ¿Qué relación guardan con los crímenes cometidos?

4. Desde el punto de vista profesional, ¿en qué se diferencian Lönnrot y Treviranus? ¿En qué ocasiones podemos decir que la forma de razonar de uno triunfa sobre la del otro?

5. Los números tres y cuatro aparecen recurrentemente en esta historia. ¿Puede identificar algunas de las ocasiones en que aparecen? ¿Qué significado le da a uno y otro número?

6. Treviranus es un nombre compuesto de dos palabras latinas, y significa "tres varones". ¿Qué clave nos está revelando el narrador con este nombre? ¿Qué significado tienen algunos de los nombres de los protagonistas de este cuento?

7. ¿En qué puntos geográficos se cometen los crímenes?

8. ¿Con qué tipo de laberinto atrapa Scharlach a Lönnrot? ¿Qué laberinto le propone éste a Scharlach en caso de encontrarse una vez más?

9. ¿De qué manera subvierte, o parodia, Borges los convencionalismos de la novela policíaca en este cuento?

ENSAYO

1. Estudie cómo Borges teje su laberinto o laberintos en este cuento. Comente las distintas implicaciones narrativas que va teniendo la paulatina construcción de este o estos laberintos.

2. Escoja una o dos de las obras citadas por Borges en este cuento y relaciónelas con algún aspecto narrativo de la historia.

BIBLIOGRAFÍA

Alazraki, Jaime. *Versiones. Inversiones. Reversiones*. Madrid: ed. Gredos, 1977.

Barrenechea, Ana María. *Borges the Labyrinth Maker*. Ed. y trad. de Robert Lima. New York: New York U P, 1965.

Bell–Villada, Gene. *Borges and His Fiction. A Guide to His Mind and Art*. Chapel Hill: U of North Carolina P, 1981.

Christ, Ronald J. *The Narrow Act. Borges' Art of Allusion.* New York: New York U P, 1969.

Franco, Jean. *Historia de la literatura hispanoamericana. A partir de la independencia.* Barcelona: Ariel, 1980.

Le Goff, Marcel. *Jorge Luis Borges: el universo, la letra y el secreto.* Montevideo: Librería Linardi y Risso, 1995.

Oviedo, José Miguel. *Historia de la literatura hispanoamericana. 4. De Borges al presente.* Madrid: Alianza ed., 2001.

Shaw, Donald L. *Nueva narrativa hispanoamericana.* Madrid: ed. Cátedra, 1981.

🌿 🌿 🌿

JUAN RULFO

(1918-1986)

Juan Rulfo, mexicano, conoció la ruina económica de su familia y tuvo que vivir durante su infancia en un orfelinato. Fue testigo de la guerra cristera (1926–1928) y de la pobreza de muchos campesinos. En 1934 se mudó a México, trabajó en el Archivo de la Secretaría de Gobernación, y tras estudiar contabilidad se empleó en la compañía Goodrich. Su obra se reduce a una colección de cuentos, *El llano en llamas* (1953), y la novela *Pedro Páramo* (1955). El espacio narrativo de la novela, y de algunos de sus cuentos, es Comala, un lugar imaginario y fantasmal caracterizado por el aislamiento y el calor sofocante. Los protagonistas de Rulfo suelen ser personajes solitarios que viven con sed de venganza o pagando una culpa, y en muchos casos estos personajes se ven prisioneros de un tiempo que queda fuera del tiempo físico o real. A diferencia de los escritores de la Revolución Mexicana, Rulfo no trata de hacer una crónica de la guerra civil con los consabidos caciques, indios y hacendados. Él ve la Revolución Mexicana como una realidad histórica que alcanza dimensiones universales y míticas, al tiempo que incorpora técnicas narrativas de escritores de otros países, como William Faulkner. Desde el punto de vista formal, sorprende el estilo conciso, pero este laconismo se ve compensado con la densidad y el poder sugerente de su discurso.

El llano en llamas es una colección de cuentos en la que se cumplen los anteriores rasgos caracterizadores de su obra. En ellos encontramos el odio y la violencia junto con la compasión, la pasión erótica, el perdón, y la lucha por la supervivencia. Por lo general, sus protagonistas son campesinos que se ven enfrentados a distintos problemas personales, sociales o económicos. A pesar de la aparente sencillez de estos relatos, y del carácter local de la acción, Rulfo da a estos conflictos humanos una verdadera dimensión universal.

La segunda obra, *Pedro Páramo*, se centra en el viaje que hace Juan Preciados a Comala, "la boca del infierno", cumpliendo el deseo de su madre: que pida a su padre lo que le pertenece a ella. A medida que progresa la narración, el lector, y Juan Preciados, se percatan de que todos los habitantes de Comala, incluido Juan Preciados, ya han muerto, y de que el mismo pueblo es un lugar fantasmal. La novela nos va revelando los sueños, deseos y aspiraciones de todos sus habitantes. Dorotea, por ejemplo, soñaba con tener un hijo y se veía como una figura maternal;

y Pedro Páramo, el rico hacendado que se ha pasado la vida matando y robando, se ve como una figura romántica que sueña con Susana San Juan, la mujer con la que terminará casándose pero no poseyendo. *Pedro Páramo* es una novela fragmentada y compleja en la que se superponen distintos planos de la narración y en la que se rompe con la noción convencional del tiempo cronológico y del espacio.

Aparte de estas dos dos obras, verdaderamente clásicas, Rulfo sólo escribió algunos relatos autobiográficos y unos textos cinematográficos que aparecieron bajo el título *El gallo de oro* (1980), pero estas obras fueron escritas con anterioridad al *Llano en llamas* y *Pedro Páramo*. Durante diez años trabajó en su novela *La cordillera*, pero al sentirse insatisfecho con su trabajo la destruyó.

🌿 🌿 🌿

"No oyes ladrar los perros"

GUÍA DE LECTURA

En este cuento, perteneciente a la colección *El llano en llamas*, Rulfo nos relata el viaje de un padre y un hijo malherido a Tonaya. A lo largo de este viaje el padre nos da una semblanza del pasado de su hijo al tiempo que lo recrimina por haber llevado una vida de criminal. El padre, que es quien carga al hijo, se ve obligado a cargar también con los problemas que éste le ha ocasionado. El cuento nos recuerda la parábola del hijo pródigo, la de la oveja descarriada, y el Vía Crucis de Cristo. Aunque en muchos de sus cuentos Rulfo se sirve del monólogo, en éste predomina el diálogo y la descripción, y a pesar de su economía argumental, Rulfo lo dota de un gran dramatismo. Entre otros aspectos narrativos, el lector debe prestar atención a los cambios de punto de vista, a cómo se va creando el suspense, y sobre todo a la función que cumplen las distintas facultades sensoriales.

🌿 🌿 🌿

–Tú que vas allá arriba, Ignacio, díme si no oyes alguna señal de algo o si ves alguna luz en alguna parte.

–No se ve nada.

–Ya debemos estar cerca.

–Sí, pero no se oye nada.

–Mira bien.

–No se ve nada.

–Pobre de ti, Ignacio.

La sombra larga y negra de los hombres siguió moviéndose de arriba abajo, trepándose° a las piedras, disminuyendo y creciendo según avanzaba por la orilla de arroyo.° Era una sola sombra, tambaleante.°

Trepándose: escalando, montando
Arroyo: río

Tambaleante: oscilante, vacilante

La luna venía saliendo de la tierra, como una llamarada redonda.

–Ya debemos estar llegando a ese pueblo, Ignacio. Tú que llevas las orejas de fuera, fíjate a ver si no oyes ladrar los perros. Acuérdate que nos dijeron que Tonaya estaba detrasito del monte.° Y desde qué horas que hemos dejado el monte. Acuérdate, Ignacio.

–Sí, pero no veo rastro° de nada.

–Me estoy cansando.

–Bájame.

El viejo se fue reculando° hasta encontrarse con el paredón° y se recargó allí, sin soltar la carga de sus hombros. Aunque se le doblaban las piernas, no quería sentarse, porque después no hubiera podido levantar el cuerpo de su hijo, al que allá atrás, horas antes, le habían ayudado a echárselo a la espalda. Y así lo había traído desde entonces.

–¿Cómo te sientes?

–Mal.

Hablaba poco. Cada vez menos. En ratos° parecía dormir. En ratos parecía tener frío. Temblaba. Sabía cuándo le agarraba a su hijo el temblor por las sacudidas que le daba, y porque los pies se le encajaban° en los ijares° como espuelas.° Luego las manos del hijo, que traía trabadas en su pescuezo,° le zarandeaban° la cabeza como si fuera una sonaja.°

Él apretaba los dientes para no morderse le lengua y cuando acababa aquello le preguntaba:

–¿Te duele mucho?

–Algo –contestaba él.

Primero le había dicho: "Apéame aquí… Déjame aquí… Vete tú solo. Yo te alcanzaré mañana o en cuanto me reponga un poco." Se lo había dicho como cincuenta veces. Ahora ni siquiera eso decía.

Allí estaba la luna. Enfrente de ellos. Una luna grande y colorada que les llenaba de luz los ojos y que estiraba y oscurecía más su sombra sobre la tierra.

–No veo ya por dónde voy –decía él.

Pero nadie le contestaba.

El otro iba allá arriba, todo iluminado por la luna, con su cara descolorida, sin sangre, reflejando una luz opaca. Y él acá abajo.

–¿Me oíste, Ignacio? Te digo que no veo bien.

Y el otro se quedaba callado.

Siguió caminando, a tropezones. Encogía el cuerpo y luego se enderezaba para volver a tropezar de nuevo.

Detrasito del monte: inmediatamente detrás de la colina
Rastro: huella, marca
Reculando: yendo hacia atrás
Paredón: pared
En ratos: a veces
Encajaban: metían

Ijares: espacio entre las costillas y las caderas
Espuelas: objetos que un jinete o vaquero se pone en las botas para golpear al caballo
Pescuezo: cuello de un animal
Zarandeaban: movían, sacudían
Sonaja: juguete que hace ruido

–Éste no es ningún camino. Nos dijeron que detrás del cerro estaba Tonaya. Ya hemos pasado el cerro. Y Tonaya no se ve, ni se oye ningún ruido que nos diga que está cerca. ¿Por qué no quieres decirme que ves, tú que vas allá arriba, Ignacio?

–Bájame, padre.

–¿Te sientes mal?

–Sí.

–Te llevaré a Tonaya a como dé lugar.° Allí encontraré quien te cuide. Dicen que allí hay un doctor. Yo te llevaré con él. Te he traído cargando desde hace horas y no te dejaré tirado aquí para que acaben contigo quienes sean.°

Se tambaleó un poco. Dio dos o tres pasos de lado y volvió a enderezarse.

–Te llevaré a Tonaya.

–Bájame.

Su voz se hizo quedita, apenas murmurada:

–Quiero acostarme un rato.

–Duérmete allí arriba. Al cabo te llevo bien agarrado. La cara del viejo, mojada en sudor, se llenó de luz. Escondió los ojos para no mirar de frente, ya que no podía agachar la cabeza agarrotada entre las manos de su hijo.

–Todo esto que hago, no lo hago por usted. Lo hago por su difunta madre. Porque usted fue su hijo. Por eso lo hago. Ella me reconvendría° si yo lo hubiera dejado tirado allí, donde lo encontré, y no lo hubiera recogido para llevarlo a que lo curen, como estoy haciéndolo. Es ella la que me da ánimos, no usted. Comenzando porque a usted no le debo más que puras dificultades, puras mortificaciones, puras vergüenzas.°

Sudaba al hablar. Pero el viento de la noche le secaba el sudor. Y sobre el sudor seco, volvía a sudar.

–Me derrengaré,° pero llegaré con usted a Tonaya para que le alivien esas heridas que le han hecho. Y estoy seguro de que, en cuanto se sienta usted bien, volverá a sus malos pasos. Eso ya no me importa. Con tal que se vaya lejos, donde yo no vuelva a saber de usted. Con tal de eso… Porque para mí usted ya no es mi hijo. He maldecido la sangre que usted tiene de mí. La parte que a mí me tocaba la he maldecido. He dicho: "!Que se le pudra en los riñones la sangre que yo le di!" Lo dije desde que supe que usted andaba trajinando° por los caminos, viviendo del robo y matando gente… Y gente buena. Y si no, allí está mi compadre Tranquilino. El que lo bautizó a usted. El que le dio su nombre. A él también le tocó la mala suerte de encontrarse con usted. Desde entonces dije: "Ése no puede ser mi hijo."

–Mira a ver si ya ves algo. O si oyes algo. Tú que puedes hacerlo desde allá arriba, porque yo me siento sordo.

–No veo nada.

–Peor para ti, Ignacio.

–Tengo sed.

Te llevaré a Tonaya a como dé lugar: te llevaré a Tonaya sea como sea, cueste lo que cueste
Para que acaben contigo quienes sean: para que terminen contigo sean quienes sean las personas

Reconvendría: reprocharía, advertiría, reñiría
Vergüenzas: humillaciones, deshonor
Derrengaré: cansaré, agotaré
Trajinando: andando de acá para allá

–¡Aguántate!° Ya debemos estar cerca. Lo que pasa es que ya es muy noche y han de haber apagado la luz en el pueblo. Pero al menos debías de oír si ladran los perros. Haz por oír.

–Dame agua.

–Aquí no hay agua. No hay más que piedras. Aguántate. Y aunque la hubiera, no te bajaría a tomar agua. Nadie me ayudaría a subirte otra vez y yo solo no puedo.

–Tengo mucha sed y mucho sueño.

–Me acuerdo cuando naciste. Así eras entonces. Despertabas con hambre y comías para volver a dormirte. Y tu madre te daba agua, porque ya te habías acabado la leche de ella. No tenías llevadero.° Y eras muy rabioso.° Nunca pensé que con el tiempo se te fuera a subir aquella rabia a la cabeza... Pero así fue. Tu madre, que descanse en paz, quería que te criaras fuerte. Creía que cuando tú crecieras irías a ser su sostén. No te tuvo más que a ti. El otro hijo que iba a tener la mató. Y tú la hubieras matado otra vez si ella estuviera viva a estas alturas.°

Sintió que el hombre aquel que llevaba sobre sus hombros dejó de apretar las rodillas y comenzó a soltar los pies, balanceándolos de un lado para otro. Y le pareció que la cabeza, allá arriba, se sacudía como si sollozara.

Sobre su cabello sintió que caían gruesas gotas, como de lágrimas.

–¿Lloras, Ignacio? Lo hace llorar a usted el recuerdo de su madre, ¿verdad? Pero nunca hizo usted nada por ella. Nos pagó siempre mal. Parece que, en lugar de cariño, le hubiéramos retacado° el cuerpo de maldad. ¿Y ya ve? Ahora lo han herido. ¿Qué pasó con sus amigos? Los mataron a todos. Pero ellos no tenían a nadie. Ellos bien hubieran podido decir: "No tenemos a quién darle nuestra lástima." ¿Pero usted, Ignacio?

Allí estaba ya el pueblo. Vio brillar los tejados bajo la luz de la luna. Tuvo la impresión de que lo aplastaba el peso de su hijo al sentir que las corvas° se le doblaban en el último esfuerzo. Al llegar al primer tejabán,° se recostó sobre el pretil° de la acera y soltó el cuerpo, flojo, como si lo hubieran descoyuntado.

Destrabó° difícilmente los dedos con que su hijo había venido sosteniéndose de su cuello y, al quedar libre, oyó cómo por todas partes ladraban los perros.

–¿Y tú no los oías, Ignacio? –dijo–. No me ayudaste ni siquiera con esta esperanza.

Aguántate: tolera
No tenías llenadero: no te saciabas, no te llenabas
Rabioso: furioso, enojado
A estas alturas: en este momento
Retacado: llenado

Corvas: parte opuesta a la rodilla
Tejabán: casa de campo con tejado de tejas
Pretil: parte inferior de la ventana
Destrabó: soltó

CUESTIONARIO

1. ¿Cómo se describe la sombra de Ignacio y su padre?
2. ¿Se toma algún descanso el padre mientras lleva a su hijo a Tonaya?
3. ¿Cómo se describe el estado de salud de Ignacio? ¿Por qué lo quiere llevar su padre a Tonaya?
4. ¿Qué acusaciones le hace el padre al hijo?
5. ¿Quién es Tranquilino?
6. ¿En qué parte del día hacen el viaje a Tonaya?
7. ¿Cómo murió la madre de Ignacio?
8. ¿Qué recuerdos tiene el padre de la infancia de Ignacio?
9. ¿Qué sucedió a los amigos de Ignacio?
10. ¿Cuándo oye el padre de Ignacio ladrar los perros?

SELECCIÓN MÚLTIPLE

I.   ¿Dónde está situada Tonaya?
1. Delante de un monte.
2. En la montaña.
3. Detrás de un monte.
4. Cerca del lago Tonaya.

II. ¿Cuánto tiempo lleva cargando en sus espaldas el padre a Ignacio?

1. Una hora.
2. Unas horas
3. Media hora
4. Hora y media.

III. Ignacio le dice a su padre que

1. Se apure para llegar a Tonaya
2. Vaya más despacio porque no se siente bien.
3. Deben quedarse en casa porque sus heridas no le permiten viajar.
4. Vaya él solo, que él, Ignacio, lo encontrará en Tonaya más tarde.

IV. El padre de Ignacio está seguro que, de ser curado, su hijo

1. Seguirá viviendo como un bandido.
2. Volverá a su casa y abandonará la vida de criminal.
3. Se casará y tendrá una familia.
4. Se mudará a la ciudad de México.

V.   El padre de Ignacio siente que su hijo se ha comportado

1. Mal con ambos padres

2. Mal con él, pero bien con su madre.

3. Bien con los dos padres.

4. Bien con él, pero mal con su madre.

ANÁLISIS CRÍTICO

1. ¿Bajo qué distintos puntos de vista se narra este cuento?

2. ¿Qué explicación le da al hecho que el padre a veces utilice la forma de "usted" y otra la de "tú" para dirigirse a su hijo?

3. ¿Cómo plantea Rulfo en esta historia el uso del tiempo? ¿Sigue un desarrollo cronológico?

4. ¿Cómo se va creando el suspense en esta historia?

5. ¿Qué valor simbólico le da al viaje, o camino, que realizan el padre y el hijo a Tonaya?

6. ¿Qué significado tiene el ladrido de los perros?

7. ¿Cómo interpreta la frase negativa con la que concluye el cuento? ¿Cree que Ignacio ha muerto?

ENSAYO

Las facultades auditiva y visual, y el juego con la luz y la sombra, juegan un importante papel narrativo en esta historia. Analice estos aspectos independientemente y en relación con los dos protagonistas del cuento.

BIBLIOGRAFÍA

Acker, Bertie. *El cuento mexicano contemporáneo: Rulfo, Arreola y Fuentes. Temas y cosmovisión.* Madrid: Ed. Playor, 1984.

Forgues, Roland. *Rulfo. La palabra redentora.* Barcelona: Puvill Libros, S. A., 1987.

Gordon, Donald K. *Los cuentos de Juan Rulfo.* Madrid: Colección Nova Scholar, 1976.

Oviedo, José Miguel. *Historia de la literatura hispanoamericana. 4 De Borges al presente.* Madrid: Alianza Editorial, 2001

Shaw, Donald. *Nueva narrativa hispanoamericana.* Madrid: ed. Cátedra, 1981.

Verdugo, Iber H. *Un estudio de la narrativa de Juan Rulfo.* México: Universidad Nacional Autónoma de México, 1982.

❧ ❧ ❧

CARLOS FUENTES

(1929-)

Carlos Fuentes, mexicano, ha tenido la rica experiencia de viajar por numerosos países debido a que su padre era diplomático. Ha sido galardonado con los prestigiosos premios Rómulo Gallegos (1977) y el Cervantes (1987). Escritor prolífico, Fuentes inició su carrera literaria con una colección de cuentos fantásticos titulada *Los días enmascarados* (1954). Después de otra colección de relatos dio a la imprenta su primera novela, *La región más transparente* (1958), en la que analiza el comportamiento de las distintas clases sociales de la sociedad mexicana, la dependencia económica de México con respecto a EE.UU, la decadencia de la ciudad de México y la falta de responsabilidad de los líderes revolucionarios para con el pueblo. Posteriormente publicó *Las buenas conciencias* (1959), en la que analiza la vida provinciana de México. La acción de esta novela se desarrolla en Guanajuato durante la dictadura de Porfirio Díaz, y el protagonista es un joven adolescente que se deja vencer por el peso de la tradición y abandona todo intento de lucha por cambiar los convencionalismos religiosos y socio–políticos de esta sociedad. En *La región más transparente* (1959), Fuentes cuenta la historia de un grupo de individuos, de una colectividad que representa la ciudad de México Fuentes hace aquí una dura crítica de su país por haber traicionado los principios de la revolución y no mantener su identidad nacional. En *Cambio de piel* (1967), el autor mexicano hace un estudio del fracaso de una relación matrimonial a través de un complicado argumento. Novela de compleja confección estructural, Fuentes no aspira a darnos una representación fiel de la realidad o un retrato sicológico de los personajes. Estos cambian de nombre, se desdoblan y aparecen simultáneamente en varios lugares. En esta novela se funden varios niveles narrativos: el del sueño, la memoria, y la realidad.

Una de sus mejores obras es *Terra nostra*, verdadera macronovela en la que se entremezclan religión, arte, literatura, aventuras e historia, y que resulta difícil resumir en pocas palabras. A través de una multiplicidad de voces narrativas y de fuentes literarias Fuentes analiza el papel histórico del mundo hispano dentro del contexto de la cultura latina. En otra de sus novelas, *La cabeza de la hidra* (1978), el protagonista es un agente secreto, ex funcionario, cuya misión es la de proteger el petróleo mexicano para que no caiga en manos de las grandes superpotencias. Es una obra de más fácil lectura que la anterior, y sigue la fórmula de la novela de espionaje. Pero bajo este molde narrativo Fuentes endosa una crítica de la sociedad mexicana y aborda temas como el de la identidad personal y el malinchismo.

La novela de mayor éxito de Carlos Fuentes es *La muerte de Artemio Cruz* (1962). Esta obra se centra en los recuerdos de un moribundo, un revolucionario que ha llegado al enriquecimiento a través de prácticas un tanto dudosas. Mientras espera a ser operado, el lector comienza a conocer el pasado de Artemio por medio de tres voces narrativas diferentes: el "yo" del agónico Artemio recuerda en presente sus éxitos profesionales y empresariales, su boda con una mujer rica, y sus buenas relaciones políticas. La voz de un "tú", correspondiente al *alter ego* de Artemio y sirviéndose del futuro, le recrimina por haber sacrificado sus relaciones personales de amor, amistad y familia para llegar al éxito. Y una voz en tercera persona registra la evolución y decadencia del protagonista como hombre a lo largo de su vida. Carlos Fuentes disecta en esta novela la sociedad mexicana postrevolucionaria, simbólicamente representada por Artemio Cruz, con todos sus problemas socio–políticos y económicos.

Fuentes ha escrito varios libros de cuentos, novelas cortas, teatro, ensayo, y guiones para el cine; y una de sus novelas, *Gringo viejo* (1985), ha sido llevada a la pantalla grande.

❧ ❧ ❧

"Chac Mool"

GUÍA DE LECTURA

El interés por la mitología y la cultura indígenas forma parte de una tendencia surgida en México en el período postrevolucionario. Carlos Fuentes se adhiere a esta tendencia con un cuento en el que relata las aventuras de Chac Mool, dios de la lluvia, en el México contemporáneo. Chac Mool, que aparece primeramente como una estatuilla, termina transformándose en un airado ser humano con poderes sobrenaturales. Aparte de esta metamorfosis, el lector debe considerar qué tipo de interrelación se establece entre la realidad sobrenatural y la cotidiana, y el papel que juegan las distintas voces narrativas del texto.

❧ ❧ ❧

Hace poco tiempo, Filiberto murió ahogado° en Acapulco. Sucedió en Semana Santa. Aunque había sido despedido° de su empleo en la Secretaría, Filiberto no pudo resistir la tentación burocrática de ir, como todos los años, a la pensión alemana, comer el *choucrout* endulzado° por los sudores° de la cocina tropical, bailar el Sábado de Gloria en La Quebrada y sentirse "gente conocida" en el oscuro anonimato vespertino de la Playa de Hornos. Claro, sabíamos que en su juventud había nadado bien; pero ahora, a los cuarenta, y tan desmejorado como se le veía, ¡intentar salvar, a la medianoche, el largo trecho° entre Caleta y la isla de la Roqueta! Frau Müller no permitió que se le velara,° a pesar de ser un cliente tan antiguo, en la pensión; por el contrario, esa noche organizó un baile en la terracita sofocada, mientras Filiberto esperaba, muy pálido dentro de su caja, a que saliera el camión matutino de la terminal, y pasó acompañado de huacales°

Ahogado: sumergido en agua, sofocado, asfixiado
Despedido: persona expulsada del trabajo
Endulzado: azucarado

Sudores: perspiración
Trecho: distancia
Velara: vigilara, cuidara
Huacales: canastas para mercancía

y fardos° la primera noche de su nueva vida. Cuando llegué, muy temprano, a vigilar el embarque del féretro,° Filiberto estaba bajo un túmulo de cocos: el chófer dijo que lo acomodáramos rápidamente en el toldo° y lo cubriéramos con lonas, para que no se espantaran los pasajeros, y a ver si no le habíamos echado la sal al viaje.

Salimos de Acapulco a la hora de la brisa tempranera. Hasta Tierra Colorada nacieron el calor y la luz. Mientras desayunaba huevos y chorizo abrí el cartapacio de Filiberto, recogido el día anterior, junto con sus otras pertenencias, en la pensión de los Müller. Doscientos pesos. Un periódico derogado de la ciudad de México. Cachos de lotería. El pasaje de ida −¿Sólo de ida? Y el cuaderno barato, de hojas cuadriculadas y tapas de papel mármol.

Me aventuré a leerlo, a pesar de las curvas, el hedor° a vómito y cierto sentimiento natural de respeto por la vida privada de mi difunto amigo. Recordaría−sí, empezaba con eso−nuestra cotidiana labor en la oficina; quizá sabría, al fin, por qué fue declinando, olvidando sus deberes, por qué dictaba oficios sin sentido, ni número, ni "Sufragio Efectivo No Reelección". Por qué, en fin, fue corrido, olvidada la pensión, sin respetar los escalafones.

"Hoy fui a arreglar lo de mi pensión. El licenciado, amabilísimo. Salí tan contento que decidí gastar cinco pesos en un café. Es el mismo al que íbamos de jóvenes y al que ahora nunca concurro,° porque me recuerda que a los veinte años podía darme más lujos que a los cuarenta. Entonces todos estábamos en un mismo plano,° hubiéramos rechazado con energía cualquier opinión peyorativa hacia los compañeros; de hecho, librábamos la batalla por aquellos a quienes en la casa discutían por su baja extracción o falta de elegancia. Yo sabía que muchos de ellos (quizá los más humildes) llegarían muy alto y aquí, en la Escuela, se iban a forjar° las amistades duraderas en cuya compañía, cursaríamos el mar bravío. No, no fue así. No hubo reglas. Muchos de los humildes se quedaron allí, muchos llegaron más arriba de lo que pudimos pronosticar en aquellas fogosas,° amables tertulias.° Otros, que parecíamos prometerlo todo, nos quedamos a la mitad del camino, destripados° en un examen extracurricular, aislados por una zanja invisible de los que triunfaron y de los que nada alcanzaron. En fin, hoy volví a sentarme en las sillas modernizadas−también hay, como barricada de una invasión, una fuente de sodas−y pretendí leer expedientes.° Vi a muchos antiguos compañeros, cambiados, amnésicos,° retocados de luz neón, prósperos. Con el café que casi no reconocía, con la ciudad misma, habían ido cincelándose° a ritmo distinto del mío. No, ya no me reconocían; o no me querían reconocer. A lo sumo−uno o dos−una mano gorda y rápida sobre el hombro. Adiós viejo, qué tal. Entre ellos y yo mediaban los dieciocho agujeros del Country Club. Me disfracé° detrás de los expedientes.

Fardos: pesos, paquetes
Féretro: ataúd
Toldo: cubierto, pabellón, tienda
Hedor: olor desagradable muy fuerte
Concurro: asisto, voy, frecuento
Plano: situación
Forjar: crear, hacer

Fogosas: ardientes, impetuosas, exaltadas
Tertulias: reuniones típicas españolas
Destripados: suspendidos
Expedientes: documentos
Amnésicos: personas que tienen amnesia
Cincelándose: modelándose, formándose
Disfracé: escondí, oculté

Desfilaron° en mi memoria los años de las grandes ilusiones, de los pronósticos felices y, también, todas las omisiones que impidieron su realización. Sentí la angustia de no poder meter los dedos en el pasado y pegar los trozos° de algún rompecabezas abandonado; pero el arcón de los juguetes se va olvidando y, al cabo, ¿quién sabrá dónde fueron a dar los soldados de plomo, los cascos, las espadas de madera? Los disfraces tan queridos, no fueron más que eso. Y sin embargo, había habido constancia, disciplina, apego al deber. ¿No era suficiente, o sobraba? En ocasiones me asaltaba el recuerdo de Rilke. La gran recompensa de la aventura de juventud debe ser la muerte; jóvenes, debemos partir con todos nuestros secretos. Hoy, no tendría que volver la mirada a las ciudades de sal. ¿Cinco pesos? Dos de propina."

"Pepe, aparte de su pasión por el derecho mercantil, gusta de teorizar. Me vio salir de Catedral, y juntos nos encaminamos al Palacio. Él es descreído, pero no le basta; en media cuadra tuvo que fabricar un teoría. Que si yo no fuera mexicano, no adoraría a Cristo y–No, mira, parece evidente. Llegan los españoles y te proponen adorar a un Dios muerto hecho un coágulo, con el costado herido, clavado en una cruz. Sacrificado. Ofrendado. ¿Qué cosa más natural que aceptar un sentimiento tan cercano a todo tu ceremonial, a toda tu vida?... Figúrate, en cambio, que México hubiera sido conquistado por budistas o por mahometanos. No es concebible que nuestros indios veneraran a un individuo que murió de indigestión. Pero un Dios al que no le basta que se sacrifiquen por él, sino que incluso va a que le arranquen el corazón, ¡caramba, jaque mate° a Huitzilopochtli!° El cristianismo, en su sentido cálido, sangriento, de sacrificio y liturgia, se vuelve una prolongación natural y novedosa de la religión indígena. Los aspectos caridad, amor y la otra mejilla, en cambio, son rechazados. Y todo en México es eso: hay que matar a los hombres para poder creer en ellos.

"Pepe conocía mi afición, desde joven, por ciertas formas del arte indígena mexicano. Yo colecciono estatuillas, ídolos, cacharros. Mis fines de semana los paso en Tlaxcala o en Teotihuacan. Acaso por esto le guste relacionar todas las teorías que elabora para mi consumo con estos temas. Por cierto que busco una réplica razonable del Chac Mool desde hace tiempo, y hoy Pepe me informa de un lugar en la Lagunilla donde venden uno de piedra y parece que barato. Voy a ir el domingo.

"Un guasón° pintó de rojo el agua del garrafón en la oficina, con la consiguiente perturbación de las labores. He debido consignarlo al Director, a quien sólo le dio mucha risa. El culpable se ha valido de esta circunstancia para hacer sarcasmos a mis costillas el día entero, todo en torno al agua. Ch..."

"Hoy domingo, aproveché para ir a la Lagunilla. Encontré el Chac Mool en la tienducha que me señaló Pepe. Es una pieza preciosa, de tamaño natural, y aunque el marchante asegura su originalidad, lo dudo. La piedra es corriente, pero ello no

---

Desfilaron: marcharon
Trozos: pedazos
Jaque mate: en ajedrez cuando el rey no tiene

posibilidad de movida
Huitzilopochtli: Dios azteca de la guerra
Guasón: bromista

aminora la elegancia de la postura o lo macizo del bloque. El desleal vendedor le ha embarrado° salsa de tomate en la barriga al ídolo para convencer a los turistas de la sangrienta autenticidad de la escultura.

"El traslado° a la casa me costó más que la adquisición. Pero ya está aquí, por el momento en el sótano mientras reorganizo mi cuarto de trofeos a fin de darle cabida.° Estas figuras necesitan sol vertical y fogoso; ese fue su elemento y condición. Pierde mucho mi Chac Mool en la oscuridad del sótano; allí, es un simple bulto agónico, y su mueca parece reprocharme que le niegue la luz. El comerciante tenía un foco que iluminaba verticalmente a la escultura, recortando todas sus aristas y dándole una expresión más amable. Habrá que seguir su ejemplo."

"Amanecí con la tubería° descompuesta. Incauto,° dejé correr el agua de la cocina y se desbordó,° corrió por el piso y llegó hasta el sótano, sin que me percatara.° El Chac Mool resiste la humedad, pero mis maletas sufrieron. Todo esto, en día de labores, me obligó a llegar tarde a la oficina. "

"Vinieron, por fin, a arreglar la tubería. Las maletas, torcidas. Y el Chac Mool, con lama en la base."

"Desperté a la una: había escuchado un quejido terrible. Pensé en ladrones. Pura imaginación."

"Los lamentos nocturnos han seguido. No sé a qué atribuirlo, pero estoy nervioso. Para colmo de males,° la tubería volvió a descomponerse, y las lluvias se han colado, inundando el sótano."

"El plomero no viene; estoy desesperado. Del Departamento Del Distrito Federal, más vale no hablar. Es la primera vez que el agua de las lluvias no obedece a las coladeras y viene a dar a mi sótano. Los quejidos han cesado: vaya una cosa por otra."

"Secaron el sótano, y el Chac Mool está cubierto de lama. Le da un aspecto grotesco, porque toda la masa de la escultura parece padecer de una erisipela verde, salvo los ojos, que han permanecido de piedra. Voy a aprovechar el domingo para raspar el musgo. Pepe me ha recomendado cambiarme a una casa de apartamentos, y tomar el piso más alto, para evitar estas tragedias acuáticas. Pero yo no puedo dejar este caserón, ciertamente muy grande para mí solo, un poco lúgubre en su arquitectura porfiriana. Pero que es la única herencia y recuerdo de mis padres. No sé qué me daría ver una fuente de sodas con sinfonola en el sótano y una tienda de decoración en la planta baja."

Embarrado: ensuciado
Traslado: viaje
A fin de darle cabida: hacer entrar, encontrar espacio
Tubería: sistema de tubos del baño

Incauto: descuidado, sin saber qué hacer
Desbordó: salió afuera
Sin que me percatara: sin que me diera cuenta
Para colmo de males: además de todo esto

"Fui a raspar el musgo del Chac Mool con una espátula. Parecía ser ya parte de la piedra; fue labor de más de una hora, y sólo a las seis de la tarde pude terminar. No se distinguía muy bien en la penumbra; al finalizar el trabajo, seguí con la mano los contornos de la piedra. Cada vez que lo repasaba, el bloque parecía reblandecerse.° No quise creerlo; era ya casi una pasta. Este mercader de la Lagunilla me ha timado.° Su escultura precolombina es puro yeso, y la humedad acabará por arruinarla. Le he echado encima unos trapos; mañana la pasaré a la pieza de arriba, antes de que sufra un deterioro total."

"Los trapos han caido al suelo. Increíble. Volví a palpar al Chac Mool. Se ha endurecido pero no vuelve a la consistencia de la piedra. No quiero escribirlo: hay en el torso algo de la textura de la carne, al apretar los brazos los siento de goma, siento que algo circular por esa figura recostada... Volví a bajar en la noche. No cabe duda: el Chac Mool tiene vello° en los brazos."

"Esto nunca me había sucedido. Tergiversé° los asuntos en la oficina, giré una orden de pago que no estaba autorizada, y el Director tuvo que llamarme la atención. Quizá me mostré hasta descortés con los compañeros. Tendré que ver a un médico, saber si es imaginación o delirio o qué, y deshacerme de ese maldito Chac Mool."

Hasta aquí la escritura de Filiberto era la antigua, la que tantas veces vi en formas y memoranda, ancha y ovalada. La entrada del 25 de agosto, sin embargo, parecía escrita por otra persona. A veces como niño, separando trabajosamente cada letra; otras, nerviosa, hasta diluirse en lo ininteligible. Hay tres días vacíos, y el relato continúa:

"Todo es tan natural; y luego se cree en lo real... pero esto lo es, más que lo creído por mí. Si es real un garrafón, y más, porque nos damos mejor cuenta de su existencia, o estar, si un bromista pinta el agua de rojo... Real bocanada de cigarro efímera, real imagen monstruosa en un espejo de circo, reales, ¿no lo son todos los muertos, presentes y olvidados? ... Si un hombre atravesara el Paraíso en un sueño, y le dieran una flor como prueba de que había estado allí, y si al despertar encontrara esa flor en su mano... ¿entonces, qué? ... Realidad: cierto día la quebraron en mil pedazos, la cabeza fue a dar allá, la cola aquí y nosotros no conocemos más que uno de los trozos desprendidos de su gran cuerpo. Océano libre y ficticio, sólo real cuando se le aprisiona en el rumor de un caracol marino. Hasta hace tres días, mi realidad lo era al grado de haberse borrado hoy; era movimiento reflejo, rutina, memoria, cartapacio.° Y luego, como la tierra que un día tiembla para que recordemos su poder, o como la muerte que un día llegará, recriminando mi olvido de toda la vida, se presenta otra realidad: sabíamos que estaba allí, mostrenca; ahora nos sacude para hacerse viva y presente. Pensé, nuevamente,

---

Reblandecerse: hacerse blando, contrario de
    endurecerse
Timado: engañado, estafado

Vello: pelo
Tergiversé: confundí
Cartapacio: papeleo

que era pura imaginación: el Chac Mool, blando y elegante, había cambiado de color en una noche; amarillo, casi dorado, parecía indicarme que era un dios, por ahora laxo,° con las rodillas menos tensas que antes, con la sonrisa más benévola. Y ayer, por fin, un despertar sobresaltado, con esa seguridad espantosa de que hay dos respiraciones en la noche, de que en la oscuridad laten más pulsos que el propio. Sí, se escuchaban pasos en la escalera. Pesadilla.° Vuelta a dormir… No sé cuánto tiempo pretendí dormir. Cuando volví a abrir los ojos, aún no amanecía. El cuarto olía a horror, a incienso y sangre. Con la mirada negra, recorrí la recámara,° hasta detenerme en dos orificios de luz parpadeante, en dos flámulas crueles y amarillas.

"Casi sin aliento, encendí la luz.

"Allí estaba Chac Mool, erguido, sonriente, ocre,° con su barriga° encarnada. Me paralizaban los dos ojillos, casi bizcos,° muy pegados al caballete de la nariz triangular. Los dientes inferiores mordían el labio superior, inmóviles; sólo el brillo del casquetón cuadrado sobre la cabeza anormalmente voluminosa, delataba° vida. Chac Mool avanzó hacia mi cama; entonces empezó a llover. "

Recuerdo que a fines de agosto, Filiberto fue despedido de la Secretaría, con una recriminación pública del Director y rumores de locura y hasta de robo. Esto no lo creí. Sí pude ver unos oficios descabellados,° preguntándole al Oficial Mayor si el agua podía olerse, ofreciendo sus servicios al Secretario de Recursos Hidráulicos para hacer llover en el desierto. No supe qué explicación darme a mí mismo; pensé que las lluvias, excepcionalmente fuertes, de ese verano, habían enervado° a mi amigo. O que alguna depresión moral debía producir la vida en aquel caserón antiguo, con la mitad de los cuartos bajo llave y empolvados,° sin criados ni vida de familia. Los apuntes siguientes son de fines de septiembre:

"Chac Mool puede ser simpático cuando quiere, '…un gluglú de agua embelesada'° …Sabe historias fantásticas sobre los monzones,° las lluvias ecuatoriales y el castigo de los desiertos; cada planta arranca de su paternidad mítica: el sauce es su hija descarriada; los lotos, sus niños mimados, su suegra, el cacto. Lo que no puedo tolerar es el olor, extrahumano, que emana de esa carne que no lo es, de las sandalias flamantes de vejez. Con risa estridente, Chac Mool revela cómo fue descubierto por Le Plongeon y puesto físicamente en contacto con hombres de otros símbolos. Su espíritu ha vivido en el cántaro y en la tempestad, naturalmente; otra cosa es su piedra, y haberla arrancado del escondite maya en el que yacía es artificial y cruel. Creo que Chac Mool nunca lo perdonará. El sabe de la inminencia del hecho estético.

"He debido proporcionarle sapolio para que se lave el vientre que el mercader, al creerlo azteca, le untó de salsa *ketchup*. No pareció gustarle mi pregunta sobre

---

Laxo: caído, relajado.
Pesadilla: opresión, sueño que da angustia, preocupación
Recámara: cuarto, habitación
Ocre: moreno, tostado
Barriga: panza, abdomen
Bizcos: estrábico, atravesado

Delataba: acusaba, descubría
Descabellados: fuera de lugar, disparatados
Enervado: debilitado
Empolvados: lleno de polvo
Embelesada: hipnotizada, embrujada, suspensa
Monzones: vientos asiáticos

su parentesco con Tláloc, y cuando se enoja, sus dientes, de por sí repulsivos, se afilan y brillan. Los primeros días, bajó a dormir al sótano; desde ayer, lo hace en mi cama."

"Ha empezado la temporada seca. Ayer, desde la sala donde ahora duermo, comencé a oír los mismos lamentos roncos del principio, seguidos de ruidos terribles. Subí; entreabrí la puerta de la recámara: Chac Mool estaba rompiendo las lámparas, los muebles; al verme, saltó hacia la puerta con las manos arañadas,° y apenas pude cerrar e irme a esconder al baño. Luego bajó, jadeante,° y pidió agua; todo el día tiene corriendo los grifos,° no queda un centímetro seco en la casa. Tengo que dormir muy abrigado, y le he pedido que no empape° más la sala."

"El Chac inundó hoy la sala. Exasperado, le dije que lo iba a devolver al mercado de la Lagunilla. Tan terrible como su risilla–horrorosamente distinta a cualquier risa de hombre o de animal–fue la bofetada° que me dio, con ese brazo cargado de pesados brazaletes. Debo reconocerlo: soy su prisionero. Mi idea original era bien distinta: yo dominaría a Chac Mool, como se domina a un juguete; era, acaso, una prolongación de mi seguridad infantil; pero la niñez–¿quién lo dijo?–es fruto comido por los años, y yo no me he dado cuenta… Ha tomado mi ropa y se pone la bata cuando empieza a brotarle musgo verde. El Chac Mool está acostumbrado a que se le obedezca, desde siempre y para siempre; yo, que nunca he debido mandar, sólo puedo doblegarme° ante él. Mientras no llueva–¿y su poder mágico?–vivirá colérico e irritable."

"Hoy descubrí que en las noches Chac Mool sale de la casa. Siempre, al oscurecer, canta una tonada chirriona° y antigua, más vieja que el canto mismo. Luego cesa. Toqué varias veces a su puerta, y como no me contestó, me atreví a entrar. No había vuelto a ver la recámara desde el día en que la estatua trató de atacarme: está en ruinas, y allí se concentra ese olor a incienso y sangre que ha permeado la casa. Pero detrás de la puerta, hay huesos: huesos de perros, de ratones y gatos. Esto es lo que roba en la noche el Chac Mool para sustentarse. Esto explica los ladridos espantosos de todas las madrugadas."

"Febrero, seco. Chac Mool vigila cada paso mío; me ha obligado a telefonear a una fonda para que diariamente me traigan un portaviandas. Pero el dinero sustraído° de la oficina ya se va a acabar. Sucedió lo inevitable: desde el día primero, cortaron el agua y la luz por falta de pago. Pero Chac Mool ha descubierto una fuente pública a dos cuadras de aquí; todos los días hago diez o doce viajes por agua, y él me observa desde la azotea.° Dice que si intento huir me fulminará: también es Dios del Rayo. Lo que él no sabe es que estoy al tanto° de sus correrías nocturnas…

Manos arañadas: manos con marcas de uñas
Jadeante: casi sin respiración
Corriendo los grifos: dejando el agua abierta
Empape: deje mojado
Bofetada: golpe, guantazo
Doblegarme: doblarme, torcerme

Chirriona: ruidosa
Ladridos: sonido del perro
Sustraído: robado
Azotea: plataforma superior de la casa
Estoy al tanto: estoy informado, sé

Como no hay luz, debo acostarme a las ocho. Ya debería estar acostumbrado al Chac Mool, pero hace poco, en la oscuridad, me topé con él en la escalera, sentí sus brazos helados, las escamas° de su piel renovada y quise gritar."

"Si no llueve pronto, el Chac Mool va a convertirse otra vez en piedra. He notado sus dificultades recientes para moverse; a veces se reclina durante horas, paralizado, contra la pared y parece ser, de nuevo, un ídolo inerme, por más dios de la tempestad y el trueno que se le considere. Pero estos reposos sólo le dan nuevas fuerzas para vejarme,° arañarme como si pudiese arrancar algún líquido de mi carne. Ya no tienen lugar aquellos intermedios amables durante los cuales relataba viejos cuentos; creo notar en él una especie de resentimiento concentrado. Ha habido otros indicios que me han puesto a pensar: los vinos de mi bodega se están acabando; Chac Mool acaricia la seda de la bata; quiere que traiga una criada a la casa; me ha hecho enseñarle a usar jabón y lociones. Incluso hay algo viejo en su cara que antes parecía eterna. Aquí puede estar mi salvación: si el Chac cae en tentaciones, si se humaniza, posiblemente todos sus siglos de vida se acumulen en un instante y caiga fulminado por el poder aplazado del tiempo. Pero también me pongo a pensar en algo terrible: el Chac no querrá que yo asista a su derrumbe, no querrá un testigo…, es posible que desee matarme."

"Hoy aprovecharé la excursión nocturna de Chac para huir. Me iré a Acapulco; veremos qué puede hacerse para conseguir trabajo y esperar la muerte de Chac Mool; sí, se avecina; está canoso, abotagado.° Yo necesito asolearme, nadar, recuperar fuerzas. Me quedan cuatrocientos pesos. Iré a la Pensión Müller, que es barata y cómoda. Que se adueñe de todo Chac Mool: a ver cuánto dura sin mis baldes° de agua."

Aquí termina el diario de Filiberto. No quise pensar más en su relato; dormí hasta Cuernavaca. De ahí a Méjico pretendí dar coherencia al escrito, relacionarlo con exceso de trabajo, con algún motivo sicológico. Cuando, a las nueve de la noche llegamos a la terminal, aún no podía explicarme la locura de mi amigo. Contraté una camioneta para llevar el féretro a casa de Filiberto, y desde allí ordenar el entierro.

Antes de que pudiera introducir la llave en la cerradura, la puerta se abrió. Apareció un indio amarillo, en bata de casa, con bufanda. Su aspecto no podía ser más repulsivo; despedía un olor a loción barata; quería cubrir las arrugas con la cara polveada; tenía la boca embarrada de lápiz labial mal aplicado, y el pelo daba la impresión de estar teñido.

–Perdone… no sabía que Filiberto hubiera…

–No importa; lo sé todo. Dígale a los hombres que lleven el cadáver al sótano.

Escamas: lo que tienen los peces encima de su piel

Vejarme: maltratarme

Abotagado: hinchado

Baldes: recipiente para el agua

CUESTIONARIO

1. ¿Cuándo y dónde muere Filiberto?
2. ¿Qué pertenencias de Filiberto recoge su amigo?
3. De acuerdo a las expectativas que tenía en su juventud, ¿ha triunfado Filiberto profesionalmente?
4. ¿Qué colecciona Filiberto?
5. ¿Dónde coloca Filiberto a su Chac Mool? ¿Es éste el lugar más idóneo para un Chac Mool?
6. ¿Qué diferencia a Chac Mool de Tláloc? ¿En qué se parecen?
7. ¿De qué se alimenta Chac Mool?
8. ¿Con qué amenaza Chac Mool a Filiberto si éste decide huir de la casa?
9. ¿Quién es el indio con el que se encuentra el amigo de Filiberto al llegar a casa de éste? ¿Qué aspecto tenía?

SELECCIÓN MÚLTIPLE

I.   ¿Qué edad aproximada tenía Filiberto cuando murió?
1. Unos cuarenta años.
2. Unos cincuenta años.
3. Unos treinta años.
4. Unos treinta y cinco años.

II. Poco antes de ser despedido de su empleo, Filiberto
1. Tuvo problemas con su esposa.
2. Mostró un comportamiento profesional bastante deficiente.
3. Se distinguió por sus excelentes servicios.
4. Fue acusado de robar los fondos de la compañía.

III. Según Pepe, el espíritu litúrgico y de sacrificio de la religión cristiana
1. No es respetado por los mexicanos.
2. Se contrapone a las creencias religiosas de budistas y mahometanos.
3. Es la continuación de un espíritu similar en la religión indígena.
4. Es seguido fielmente por los mexicanos.

IV. Filiberto afirma que la única herencia de sus padres es
1. Su predisposición a imaginar cosas que no son reales.
2. La casa en la que vive.
3. Una buena suma de dinero.
4. Unos contactos en la administración pública.

V. A medida que Chac Mool se humaniza

1. Filiberto acaba controlándolo y haciendo lo que él le ordena.

2. Filiberto y Chac Mool se hacen buenos amigos.

3. Conspira con Filiberto contra el jefe de éste.

4. Filiberto termina sometiéndose a sus órdenes hasta que decide huir.

ANÁLISIS CRÍTICO

1. Identifique y explique las distintas referencias que hay al agua en este texto. ¿Guardan relación con Chac Mool, dios de la lluvia?

2. ¿Qué interpretación le da a la recurrencia del color rojo?

3. Comente la metamorfosis gradual que va experimentando la estatua de Chac Mool.

4. ¿Qué problemas personales y profesionales le ocasiona Chac Mool a Filiberto? ¿Cómo va cambiando la vida de Filiberto?

5. ¿Cómo se va produciendo la toma de poder de Chac Mool en casa de Filiberto?

6. ¿Quién o quiénes son las voces narrativas de este texto? ¿Hay un cambio de perspectiva en alguna de estas voces narrativas? En caso afirmativo, ¿a qué se debe?

7. ¿Cómo relaciona el final trágico de Filiberto con la fecha en la que se produce su muerte? ¿A qué o quién se debe su muerte?

ENSAYO

Este cuento de Carlos Fuentes se puede incluir dentro de la categoría del realismo mágico. Partiendo de esta categorización, comente el tipo de interacción que se produce entre los mundos de la realidad sobrenatural o mágica y de la cotidiana.

BIBLIOGRAFIA

Brody, Robert, y Charles Rossman, eds. *Carlos Fuentes: A Critical View*. Austin: U of Texas P, 1982.

Faris, Wendi B. *Carlos Fuentes*. New York: Frederick Ungar Pub. Co., 1983.

García Gutiérrez, Georgina. *Los disfraces: la obra mestiza de Carlos Fuentes*. México: El Colegio de México, 1981.

Loveluck, Juan, e Isaac Levy, eds. *Simposio Carlos Fuentes: Actas*. U of South Carolina, Dept. of Foreign Langs and Lits.: Hispanic Studies 2, 1980.

Oviedo, José Miguel. *Historia de la literatura hispanoamericana. 4 De Borges al presente*. Madrid: Alianza Editorial, 2001.

Shaw, Donald L. *Nueva narrativa hispanoamericana*. Madrid: Ediciones Cátedra, 1981.

❧ ❧ ❧

GABRIEL GARCÍA MÁRQUEZ

(1928-)

Gabriel García Márquez, colombiano, interrumpió sus estudios de derecho y se dedicó al periodismo, colaborando, entre otros periódicos, en *El Espectador*. En 1982 se le concedió el Premio Nobel de Literatura.

Su primera novela es *La hojarasca* (1955), pero antes había publicado varios cuentos sueltos en distintos diarios del país. En esta novela, y en algunos cuentos de *Los funerales de la Mamá Grande* (1962), el estilo es barroco y se percibe la influencia de William Faulkner. Sin embargo, en otros cuentos de la obra anterior, en *El coronel no tiene quien le escriba* (1962), y en *La mala hora* (1966), el estilo es más simple y directo.

El coronel no tiene quien le escriba es la historia de un coronel que, después de haber participado en la guerra civil de su país, se pasa quince años esperando una pensión que no le llega. Como su hijo fue fusilado por repartir propaganda subversiva, la única fuente de ingreso que le queda es un gallo de pelea al que difícilmente puede alimentar. A fin de mantener su orgullo de hombre, el coronel se niega a vender el gallo. Finalmente, y después de una espera estoica, el coronel y su mujer se mueren de hambre. La novela hace referencia a la censura y el clima represivo que vive la población.

En 1967 publica *Cien años de soledad*, quizá la novela más popular de toda la literatura hispanoamericana. La novela es una obra mítica en la que se relata la fundación de la ciudad de Macondo por el matrimonio de dos primos hermanos, Isabel y José Arcadio Buendía. Macondo es una ciudad cuyo contacto con el mundo exterior se limita a las visitas de unos gitanos encabezados por Melquíades, pero paulatinamente el progreso llega a Macondo. El pueblo se ve obligado a participar en una guerra civil, se construye un ferrocarril, y una compañía bananera que se había instalado aquí se va para dejar al pueblo sumido en el mismo aislamiento que estaba al principio. La obra se presta a multiples interpretaciones, y una de ellas tiene que ver con las desastrosas consecuencias del progreso en los países tercermundistas. La novela principia con una génesis y concluye con un Apocalipsis, y en este intervalo el narrador nos describe los distintos acontecimientos por los que pasa la saga Buendía. Es una obra de carácter mítico que participa enteramente de lo que la crítica denomina el realismo mágico; es decir, el de la creación de un mundo en el que realidad y fantasía conviven sin sorprender a nadie y sin ser excluyentes la una de la otra.

Después de *Cien años de soledad* publica *La increíble y triste historia de la cándida Eréndira y de su abuela desalmada* (1972) y *El otoño del patriarca* (1975). Esta última obra supone un cambio estilístico con respecto a su narrativa precedente, y al contar con un dictador por protagonista se hace eco de un problema recurrente en la política hispanoamericana. En 1981, e inspirándose en una anécdota real, publica *Crónica de una muerte anunciada*. Esta obra, en la que se funde la crónica periodística con la ficción policial, relata la muerte de Santiago Nazar, anunciada desde el principio de la novela. En 1985 saca a la luz *El amor en los tiempos del cólera*, centrada en una historia de amor romántico que se consuma cuando los amantes son viejos. En 1989 publica *El general en su laberinto*, obra que narra los últimos días de la vida de un Simón Bolívar enfermo y desposeído de todo poder. La obra funde historia, biografía y ficción para darnos un retrato profundamente humano del gran libertador. En 1992 publica *Doce cuentos peregrinos*, y en 1994 *Del amor y otros demonios*, historia de amor entre un cura y una niña. Al margen de su creación literaria ha publicado numerosos artículos periodísticos y trabajado en varios proyectos cinematográficos.

Un señor muy viejo con unas alas enormes

GUÍA DE LECTURA

"Un señor muy viejo con unas alas enormes" (1968) forma parte de la colección *La increíble y triste historia de la cándida Eréndira y de su abuela desalmada*. El agente catalizador de la acción narrativa lo constituye un hombre alado que arriba a un pueblo costero. Considerado un ángel por algunos, este ser extraordinario despierta la curiosidad de los locales y de otros allende los mares. El primer párrafo nos prepara para una lectura mítica y bíblica de la historia –el cataclismo, la lluvia que cae durante tres días, etc. Por otra parte, el lector debe analizar el tipo de respuesta que provoca este ser fantástico entre las distintas personas que lo conocen, así como el mundo carnavalesco que se va creando a raíz de su llegada al pueblo.

Al tercer día de lluvia habían matado tantos cangrejos° dentro de la casa, que Pelayo tuvo que atravesar su patio anegado° para tirarlos en el mar, pues el niño recién nacido había pasado la noche con calenturas° y se pensaba que era a causa de la pestilencia.° El mundo estaba triste desde el martes. El cielo y el mar eran una misma cosa de ceniza, y las arenas de la playa, que en marzo fulguraban como polvo de lumbre,° se habían convertido en un caldo de lodo° y mariscos podridos. La luz era tan mansa° al mediodía, que cuando Pelayo regresaba a la casa después de haber tirado los cangrejos, le costó trabajo ver° qué era lo que se movía y se quejaba en el fondo del patio. Tuvo que acercarse mucho para descubrir que era un hombre viejo, que estaba tumbado boca abajo en el lodazal,° y a pesar de sus grandes esfuerzos no podía levantarse, porque se lo impedían sus enormes alas.

Cangrejos: tipo de marisco
Anegado: inundado, cubierto de agua
Calenturas: fiebre
Pestilencia: peste
Fulguraban como polvo de lumbre: brillaban
    intensamente

En un caldo de lodo: en una masa acuosa de
    barro
Mansa: poco intensa, escasa
Le costó trabajo ver: le resultó difícil ver
Que estaba tumbado...lodazal: estaba tirado en
    el barro

Asustado por aquella pesadilla,° Pelayo corrió en busca de Elisenda, su mujer, que estaba poniéndole compresas° al niño enfermo, y la llevó hasta el fondo del patio. Ambos observaron el cuerpo caído con un callado estupor.° Estaba vestido como un trapero.° Le quedaban apenas unas hilachas descoloridas en el cráneo pelado° y muy pocos dientes en la boca, y su lastimosa condición de bisabuelo ensopado° lo había desprovisto de toda grandeza. Sus alas de gallinazo° grande, sucias y medio desplumadas, estaban encalladas para siempre en el lodazal.° Tanto lo observaron, y con tanta atención, que Pelayo y Elisenda se sobrepusieron muy pronto del asombro° y acabaron por encontrarlo familiar. Entonces se atrevieron a hablarle, y él les contestó en un dialecto incomprensible pero con una voz de navegante. Fue así como pasaron por alto el inconveniente de las alas, y concluyeron con muy buen juicio que era un náufrago solitario de alguna nave extranjera abatida por el temporal.° Sin embargo, llamaron para que lo viera a una vecina que sabía todas las cosas de la vida y la muerte, y a ella le bastó con una mirada° para sacarlos del error.

–Es un ángel–les dijo–. Seguro que venía por el niño, pero el pobre está tan viejo que lo ha tumbado la lluvia.

Al día siguiente todo el mundo sabía que en casa de Pelayo tenían cautivo un ángel de carne y hueso. Contra el criterio de la vecina sabia,° para quien los ángeles de estos tiempos eran sobrevivientes fugitivos de una conspiración celestial, no habían tenido corazón para matarlo a palos.° Pelayo estuvo vigilándolo toda la tarde desde la cocina, armado con su garrote° de alguacil,° y antes de acostarse lo sacó a rastras del lodazal° y lo encerró con las gallinas en el gallinero alambrado.° A medianoche, cuando terminó la lluvia, Pelayo y Elisenda seguían matando cangrejos. Poco después el niño despertó sin fiebre y con deseos de comer. Entonces se sintieron magnánimos° y decidieron poner al ángel en una balsa° con agua dulce y provisiones para tres días, y abandonarlo a su suerte en altamar.° Pero cuando salieron al patio con las primeras luces,° encontraron a todo el vecindario frente al gallinero, retozando° con el ángel sin la menor devoción y echándole cosas de comer por los huecos° de las alambradas, como si no fuera una criatura sobrenatural sino un animal de circo.

Pesadilla: sueño desagradable
Compresas: trozo de algodón usado para secar la humedad de la piel
Con un callado estupor: con sorpresa contenida
Vestido como un trapero: vestido pobremente
Le quedaban...pelado: el poco pelo que le quedaba en la cabeza había perdido su color natural
De bisabuelo ensopado: de viejo mojado por la lluvia
Gallinazo: ave rapaz del tamaño de una gallina
Estaban encalladas para siempre en el lodazal: quedaron atrapadas en el barro:
Se sobrepusieron...asombro: se recuperaron muy pronto de la sorpresa
Náufrago...temporal: viajero cuyo barco ha sido destruido por la tempestad

Y a ella le bastó con una mirada: y ella sólo necesitó una mirada
Sabia: que sabe mucho
No habían...palos: no se atrevieron a matarlo
Garrote: palo grueso
Alguacil: puesto político municipal
Lo sacó...lodazal: tirando de él lo sacó del barro
Alambrado: rodeado con alambre o tela metálica
Magnánimos: generosos
Balsa: plataforma de madera flotante
Abandonarlo... altamar: dejarlo solo en el mar
Con las primeras luces: al amanecer, en la madrugada
Retozando: jugando
Por los huecos: por los agujeros

El padre Gonzaga llegó antes de las siete alarmado por la desproporción de la noticia. A esa hora ya habían acudido° curiosos menos frívolos° que los del amanecer, y habían hecho toda clase de conjeturas° sobre el porvenir del cautivo. Los más simples pensaban que sería nombrado alcalde del mundo. Otros, de espíritu más áspero,° suponían que sería ascendido a general de cinco estrellas para que ganara todas las guerras. Algunos visionarios esperaban que fuera conservado como semental° para implantar en la tierra una estirpe° de hombres alados° y sabios que se hicieran cargo del universo.° Pero el padre Gonzaga, antes de ser cura, había sido leñador macizo.° Asomado° a las alambradas repasó en un instante su catecismo, y todavía pidió que le abrieran la puerta para examinar de cerca a aquel varón de lástima° que más bien parecía una enorme gallina decrépita entre las gallinas absortas.° Estaba echado en un rincón, secándose al sol las alas extendidas, entre las cáscaras° de frutas y las sobras° de desayunos que le habían tirado los madrugadores.° Ajeno a las impertinencias del mundo,° apenas si levantó sus ojos de anticuario y murmuró algo en su dialecto cuando el padre Gonzaga entró en el gallinero y le dio los buenos días en latín. El párroco tuvo la primera sospecha de su impostura° al comprobar que no entendía la lengua de Dios ni sabía saludar a sus ministros. Luego observó que visto de cerca resultaba demasiado humano; tenía un insoportable olor de intemperie,° el revés de las alas sembrado° de algas parasitarias y las plumas mayores maltratadas por vientos terrestres, y nada de su naturaleza miserable estaba de acuerdo con la egregia° dignidad de los ángeles. Entonces abandonó el gallinero, y con un breve sermón previno° a los curiosos contra los riesgos de la ingenuidad. Les recordó que el demonio tenía la mala costumbre de recurrir a artificios de carnaval para confundir a los incautos.° Argumentó que si las alas no eran el elemento especial para determinar las diferencias entre un gavilán° y un aeroplano, mucho menos podían serlo para reconocer a los ángeles. Sin embargo, prometió escribir una carta a su obispo, para que éste escribiera otra a su primado y para que éste escribiera otra al Sumo Pontífice, de modo que el veredicto final viniera de los tribunales más altos.

Su prudencia cayó en corazones estériles.° La noticia del ángel cautivo se divulgó con tanta rapidez, que al cabo de pocas horas había en el patio un alboroto de mercado,° y tuvieron que llevar la tropa con bayonetas para espantar el tumulto

---

Habían acudido: habían venido
Menos frívolos: más respetuosos
Conjeturas: suposiciones
De espíritu más áspero: con mayor ambición
Semental: animal destinado a la reproducción
Estirpe: raza
Alados: con alas
Que se hicieran cargo del universo: que tomaran control del mundo
Leñador macizo: cortador de madera de fuerte constitución física
Asomado: mirando por
Varón de lástima: hombre de mal aspecto
Absortas: sorprendidas
Cáscaras: parte exterior de la fruta
Sobras: restos
Madrugadores: los primeros en llegar

Ajeno...mundo: sin prestar atención a nada o nadie
El párroco...impostura: el cura sospechó que era un impostor
Tenía un...intemperie: tenía un olor desagradable por haber estado expuesto a las inclemencias del tiempo
El revés...sembrado: debajo de las alas lleno de
Egregia: distinguida
Previno: advirtió
Incautos: inocentes, ingenuos
Gavilán: ave rapaz
Su prudencia cayó en corazones estériles: nadie le prestó atención
Alboroto de mercado: ruido y confusión producidos por la gente

que ya estaba a punto de tumbar la casa.° Elisenda, con el espinazo° torcido de tanto barrer basura de feria, tuvo entonces la buena idea de tapiar el patio° y cobrar cinco centavos por la entrada para ver al ángel.

Vinieron curiosos hasta de la Martinica. Vino una feria ambulante° con un acróbata volador, que pasó zumbando° varias veces por encima de la muchedumbre,° pero nadie le hizo caso porque sus alas no eran de ángel sino de murciélago sideral. Vinieron en busca de salud los enfermos más desdichados° del Caribe: una pobre mujer que desde niña estaba contando los latidos de su corazón y ya no le alcanzaban los números; un jamaiquino que no podía dormir porque lo atormentaba el ruido de las estrellas, un sonámbulo que se levantaba de noche a deshacer dormido las cosas que había hecho despierto, y muchos otros de menor gravedad. En medio de aquel desorden de naufragio que hacía temblar la tierra, Pelayo y Elisenda estaban felices de cansancio, porque en menos de una semana atiborraron de plata los dormitorios,° y todavía la fila de peregrinos que esperaban turno para entrar llegaba hasta el otro lado del horizonte.

El ángel era el único que no participaba de su propio acontecimiento. El tiempo se le iba en buscar acomodo° en su nido prestado, aturdido por el calor de infierno° de las lámparas de aceite y las velas de sacrificio que le arrimaban a las alambradas. Al principio trataron de que comiera cristales de alcanfor, que, de acuerdo con la sabiduría de la vecina sabia, era el alimento específico de los ángeles. Pero él los despreciaba, como despreció sin probarlos los almuerzos papales que le llevaban los penitentes, y nunca se supo si fue por ángel o por viejo que terminó comiendo nada más que papillas° de berenjena. Su única virtud sobrenatural parecía ser la paciencia. Sobre todo en los primeros tiempos, cuando lo picoteaban° las gallinas en busca de los parásitos estelares que proliferaban en sus alas, y los baldados° le arrancaban° plumas para tocarse con ellas sus defectos, y hasta los más piadosos le tiraban piedras tratando de que se levantara para verlo de cuerpo entero. La única vez que consiguieron alterarlo fue cuando le abrasaron° el costado° con un hierro de marcar novillos,° porque llevaba tantas horas de estar inmóvil que lo creyeron muerto. Despertó sobresaltado,° despotricando en lengua hermética° y con los ojos en lágrimas, y dio un par de aletazos que provocaron un remolino de estiércol de gallinero° y polvo lunar, y un ventarrón° de pánico que no parecía de este mundo. Aunque muchos creyeron que su reacción no había sido de rabia sino de dolor,

---

De tumbar la casa: de tirar la casa
Espinazo: columna vertebral
De tapiar el patio: de construir una pared
  alrededor del patio
Feria ambulante: conjunto de atracciones que
  va de lugar en lugar
Zumbando: produciendo un sonido sordo
Muchedumbre: gente
Desdichados: en peor estado de salud
Atiborraron de plata los dormitorios: se
  hicieron ricos
El tiempo...acomodo: gastaba el tiempo
  buscando una posición cómoda
Aturdido...infierno: mareado, desconcertado,
  por el mucho calor

Papillas: comida para niños
Picoteaban: picaban
Baldados: paralíticos
Arrancaban: sacaban, quitaban
Abrasaron: quemaron
Costado: flanco, lado
Novillos: toro o vaca jóvenes
Sobresaltado: alarmado, asustado
Despotricando en lengua hermética: perjurando
  en lengua ininteligible
Aletazos: golpe con las alas
Remolino...gallinero: movimiento desordenado
  de excremento de gallinas
Ventarrón: viento fuerte

desde entonces se cuidaron de° no molestarlo, porque la mayoría entendió que su pasividad no era la de un héroe en uso de buen retiro sino la de un cataclismo en reposo.

El padre Gonzaga se enfrentó a la frivolidad de la muchedumbre con fórmulas de inspiración doméstica, mientras le llegaba un juicio terminante° sobre la naturaleza del cautivo. Pero el correo de Roma había perdido la noción de la urgencia. El tiempo se les iba en averiguar° si el convicto tenía ombligo, si su dialecto tenía algo que ver° con el arameo, si podía caber muchas veces en la punta de un alfiler,° o si no sería simplemente un noruego con alas. Aquellas cartas de parsimonia° habrían ido y venido hasta el fin de los siglos, si un acontecimiento providencial no hubiera puesto término° a las tribulaciones del párroco.

Sucedió que por esos días, entre muchas otras atracciones de las ferias errantes° del Caribe, llevaron al pueblo el espectáculo triste de la mujer que se había convertido en araña por desobedecer a sus padres. La entrada° para verla no sólo costaba menos que la entrada para ver al ángel, sino que permitían hacerle toda clase de preguntas sobre su absurda condición, y examinarla al derecho y al revés,° de modo que nadie pusiera en duda la verdad del horror. Era una tarántula espantosa° del tamaño de un carnero y con la cabeza de una doncella° triste. Pero lo más desgarrador no era su figura de disparate,° sino la sincera aflicción con que contaba los pormenores° de su desgracia: siendo casi una niña se había escapado de la casa de sus padres para ir a un baile, y cuando regresaba por el bosque después de haber bailado toda la noche sin permiso, un trueno pavoroso° abrió el cielo en dos mitades, y por aquella grieta° salió el relámpago de azufre que la convirtió en araña. Su único alimento eran las bolitas° de carne molida que las almas caritativas quisieran echarle en la boca. Semejante espectáculo, cargado de tanta verdad humana y de tan terrible escarmiento,° tenía que derrotar sin preponérselo al de un ángel despectivo° que apenas si se dignaba mirar° a los mortales.° Además los escasos milagros que se le atribuían al ángel revelaban un cierto desorden mental, como el del ciego que no recobró la visión pero le salieron tres dientes nuevos, y el del paralítico que no pudo andar pero estuvo a punto de ganarse la lotería, y el del leproso a quien le nacieron girasoles en las heridas. Aquellos milagros de consolación que más bien parecían entretenimientos de burla,° habían quebrantado° ya la reputación del

---

Se cuidaron de: trataron de
Mientras le llegaba…terminante: mientras esperaba una decisión final
Averiguar: resolver, investigar
Algo que ver: relación
Alfiler: aguja
Aquellas cartas de parsimonia: cartas que retardaban una solución
Término: fin
Ferias errantes: ferias ambulantes
Entrada: billete de admisión
Y examinarla al derecho y al revés: verla completamente
Espantosa: horrible
Doncella: mujer joven

Pero lo más desgarrador no era su figura de disparate: lo que más impresionaba no era su físico deforme
Pormenores: detalles
Pavoroso: intimidante, que produce miedo
Grieta: abertura
Bolitas: pequeñas bolas o pelotas
Temible escarmiento: terrible castigo
Despectivo: desconsiderado, desdeñoso
Apenas si se dignaba mirar: no le importaba mirar
Mortales: seres humanos
Entretenimientos de burla: bromas de mal gusto
Quebrantado: roto, debilitado

ángel cuando la mujer convertida en araña terminó de aniquilarle. Fue así como el padre Gonzaga se curó para siempre del insomnio, y el patio de Pelayo volvió a quedar tan solitario como en los tiempos en que llovió tres días y los cangrejos caminaban por los dormitorios.

Los dueños de la casa no tuvieron nada que lamentar. Con el dinero recaudado° construyeron una mansión de dos plantas,° con balcones y jardines, y con sardineles muy altos para que no se metieran los cangrejos del invierno, y con barras de hierro en las ventanas para que no se metieran los ángeles. Pelayo estableció además un criadero de conejos muy cerca del pueblo y renunció para siempre a su mal empleo de alguacil, y Elisenda se compró unas zapatillas satinadas° de tacones altos y muchos vestidos de seda tornasol,° de los que usaban las señoras más codiciadas en los domingos de aquellos tiempos. El gallinero fue lo único que no mereció atención. Si alguna vez lo lavaron con creolina° y quemaron las lágrimas de mirra° en su interior, no fue por hacerle honor al ángel, sino por conjurar la pestilencia de muladar° que ya andaba como un fantasma por todas partes y estaba volviendo vieja la casa nueva. Al principio, cuando el niño aprendió a caminar, se cuidaron de que no estuviera muy cerca del gallinero. Pero luego se fueron olvidando del temor° y acostumbrándose a la peste, y antes de que el niño mudara° los dientes se había metido a jugar dentro del gallinero, cuyas alambradas podridas se caían a pedazos. El ángel no fue menos displicente con él que con el resto de los mortales, pero soportaba° las infamias más ingeniosas con una mansedumbre° de perro sin ilusiones. Ambos contrajeron la varicela° al mismo tiempo. El médico que atendió al niño no resistió a la tentación de auscultar al ángel, y le encontró tantos soplos en el corazón y tantos ruidos en los riñones, que no le pareció posible que estuviera vivo. Lo que más le asombró, sin embargo, fue la lógica de sus alas. Resultaban tan naturales en aquel organismo completamente humano, que no podía entender por qué no las tenían también los otros hombres.

Cuando el niño fue a la escuela, hacía mucho tiempo que el sol y la lluvia habían desbaratado° el gallinero. El ángel andaba arrastrándose por acá y por allá como un moribundo sin dueño.° Lo sacaban a escobazos° de un dormitorio y un momento después lo encontraban en la cocina. Parecía estar en tantos lugares al mismo tiempo, que llegaron a pensar que se desdoblaba, que se repetía a sí mismo por toda la casa, y la exasperada Elisenda gritaba fuera de quicio° que era una desgracia vivir en aquel infierno lleno de ángeles. Apenas si podía comer, sus ojos de anticuario se le habían vuelto tan turbios° que andaba tropezando

---

Recaudado: cobrado
Plantas: pisos
Sardineles: construcción hecha con ladrillos
Satinadas: brillantes
Tornasol: que cambia de color al recibir la luz
Codiciadas: deseadas
Creolina: líquido denso y de color rojizo usado
   como desinfectante
Lágrimas de mirra: gomorresina
   semitransparente y aromática
Sino por conjurar la pestilencia de muladar:
   para eliminar el mal olor

Temor: miedo
Mudara: cambiara
Soportaba: toleraba
Mansedumbre: calma
Varicela: enfermedad de la piel
Desbaratado: arruinado, destruido
Andaba…dueño: iba de un lado a otro,
   completamente solo
Lo sacaban a escobazos: lo echaban a golpes
Gritaba fuera de quicio: gritaba toda enojada o
   enfadada, sin control de sí misma
Turbios: sin visión

con los horcones,° y ya no le quedaban sino las cánulas peladas de las últimas plumas.° Pelayo le echó encima una manta y le hizo la caridad de dejarlo dormir en el cobertizo, y sólo entonces advirtieron que pasaba la noche con calenturas delirantes en trabalenguas° de noruego viejo. Fue ésa una de las pocas veces en que se alarmaron, porque pensaban que se iba a morir, y ni siquiera la vecina sabia había podido decirles qué se hacía con los ángeles muertos.

      Sin embargo, no sólo sobrevivió a su peor invierno, sino que pareció mejor con los primeros soles.° Se quedó inmóvil muchos días en el rincón más apartado del patio, donde nadie lo viera, y a principios de diciembre empezaron a nacerle en las alas unas plumas grandes y duras, plumas de pajarraco° viejo, que más bien parecían un nuevo percance de la decrepitud.° Pero él debía conocer la razón de esos cambios, porque se cuidaba muy bien de que nadie los notara, y de que nadie oyera las canciones de navegantes que a veces cantaba bajo las estrellas. Una mañana, Elisenda estaba cortando rebanadas° de cebolla para el almuerzo, cuando un viento que parecía de alta mar se metió en la cocina. Entonces se asomó por la ventana, y sorprendió al ángel en las primeras tentativas de vuelo. Eran tan torpes, que abrió con las uñas un surco de arado en las hortalizas y estuvo a punto de desbaratar el cobertizo con aquellos aletazos indignos que resbalaban en la luz y no encontraban asidero en el aire.° Pero logró ganar altura. Elisenda exhaló un suspiro de descanso,° por ella y por él, cuando lo vio pasar por encima de las últimas casas, sustentándose de cualquier modo con un azaroso aleteo de buitre senil.° Siguió viéndolo hasta cuando acabó de cortar la cebolla, y siguió viéndolo hasta cuando ya no era posible que lo pudiera ver, porque entonces ya no era un estorbo en su vida, sino un punto imaginario en el horizonte del mar.

CUESTIONARIO

1. ¿Qué problemas de salud tiene el niño en el momento de producirse el cataclismo?

2. ¿Cómo es descrito el ángel?

3. ¿Qué pensaban Pelayo y Elisenda que era este advenedizo? ¿Y la vecina?

4. ¿Dónde fue encerrado el ángel la primera noche que pasó en casa de Pelayo?

5. ¿Qué oficios anticipaban algunos para el ángel?

6. ¿Qué actitud revela el ángel ante la expectación despertada?

Horcones: utensilios para el trabajo del campo
Ya no le...plumas: había perdido las plumas
Trabalenguas: juegos difíciles de palabras
Pareció mejor con los primeros soles: mejoró su salud con la llegada de la primavera
Pajarraco: pájaro grande y feo
Percance de la decrepitud: accidente de la vejez

Rebanadas: trozos pequeños
Que resbalaban...en el aire: le costaba trabajo mantener el vuelo
Exhaló...descanso: se sintió aliviada
Sustentándose...senil: manteniendo el vuelo con dificultad

7. ¿Qué pensó el padre Gonzaga del ángel? ¿Qué decisión tomó después de visitarlo?

8. ¿Qué negocio hacen Pelayo y Elisenda con el ángel?

9. ¿Qué otros competidores tiene el ángel?

10. ¿Cómo es tratado el ángel durante su estancia en casa de Pelayo y Elisenda?

11. ¿Qué discusiones tienen en Roma respecto a la identidad del ángel?

12. ¿Qué provocó la transformación de la niña en una araña?

13. ¿Qué problemas de salud le encuentra el médico al ángel?

SELECCIÓN MÚLTIPLE

I. A Pelayo le fue difícil identificar al ángel porque

1. Era de noche.

2. Había una luz tenue.

3. El ángel estaba escondido detrás de la escalera del patio.

4. Las enormes alas le tapaban la cara.

II. ¿Cuál fue la reacción inmediata de Pelayo y Elisenda al ver al ángel?

1. De miedo

2. De alegría.

3. De asombro.

4. De indiferencia.

III. Según la vecina de Pelayo y Elisenda, los ángeles de estos tiempos

1. Eran supervivientes de una conspiración celestial.

2. Eran mensajeros de Dios.

3. Eran ángeles falsos.

4. Eran hombres disfrazados de ángeles.

IV. La reputación que tenía el ángel de hacer milagros

1. Aumentaba ininterrumpidamente de día en día.

2. Decreció durante un corto período de tiempo.

3. Preocupaba a las autoridades civiles del pueblo.

4. Fue destruida definitivamente con la llegada de la mujer araña.

V. ¿Cómo trata Pelayo al ángel en los últimos días de hospedaje?

1. Con compasión.

2. Con desprecio

3. Con simpatía.

4. Con actitud burlona.

VI. Cuando el ángel remontó el vuelo al partir de la casa de Elisenda, ésta sintió

1. Tristeza.

2. Alivio.

3. Enfado.

4. Sorpresa.

ANÁLISIS CRÍTICO

1. ¿Cómo reacciona el pueblo, y usted como lector, ante la presencia sobrenatural del ángel?

2. ¿Qué relación de paralelismo podemos establecer entre el ángel y el niño?

3. Comente cómo la lengua y algunas expresiones idiomáticas reflejan la contradicción inherente en los términos "realismo mágico".

4. ¿Cuál es la duración aproximada del tiempo de esta historia?

5. Haga una lectura bíblica y mítica de este cuento. Preste especial atención al cataclismo inicial y a la figura del ángel.

6. ¿Qué imagen nos da el cuento de las distintas jerarquías eclesiásticas? El hecho que las autoridades eclesiásticas no acudieran al lugar para presenciar al ángel, ¿qué nos revela de aquéllas?

7. ¿Qué enfermedades padecen los que vienen buscando una cura? ¿Cómo se relacionan las curas del ángel con lo fantástico? Uno de los enfermos es "un sonámbulo que se levantaba de noche a deshacer dormido las cosas que había hecho despierto", ¿puede relacionar este hecho con el trabajo que hacía un célebre personaje de la antigüedad clásica?

8. Comente la presentación del mundo como circo o espectáculo.

9. Analice el punto de vista bajo el que se narra este cuento y cómo la voz narrativa participa en la creación del elemento fantástico.

ENSAYO

Escriba un ensayo justificando la designación de "realismo mágico" para este cuento. Tenga en cuenta los elementos maravillosos que ocurren en el cuento, las distintas reacciones de la gente, y de usted como lector, ante aquéllos; y cómo la lengua contribuye a la creación de estos mundos antagónicos.

ᴸ   ᴸ   ᴸ

"El ahogado° más hermoso del mundo"

GUÍA DE LECTURA

"El ahogado más hermoso del mundo" (1968) forma parte de la misma colección que el cuento anterior, y lo mismo que éste se puede considerar como representativo del realismo mágico. En esta historia se nos relata el arribo a la costa de un ahogado de tamaño gigantesco, el velatorio, las distintas reacciones de las gentes del pueblo ante su presencia, y el subsiguiente entierro en el mar. A pesar de que el protagonista es un ahogado, este advenedizo conseguirá despertar la imaginación de las mujeres, y ejercerá un gran poder de transformación en las gentes y el pueblo mismo. Por otra parte, el lector debe prestar atención al papel que juega la lengua en la construcción de un mundo hiperbólico, exagerado.

ᴸ   ᴸ   ᴸ

Los primeros niños que vieron el promontorio oscuro y sigiloso° que se acercaba por el mar, se hicieron la ilusión de que era un barco enemigo. Después vieron que no llevaba banderas ni arboladura,° y pensaron que fuera una ballena. Pero cuando quedó varado° en la playa le quitaron los matorrales de sargazos,° los filamentos de medusas y los restos de cardúmenes° y naufragios° que llevaba encima, y sólo entonces descubrieron que era un ahogado.

Habían jugado con él toda la tarde, enterrándolo y desenterrándolo en la arena, cuando alguien los vio por casualidad y dio la voz de alarma en el pueblo. Los hombres que lo cargaron hasta la casa más próxima notaron que pesaba más que todos los muertos conocidos, casi tanto como un caballo, y se dijeron que tal vez había estado demasiado tiempo a la deriva y el agua se le había metido dentro de los huesos. Cuando lo tendieron en el suelo vieron que había sido mucho más grande que todos los hombres, pues apenas si cabía en la casa, pero pensaron que tal vez la facultad de seguir creciendo después de la muerte estaba en la naturaleza de ciertos ahogados. Tenía el olor del mar, y sólo la forma permitía suponer que era el cadáver de un ser humano, porque su piel estaba revestida de una coraza de rémora° y de lodo.°

No tuvieron que limpiarle la cara para saber que era un muerto ajeno.° El pueblo tenía apenas unas veinte casas de tablas, con patios de piedras sin flores, desperdigadas° en el extremo de un cabo desértico. La tierra era tan escasa, que

---

Ahogado: inundado, muerto asfixiado en el agua
Sigiloso: silencioso, oculto
Arboladura: conjunto de palos de un barco
Varado: detenido
Matorrales de sargazos: conjunto de algas que flotan en los mares cálidos
Cardúmenes: plantas silvestres de hojas espinosas

Naufragio: accidente que consiste en hundirse o ahogarse en el agua
Coraza de rémora: superficie de la piel cubierta de sustancias marinas
Lodo: barro, agua y tierra juntos
Ajeno: que pertenece a otro
Desperdigadas: dispersas

las madres andaban siempre con el temor de que el viento se llevara a los niños, y a los poco muertos que les iban causando los años tenían que tirarlos en los acantilados.° Pero el mar era manso y pródigo, y todos los hombres cabían en siete botes. Así que cuando encontraron el ahogado les bastó con mirarse los unos a los otros para darse cuenta de que estaban completos.

Aquella noche no salieron a trabajar en el mar. Mientras los hombres averiguaban si no faltaba alguien en los pueblos vecinos, las mujeres se quedaron cuidando al ahogado. Le quitaron el lodo con tapones de esparto, le desenredaron del cabello los abrojos° submarinos y le rasparon° la rémora con fierros de desescamar pescados. A medida que lo hacían, notaron que su vegetación era de océanos remotos y de aguas profundas, y que sus ropas estaban en piltrafas,° como si hubiera navegado por entre laberintos de corales. Notaron también que sobrellevaba la muerte con altivez, pues no tenía el semblante solitario de los otros ahogados del mar, ni tampoco la catadura° sórdida y menesterosa° de los ahogados fluviales. Pero solamente cuando acabaron de limpiarlo tuvieron conciencia de la clase de hombre que era, y entonces se quedaron sin aliento.° No sólo era el más alto, el más fuerte, el más viril y el mejor armado que habían visto jamás, sino que todavía cuando lo estaban viendo no les cabía en la imaginación.

No encontraron en el pueblo una cama bastante grande para tenderlo ni una mesa bastante sólida para velarlo. No le vinieron° los pantalones de fiesta de los hombres más altos, ni las camisas dominicales de los más corpulentos, ni los zapatos del mejor plantado. Fascinadas por su desproporción y su hermosura, las mujeres decidieron entonces hacerle unos pantalones con un buen pedazo de vela cangreja, y una camisa de bramante° de novia, para que pudiera continuar su muerte con dignidad. Mientras cosían sentadas en círculo, contemplando el cadáver entre puntada y puntada, les parecía que el viento no había sido nunca tan tenaz ni el Caribe había estado nunca tan ansioso como aquella noche, y suponían que esos cambios tenían algo que ver con el muerto. Pensaban que si aquel hombre magnífico hubiera vivido en el pueblo, su casa habría tenido las puertas más anchas, el techo más alto y el piso más firme, y el bastidor de su cama habría sido de cuadernas maestras con pernos de hierro,° y su mujer habría sido la más feliz. Pensaban que habría tenido tanta autoridad que hubiera sacado los peces del mar con sólo llamarlos por sus nombres, y habría puesto tanto empeño en el trabajo que hubiera hecho brotar manantiales° de entre las piedras más áridas y hubiera podido sembrar flores en los acantilados. Lo compararon en secreto con sus propios hombres, pensando que no serían capaces de hacer en toda una vida lo que aquél era capaz de hacer en una noche, y terminaron por repudiarlos en el fondo de sus corazones como los seres más escuálidos° y mezquinos° de la tierra.

Acantilados: colinas, precipicios
Abrojos: planta espinosa
Rasparon: quitaron
Piltrafas: rotas
Catadura: expresión
Menesterosa: necesitado, mísero
Aliento: respiración

No le vinieron: no le quedaban bien
Bramante: hilo, cuerda
Bastidor...hierro: partes de la cama
Manantiales: fuentes de agua
Escuálidos: flacos, delgados
Mezquinos: vil, innoble

Andaban extraviadas° por esos dédalos° de fantasía, cuando la más vieja de las mujeres, que por ser la más vieja había contemplado al ahogado con menos pasión que compasión, suspiró:

–Tiene cara de llamarse Esteban.

Era verdad. A la mayoría le bastó con mirarlo otra vez para comprender que no podía tener otro nombre. Las más porfiadas,° que eran las más jóvenes, se mantuvieron con la ilusión de que al ponerle la ropa, tendido entre flores y con unos zapatos de charol, pudiera llamarse Lautaro. Pero fue una ilusión vana. El lienzo° resultó escaso, los pantalones mal cortados y peor cosidos le quedaron estrechos, y las fuerzas ocultas de su corazón hacían saltar los botones de la camisa. Después de la media noche se adelgazaron los silbidos del viento y el mar cayó en el sopor del miércoles. El silencio acabó con las últimas dudas: era Estaban. Las mujeres que lo habían vestido, las que lo habían peinado, las que le habían cortado las unas y raspado la barba no pudieron reprimir un estremecimiento° de compasión cuando tuvieron que resignarse a dejarlo tirado por los suelos. Fue entonces cuando comprendieron cuánto debió haber sido de infeliz con aquel cuerpo descomunal,° si hasta después de muerto le estorbaba.° Lo vieron condenado en vida a pasar de medio lado por las puertas, a descalabrarse con los travesaños,° a permanecer de pie en las visitas sin saber qué hacer con sus tiernas y rosadas manos de buey de mar, mientras la dueña de la casa buscaba la silla más resistente y le suplicaba muerta de miedo siéntese aquí Esteban, hágame el favor, y él recostado contra las paredes, sonriendo, no se preocupe señora, así estoy bien, con los talones en carne viva y las espaldas escaldadas° de tanto repetir lo mismo en todas las visitas, no se preocupe, señora, así estoy bien, sólo para no pasar por la vergüenza de desbaratar° la silla, y acaso sin haber sabido nunca que quienes le decían no te vayas Esteban, espérate siquiera hasta que hierva el café, eran los mismos que después susurraban° ya se fue el bobo grande, qué bueno, ya se fue el tonto hermoso. Esto pensaban las mujeres frente al cadáver un poco antes del amanecer. Más tarde, cuando le taparon la cara con un pañuelo para que no le molestara la luz, lo vieron tan muerto para siempre, tan indefenso, tan parecido a sus hombres, que se les abrieron las primeras grietas de lágrimas en el corazón. Fue una de las más jóvenes la que empezó a sollozar.° Las otras, alentándose° entre sí, pasaron de los suspiros a los lamentos, y mientras más sollozaban más deseos sentían de llorar, porque el ahogado se les iba volviendo cada vez más Esteban, hasta que lo lloraron tanto que fue el hombre más desvalido° de la tierra, el más manso y el más servicial, el pobre Esteban. Así que cuando los hombres volvieron con la noticia de que el ahogado no era tampoco de los pueblos vecinos, ellas sintieron un vacío de júbilo entre las lágrimas.

–¡Bendito sea Dios –suspiraron–: es nuestro!

Extraviadas: perdidas
Dédalos: laberintos
Porfiadas: insistentes, obstinadas
Lienzo: tela, paño
Estremecimiento: escalofrío, palpitación
Descomunal: gigantesco, enorme
Estorbaba: obstaculizaba, impedía
Descalabrarse con los travesaños: herirse en

la cabeza con un palo situado en la parte superior de la puerta
Escaldadas: quemadas
Desbaratar: romper, descomponer
Susurraban: hablaban en voz baja
Sollozar: llorar silenciosamente
Alentándose: animándose, reavivándose
Desvalido: indefenso, desamparado

Los hombres creyeron que aquellos aspavientos° no eran más que frivolidades de mujer. Cansados de las tortuosas averiguaciones de la noche, lo único que querían era quitarse de una vez el estorbo del intruso antes de que prendiera el sol bravo de aquel día árido y sin viento. Improvisaron unas angarillas con restos de trinquetes y botavaras, y las amarraron con carlingas de altura,° para que resistieran el peso del cuerpo hasta los acantilados. Quisieron encadenarle° a los tobillos un ancla de buque mercante para que fondeara° sin tropiezos° en los mares más profundos donde los peces son ciegos y los buzos se mueren de nostalgia, de manera que las malas corrientes no fueran a devolverlo a la orilla, como había sucedido con otros cuerpos. Pero mientras más se apresuraban, más cosas se les ocurrían a las mujeres para perder el tiempo. Andaban como gallinas asustadas picoteando° amuletos de mar en los arcones,° unas estorbando aquí porque querían ponerle al ahogado los escapularios del buen viento, otras estorbando allá para abrocharle una pulsera de orientación, y al cabo de tanto quítate de ahí mujer, ponte donde no estorbes, mira que casi me haces caer sobre el difunto, a los hombres se les subieron al hígado las suspicacias y empezaron a rezongar° que con qué objeto tanta ferretería de altar mayor para un forastero,° si por muchos estoperoles y calderetas° que llevara encima se lo iban a masticar los tiburones, pero ellas seguían tripotando sus reliquias de pacotilla,° llevando y trayendo, tropezando, mientras se les iba en suspiros lo que no se les iba en lágrimas, así que los hombres terminaron por despotricar que de cuándo acá semejante alboroto por un muerto al garete,° un ahogado de nadie, un fiambre° de mierda. Una de las mujeres, mortificada por tanta indolencia, le quitó entonces al cadáver el pañuelo de la cara, y también los hombres se quedaron sin aliento.

Era Esteban. No hubo que repetirlo para que lo reconocieran. Si les hubieran dicho Sir Walter Raleigh, quizás, hasta ellos se habrían impresionado con su acento de gringo, con su guacamaya° en el hombro, con su arcabuz de matar caníbales, pero Esteban solamente podía ser uno en el mundo, y allí estaba tirado como un sábalo,° sin botines, con unos pantalones de sietemesino° y esas uñas rocallosas° que sólo podían cortarse a cuchillo. Bastó con que le quitaran el pañuelo de la cara para darse cuenta de que estaba avergonzado, de que no tenía la culpa de ser tan grande, ni tan pesado ni tan hermoso, y si hubiera sabido que aquello iba a suceder habría buscado un lugar más discreto para ahogarse, en serio, me hubiera amarrado yo mismo un áncora de galeón en el cuello y hubiera trastabillado° como quien no quiere la cosa por los acantilados, para no andar ahora estorbando con

---

Aspavientos: exageración de emociones
Angarillas...altura: armazón hecho con palos de un barco
Encadenarle: ponerle cadenas
Fondeara: hundiera, se fuera a lo profundo del mar
Tropiezos: obstáculos
Picoteando: cogiendo
Arcones: cajas grandes de madera que se usan para guardar objetos y ropa
Rezongar: quejarse
Forastero: extranjero

Estoperoles y calderetas: clavos y recipientes de agua bendita
De pacotilla: de poco valor
Al garete: perdido
Fiambre: cadáver
Guacamaya: Pájaro como un papagallo
Sábalo: tipo de pez
Sietemesino: de siete meses. Pantalones cortos, pequeños
Rocallosas: llenas de trozos de roca
Trastabillado: dado tropezones

este muerto de miércoles, como ustedes dicen, para no molestar a nadie con esta porquería de fiambre que no tiene nada que ver conmigo. Había tanta verdad en su modo de estar, que hasta los hombres más suspicaces, los que sentían amargas las minuciosas noches del mar temiendo que sus mujeres se cansaron de soñar con ellos para soñar con los ahogados, hasta ésos, y otros más duros, se estremecieron en los tuétanos con la sinceridad de Esteban.

Fue así como le hicieron los funerales más espléndidos que podían concebirse para un ahogado expósito. Algunas mujeres que habían ido a buscar flores en los pueblos vecinos regresaron con otras que no creían lo que les contaban, y éstas se fueron por más flores cuando vieron al muerto, y llevaron más y más, hasta que hubo tantas flores y tanta gente que apenas si se podía caminar. A última hora les dolió devolverlo huérfano a las aguas, y le eligieron un padre y una madre entre los mejores, y otros se le hicieron hermanos, tíos y primos, así que a través de él todos los habitantes del pueblo terminaron por ser parientes entre sí. Algunos marineros que oyeron el llanto a la distancia perdieron la certeza del rumbo, y se supo de uno que se hizo amarrar al palo mayor, recordando antiguas fábulas de sirenas. Mientras se disputaban el privilegio de llevarlo en hombros por la pendiente escarpada de los acantilados, hombres y mujeres tuvieron conciencia por primera vez de la desolación de sus calles, la aridez de sus patios, la estrechez de sus sueños, frente al esplendor y la hermosura de su ahogado. Lo soltaron sin ancla, para que volviera si quería, y cuando lo quisiera, y todos retuvieron el aliento durante la fracción de siglos que demoró la caída del cuerpo hasta el abismo. No tuvieron necesidad de mirarse los unos a los otros para darse cuenta de que ya no estaban completos, ni volverían a estarlo jamás. Pero también sabían que todo sería diferente desde entonces, que sus casas iban a tener las puertas más anchas, los techos más altos, los pisos más firmes, para que el recuerdo de Esteban pudiera andar por todas partes sin tropezar° con los travesaños,° y que nadie se atreviera a susurrar en el futuro ya murió el bobo grande, qué lástima, ya murió el tonto hermoso, porque ellos iban a pintar las fachadas de colores alegres para eternizar la memoria de Esteban, y se iban a romper el espinazo excavando manantiales en las piedras y sembrando flores en los acantilados, para que en los amaneceres de los años venturos los pasajeros de los grandes barcos despertaran sofocados por un olor de jardines en altamar, y el capitán tuviera que bajar de su alcázar con su uniforme de gala, con su astrolabio,° su estrella polar y su ristra° de medallas de guerra, y señalando el promontorio de rosas en el horizonte del Caribe dijera en catorce idiomas, miren allá, donde el viento es ahora tan manso que se queda a dormir debajo de las camas, allá, donde el sol brilla tanto que no saben hacia dónde girar los girasoles, sí allá, es el pueblo de Esteban.

Tropezar: chocar con algo al caminar
Travesaños: vigas de madera

Astrolabio: instrumento antiguo empleado
para medir la altura de los astros
Ristra: serie encadenada de algo, tira

CUESTIONARIO

1. ¿Quiénes fueron los primeros en descubrir la presencia del hombre ahogado? ¿Qué se imaginaron que era?

2. ¿De qué venía recubierto el cuerpo del ahogado al varar en la playa?

3. ¿Cómo es identificado y descrito el ahogado por las distintas personas que lo ven –niños, hombres y mujeres?

4. ¿Qué cambios meteorológicos se producen en el pueblo con la llegada del ahogado?

5. ¿Qué día o días de la semana permanece el ahogado en el pueblo?

6. Según las mujeres, ¿qué inconvenientes y percances debió de haber tenido el ahogado en vida debido a su gran tamaño?

7. ¿Cómo reaccionan los hombres ante las atenciones que prodigan las mujeres al ahogado? ¿Con qué lo atavían éstas cuando lo van a arrojar al mar?

8. Aparte de la descripción física del ahogado, ¿qué otras referencias aluden a su estado de ánimo o sus emociones?

9. ¿Qué cambios experimenta la gente del pueblo tras la partida del ahogado?

SELECCIÓN MÚLTIPLE

I. Los primeros en descubrir la presencia del ahogado fueron

1. Unos pescadores

2. Los hombres del pueblo

3. Unos niños

4. Las mujeres

II. Las mujeres que limpian el cuerpo del ahogado se dieron cuenta de que éste sobrellevaba su muerte

1. Como una gran desgracia

2. Con orgullo

3. Con tristeza

4. Con gran alegría

III. Las mujeres se imaginan que en vida, y debido al tamaño de su cuerpo, el ahogado tuvo que ser

1. Un desdichado

2. Feliz

3. Muy generoso con los pobres

4. Muy arrogante

IV. Cuando los hombres se disponen a enterrar al ahogado, las mujeres

1. Les ayudan a hacer los preparativos

2. Se oponen a que sea arrojado al mar

3. Esconden el cuerpo del ahogado en una cueva

4. Obstaculizan la labor de los hombres

V. ¿Qué transformaciones estéticas ve el pueblo después de ser devuelto el ahogado al mar?

1. Construyeron una plaza en nombre del ahogado.

2. Pintaron las casas y plantaron flores.

3. Levantaron estatuas en nombre del ahogado.

4. Erigieron un arco del triunfo para commemorar su gran fortaleza.

ANÁLISIS CRÍTICO

1. ¿En qué voz narrativa se cuenta la historia? ¿Hay cambios de la misma en algunas partes del cuento? ¿Qué efecto o efectos se persiguen?

2. ¿Qué relación encuentra entre el ahogado, apelado "Esteban", y el Esteban bíblico?

3. ¿Bajo qué punto de vista se nos describe la figura del ahogado? ¿Interviene directamente el narrador en tercera persona en la construcción de su identidad o en su descripción física?

4. La presencia del ahogado despierta la imaginación creadora de las mujeres que lo cuidan y admiran. ¿Qué viajes imaginarios emprenden las mujeres?

5. ¿Qué implicaciones tiene el hecho que, a través del ahogado, "todos los habitantes del pueblo terminaron por ser parientes entre sí"

6. ¿Qué aspectos narrativos de esta historia nos llevan a pensar que forma parte del realismo mágico?

7. Explique, con ayuda de algunos ejemplos, cómo la exageración sirve para crear un efecto fantástico.

8. Los verbos "pensar" y "suponer" son de uso frecuente en la narración de esta historia, ¿con qué propósito lo hace el autor?

9. La noción del laberinto aparece en más de una ocasión en esta historia, identifique en qué ocasiones y cuál es su significado.

10. ¿Qué función cumple el mar en esta historia?

11. El llanto de las mujeres llega hasta el mar, y un marinero "se hizo amarrar al palo mayor, recordando antiguas fábulas de sirenas". ¿A qué obra de la antigüedad clásica alude esta referencia intertextual?

ENSAYO

Haga un estudio comparativo entre este cuento y "Un señor muy viejo con unas alas enormes". Tenga en cuenta la figura del protagonista, las distintas reacciones de los pueblos ante la llegada de un ser extraño, la voz narrativa, el uso del tiempo, las fechas en que ocurren los acontecimientos, el mar, y otros aspectos que juzgue oportunos.

🌿 🌿 🌿

"Un día de estos"

GUÍA DE LECTURA

"Un día de éstos", incluido en la colección *Los funerales de la Mamá Grande*, comparte con *El coronel no tiene quien le escriba* el mismo ambiente de resignación ante la derrota. El cuento, narrado en un estilo directo y con toques de humor negro, textualiza el clima de violencia que vive una pequeña población hispanoamericana. La trama, bastante sencilla y recontada con mayor número de detalles en *La malahora*, se centra en la visita que hace un alcalde a un dentista para que le extraiga una muela. A pesar de ello, el texto exige que la lectura interpretativa del mismo se eleve a un nivel macrocósmico. En cierto modo, la historia se puede considerar como una alegoría del poder autoritario y de la opresión del pueblo. La violencia y el odio no se expresan abiertamente, por ello el lector debe prestar especial atención a las descripciones y los diálogos para entender la tensión, violencia, y represión políticas latentes en esta historia.

🌿 🌿 🌿

El lunes amaneció tibio y sin lluvia. Don Aurelio Escovar, dentista sin título y buen madrugador, abrió su gabinete° a las seis. Sacó de la vidriera una dentadura postiza° montada aún en el molde de yeso y puso sobre la mesa un puñado de instrumentos que ordenó de mayor a menor, como en una exposición. Llevaba una camisa a rayas, sin cuello, cerrada arriba con un botón dorado, y los pantalones sostenidos con cargadores elásticos.° Era rígido, enjuto, con una mirada que raras veces correspondía a la situación, como la mirada de los sordos.

Cuando tuvo las cosas dispuestas sobre la mesa rodó la fresa° hacia el sillón de resortes y se sentó a pulir la dentadura postiza. Parecía no pensar en lo que hacía, pero trabajaba con obstinación, pedaleando en la fresa incluso cuando no se servía de ella.

Después de las ocho hizo una pausa para mirar el cielo por la ventana y vio dos gallinazos pensativos que se secaban al sol en el caballete° de la casa vecina.

Gabinete: oficina del dentista
Postiza: falsa
Cargadores elásticos: tirantes de goma

Fresa: instrumento que usa el dentista para
    perforar un diente
Caballete: en la base de un tejado

Siguió trabajando con la idea de que antes del almuerzo volvería a llover. La voz destemplada de su hijo de once años lo sacó de su abstracción.

–Papá.

–Qué.

–Dice el Alcalde que si le sacas una muela.

–Dile que no estoy aquí.

Estaba puliendo un diente de oro. Lo retiró a la distancia del brazo y lo examinó con los ojos a medio cerrar. En la salita de espera volvió a gritar su hijo.

–Dice que sí estás porque te está oyendo.

El dentista siguió examinando el diente. Sólo cuando lo puso en la mesa con los trabajos terminados, dijo:

–Mejor.

Volvió a operar la fresa. De una cajita de cartón donde guardaba las cosas por hacer, sacó un puente de varias piezas y empezó a pulir el oro.

–Papá.

–Qué.

Aún no había cambiado de expresión.

–Dice que si no le sacas la muela te pega un tiro.°

Sin apresurarse, con un movimiento extremadamente tranquilo, dejó de pedalear en la fresa, la retiró del sillón y abrió por completo la gaveta inferior de la mesa. Allí estaba el revólver.

–Bueno– dijo. –Dile que venga a pegármelo.

Hizo girar el sillón hasta quedar de frente a la puerta, la mano apoyada en el borde de la gaveta. El Alcalde apareció en el umbral.° Se había afeitado la mejilla izquierda, pero en la otra, hinchada y dolorida, tenía una barba de cinco días. El dentista vio en sus ojos marchitos muchas noches de desesperación. Cerró la gaveta con la punta de los dedos y dijo suavemente:

–Siéntese.

–Buenos días– dijo el Alcalde.

–Buenos– dijo el dentista.

Mientras hervían los instrumentos, el Alcalde apoyó el cráneo en el cabezal de la silla y se sintió mejor. Respiraba un olor glacial. Era un gabinete pobre: una vieja silla de madera, la fresa de pedal y una vidriera con pomos de loza.° Frente a la silla, una ventana con un cancel de tela° hasta la altura de un hombre. Cuando sintió que el dentista se acercaba, el Alcalde afirmó los talones y abrió la boca.

Don Aurelio Escovar le movió la cara hacia la luz. Después de observar la muela dañada, ajustó la mandíbula con una cautelosa presión de los dedos.

–Tiene que ser sin anestesia– dijo.

–¿Por qué?

–Porque tiene un absceso.

El Alcalde lo miró a los ojos. "Esta bien", dijo, y trató de sonreír. El dentista no le correspondió. Llevó a la mesa de trabajo la cacerola con los instrumentos hervidos y los sacó del agua con unas pinzas frías, todavía sin apresurarse. Después rodó la

---

Pega un tiro: dispara con un revólver
Umbral: entrada de la puerta

Pomos de loza: botellas de porcelana
Cancel de tela: cortina de tela

escupidera con la punta del zapato y fue a lavarse las manos en el aguamanil. Hizo todo sin mirar al Alcalde. Pero el Alcalde no lo perdió de vista.

Era un cordal inferior.° El dentista abrió las piernas y apretó la muela con el gatillo caliente. El Alcalde se aferró a las barras de la silla, descargó toda su fuerza en los pies y sintió un vacío helado en los riñones, pero no soltó un suspiro. El dentista sólo movió la muñeca. Sin rencor, más bien con una amarga ternura, dijo:

–Aquí nos paga veinte muertos, teniente.

El Alcalde sintió un crujido de huesos en la mandíbula y sus ojos se llenaron de lágrimas. Pero no suspiró hasta que no sintió salir la muela. Entonces la vio a través de las lágrimas. Le pareció tan extraña a su dolor, que no pudo entender la tortura de sus cinco noches anteriores.

Inclinado sobre la escupidera, sudoroso, jadeante, se desabotonó la guerrera y buscó a tientas el pañuelo en el bolsillo del pantalón. El dentista le dio un trapo limpio.

–Séquese las lágrimas– dijo.

El Alcalde lo hizo. Estaba temblando. Mientras el dentista se lavaba las manos, vio el cielo raso desfondado y una telaraña polvorienta con huevos de araña e insectos muertos. El dentista regresó secándose las manos. "Acuéstese– dijo –y haga buches de agua de sal". El alcalde se puso de pie, se despidió con un displicente saludo militar, y se dirigió a la puerta estirando las piernas, sin abotonarse la guerrera.°

–Me pasa la cuenta– dijo.

–¿A usted o al municipal?

El Alcalde no lo miró. Cerró la puerta, y dijo, a través de la red metálica:

–Es la misma vaina.°

CUESTIONARIO

1. ¿Tenía título de dentista don Aurelio Escovar?
2. ¿Qué tiempo hacía el día que el alcalde visitó al dentista?
3. ¿Con qué amenaza el alcalde al dentista si éste no le saca la muela?
4. ¿Está armado el dentista?
5. Describa el gabinete del dentista.
6. ¿Por qué le saca la muela al alcalde sin anestesia?

Cordal inferior: muela de juicio en la parte de abajo de la dentadura
Guerrera: chaqueta militar

Es la misma vaina: es lo mismo. No hay diferencia

SELECCIÓN MÚLTIPLE

I.   Antes de que llegara el alcalde, el dentista se encontraba en su gabinete

1. Preparándose para la visita del alcalde

2. Realizando sus preparativos habituales

3. Operando a un paciente

4. Conversando con el cura

II.   Cuando el hijo del dentista le participa a su padre la llegada del alcalde, el dentista

1. No quiso recibirlo

2. Huyó del gabinete

3. Lo recibió calurosamente

4. Le dijo que volviera al día siguiente

III. Durante la consulta con el dentista, el alcalde

1. Se mostró tranquilo

2. Se quejaba del dolor de la muela

3. Se lamentaba de la lentitud del dentista

4. No se fiaba totalmente del dentista

IV. Después de sacarle la muela, el alcalde

1. Se quejaba del dolor que le produjo la extracción de la misma

2. No dio muestras de dolor

3. Se enfadó con el dentista

4. Le dijo que se tomaría su propia venganza

V.   ¿Qué tipo de comportamiento revela el dentista al sacarle la muela al alcalde?

1. Se mostró compasivo

2. Se mostró indiferente

3. Actuó de manera profesional

4. Se mostró vengativo.

ANÁLISIS CRÍTICO

1. ¿Cómo se manifiestan los efectos destructivos de la guerra en el cuento?

2. ¿Bajo qué punto de vista se narra el cuento?

3. ¿Quién parece tener el poder en el pueblo? Durante la consulta que hace el alcalde al dentista, ¿quién tiene el poder?

4. ¿Cómo es descrito el dentista? ¿A qué apunta esta descripción?

5. ¿Qué valor simbólico se puede atribuir al "cielo raso desfondado", la"telaraña polvorienta", los dos gallinazos, y, especialmente, la muela?

6. ¿Cuánto tiempo dura esta historia?

7. ¿Qué nos sugiere el hecho que todos anden armados?

8. ¿Cómo se va creando el suspense en esta obra?

9. Comente la última frase del cuento, "Es la misma vaina", ¿Hay un cambio en la situación política del pueblo al final del cuento?

ENSAYO

Tomando este cuento como punto de referencia, haga un estudio de la violencia política que aflige o ha afligido a alguno de los países hispanoamericanos.

BIBLIOGRAFÍA

Bell–Villada, Gene. *García Márquez. The Man and his Work*. Chapel Hill: The University of North Carolina Press, 1990.

Franco, Jean. *Historia de la literatura hispanoamericana*. Barcelona: Ed. Ariel, 1980.

Hernández de López, Ana María. *En el punto de mira: Gabriel García Márquez*. Madrid: Ed. Pliegos, 1985.

Janes, Regina. *Gabriel García Márquez. Revolutions in Wonderland*. Columbia: U of Missouri P, 1981.

McMurray, George R. Ed. *Critical Essays on Gabriel García Márquez*. Boston: G. K. Hall, 1987.

Oberhelman, Harley D. *Gabriel García Márquez. A Study of the Short Fiction*. Boston: Twayne Publishers, 1991.

Oviedo, José Miguel. *Historia de la literatura hispanoamericana. 4. De Borges al presente*. Madrid: Alianza ed., 2001.

Shaw, Donald L. *Nueva narrativa hispanoamericana*. Madrid: Ed. Cátedra, 1981.

Isabel Allende
(1942–)

Isabel Allende, chilena, comenzó su vida profesional haciendo periodismo. Aparte de su obra narrativa, Allende escribió varias obras de teatro y una comedia musical. En 1982 publicó la novela que la catapultaría a la fama: *La casa de los espíritus*. La anécdota de la novela relata el ascenso y caída de una familia chilena en el curso de cuatro generaciones. Las protagonistas cumplen una función catalizadora de la acción narrativa a lo largo de toda la novela, y se convierten en verdaderas defensoras de la liberación femenina en su lucha contra la iglesia, el régimen político y los convencionalismos sociales. De todas estas protagonistas –Alba, Nívea, Blanca, y Clara– sobresale Clara, que, además de gozar de poderes mágicos, se enfrenta a su esposo Esteban Trueba. La acción narrativa revela paralelismos con la historia de Chile. Por ejemplo, Alba, nieta de Clara, participa del período de la transición del socialismo a la dictadura, reproduciendo de esta manera el paso del socialismo de Allende a la dictadura militar de Augusto Pinochet. La novela tiene claras influencias de *Cien años de soledad*.

Las novelas que publica con posterioridad a *La casa de los espíritus* destacan por sus aspectos sentimentales y melodramáticos, entreverados a una defensa del feminismo y una ideología política. En su segunda novela, *De amor y de sombra* (1984), Allende vuelve a tratar el tema de la dictadura de Augusto Pinochet. La novela relata la muerte de varios miembros de una familia en medio de un clima de violencia política. En *Eva Luna* (1987) y *Cuentos de Eva Luna* (1990), Allende escoge a protagonistas femeninos que viven una existencia un tanto picaresca. Una vez afincada en Estados Unidos publicó El *plan infinito* (1991), obra cuya acción narrativa se sitúa en California durante los años de la guerra del Vietnam. En 1994 publicó *Paula*, obra testimonial sobre la enfermedad y muerte de su hija. En 1997 publicó *Afrodita: cuentos, recetas y otros afrodisíacos*, libro de recetas culinarias con supuestos poderes afrodisíacos. En *Hija de la fortuna* (1999) la mayor parte de la acción narrativa se sitúa en la California de mitad del siglo XIX, durante la fiebre del oro. Al ser seleccionada esta novela para el Club del Libro de Oprah, Allende se daría a conocer entre el público americano. Con *Retrato en sepia* (2000), Allende prosigue la historia iniciada en la novela anterior, y la extiende unos 50 años más (1862–1910). En el 2002 publicó *Ciudad de las bestias*, novela cuya acción narrativa se sitúa en la selva amazónica y que fue escrita pensando en un público joven. Es autora de un libro para niños, *La gorda de porcelana* (1983), y de varias obras dramáticas: "El embajador" (1971), "La balada del medio pelo" (1973) y "Los siete espejos" (1974).

"Dos palabras"

GUÍA DE LECTURA

Los *Cuentos de Eva Luna* fueron escritos de manera esporádica durante un difícil período en la vida de Isabel Allende. En "dos palabras", cuento incluido en esta colección, Allende relata la historia de una chica, Belisa Crepusculario, que, tras superar una infancia marcada por la penuria y privación, logra triunfar en la vida montando un curioso negocio. Aunque el cuento no presenta dificultades argumentales, estructurales o lingüísticas, el lector se verá sorprendido por el giro misterioso y enigmático que toma la narración al llegar a su punto final.

❧ ❧ ❧

Tenía el nombre de Belisa Crepusculario, pero no por fe de bautismo o acierto de su madre, sino porque ella misma lo buscó hasta encontrarlo y se vistió con él. Su oficio° era vender palabras. Recorría el país,° desde las regiones más altas y frías hasta las costas calientes, instalándose en las ferias y en los mercados, donde montaba cuatro palos con un toldo de lienzo,° bajo el cual se protegía del sol y de la lluvia para atender a su clientela. No necesitaba pregonar° su mercadería, porque de tanto caminar por aquí y por allá, todos la conocían. Había quienes la aguardaban de un año para otro y cuando aparecía por la aldea con su atado bajo el brazo, hacían cola frente a su tenderete. Vendía a precios justos. Por cinco centavos entregaba versos de memoria, por siete mejoraba la calidad de los sueños, por nueve escribía cartas de enamorados, por doce inventaba insultos para enemigos irreconciliables. También vendía cuentos, pero no eran cuentos de fantasía, sino largas historias verdaderas que recitaba de corrido,° sin saltarse nada. Así llevaba las nuevas° de un pueblo a otro. La gente le pagaba por agregar una o dos líneas: nació un niño, murió fulano, se casaron nuestros hijos, se quemaron las cosechas.° En cada lugar se juntaba una pequeña multitud a su alrededor para oírla cuando comenzaba a hablar y así se enteraban de las vidas de otros, de los parientes lejanos, de los pormenores° de la Guerra Civil. A quien le comprara cincuenta centavos, ella le regalaba una palabra secreta para espantar la melancolía.° No era la misma para todos, por supuesto, porque eso habría sido un engaño° colectivo. Cada uno recibía la suya con la certeza de que nadie más la empleaba para ese fin en el universo y más allá.

Belisa Crepusculario había nacido en una familia tan mísera, que ni siquiera poseía nombres para llamar a sus hijos. Vino al mundo y creció en la región más inhóspita, donde algunos años las lluvias se convierten en avalanchas de agua que se llevan todo, y en otros no cae ni una gota del cielo, el sol se agranda hasta ocupar el horizonte entero y el mundo se convierte en un desierto. Hasta que cumplió doce años no tuvo otra ocupación ni virtud que sobrevivir el hambre y la fatiga de siglos. Durante una interminable sequía le tocó enterrar a cuatro hermanos menores y cuando comprendió que llegaba su turno, decidió echar a andar° por las llanuras en dirección al mar, a ver si en el viaje lograba burlar° a la muerte. La tierra estaba erosionada, partida en profundas grietas,° sembrada de piedras, fósiles de árboles y de arbustos espinudos, esqueletos de animales blanqueados por el calor. De vez en cuando tropezaba° con familias que, como ella, iban hacia el sur siguiendo el espejismo° del agua. Algunos habían iniciado la marcha llevando sus pertenencias al hombro o en carretillas, pero apenas podían mover sus propios

---

Oficio: trabajo
Recorría el país: iba a través del país
Toldo de lienzo: pabellón de tela
Pregonar: anunciar
De corrido: rápidamente
Las nuevas: las noticias
Cosechas: recolección de productos agrícolas
Pormenores: detalles

Espantar la melancolía: Alejar la tristeza
Engaño: fraude
Echar a andar: ir caminando
Burlar: escapar, evitar
Grietas: aberturas
Tropezaba: encontraba
Espejismo: alucinación, visión

huesos y a poco andar debían abandonar sus cosas. Se arrastraban° penosamente, con la piel convertida en cuero de lagarto y los ojos quemados por la reverberación° de la luz. Belisa los saludaba con un gesto al pasar, pero no se detenía, porque no podía gastar sus fuerzas en ejercicios de compasión. Muchos cayeron por el camino pero ella era tan tozuda que consiguió atravesar el infierno y arribó° por fin a los primeros manantiales,° finos hilos de agua, casi invisibles, que alimentaba uno vegetación raquítica, y que más adelante se convertían en riachuelos° y esteros.°

Belisa Crepusculario salvó la vida y además descubrió por casualidad la escritura. Al llegar a una aldea en las proximidades de la costa, el viento colocó a sus pies una hoja de periódico. Ella tomó aquel papel amarillo y quebradizo y estuvo largo rato observándolo sin adivinar su uso, hasta que la curiosidad pudo más que su timidez. Se acercó a un hombre que lavaba un caballo en el mismo charco turbio donde ella saciara su sed.

–¿Qué es esto?– preguntó.

–La página deportiva del periódico– replicó el hombre sin dar muestras de asombro° ante su ignorancia.

La respuesta dejó atónita a la muchacha, pero no quiso parecer descarada y se limitó a inquirir el significado de las patitas de mosca dibujadas sobre el papel.

–Son palabras, niña. Allí dice que Fulgencio Barba noqueó al Negro Tiznao en el tercer round.

Ese día Belisa Crepusculario se enteró que las palabras andan sueltas sin dueño y cualquiera con un poco de maña° puede apoderárselas° para comerciar con ellas. Consideró su situación y concluyó que aparte de prostituirse o emplearse como sirvienta en las cocinas de los ricos, eran pocas las ocupaciones que podía desempeñar. Vender palabras le pareció una alternativa decente. A partir de ese momento ejerció esa profesión y nunca le interesó otra. Al principio ofrecía su mercancía sin sospechar que las palabras podían también escribirse fuera de los periódicos. Cuando lo supo calculó las infinitas proyecciones de su negocio, con sus ahorros le pagó veinte pesos a un cura para que le enseñara a leer y escribir y con los tres que le sobraron se compró un diccionario. Lo revisó desde la A hasta la Z y luego lo lanzó al mar, porque no era su intención estafar° a los clientes con palabras envasadas.

Varios años después, en una mañana de agosto, se encontraba Belisa Crepusculario al centro de una plaza, sentada bajo su toldo° vendiendo argumentos de justicia a un viejo que solicitaba su pensión desde hacía diecisiete años. Era día de mercado y había mucho bullicio° a su alrededor. Se escucharon de pronto galopes y gritos, ella levantó los ojos de la escritura y vio primero una nube de polvo y enseguida un grupo de jinetes que irrumpió en el lugar. Se trataba de los hombres del Coronel, que venían al mando del Mulato, un gigante conocido

---

Se arrastraban: se tiraban
Reverberación: reflejo
Arribó: llegó
Manantiales: lugares donde sale el agua
Riachuelos: ríos pequeños
Esteros: arroyos, ríos

Sin dar muestras de asombro: sin sorprenderse
Maña: habilidad
Apoderárselas: ser dueño de las palabras
Estafar: engañar, burlar
Toldo: tienda
Bullicio: ruido

en toda la zona por la rapidez de su cuchillo y la lealtad hacia su jefe. Ambos, el Coronel y el Mulato, habían pasado sus vidas ocupados en la Guerra Civil y sus nombres estaban irremisiblemente unidos al estropicio° y la calamidad. Los guerreros entraron al pueblo como un rebaño° en estampida, envueltos en ruido, bañados de sudor y dejando a su paso un espanto de huracán. Salieron volando las gallinas, dispararon a perderse los perros, corrieron las mujeres con sus hijos y no quedó en el sitio del mercado otra alma viviente que Belisa Crepusculario, quien no había visto jamás al Mulato y por lo mismo le extrañó° que se dirigiera a ella.

–A ti te busco– le gritó señalándola con su látigo enrollado y antes que terminara de decirlo, dos hombres cayeron encima de la mujer atropellando el toldo° y rompiendo el tintero,° la ataron de pies y manos y la colocaron atravesada como un bulto° de marinero sobre la grupa° de la bestia del Mulato. Emprendieron galope en dirección a las colinas.

Horas mas tarde, cuando Belisa Crepusculario estaba a punto de morir con el corazón convertido en arena por las sacudidas° del caballo, sintió que se detenían y cuatro manos poderosas la depositaban en tierra. Intentó ponerse de pie y levantar la cabeza con dignidad, pero le fallaron las fuerzas y se desplomó° con un suspiro, hundiéndose en un sueño ofuscado.° Despertó varias horas después con el murmullo de la noche en el campo, pero no tuvo tiempo de descifrar esos sonidos, porque al abrir los ojos se encontró ante la mirada impaciente del Mulato, arrodillado a su lado.

–Por fin despiertas, mujer– dijo alcanzándole su cantimplora para que bebiera un sorbo de aguardiente con pólvora y acabara de recuperar la vida.

Ella quiso saber la causa de tanto maltrato y él le explicó que el Coronel necesitaba sus servicios. Le permitió mojarse° la cara y enseguida la llevó a un extremo del campamento, donde el hombre más temido del país reposaba° en una hamaca colgada entre dos árboles. Ella no pudo verle el rostro, porque tenía encima la sombra incierta del follaje y la sombra imborrable de muchos años viviendo como un bandido, pero imaginó que debía ser de expresión perdularia si su gigantesco ayudante se dirigía a él con tanta humildad. Le sorprendió su voz, suave y bien modulada como la de un profesor.

–¿Eres la que vende palabras?– preguntó.

–Para servirte– balbuceó° ella oteando° en la penumbra para verlo mejor.

El Coronel se puso de pie y la luz de la antorcha que llevaba el Mulato le dio de frente. La mujer vio su piel oscura y sus fieros ojos de puma y supo al punto que estaba frente al hombre más solo de este mundo.

–Quiero ser presidente– dijo él.

Estropicio: destrucción
Rebaño: conjunto de animales
Le extrañó: le sorprendió
Atropellando el toldo: tirando la tienda
Tintero: objeto que contiene la tinta para
    escribir
Bulto: saco
Grupa: parte superior trasera de un animal

Sacudidas: movimientos o golpes bruscos
Desplomó: se cayó, se desmayó
Ofuscado: confuso
Mojarse: bañarse
Reposaba: descansaba
Balbuceó: habló con dificultad y repitiendo
    sílabas
Oteando: buscando con la vista

Estaba cansado de recorrer esa tierra maldita en guerras inútiles y derrotas que ningún subterfugio podía transformar en victorias. Llevaba muchos años durmiendo a la intemperie,° picado de mosquitos, alimentándose de iguanas y sopa de culebra, pero esos inconvenientes menores no constituían razón suficiente para cambiar su destino. Lo que en verdad le fastidiaba° era el terror en los ojos ajenos.° Deseaba entrar a los pueblos bajo arcos de triunfo, entre banderas de colores y flores, que lo aplaudieran y le dieran de regalo huevos frescos y pan recién horneado. Estaba harto de comprobar cómo a su paso huían los hombres, abortaban de susto las mujeres y temblaban las criaturas, por eso había decidido ser presidente. El Mulato le sugirió que fueran a la capital y entraran galopando al Palacio para apoderarse del gobierno, tal como tomaron tantas otras cosas sin pedir permiso, pero al Coronel no le interesaba convertirse en otro tirano, de ésos ya habían tenido bastantes por allí y, además, de ese modo no obtendría el afecto de las gentes. Su idea consistía en ser elegido por votación popular en los comicios° de diciembre.

–Para eso necesito hablar como un candidato. ¿Puedes venderme las palabras para un discurso?– preguntó el Coronel a Belisa Crepusculario.

Ella había aceptado muchos encargos, pero ninguno como ése, sin embargo no pudo negarse, temiendo que el Mulato le metiera un tiro entre los ojos, o peor aún, que el Coronel se echara a llorar. Por otra parte, sintió el impulso de ayudarlo, porque percibió un palpitante calor en su piel, un deseo poderoso de tocar a ese hombre, de recorrerlo con sus manos, de estrecharlo entre sus brazos.

Toda la noche y buena parte del día siguiente estuvo Belisa Crepusculario buscando en su repertorio las palabras apropiadas para un discurso presidencial, vigilada de cerca por el Mulato, quien no apartaba los ojos de sus firmes piernas de caminante y sus senos virginales. Descartó las palabras ásperas y secas, las demasiado floridas, las que estaban desteñidas por el abuso, las que ofrecían promesas improbables, las carentes de verdad y las confusas, para quedarse sólo con aquéllas capaces de tocar con certeza el pensamiento de los hombres y la intuición de las mujeres. Haciendo uso de los conocimientos comprados al cura por veinte pesos, escribió el discurso en una hoja de papel y luego hizo señas al Mulato para que desatara la cuerda con la cual la había amarrado por los tobillos a un árbol. La condujeron nuevamente donde el Coronel y al verlo ella volvió a sentir la misma palpitante ansiedad del primer encuentro. Le pasó el papel y aguardó, mientras él lo miraba sujetándolo con la punta de los dedos.

–¿Qué carajo° dice aquí?– preguntó por último.

–¿No sabes leer?

–Lo que yo sé hacer es la guerra.– replico él.

Ella leyó en alta voz el discurso. Lo leyó tres veces, para que su cliente pudiera grabárselo en la memoria. Cuando terminó vio la emoción en los rostros de los hombres de la tropa que se juntaron para escucharla y notó que los ojos amarillos

---

Durmiendo a la intemperie: durmiendo al aire libre
Fastidiaba: disgustaba, molestaba

Ajenos: de otras personas
Comicios: elecciones
Carajo: diablo

del Coronel brillaban de entusiasmo, seguro de que con esas palabras el sillón presidencial sería suyo.

–Si después de oírlo tres veces los muchachos siguen con la boca abierta, es que esta vaina sirve, Coronel– aprobó el Mulato.

–¿Cuánto te debo por tu trabajo, mujer?– preguntó el jefe.

–Un peso, Coronel.

–No es caro –dijo él abriendo la bolsa que llevaba colgada del cinturón con los restos del último botín.

–Además tienes derecho a una ñapa. Te corresponden dos palabras secretas –dijo Belisa Crepusculario.

–¿Cómo es eso?

Ella procedió a explicarle que por cada cincuenta centavos que pagaba un cliente, le obsequiaba una palabra de uso exclusivo. El jefe se encogió de hombres, pues no tenía ni el menor interés en la oferta, pero no quiso ser descortés con quien lo había servido tan bien. Ella se aproximó sin prisa al taburete de suela° donde él estaba sentado y se inclinó para entregarle su regalo. Entonces el hombre sintió el olor de animal montuno que se desprendía de esa mujer, el calor de incendio que irradiaban sus caderas, el roce terrible de sus cabellos, el aliento de hierbabuena susurrando en su oreja las dos palabras secretas a las cuales tenía derecho.

–Son tuyas, Coronel –dijo ella al retirarse–. Puedes emplearlas cuanto quieras.

El Mulato acompañó a Belisa hasta el borde del camino, sin dejar de mirarla con ojos suplicantes de perro perdido, pero cuando estiró la mano para tocarla, ella lo detuvo con un chorro de palabras inventadas que tuvieron la virtud de espantarle el deseo, porque creyó que se trataba de alguna maldición irrevocable.

En los meses de setiembre, octubre y noviembre el Coronel pronunció su discurso tantas veces, que de no haber sido hecho con palabras refulgentes y durables, el uso lo habría vuelto ceniza. Recorrió el país en todas direcciones, entrando a las ciudades con aire triunfal y deteniéndose también en los pueblos más olvidados, allá donde sólo el rastro de basura indicaba la presencia humana, para convencer a los electores que votaran por él. Mientras hablaba sobre una tarima° al centro de la plaza, el Mulato y sus hombres repartían caramelos y pintaban su nombre con escarcha dorada en las paredes, pero nadie prestaba atención a esos recursos de mercader, porque estaban deslumbrados por la claridad de sus proposiciones y la lucidez poética de sus argumentos, contagiados de su deseo tremendo de corregir los errores de la historia y alegres por primera vez en sus vidas. Al terminar la arenga del Candidato, la tropa lanzaba pistoletazos el aire y encendía petardos y cuando por fin se retiraban, quedaba atrás una estela de esperanza que perduraba muchos días en el aire, como el recuerdo magnífico de un cometa. Pronto el Coronel se convirtió en el político más popular. Era un fenómeno nunca visto, aquel hombre surgido de la guerra civil, lleno de cicatrices y hablando como un catedrático, cuyo prestigio se regaba por el territorio nacional conmoviendo el corazón de la patria. La prensa se ocupo de él. Viajaron de lejos

---

Taburete de suela: silla de cuero   *Tarima*: plataforma

los periodistas para entrevistarlo y repetir sus frases, y así creció el número de sus seguidores y de sus enemigos.

–Vamos bien, Coronel –dijo el Mulato al cumplirse doce semanas de éxitos.

Pero el candidato no lo escuchó. Estaba repitiendo sus dos palabras secretas, como hacía cada vez con mayor frecuencia. Las decía cuando lo ablandaba° la nostalgia, las murmuraba° dormido, las llevaba consigo sobre su caballo, las pensaba antes de pronunciar su célebre discurso y se sorprendía saboreándolas en sus descuidos, Y en toda ocasión en que esas dos palabras venían a su mente, evocaba la presencia de Belisa Crepusculario y se le alborotaban° los sentidos con el recuerdo del olor montuno,° el calor de incendio, el roce terrible y el aliento de hierbabuena, hasta que empezó a andar como un sonámbulo y sus propios hombres comprendieron que se le terminaría la vida antes de alcanzar el sillón de los presidentes.

–¿Qué es lo que te pasa, Coronel? –le preguntó muchas veces el Mulato, hasta que por fin un día el jefe no pudo más y le confesó que la culpa de su ánimo eran esas dos palabras que llevaba clavadas en el vientre.

–Dímelas, a ver si pierden su poder –le pidió su fiel ayudante.

–No te las diré, son solo mías –replicó el Coronel.

Cansado de ver a su jefe deteriorarse como un condenado a muerte, el Mulato de echó el fusil al hombro y partió en busca de Belisa Crepusculario. Siguió sus huellas por toda esa vasta geografía hasta encontrarla en un pueblo del sur, instalada bajo el toldo de su oficio, contando su rosario de noticias. Se le plantó delante con las piernas abiertas y el arma empuñada.°

–Tú te vienes conmigo –ordenó.

Ella lo estaba esperando. Recogió su tintero, plegó° el lienzo de su tenderete, se echó el chal sobre los hombros y el silencio trepó al anca del caballo. No cruzaron ni un gesto en todo el camino, porque al Mulato el deseo por ella se le había convertido en rabia y sólo el miedo que le inspiraba su lengua le impedía destrozarla a latigazos.° Tampoco estaba dispuesto a comentarle que el Coronel andaba alelado,° y que lo que no habían logrado tantos años de batallas, lo había conseguido un encantamiento° susurrado° al oído. Tres días después llegaron al campamento y de inmediato condujo a su prisionera hasta el candidato, delante de toda la tropa.

–Te traje a esta bruja para que le devuelvas sus palabras, Coronel, y para que ella te devuelva la hombría –dijo apuntando el cañón de su fusil a la nuca de la mujer.

El Coronel y Belisa Crepusculario se miraron largamente, midiéndose desde la distancia. Los hombres comprendieron entonces que ya su jefe no podría deshacerse del hechizo de esas dos palabras endemoniadas, porque todos pudieron ver los ojos carnívoros del puma tornarse mansos cuando ella avanzó y le tomó la mano.

Ablandaba: suavizaba
Murmuraba: hablaba en voz baja
Alborotaban: alteraban
Montuno: salvaje
Empuñada: sostenida en la mano

Plegó: dobló
Destrozarla a latigazos: destruirla a golpes
Alelado: atontado, confuso
Encantamiento: hechizo, acto de magia
Susurrado: dicho en voz baja, murmurado

CUESTIONARIO

1. ¿Quién escogió el nombre de la protagonista de este cuento?
2. ¿Cuál era la situación política del país cuando Belisa lo recorría de feria en feria?
3. ¿De qué medios económicos gozaba la familia de Belisa?
4. ¿Cuántos hermanos de Belisa perdieron la vida durante una de las duras sequías que azotó su región?
5. ¿En qué gastó sus ahorros Belisa?
6. ¿Qué ambición política tenía el Coronel? ¿Qué tipo de servicios requería el Coronel de Belisa?
7. ¿Qué palabras selecciona y cuáles descarta la protagonista en el discurso que prepara para el Coronel?
8. ¿Con qué tipo de oferta obsequia Belisa a sus clientes?
9. ¿Cómo reaccionaba el público ante los discursos del Coronel?
10. ¿Con qué propósito va el Mulato a buscar a Belisa al final del cuento?

SELECCIÓN MÚLTIPLE

I. ¿Qué tipo de oficio tenía Belisa?
1. Comerciante
2. Vendedora de ropa
3. Vendedora de palabras
4. Periodista

II. ¿Qué clima imperaba en la región donde nació Belisa?
1. Frío
2. Moderado
3. Extremado
4. Gélido

III. ¿Quién enseñó a Belisa a leer y escribir?
1. Un cura
2. Sus padres
3. Un maestro de la escuela primaria
4. Su hermano mayor.

IV. Una de las cosas que le molestaba al Coronel era

   1. No contar con la ayuda incondicional de sus soldados

   2. Ver el miedo que le tenía la gente

   3. No poder convertirse en un tirano de su país

   4. No poder participar en unas elecciones democráticas

V. ¿Qué siente Belisa al encontrarse frente a frente con el Coronel?

   1. Desea matarlo

   2. Tristeza de ver que el Coronel es un ser solitario

   3. Un odio profundo porque el Coronel es un ser sanguinario

   4. Un deseo apasionado de acariciarlo

ANÁLISIS CRÍTICO

1. ¿Cómo podríamos caracterizar el tipo de voz que nos cuenta la historia?

2. ¿Cuál es el desarrollo cronológico que sigue el relato?

3. La narración hiperbólica, la exageración, aparece de manera esporádica en este relato. Especifique cuándo y el propósito de la misma.

4. Uno de los clientes de Belisa era un hombre que llevaba 17 años solicitando su pensión, ¿le recuerda esta anécdota al tema de una conocida novela latinoamericana?

5. ¿Puede imaginar cuáles fueron las dos palabras secretas que le dijo Belisa al Coronel?

6. ¿Cree que este cuento tiene un final cerrado?

7. ¿Hay algún elemento picaresco en esta historia?

8. ¿Puede considerarse de feminista este cuento de Allende?

ENSAYO

Analice en un ensayo los aspectos misteriosos, enigmáticos, y de índole fantástica que crean las "palabras" en este cuento de Allende.

BIBLIOGRAFÍA

Amago, Samuel. "Isabel Allende and the Postmodern Literary Tradition: A Reconsideration of *Cuentos de Eva Luna*." *Latin American Literary Review* 28.56 (July–December 2000): 43–61.

Cox, Karen Castellucci. *Isabel Allende*. Wesport: Greenwood Press, 2003.

Hart, Patricia. "Magic Feminism in Isabel Allende's *The Stories of Eva Luna*." In *Multicultural Literatures through Feminist/Poststructuralist Lenses*. Ed. Barbara Frey Waxman. TN: The U of Tennessee P, 1993: 103–136.

___. *Narrative Magic in the Fiction of Isabel Allende*. Rutherford: Fairleigh Dickinson U P, 1989.

___. "Review of *The Stories of Eva Luna*." *Nation* 252.9 (11 March 1991): 314–316.

Oviedo, José Miguel. *Historia de la literatura hispanoamericana. 4. De Borges al presente*. Madrid: Alianza ed., 2001.

❦ ❦ ❦

Sabine R. Ulibarrí
(1919–)

Sabine R. Ulibarrí, nació en Tierra Amarilla, Nuevo México –EE.UU. Participó como piloto de aviación en la segunda guerra mundial, y se doctoró en español en 1958. En 1968 fundó el Centro Andino de la Universidad de Nuevo México en Quito –Ecuador. De 1973 a 1983 fue jefe del departamento de lenguas clásicas y modernas de la universidad de Nuevo México. Retirado desde 1988, Ulibarrí sigue enseñando cursos de literatura española y dando conferencias.

Ulibarrí ha cultivado el cuento, la poesía, el ensayo, y la crítica literaria. Como cuentista merecen especial mención sus colecciones *Tierra Amarilla: Cuentos de Nuevo México* (1964), *Mi abuela fumaba puros* (1977), *Primeros encuentros* (1982) y *El Cóndor* (1989). El espacio geográfico de los cuentos de Ulibarrí se sitúa en tierras de Nuevo México, y los temas tratados giran en torno a la marginación de la cultura hispana y al choque entre esta cultura y la anglo–americana. Algunos de sus cuentos tienen su origen en la tradición oral hispana y en leyendas de su propia comunidad; otros, en cambio, se basan en experiencias personales del autor, como recuerdos de la infancia o viajes realizados a países extranjeros. En los cuentos de *Tierra Amarilla*, Ulibarrí nos describe, a través del punto de vista de un adolescente, las tradiciones, costumbres pasadas, e injusticias que ocurren en Tierra Amarilla. Los protagonistas de estas historias, lo mismo que los de *Mi abuela fumaba puros* y *El Cóndor*, han sido extraídos de la vida real del autor: frailes, herreros, gitanos, tíos, maestros, etc. En *Mi abuela fumaba puros*, las historias tratan de costumbres y tradiciones de un pueblo que vive apartado de la cultura anglo–americana. A diferencia de las dos obras anteriores, en *Primeros encuentros* Ulibarrí trata del choque cultural que se produce a raíz del contacto entre las personas que visitan la comunidad de Tierra Amarilla y los habitantes de ésta. En los cuentos de *El Cóndor*, el autor nos revela la vida de un pueblo en su trato con asesinos, brujas, gitanos, seres fantásticos y otras fuerzas sobrenaturales.

De su obra poética merece destacarse *Al cielo se sube a pie* (1961), y *Amor y Ecuador* (1966). En la primera de ellas, Ulibarrí explora por un lado el sentido del amor y de la compasión, y por otro la opresión que ejercen las estructuras de la sociedad en algunas personas. En *Amor y Ecuador*, algunos de los poemas se centran en el amor, mientras que otros tratan de la marginación sufrida por algunos pueblos indígenas de Ecuador.

Como ensayista y crítico literario sobresalen dos obras: *El alma de la raza* (1964) y *El mundo poético de Juan Ramón Jiménez*. La primera de ellas es una colección de ponencias en las que Ulibarrí aborda, entre otros, temas como el de las diferencias entre las culturas hispanoamericana y angloamericana, la lengua, y el catolicismo español. En la segunda obra, el autor hispano estudia la evolución creativa en la poesía del poeta español Juan Ramón Jiménez.

❦ ❦ ❦

"Mi caballo mago"

GUÍA DE LECTURA

En "Mi caballo mago", como en otros cuentos de la colección *Tierra Amarilla*, Ulibarrí suele ceñirse a los convencionalismos de la novela de aprendizaje. En este cuento, lo mismo que en muchas de las novelas de aprendizaje, el protagonista es un adolescente que debe superar ciertas pruebas –rito de iniciación– a fin de pasar de una etapa a otra de su vida y alcanzar una nueva identidad. La búsqueda del caballo mago, un caballo que según creencia popular elude su captura por gozar de poderes mágicos, marca, tras ser exitosamente atrapado, el paso de adolescente a hombre adolescente. En la narración de este cuento, Ulibarrí deja constancia de sus dotes poéticas al servirse de un discurso poético altamente connotativo.

❦ ❦ ❦

Era blanco. Blanco como el olvido. Era libre. Libre como la alegría. Era la ilusión, la libertad y la emoción. Poblaba y dominaba las serranías° y las llanuras de las cercanías. Era un caballo blanco que llenó mi juventud de fantasía y poesía.

Alrededor de las fogatas° del campo y en las resolanas° del pueblo los vaqueros de esas tierras hablaban de él con entusiasmo y admiración. Y la mirada se volvía turbia y borrosa° de ensueño.° La animada charla se apagaba. Todos atentos a la visión evocada. Mito del reino animal. Poema del mundo viril.

Blanco y arcano.° Paseaba su harén por el bosque de verano en regocijo° imperial. El invierno decretaba el llano y la ladera° para sus hembras. Veraneaba como rey de oriente en su jardín silvestre. Invernaba como guerrero ilustre que celebra la victoria ganada.

Era leyenda. Eran sin fin las historias que se contaban del caballo brujo.° Unas verdad, otras invención. Tantas trampas, tantas redes, tantas expediciones. Todas venidas a menos. El caballo siempre se escapaba, siempre se burlaba,° siempre se alzaba° por encima del dominio de los hombres. ¡Cuánto valedor° no juró ponerle su jáquima° y su marca para confesar después que el brujo había sido más hombre que él!

Yo tenía quince años. Y sin haberlo visto nunca el brujo me llenaba ya la imaginación y la esperanza. Escuchaba embobado° a mi padre y a sus vaqueros hablar del caballo fantasma que al atraparlo se volvía espuma y aire y nada.

Serranías: zonas altas montañosas
Fogatas: fuegos
Resolanas: lugares para tomar el sol
Turbia y borrosa: sucia y falta de transparencia
Ensueño: ilusión
Arcano: secreto, misterio
Regocijo: satisfacción, alegría
Ladera: lado inclinado de una montaña

Brujo: mago, fantástico
Se burlaba: nos engañaba
Se alzaba: se levantaba
Valedor: protector
Jáquima: cabezada, lo que se pone en la cabeza de un animal para sujetarlo
Embobado: fascinado, con admiración

Participaba de la obsesión de todos, ambición de lotería, de algún día ponerle yo mi lazo, de hacerlo mío, y lucirlo° los domingos por a la tarde cuando las muchachas salen a paseo por la calle.

Pleno el verano. Los bosques verdes, frescos y alegres. Las reses lentas, gordas y luminosas en la sombra y en el sol de agosto. Dormitaba yo en un caballo brioso,° lánguido y sutil en el sopor° del atardecer. Era hora ya de acercarse a la majada,° al buen pan y al rancho del rodeo. Ya los compañeros estarían alrededor de la hoguera° agitando la guitarra, contando cuentos del pasado o de hoy o entregándose al cansancio de la tarde. El sol se ponía ya, detrás de mí, en escándalos de rayo y color. Silencio orgánico y denso.

Sigo insensible a las reses al abra.° De pronto el bosque se calla. El silencio enmudece. La tarde se detiene. La brisa deja de respirar, pero tiembla. El sol se excita. El planeta, la vida y el tiempo se han detenido de una manera inexplicable. Por un instante no sé lo que pasa.

Luego mis ojos aciertan.° ¡Allí esta! ¡El caballo mago! Al extremo del abra, en un promontorio, rodeado de verde. Hecho estatua, hecho estampa. Línea y forma y mancha blanca en fondo verde. Orgullo, fama y arte en carne animal. Cuadro de belleza encendida y libertad varonil. Ideal invicto y limpio de la eterna ilusión humana. Hoy palpito todo aún al recordarlo.

Silbido. Reto° trascendental que sube y rompe la tela virginal de las nubes rojas. Orejas lanzas. Ojos rayos. Cola viva y ondulante, desafío movedizo. Pezuña° tersa y destructiva. Arrogante majestad de los campos.

El momento es eterno. La eternidad momentanea. Ya no está, pero siempre estará. Debió de haber yeguas.° Yo no las vi. Las reses siguen indiferentes. Mi caballo las sigue y yo vuelvo lentamente del mundo del sueño a la tierra del sudor. Pero ya la vida no volverá a ser lo que antes fue.

Aquella noche bajo las estrellas no dormí. Soñé. Cuánto soñé despierto y cuanto soñé dormido yo no sé. Sólo sé que un caballo blanco pobló mis sueños y los llenó de resonancia y de la luz y de violencia.

Pasó el verano y entró el invierno. El verde pasto° dio lugar a la blanca nieve. Las manadas° bajaron de las sierras a los valles y cañadas. Y en el pueblo se comentaba que el brujo andaba por este o aquel rincón. Yo indagaba° por todas partes su paradero.° Cada día se me hacía más ideal, más imagen, más misterio.

Domingo. Apenas rayaba° el sol de la sierra nevada. Aliento° vaporoso. Caballo tembloroso de frío y de ansias.° Como yo. Salí sin ir a misa. Sin desayunarme siquiera. Sin pan y sardinas en las alforjas.° Había dormido mal y velado bien. Iba en busca de la blanca luz que galopaba en mis sueños.

Lucirlo: mostrarlo
Brioso: lleno de espíritu y energía
Sopor: somnolencia, adormecimiento
Majada: lugar donde se mete el ganado de noche
Hoguera: fuego
Abra: campo entre dos montañas
Aciertan: divisan, encuentran
Reto: desafío
Pezuña: mano o pie de un animal

Yeguas: hembra del caballo
Pasto: hierba
Manadas: grupo numeroso de animales que andan juntos
Indagaba: buscaba
Paradero: lugar donde se encontraba
Rayaba: salía
Aliento: respiración
Ansias: deseos
Alforjas: bolsa para llevar cosas

Al salir del pueblo al campo libre desaparecen los caminos. No hay rastro° humano o animal. Silencio blanco, hondo y rutilante.° Mi caballo corta el camino con el pecho y deja estela° eterna, grieta° abierta, en la mar cana.° La mirada diestra y atenta puebla el paisaje hasta cada horizonte buscando el noble perfil del caballo místico.

Sería medio día. No sé. El tiempo había perdido su rigor.° Di con él. En una ladera contaminada de sol. Nos vimos al mismo tiempo. Juntos nos hicimos piedra. Inmóvil, absorto° y jadeante° contemplé su belleza, su arrogancia, su nobleza. Esculpido en mármol, se dejó admirar.

Silbido violento que rompe el silencio. Guante arrojado a la cara. Desafío y decreto a la vez. Asombro nuevo. El caballo que en verano se coloca entre la amenaza y la manada, oscilando a distancia de diestra a siniestra,° ahora se lanza a la nieve. Más fuerte que ellas, abre la vereda° a las yeguas. Y ellas lo siguen. Su fuga es lenta para conservar sus fuerzas.

Sigo. Despacio. Palpitante. Pensando en su inteligencia. Admirando su valentía. Apreciando su cortesía. La tarde se alarga. Mi caballo cebado° a sus anchas.

Una a una las yeguas se van cansando. Una a una se van quedando a un lado. ¡Solos! Él y yo. La agitación interna reboza a los labios. Le hablo. Me escucha y calla.

El abre el camino y yo sigo por la vereda que me deja. Detrás de nosotros una larga y honda zanja° blanca que cruza la llanura. El caballo que ha comido grano y buen pasto sigue fuerte. A él, mal nutrido,° se le han agotado° las fuerzas. Pero sigue porque es él y porque no sabe ceder.

Encuentro negro y manchas negras por el cuerpo. La nieve y el sudor han revelado la piel negra bajo el pelo. Mecheros° violentos de vapor rompen el aire. Espumarajos° blancos sobre la blanca nieve. Sudor, espuma y vapor. Ansia.

Me sentí verdugo. Pero ya no había retorno. La distancia entre nosotros se acortaba implacablemente. Dios y la naturaleza indiferentes.

Me siento seguro. Desato el cabestro.° Abro el lazo. Las riendas tirantes. Cada nervio, cada músculo alerta y el alma en la boca. Espuelas tensas en ijares° temblorosos. Arranca° el caballo. Remolineo° el cabestro y lanzo el lazo obediente.

Vértigo de furia y rabia. Remolinos de luz y abanicos de transparente nieve. Cabestro que silba y quema en la teja de la silla. Guantes violentos que humean. Ojos ardientes en sus pozos. Boca seca. Frente caliente. Y el mundo se sacude y se estremece. Y se acaba la larga zanja blanca en un ancho charco° blanco.

Rastro: señas, indicios de
Rutilante: brillante
Estela: rastro, huella
Grieta: abertura
Cana: blanca
Rigor: significado
Absorto: contemplando con mucha atención
Jadeante: respirando con dificultad
De diestra a siniestra: de derecha a izquierda
Vereda: senda, camino
Cebado: bien alimentado

Zanja: abertura en la tierra
Nutrido: alimentado
Agotado: terminado
Mecheros: porción, conjunto de
Espumarajos: saliva
Cabestro: cuerda
Ijares: espacio entre las costillas y las caderas
Arranca: comienza a andar
Remolineo: muevo
Charco: pequeño espacio cubierto de agua

Sosiego° jadeante y denso. El caballo mago es mío. Temblorosos ambos, nos miramos de hito en hito° por un largo rato. Inteligente y realista, deja de forcejear° y hasta toma un paso hacia mí. Yo le hablo. Hablándole me acerco. Primero recula.° Luego me espera. Hasta que los dos caballos se saludan a la manera suya. Y por fin llego a alisarle° la crin.° Le digo muchas cosas, y parece que me entiende.

Por delante y por las huellas de antes lo dirigí hacia el pueblo. Triunfante. Exaltado. Una risa infantil me brotaba.° Yo, varonil, la dominaba. Quería cantar y pronto me olvidaba. Quería gritar pero callaba. Era un manojo de alegría.° Era el orgullo del hombre adolescente. Me sentí conquistador.

El Mago ensayaba° la libertad una y otra vez, arrancándome° de mis meditaciones abruptamente. Por unos instantes se armaba° la lucha otra vez. Luego seguíamos.

Fue necesario pasar por el pueblo. No había remedio. Sol poniente. Calles de hielo y gente en los portales. El Mago lleno de terror y pánico por la primera vez. Huía y mi caballo herrado lo detenía. Se resbalaba y caía de costalazo.° Yo lloré por él. La indignidad. La humillación. La alteza° venida a menos. Le rogaba que no forcejara, que se dejara llevar. ¡Cómo me dolió que lo vieran así los otros!

Por fin llegamos a la casa. "¿Qué hacer contigo, Mago? Si te meto en el establo o en el corral, de seguro te haces daño. Además sería un insulto. No eres esclavo. No eres criado. Ni siquiera eres animal." Decidí soltarlo en el potrero.° Allí podría el Mago irse acostumbrando poco a poco a mi amistad y compañía. De ese potrero no se había escapado nunca un animal.

Mi padre me vio llegar y me esperó sin hablar. En la cara le jugaba una sonrisa y en los ojos le bailaba una chispa. Me vio quitarle el cabestro al Mago y los dos lo vimos alejarse, pensativos. Me estrechó la mano un poco más fuerte que de ordinario y me dijo: "Esos son hombres." Nada más. Ni hacía falta. Nos entendíamos mi padre y yo muy bien. No hacía el papel de *muy hombre* pero aquella risa infantil y aquel grito que me andaban por dentro por poco estropean° la impresión que yo quería dar.

Aquella noche casi no dormí y cuando dormí no supe que dormía. Pues el soñar es igual, cuando se sueña de veras,° dormido o despierto. Al amanecer yo ya estaba de pie. Tenía que ir a ver al Mago. En cuanto aclaró salí al frío a buscarlo.

El potrero era grande. Tenía un bosque y una cañada.° No se veía el Mago en ninguna parte pero yo me sentía seguro. Caminaba despacio, la cabeza toda llena de los acontecimientos de ayer y de los proyectos de mañana. De pronto me di cuenta que había andado mucho. Aprieto el paso.° Miro aprensivo a todos lados. Empieza a entrarme el miedo. Sin saber voy corriendo. Cada vez más rápido.

Sosiego: tranquilidad	*Arrancándome*: sacándome
De hito en hito: fijamente	*Se armaba*: empezaba
Forcejear: hacer esfuerzos	*Costalazo*: de espalda
Recula: retrocede, da marcha hacia atrás	*Alteza*: nobleza
Alisarle: acariciar	*Potrero*: sitio destinado para los caballos
Crin: pelo del caballo	*Estropean*: destruyen
Brotaba: nacía	*De veras*: de verdad
Manojo de alegría: me sentía muy alegre	*Cañada*: camino para animales
Ensayaba: intentaba	*Aprieto el paso*: camino más aprisa

No está. El Mago se ha escapado. Recorro cada rincón donde pudiera haberse agazapado.° Sigo la huella. Veo que durante toda la noche el Mago anduvo sin cesar buscando, olfateando, una salida. No la encontró. La inventó.

Seguí la huella que se dirigía directamente a la cerca. Y vi cómo el rastro no se detenía sino continuaba del otro lado. El alambre era de púa.° Y había pelos blancos en el alambre. Había sangre en las púas. Había manchas rojas en la nieve y gotitas rojas en las huellas del otro lado de la cerca.

Allí me detuve. No fui más allá. Sol rayante en la cara.° Ojos nublados y llenos de luz. Lágrimas infantiles en mejillas varoniles. Grito hecho nudo en la garganta. Sollozos° despaciosos y silenciosos.

Allí me quedé y me olvidé de mí y del mundo y del tiempo. No sé cómo estuvo, pero mi tristeza era gusto. Lloraba de alegría. Estaba celebrando, por mucho que me dolía, la fuga y la libertad del Mago, la transcendencia de ese espíritu indomable.° Ahora seguiría siendo el ideal, la ilusión y la emoción. El Mago era un absoluto. A mí me había enriquecido la vida para siempre.

Allí me halló mi padre. Se acercó sin decir nada y me puso el brazo sobre el hombro. Nos quedamos mirando la zanja blanca con flecos° de rojo que se dirigía al sol rayante.

CUESTIONARIO

1. ¿Qué edad tiene el protagonista del cuento?
2. ¿Cómo es descrito el caballo? ¿Qué historias se cuentan de él?
3. ¿Era fácil atrapar al caballo? ¿Qué pensaba hacer el protagonista en caso de capturarlo?
4. ¿Cuándo se encuentra el protagonista frente a frente con el caballo mago?
5. ¿Qué sueños tuvo el protagonista después de ver al caballo?
6. ¿Cuándo captura el protagonista al caballo? ¿Adónde y por dónde lo lleva una vez capturado?
7. ¿Qué ha sucedido con el caballo cuando el protagonista va a verlo al potrero?

Agazapado: escondido
El alambre era de púa: tipo de alambre con pinchos
Sol rayante en la cara: el sol me pegaba en la cara

Sollozos: acto de llorar
Indomable: rebelde
Flecos: manchas, adornos

SELECCIÓN MÚLTIPLE

I.   Los vaqueros de las tierras donde vivía el caballo mago lo veían a éste
   1. Con desprecio
   2. Con odio y resentimiento
   3. Con lástima
   4. Con respeto y admiración.

II. El padre del protagonista y sus vaqueros contaban que, después de atrapar al caballo mago, éste
   1. Se volvía aire
   2. Lo llevaban al potrero
   3. Lo vendían en una subasta
   4. Lo ataban a un árbol

III. Cuando el protagonista ve al caballo mago
   1. Se desencadena una gran tormenta
   2. El tiempo se acelera ante la alegría de la visión
   3. El tiempo se detiene y se produce un gran silencio
   4. El sol se nubla pero se ve la blancura del caballo

IV. El padre del protagonista, al ver que su hijo capturó al caballo,
   1. Se enfadó con él
   2. Le pidió que vendiera el caballo
   3. Se alegró mucho
   4. Puso en libertad al caballo

ANÁLISIS CRÍTICO

1. ¿Quién es el narrador de este relato?

2. ¿Cuál es la estructura narrativa de este relato? ¿Hay conexión alguna entre el principio y el final de la historia? ¿Hay un desarrollo cronológico lineal en este cuento?

3. En una parte de este relato abundan expresiones como "No sé" "indagaba" "leyenda" etc. ¿Qué relación podemos establecer entre este tipo de expresiones y la vida del protagonista?

4. El narrador nos describe al caballo con expresiones como "Libre como la alegría" ¿Qué dimensión trata de añadir el narrador a nuestra visión del caballo?

5. Comente el párrafo que comienza en "Por delante y por las huellas" y concluye en "Me sentí conquistador".

6. ¿Por qué "Lloraba de alegría" el protagonista al final del cuento? ¿Qué implicaciones tuvo en su vida la captura del caballo?

ENSAYO

Este cuento de Sabine R. Ulibarrí se hace eco de sus dotes poéticas. Escriba un ensayo comentando algunos registros lingüísticos y el discurso, especialmente el discurso poético –imágenes, metáforas, figuras retóricas y tropos– que utiliza el autor de este cuento.

BIBLIOGRAFÍA

Chávez, Fray Angélico. Review of *Tierra Amarilla*. "Southwestern Bookshelf," *New Mexico Magazine* 49, 11–12(1971): 64

Duke dos Santos, María y Patricia de la Fuente, eds. *Sabine R. Ulibarrí*. Albuquerque: U of New Mexico P, 1995.

García–Saez, Santiago. Review of *Mi abuela fumaba puros y otros cuentos de Tierra Amarilla/My Grandma Smoked Cigars and Other Stories of Tierra Amarilla*. *Hispanic Journal* 4, no. 1 (1982): 46–47.

González–Berry, Erlinda Viola. "*Tierra Amarilla*: Costumbrismo, Lyrical Evocation, Dramatic Experience in Chicano Literature in Spanish Roots and Content." Ph.D. dissertation, University of New Mexico, 1978.

Gerdes, Dick, ed. e introd. *The Best of Sabine R. Ulibarrí. Selected Stories*. Albuquerque: U of New Mexico P, 1993.

Nason, Thelma Campbell. Foreword. *Tierra Amarilla: Stories of New Mexico*. Albuquerque: U of New Mexico P, 1971.

❦ ❦ ❦

TEATRO LATINOAMERICANO

A partir de los años veinte se formaron numerosos grupos en Hispanoamérica que trataron de estimular el desarrollo de un teatro nacional que tuviera mayor alcance universal. Asimismo, importaron técnicas dramáticas de importantes dramaturgos europeos y norteamericanos, y representaron obras del teatro clásico internacional. Por otra parte, las obras dramáticas hispanoamericanas de este período introducen temas relacionados con el realismo social, el existencialismo o el teatro del absurdo. Después de la segunda guerra mundial, los dramaturgos hispanoamericanos siguieron varias rutas, unos siguieron trabajando un teatro costumbrista orientado a divertir al público, otros escogieron un teatro que fuera reflejo de los problemas socio–políticos y económicos de sus respectivos países, y otros prefirieron unirse a las tendencias dramáticas impuestas por los grandes dramaturgos internacionales. Algunos de los más destacados dramaturgos hispanoamericanos del siglo XX son Xavier Villaurrutia, Rodolfo Usigli, Emilio Carballido, René Marqués, Egon Wolff, Jorge Díaz, Griselda Gambaro, Oswaldo Dragún y Sergio Vodanovic, de quien nos ocuparemos más detenidamente.

Xavier Villaurrutia (1903–1950), mexicano, comenzó su carrera literaria como poeta, y en este campo publicó varios libros de poemas en los que se impone su preocupación ante la llegada de la muerte. Ganó una beca con la que costeó sus estudios de drama en la universidad de Yale. Sus primeras piezas dramáticas fueron en un acto, y de éstas merece mención *Parece mentira* (1933). Posteriormente pasó a escribir piezas en tres actos, y de éstas la que mejor reconocimiento crítico ha recibido es *Invitación a la muerte* (1940). El teatro de Villaurrutia se dirige a una minoría intelectual, y se caracteriza por el uso de técnicas modernas y por la búsqueda de una explicación de algunos de los enigmas de la vida, como la muerte y el destino.

Rodolfo Usigli (1905–1979), mexicano, ha dedicado su vida al teatro, y se le considera como uno de los creadores del teatro mexicano. Ha sido actor, director, crítico, dramaturgo, y traductor. Asimismo, ha ejercido de embajador en Francia, Líbano y Noruega. Sus obras maestras son *El gesticulador* (1937) y *Corona de sombra* (1943). La primera trata de un profesor que se hace pasar por un general de la Revolución Mexicana que había sido matado tiempo atrás. La obra es una sátira contra el oportunismo político, y una demostración de cómo cambia el comportamiento del ser humano en la vida pública. Y la segunda es una pieza histórica que trata del reinado de Maximiliano y Carlota, y de la locura padecida por ésta. A esta obra se suman *Corona de fuego* (1960) y *Corona de luz* (1963) para completar su trilogía histórica. Usigli publicó numerosos ensayos, unas memorias, y una novela policíaca, *Ensayo de un crimen* (1944), que Luis Buñuel llevaría al cine.

Emilio Carballido (1925–), mexicano, ha sido miembro de la facultad de la Escuela Dramática del Institutuo Nacional de Bellas Artes. Aunque ha cultivado otros géneros literarios, su prestigio internacional se debe a su trabajo como dramaturgo. Sus primeras obras dramáticas pertenecen al teatro realista, y suele presentar el conflicto entre la vida provinciana y la ciudad moderna y corrupta. En *Felicidad* (1955), por ejemplo, hace un estudio de la clase media mexicana. Posteriormente escribe un teatro vinculado a las tendencias mundiales del teatro, y en esta nueva fase destaca *La hebra de oro* (1956), en la que se produce un choque entre los sueños y la fugacidad del tiempo. Una de sus mejores obras es *Medusa* (1958), en la que Carballido se sirve de un mito griego para revelar la falta de valores y la corrupción del hombre moderno.

René Marqués (1919–1979), puertorriqueño, fue director del Teatro Experimental del Ateneo Puertorriqueño. Ha publicado novela, cuento y ensayo, pero el género en el que ha sobresalido ha sido el teatro. El teatro de Marqués se hace eco de los problemas socio–políticos y económicos de su país y participa de las últimas tendencias del teatro universal. Tres de sus más conocidas obras son *La carreta* (1952), *La muerte no entrará en Palacio* (1957), y *Los soles truncos* (1958). La primera de ellas cuenta la historia de una pareja que decide cambiar la vida rural de su Puerto Rico nativo por la de San Juan y, posteriormente, por la de Nueva York. La obra, y el viaje, concluye con el retorno de la pareja a las raíces de su tierra nativa. La segunda presenta el conflicto político entre los partidarios de Puerto Rico como república y los que prefieren el actual status de país libre asociado a EE.UU., y en esta confrontación Marqués se inclina por la independencia de su país. En la tercera obra, Marqués incorpora importantes innovaciones técnicas para afirmar la forma de vida del siglo XIX frente a la modernización actual.

Egon Wolff (1926–), chileno, estudió ingeniería química en la universidad católica de Santiago de Chile, y aunque escribió alguna novela y ensayo se especializó en teatro. Con *Parejas de trapo* (1959) consiguió el Primer Premio del Concurso Teatral Anual de la Universidad. En el teatro de Wolff predominan la representación de conflictos sociales y el análisis sicológico del individuo al enfrentarse a la realidad exterior. Una de sus obras más conocidas es *Los invasores* (1962), centrada en la pesadilla de un rico industrial, quien sueña que su casa ha sido invadida por pobres y desahuciados y han formado un gobierno socialista. La obra concluye con un hombre rompiendo una ventana de su casa, confirmando la continuidad del sueño en la realidad. Otras dos obras importantes de Wolff son *Flores de papel* (1971) y *Kindergarten* (1977). La primera es un análisis de las relaciones entre personas de distinto fondo social, y la segunda consiste de una evocación de recuerdos de la infancia como defensa contra el deplorable mundo en el que viven.

Jorge Díaz (1930–), chileno, hace un teatro de índole social en el que presenta temas como la deshumanización y la incomunicación dentro de la sociedad burguesa actual. La pieza que mayor éxito ha tenido es *El cepillo de dientes* (1961), obra en un acto que sería ampliada a dos actos en una versión posterior. El tema de esta obra es la soledad e incomunicación de una pareja que inventa todo tipo de juegos para escapar de su aburrimiento. La obra presenta una dura crítica de la sociedad actual a través de la violencia y el humor, recursos típicos del teatro del absurdo. Otras dos obras destacadas del autor son *Réquiem por un girasol* (1967) y *Biografía de un desnudo* (1967).

Griselda Gambaro (1928–), argentina, es una de las figuras más destacadas del teatro hispanoamericano actual. Gambaro introduce en Argentina algunas de las tendencias más innovadoras del teatro europeo: el teatro del absurdo, el teatro de la crueldad, y el teatro de los "iracundos" ingleses. Los temas de su teatro van estrechamente relacionados con los movimientos histórico–políticos de su país, y suele presentar el conflicto entre un opresor y un oprimido. Gambaro analiza las distintas presiones sociales que tiene que soportar el individuo y las defensas sicológicas que construye para enfrentarse a estas presiones. En *Las paredes* (1966) presenta la total sumisión del oprimido a sus opresores, y el recurso de aquél al humor negro para sobrellevar la situación. En *Los siameses* (1967) presenta dos personas que ya no están unidas y que difieren en el hecho de que son partes diferentes de una unidad paradisíaca ya perdida. *El campo* (1968) tiene lugar en un campo de concentración nazi, y Gambaro revela el clima de terror reinante en el mismo y la sumisión de la víctima a su victimario.

Osvaldo Dragún (1929–1999), argentino, se inicia en el teatro con obras de corte histórico y político. En *La peste viene de Melos* (1956), por ejemplo, recrea la intervención norteamericana en Guatemala, y en *Tupac Amarú* (1957) dramatiza la rebelión del famoso líder indígena contra los españoles. Posteriormente escribe una de sus obras más conocidas, *Historias para ser contadas* (1957), subtitulada "Cuatro tragicomedias de la vida cotidiana". La obra se destaca por su teatralidad, es decir, por subrayar la naturaleza ficticia de lo que ocurre en escena. En ella vemos cómo los actores se cambian de ropa en el escenario y representan distintos papeles frente al público. La misma fórmula seguirá Dragún en algunas de sus obras posteriores, como *Historia de mi esquina* (1959) e *Historia del hombre que se convirtió en mono* (1979).

CUESTIONARIO

1. ¿Qué objetivos se propuso el teatro hispanoamericano a partir de la década de 1920? ¿Y después de la segunda guerra mundial?

2. ¿Por qué se caracteriza el teatro de Xavier Villaurrutia?

3. ¿De qué trata la pieza dramática *El gesticulador,* de Rodolfo Usigli?

4. ¿Qué conflicto suele presentar Emilio Carballido en sus primeras obras dramáticas?

5. ¿Cuál es el tema central de la obra dramática *La muerte no entrará en Palacio,* de René Marqués?

6. ¿Qué temas predominan en el teatro de Egon Wolff?

7. ¿Qué temas se presentan en *El cepillo de dientes,* de Jorge Díaz?

8. ¿Qué tipo de conflicto suele presentar Griselda Gambaro en su teatro?

9. ¿Qué rasgo dramático peculiar se ve en la obra *Historias para ser contadas,* de Osvaldo Dragún?

IDENTIFICAR

1. *Parece mentira*

2. *Corona de sombra*

3. *Historia del hombre que se convirtió en mono*

4. *La hebra de oro*

5. *Los siameses*

6. *Los invasores*

7. *La carreta*

8. *Biografía de un desnudo*

ENSAYO

1. Escriba un ensayo centrado en los cambios técnicos y temáticos que experimentó el teatro hispanoamericano a partir de 1920.

2. Escoja una de las obras dramáticas anteriormente mencionadas y haga un estudio general de la misma.

BIBLIOGRAFÍA

Dauster, Frank. *Ensayos sobre teatro hispanoamericano.* México: SEP–Setentas, 1975.

Gómez–Gil, Orlando. *Historia crítica de la literatura hispanoamericana. Desde los orígenes hasta el momento actual.* New York: Holt, Rinehart and Winston, 1968.

Lyday, León F. y George Woodyard, eds. *Dramatists in Revolt. The New Latin American Theater.* Austin: U of Texas P, 1976.

Oviedo, José Miguel. *Historia de la literatura hispanoamericana. 3. Postmodernismo, Vanguardia, Regionalismo.* Madrid: Alianza ed., 2001.

Pellettieri, Osvaldo. *Cien años de teatro argentino (1886-1990).* Buenos Aires: Galerna–IITCTL, 1990.

Río Reyes, Marcela del. *Perfil y muestra del teatro de la Revolución Mexicana.* 2a. ed. México: Fondo de Cultura Económica, 1997.

SERGIO VODANOVIC

(1926-2001)

Sergio Vodanovic, chileno, periodista, abogado y profesor de la Universidad Católica de Chile, escribió su primera obra de teatro, *El príncipe azul,* en 1947. En un principio su teatro recibió la influencia de Ibsen, y posteriormente se empezó a preocupar más por los problemas sociales y sicológicos y por los conflictos generacionales. Dentro de la primera fase podemos destacar sus obras *Mi mujer necesita marido* (1953) y *La cigüeña también espera* (1955). De su segunda fase podemos entresacar sus obras *El senador no es honorable* (1952), en la que Vodanovic hace una dura crítica de la sociedad moderna por someter al individuo humano al aislamiento y la soledad, y *Deja que los perros ladren* (1959), en la que trata los efectos perjudiciales que acarrean los problemas morales del sistema social en los jóvenes. Esta última obra fue galardonada con el Premio de Drama Municipal y posteriormente fue llevada al cine. Otras de sus obras incluyen *Los fugitivos* (1965), en la que trata de captar la soledad del ser humano, *Perdón...¡estamos en guerra!* (1966), centrada en la corrupción que afecta a un grupo de ciudadanos que se dedica a espiar al enemigo, y *Nos tomamos la universidad* (1971), sobre un grupo de estudiantes atrapados en un mundo de engaños e hipocresía al tiempo que buscan reformas justas en el sistema.

El delantal blanco, que estudiaremos a continuación, forma parte de la trilogía *Viña,* compuesta, asimismo, por las obras *Gente como nosotros* y *Las exiliadas.* La acción dramática de estas tres piezas se desarrolla en la ciudad balneario de Viña del Mar, Chile, y en ellas Vodanovic retrata la hipocresía y los falsos valores de la clase dominante sirviéndose del discurso hablado de la calle. En *El delantal blanco,* no obstante, Vodanovic va más allá de una mera crítica de la realidad social y pasa a experimentar con técnicas metateatrales que vienen del juego que hacen las protagonistas con el cambio de ropa.

🌿 🌿 🌿

El delantal° blanco

GUÍA DE LECTURA

El delantal blanco es una obra de teatro de un acto en la que Vodanovic plantea en un primer plano la diferencia de clases dentro de la sociedad chilena. La anécdota de la obra relata las vacaciones veraniegas de una mujer de clase alta, la Señora, con su hijo y Empleada en una playa de Viña del Mar. En un determinado momento la Señora le propone a la Empleada hacer un cambio de ropa para tener una idea de cómo se ve el mundo desde el lado de los pobres, pero el juego trae a los protagonistas resultados inesperados. La obra tiene dos referencias metaliterarias que apuntan a la doble lectura que propone la obra. Por un lado, la historia que narra la revista de historietas fotografiadas es un reflejo metafictivo de las diferencias de clase social que vemos en la historia principal de la obra; y por otro, el juego de "Paco–ladrón" es otro reflejo metafictivo del juego al que se prestan las dos protagonistas, reflejos ambos de los papeles que todos nosotros nos vemos obligados a jugar, o representar, en esta vida.

🌿 🌿 🌿

La playa.

Al fondo, una carpa.°

Frente a ella, sentadas a su sombra, la señora y la empleada.

La señora está en traje de baño y, sobre él, usa un blasón de toalla blanca que le cubre hasta las caderas. Su tez° está tostada por un largo veraneo. La empleada viste su uniforme blanco. La señora es una mujer de 30 años, pelo claro,° rostro° atrayente, aunque algo duro. La empleada tiene 20 años, tez blanca, pelo negro, rostro plácido y agradable.

La Señora (*gritando hacia su pequeño hijo, a quien no ve y que se supone está a la orilla del mar, justamente, al borde del escenario*).–¡Alvarito! ¡Alvarito! ¡No le tire arena a la niñita! ¡Métase al agua! Está rica…° ¡Alvarito, no! ¡No le deshaga el castillo a la niñita! Juegue con ella…Sí, mi hijito… juegue…

La Empleada.–Es tan peleador°…

Delantal: prenda de vestir que va encima de otros vestidos para que éstos no se manchen

Carpa: tienda de campaña

Tez: piel

Pelo claro: pelo rubio

Rostro: cara

Está rica: el agua está caliente

Peleador: que le gusta luchar, travieso

La Señora.–Salió al padre°…Es inútil corregirlo. Tiene una personalidad
    dominante que le viene de su padre, de su abuelo, de su abuela… ¡sobre
    todo de su abuela!

La Empleada.–¿Vendrá el caballero° mañana?

La Señora *(se encoge de hombros con desgano°).*–¡No sé! Ya estamos en marzo,°
    todas mis amigas han regresado y Alvaro me tiene todavía aburriéndome
    en la playa. El dice que quiere que el niño aproveche las vacaciones,
    pero para mí que es él quien está aprovechando. *(Se saca el blusón y se
    tiende a tomar sol).* ¡Sol! ¡Sol! Tres meses tomando sol. Estoy intoxicada
    de sol. *(Mirando inspectivamente° a la empleada).* ¿Qué haces tú para no
    quemarte?

La Empleada.–He salido tan poco de la casa…

La Señora.–¿Y qué querías? Viniste a trabajar, no a veranear. Estás recibiendo
    sueldo. ¿No?

La Empleada.–Sí, señora. Yo sólo contestaba su pregunta…

    *(La señora permanece tendida recibiendo el sol. La empleada saca de una
    bolsa de género° una revista de historietas fotografiadas° y principia a
    leer).*

La Señora.–¿Qué haces?

La Empleada.–Leo esta revista.

La Señora.–¿La compraste tú?

La Empleada.–Sí, señora.

La Señora.–No se te paga tan mal, entonces, si puedes comprarte tus revistas, ¿eh?

    (La empleada no contesta y vuelve a mirar la revista).

La Señora.–¡Claro! Tú leyendo y que Alvarito reviente, que se ahogue°…

La Empleada.–Pero si está jugando con la niñita…

La Señora.–Si te traje a la playa es para que vigilaras a Alvarito y no para que te
    pusieras a leer.

    (La empleada deja la revista y se incorpora° para ir donde está Alvarito).

La Señora.–¡No! Lo puedes vigilar desde aquí. Quédate a mi lado, pero observa al
    niño. ¿Sabes? Me gusta venir contigo a la playa.

La Empleada.–¿Por qué?

La Señora.–Bueno…no sé…Será por lo mismo que me gusta venir en el auto,°
    aunque la casa esté a dos cuadras.° Me gusta que vean el auto. Todos
    los días, hay alguien que se para al lado de él y lo mira y comenta. No
    cualquiera tiene un auto como el de nosotros…Claro, tú no te das cuenta

---

Salió al padre: se parece al padre
Caballero: el esposo de la Señora
Se encoge de hombros con desgano: no lo sabe ni
    le importa
Marzo: la estación veraniega en Chile dura de
    enero a marzo
Inspectivamente: inspeccionando a la Empleada
Bolsa de género: bolsa de tela
Revista de historietas fotografiadas: revista

con fotos en las que se suele contar una
    historia de amor romántico, tipo novela
    rosa
Que Alvarito reviente, que se ahogue: y no te
    preocupas de cuidar a Alvarito
Se incorpora: se levanta
Auto: coche
Cuadras: manzanas

de la diferencia. Estás demasiado acostumbrada a lo bueno...Dime...
¿Cómo es tu casa?

La Empleada.–Yo no tengo casa.

La Señora.–No habrás nacido empleada, supongo. Tienes que haberte criado en
alguna parte, debes haber tenido padres... ¿Eres del campo?

La Empleada.–Sí.

La Señora.– Y tuviste ganas de conocer la ciudad, ¿ah?

La Empleada.–No. Me gustaba allá.

La Señora.–¿Por qué te viniste, entonces?

La Empleada.–Tenía que trabajar.

La Señora.–No me vengas con ese cuento. Conozco la vida de los inquilinos° en el
campo. Lo pasan bien. Les regalan una cuadra para que cultiven. Tienen
alimentos gratis y hasta les sobra para vender. Algunos tienen hasta sus
vaquitas... ¿Tus padres tenían vacas?

La Empleada.–Sí, señora. Una

La Señora.–¿Ves? ¿Qué más quieren? ¡Alvarito! ¡No se meta tan allá° que puede
venir una ola! ¿Qué edad tienes?

La Empleada.–¿Yo?

La Señora.–A ti te estoy hablando. No estoy loca para hablar sola.

La Empleada.–Ando en los veintiuno...°

La Señora.–¡Veintiuno! A los veintiuno yo me casé. ¿No has pensado en casarte?

(La empleada baja las vista y no contesta).

La Señora.–¡Las cosas que se me ocurre preguntar! ¿Para qué querrías casarte? En
la casa tienes de todo: comida, una buena pieza,° delantales limpios...Y si
te casaras... ¿Qué es lo que tendrías? Te llenarías de chiquillos, no más.

La Empleada (como para sí°).–Me gustaría casarme.

La Señora.–¡Tonterías! Cosas que se te ocurren por leer historias de amor en las
revistas baratas...Acuérdate de esto: los príncipes azules ya no existen.
No es el color lo que importa, sino el bolsillo.° Cuando mis padres no me
aceptaban un pololo° porque no tenía plata,° yo me indignaba, pero llegó
Alvaro con sus industrias y sus fundos° y no quedaron contentos hasta
que lo casaron conmigo. A mí no me gustaba porque era gordo y tenía la
costumbre de sorberse los mocos,° pero después en el matrimonio, uno se
acostumbra a todo. Y llega a la conclusión que todo da lo mismo,° salvo la
plata. Sin la plata no somos nada. Yo tengo plata, tú no tienes. Esa es toda
la diferencia, entra nosotras. ¿No te parece?

La Empleada.–Sí, pero...

La Señora.–¡Ah! Lo crees, ¿eh? Pero es mentira. Hay algo que es más importante
que la plata: la clase. Eso no se compra. Se tiene o no se tiene. Alvaro no

---

Inquilinos: agricultor
¡No se meta tan allá!: no se adentre tanto en el
    agua
Ando en los veintiuno: tengo cerca de veintiún
    años
Pieza: habitación
Como para sí: como si hablara consigo misma

El bolsillo: el dinero
Pololo: novio
Plata: dinero
Fundos: fincas o parcelas rústicas
Sorberse los mocos: absorber o comerse los
    mocos
Que todo da lo mismo: que no importa nada

tiene clase. Yo sí la tengo. Y podría vivir en una pocilga° y todos se darían cuenta de que soy alguien. No una cualquiera. Alguien. Te das cuenta, ¿verdad?

La Empleada.–Sí, señora.

La Señora.–A ver...Pásame° esa revista.

> *(La empleada lo hace. La señora la hojea. Mira algo y lanza una carcajada°).*

¿Y esto lees tú?

La Empleada.–Me entretengo, señora.

La Señora.–¡Qué ridículo! ¡Qué ridículo! Mira a este roto° vestido de smoking. Cualquiera se da cuenta que está tan incómodo en él como un hipopótamo con faja°... *(Vuelve a mirar en la revista).* ¡Y es el conde de Lamarquina! ¡El conde de Lamarquina! A ver... ¿Qué es lo que dice el conde? *(Leyendo).* "Hija mía, no permitiré jamás que te cases con Roberto. El es un plebeyo. Recuerda que por nuestras venas corre sangre azul°". ¿Y ésta es la hija del conde?

La Empleada.–Sí. Se llama María. Es una niña sencilla y buena. Está enamorada de Roberto, que es el jardinero del castillo. El conde no lo permite. Pero... ¿sabe? Yo creo que todo va a terminar bien. Porque en el número anterior Roberto le dijo a María que no había conocido a sus padres y cuando no se conoce a los padres, es seguro que ellos son gente rica y aristócrata que perdieron al niño de chico° o lo secuestraron.

La Señora.–¿Y tú crees todo eso?

La Empleada.–Es bonito, señora.

La Señora.–¿Qué es tan bonito?

La Empleada.–Que lleguen a pasar cosas así. Que un día cualquiera, uno sepa que es otra persona, que en vez de ser pobre, se es rica; que en vez de ser nadie se es alguien, así como dice Ud...

La Señora.–Pero no te das cuenta que no puede ser...Mira a la hija... ¿Me has visto a mí alguna vez usando unos aros° así? ¿Has visto a alguna de mis amigas con una cosa tan espantosa?° ¿Y el peinado? Es detestable. ¿No te das cuenta que una mujer así no puede ser aristócrata?... ¿A ver? Sale fotografiado aquí el jardinero...

La Empleada.–Sí. En los cuadros° del final.

> *(Le muestra en la revista. La señora ríe encantada).*

La Señora.–¿Y éste crees tú que puede ser un hijo de aristócrata? ¿Con esa nariz? ¿Con ese pelo? Mira...Imagínate que mañana me rapten a Alvarito. ¿Crees tú que va a dejar por eso de tener su aire de distinción?

Pocilga: lugar donde se encuentran los cerdos
Pásame: dame
Lanza una carcajada: se ríe ruidosamente
Roto: individuo de la clase más baja
Faja: prenda que se pone alrededor de la cintura

Sangre azul: linaje noble
De chico: de niño
Aros: pendientes
Espantosa: horrible
Cuadros: fotograbados

La Empleada.–¡Mire, señora! Alvarito le botó° el castillo de arena a la niñita de
      una patada?

La Señora.–¿Ves? Tiene cuatro años y ya sabe lo que es mandar, lo que es no
      importarle los demás.° Eso no se aprende. Viene en la sangre.

La Empleada (*incorporándose*).–Voy a ir a buscarlo.

La Señora.–Déjalo. Se está divirtiendo.

      (*La empleada se desabrocha el primer botón de su delantal y hace un gesto
      en el que muestra estar acalorada*).

La Señora.– ¿Tienes calor?

La Empleada.–El sol está picando fuerte.°

La Señora.–¿No tienes traje de baño?

La Empleada.–No.

La Señora.–¿No te has puesto nunca traje de baño?

La Empleada.–¡Ah, sí!

La Señora.–¿Cuándo?

La Empleada.–Antes de emplearme.° A veces, los domingos, hacíamos
      excursiones a la playa en el camión del tío de una amiga.

La Señora.–¿Y se bañaban?

La Empleada.–En la playa grande de Cartagena. Arrendábamos° trajes de baño y
      pasábamos todo el día en la playa. Llevábamos de comer y…

La Señora (*divertida*).–¿Arrendaban trajes de baño?

La Empleada.–Sí. Hay una señora que arrienda en la misma playa.

La Señora.–Una vez con Alvaro, nos detuvimos en Cartagena a echar bencina°
      al auto y miramos a la playa. ¡Era tan gracioso! ¡Y esos trajes de baño
      arrendados! Unos eran tan grandes que hacían bolsas° por todos los
      lados y otros quedaban tan chicos que las mujeres andaban con el traste°
      afuera. ¿De cuáles arrendabas tú? ¿De los grandes o de los chicos?

      (*La empleada mira al suelo taimada°*).

La Señora.–Debe ser curioso…Mirar el mundo desde un traje de baño arrendado
      o envuelta en un vestido barato…o con uniforme de empleada, como el
      que usas tú …Algo parecido le debe suceder a esta gente que se fotografía
      para estas historietas: se ponen smoking o un traje de baile y debe
      ser diferente la forma como miran a los demás, como se sienten ellos
      mismos…Cuando yo me puse mi primer par de medias, el mundo entero
      cambió para mí. Los demás eran diferentes; yo era diferente y el único
      cambio efectivo era que tenía puesto un par de medias… Dime… ¿Cómo
      se ve el mundo cuando se está vestida con un delantal blanco?

La Empleada (*tímidamente*)–Igual…La arena tiene el mismo color…las nubes son
      iguales…Supongo.

Le botó: le tiró
No importarle los demás: no tener
    consideración con las demás personas
El sol está picando fuerte: el sol calienta mucho
Emplearme: empezar a trabajar como empleada
Arrendábamos: alquilábamos

Bencina: gasolina
Hacían bolsas: al bañarse se formaban bolsas
    de agua en el traje de baño
Traste: trasero
Taimada: de mal humor

La Señora.–Pero no…Es diferente. Mira. Yo con este traje de baño, con este
blusón de toalla, tendida° sobre la arena, sé que estoy en "mi lugar", que
esto me pertenece…En cambio tú, vestida como empleada sabes que la
playa no es tu lugar, que eres diferente… Y eso, eso te debe hacer ver todo
distinto.

La Empleada.–No sé.

La Señora.–Mira. Se me ha ocurrido algo. Préstame tu delantal.

La Empleada.–¿Cómo?

La Señora.–Préstame tu delantal.

La Empleada.–Pero… ¿Para qué?

La Señora.–Quiero ver cómo se ve el mundo, qué apariencia tiene la playa cuando
se la ve encerrada en un delantal de empleada.

La Empleada.–¿Ahora?

La Señora.–Sí, ahora.

La Empleada.–Pero es que… No tengo un vestido debajo.

La Señora *(tirándole el blusón).*–Toma… Ponte esto.

La Empleada.–Voy a quedar en calzones°…

La Señora.–Es lo suficientemente largo como para cubrirte. Y en todo caso
vas a mostrar menos que lo que mostrabas con los trajes de baño que
arrendabas en Cartagena.

(Se levanta y obliga a levantarse a la empleada).

Ya. Métete en la carpa y cámbiate.

*(Prácticamente obliga a la empleada a entrar a la carpa y luego lanza al
interior
de ella el blusón de toalla. Se dirige al primer plano y le habla a su hijo).*

La Señora.–Alvarito, métase un poco al agua. Mójese las patitas° siguiera… No
sea tan de rulo°… ¡Eso es! ¿Ves que es rica el agüita?°

(Se vuelve hacia la carpa y habla hacia dentro de ella).

¿Estás lista?

*(Entra a la carpa. Después de un instante, sale la empleada vestida con el
blusón de toalla. Se ha prendido° el pelo hacia atrás y su aspecto ya difiere
algo de la tímida muchacha que conocemos. Con delicadeza se tiende
de bruces° sobre la arena. Sale la señora abotonándose aún su delantal
blanco. Se va a sentar delante de la empleada, pero vuelve un poco más
atrás).*

La Señora.–No. Adelante no. Una empleada en la playa se sienta siempre un poco
más atrás que su patrona.°

Tendida: echada
Calzones: ropa interior
Patitas: piernas
De rulo: chilenismo que significa "de tierra
de secano", aquí quiere decir "no tengas
miedo al agua"

Agüita: agua
Prendido: sujetado
Se tiende de bruces: se echa boca abajo
Patrona: señora

(Se sienta sobre sus pantorrillas° y mira, divertida, en todas direcciones. La empleada cambia de postura° con displicencia.° La señora toma la revista de la empleada y principia° a leerla. Al principio, hay una sonrisa irónica en sus labios, que desaparece luego al interesarse por la lectura. Al leer mueve los labios. La empleada, con naturalidad, toma de la bolsa de playa de la señora un frasco de aceite bronceador° y principia a extenderlo con lentitud por sus piernas. La señora la ve. Intenta una reacción reprobatoria, pero queda desconcertada).

La Señora.–¿Qué haces?

(La empleada no contesta. La señora opta por° seguir la lectura. Vigilando de vez en vez° con la vista lo que hace la empleada. Ésta ahora se ha sentado y se mira detenidamente las uñas).

La Señora.–¿Por qué te miras las uñas?

La Empleada.–Tengo que arreglármelas.

La Señora.–Nunca te había visto antes mirarte las uñas.

La Empleada.–No se me había ocurrido.

La Señora.–Este delantal acalora.°

La Empleada.–Son los mejores y los más durables.

La Señora.–Lo sé. Yo los compré.

La Empleada.–Le queda bien.°

La Señora *(divertida).*–Y tú no te ves nada de mal con esa tenida.° *(Se ríe).* Cualquiera se

equivocaría. Más de un jovencito te podría hacer la corte… ¡Sería como para contarlo!°

La Empleada.–Alvarito se está metiendo muy adentro. Vaya a vigilarlo.

La Señora *(se levanta inmediatamente y se adelanta).*–¡Alvarito! ¡Alvarito! No se vaya tan adentro… Puede venir una ola.

(Recapacita° de pronto y se vuelve desconcertada hacia la empleada).

La Señora.–¿Por qué no fuiste tú?

La Empleada.–¿Adónde?

La Señora.–¿Por qué me dijiste que yo fuera a vigilar a Alvarito?

La Empleada *(con naturalidad).*–Ud. lleva el delantal blanco.

La Señora.–Te gusta el juego, ¿ah?

(Una pelota de goma, impulsada° por un niño que juega cerca, ha caído a los pies de la empleada. Ella la mira y no hace ningún movimiento. Luego mira a la señora. Ésta, instintivamente, se dirige a la pelota y la tira en la

---

Pantorrillas: parte de la pierna situada entre la corva y el tobillo
Postura: posición
Displicencia: falta de interés o entusiasmo
Principia: empieza
Frasco de aceite bronceador: botella de loción para protegerse del sol
Opta por: escoge
De vez en vez: de vez en cuando

Acalora: da calor
Le queda bien: se ve bien con el delantal
Y tú…tenida: y tú te ves bien con ese traje
Hacer la corte: pretenderte, ir detrás de tí
¡Sería como para contarlo!: sería interesante comentarlo a los demás
Recapacita: reflexiona
Impulsada: tirada

dirección en que vino. La empleada busca en la bolsa de playa de la señora y se pone sus anteojos° para el sol).

La Señora *(molesta).*–¿Quién te ha autorizado para que uses mis anteojos?

La Empleada.–¿Cómo se ve la playa vestida con un delantal blanco?

La Señora.–Es gracioso. ¿Y tú? ¿Cómo ves la playa ahora?

La Empleada.–Es gracioso.

La Señora *(molesta).*–¿Dónde está la gracia?

La Empleada.–En que no hay diferencia.

La Señora.–¿Cómo?

La Empleada.–Ud. con el delantal blanco es la empleada; yo con este blusón y los anteojos oscuros soy la señora.

La Señora.–¿Cómo?... ¿Cómo te atreves a decir eso?

La Empleada.–¿Se habría molestado° en recoger la pelota si no estuviese vestida de empleada?

La Señora.–Estamos jugando.

La Empleada.–¿Cuándo?

La Señora.–Ahora.

La Empleada.–¿Y antes?

La Señora.–¿Antes?

La Empleada.–Sí. Cuando yo estaba vestida de empleada…

La Señora.–Eso no es juego. Es la realidad.

La Empleada.–¿Por qué?

La Señora.–Porque sí.

La Empleada.–Un juego…un juego más largo…como el "paco–ladrón".° A unos les corresponde ser "pacos", a otros "ladrones".

La Señora *(indignada).*–¡Ud. se está insolentando!°

La Empleada.–¡No me grites! ¡La insolente eres tú!

La Señora.–¿Qué significa eso? ¿Ud. me está tuteando?°

La Empleada.–¿Y acaso tú me tratas de Ud.?

La Señora.–¿Yo?

La Empleada.–Sí.

La Señora.–¡Basta ya! ¡Se acabó este juego!

La Empleada.–¡A mí me gusta!

La Señora–¡Se acabó!

(Se acerca violentamente a la empleada).

La Empleada *(firme).*–¡Retírese!

(La señora se detiene sorprendida).

La Señora.–¿Te has vuelto loca?

La Empleada.–Me he vuelto señora.

La Señora.–Te puedo despedir en cualquier momento.

Anteojos: gafas, lentes
Se habría molestado: se habría tomado la molestia
"Paco–ladrón": juego de policías y ladrones

Se está insolentando: se está mostrando insolente, atrevida
Tuteando: dirigiéndose a mí con el pronombre "tú" en lugar de "usted"

(La empleada explota en grandes carcajadas, como si lo que hubiera oído fuera el chiste mas gracioso que jamás ha escuchado).

La Señora.–¿Pero de qué te ríes?

La Empleada *(sin dejar de reír).*–¡Es tan ridículo!

La Señora.–¿Qué? ¿Qué es tan ridículo?

La Empleada.–Que me despida… ¡Vestida así! ¿Dónde se ha visto a una empleada despedir a su patrona?

La Señora.–¡Sácate° esos anteojos! ¡Sácate el blusón! ¡Son míos!

La Empleada.–¡Vaya a ver al niño!

La Señora.–Se acabó el juego, te he dicho. O me devuelves mis cosas o te las saco.

La Empleada.–¡Cuidado! No estamos solas en la playa.

La Señora.–¿Y qué hay con eso? ¿Crees que por estar vestida con un uniforme blanco no van a reconocer quién es la empleada y quién la señora?

La Empleada *(serena).*–No me levante° la voz.

(La señora exasperada se lanza° sobre la empleada y trata de sacarle el blusón a viva fuerza°).

La Señora *(mientras forcejea°).*–¡China!° Ya te voy a enseñar quien soy! ¿Qué te has creído? ¡Te voy a meter presa!°

(Un grupo de bañistas han acudido° al ver la riña. Dos jóvenes, una muchacha y un señor de edad madura y de apariencia muy distinguida. Antes que puedan intervenir la empleada ya ha dominado la situación manteniendo bien sujeta a la señora contra la arena. Ésta sigue gritando ad libitum° expresiones como: "rota cochina°"… "ya te la vas a ver con mi marido°"… "te voy a mandar presa"… "esto es el colmo°", etc.).

Un Joven.–¿Qué sucede?

El otro Joven.–¿Es un ataque?

La Jovencita.–Se volvió loca.

Un Joven.–Puede que sea efecto de una insolación.

El otro Joven.–¿Podemos ayudarla?

La Empleada.–Sí. Por favor. Llévensela. Hay una posta° por aquí cerca…

El otro Joven.–Yo soy estudiante de Medicina. Le pondremos una inyección para que se duerma por un buen tiempo.

La Señora.–¡Imbéciles! ¡Yo soy la patrona! Me llamo Patricia Hurtado, mi marido es Alvaro Jiménez, el político…

La Jovencita *(riéndose).*–Creer ser la señora.

Un Joven.–Está loca.

El otro Joven.–Un ataque de histeria.

Sácate: quítate
Levante: suba, eleve
Se lanza: se tira
A viva fuerza: a la fuerza
Forcejea: lucha
¡China!: insulto, alude a su condición de clase muy baja

¡Te voy a meter presa!: voy a hacer que te lleven a la cárcel
Han acudido: han venido
Ad libitum: a su voluntad
Rota cochina: insulto, "cerda"
Ya te las…marido: mi marido se ocupará de tí
Esto es el colmo: esto es increíble
Posta: clínica

Un Joven.–Llevémosla.

La Empleada.–Yo no los acompaño… Tengo que cuidar a mi hijito… Está ahí, bañándose…

La Señora.–¡Es una mentirosa! ¡Nos cambiamos de vestido sólo por jugar! ¡Ni siquiera tiene traje de baño! ¡Debajo del blusón está en calzones! ¡Mírenla!

El otro Joven *(haciéndole un gesto al joven)*.–¡Vamos! Tú la tomas por los pies y yo por los brazos.

La Jovencita.–¡Qué risa! ¡Dice que está en calzones!

(Los dos jóvenes toman a la señora y se la llevan, mientras ésta se resiste y sigue gritando).

La Señora.–¡Suéltenme!° ¡Yo no estoy loca! ¡Es ella! ¡Llamen a Alvarito! ¡El me reconocerá!

(Mutis° de los dos jóvenes llevando en peso° a la señora).

(La empleada se tiende sobre la arena, como si nada hubiera sucedido, aprontándose° para un prolongado baño del sol).

El Caballero Distinguido.–¿Está Ud. bien, señora? ¿Puedo serle útil en algo?

La Empleada *(mira inspectivamente al señor distinguido y sonríe con amabilidad)*.–Gracias. Estoy bien.

El Caballero Distinguido.–Es el símbolo de nuestro tiempo. Nadie parece darse cuenta, pero a cada rato, en cada momento sucede algo así.

La Empleada.–¿Qué?

El Caballero Distinguido.–La subversión del orden establecido. Los viejos quieren ser jóvenes; los jóvenes quieren ser viejos; los pobres quieren ser ricos y los ricos quieren ser pobres. Sí, señora. Asómbrese Ud. También hay ricos que quieren ser pobres. Mi nuera va todas las tardes a tejer° con mujeres de poblaciones callampas.° ¡Y le gusta hacerlo! *(Transición)*. ¿Hace mucho tiempo que está con Ud.?

La Empleada.–¿Quién?

El Caballero Distinguido *(haciendo un gesto hacia la dirección en que se llevaron a la señora)*.–Su empleada.

La Empleada *(Dudando. Haciendo memoria°)*.–Poco más de un año.

El Caballero Distinguido.–¡Y así le paga a Ud.! ¡Queriéndose hacer pasar por una señora! ¡Cómo si no se reconociera a primera vista quién es quién! *(Transición)*. ¿Sabe Ud. por qué suceden estas cosas?

La Empleada.–¿Por qué?

El Caballero Distinguido *(con aire misterioso)*.–El comunismo…

La Empleada.–¡Ah!

El Caballero Distinguido *(tranquilizador)*.–Pero no nos inquietemos.° El orden está restablecido. Al final, siempre el orden se restablece…Es un hecho…

¡Suéltenme!: déjenme libre
Mutis: silencio
Llevando en peso: cargando en sus brazos
Aprontándose: aprestándose, disponiéndose

Tejer: coser
Poblaciones callampas: poblaciones muy pobres
Haciendo memoria: tratando de recordar
No nos inquietemos: no perdamos la calma

Sobre eso no hay discusión...*(Transición)*. Ahora, con permiso señora. Voy a hacer mi footing diario. Es muy conveniente a mi edad. Para la circulación, ¿sabe? Y Ud. quede tranquila. El sol es el mejor sedante.° *(Ceremoniosamente)*. A sus órdenes, señora. *(Inicia el mutis.° Se vuelve)*. Y no sea muy dura con su empleada, después que se haya tranquilizado... Después de todo...Tal vez, tengamos algo de culpa nosotros mismo... ¿Quién puede decirlo?

(El caballero distinguido, hace mutis. La empleada cambia de posición. Se tiende de espaldas para recibir el sol en la cara. De pronto se acuerda de Alvarito. Mira hacia donde él está).

La Empleada.–¡Alvarito! ¡Cuidado con sentarse en esa roca! Se puede hacer una nana en el pie°...Eso es, corra por la arenita... Eso es, mi hijito...

(Y mientras la Empleada mira con ternura y delectación maternal cómo Alvarito juega a la orilla del mar, se cierra lentamente el Telón).

CUESTIONARIO

1. ¿Dónde se desarrolla la acción dramática? ¿Cóme se describe la escena?

2. ¿Qué edad tienen las dos protagonistas?

3. ¿De dónde es originalmente la empleada? ¿Tiene deseos de casarse?

4. ¿Cómo insulta la Señora a la Empleada?

5. Según la Señora ¿cómo se manifiesta la diferencia entre ella y la Empleada?

6. ¿Qué sugiere la Señora cuando dice que su marido, Álvaro, quiere que ella pase tanto tiempo en la playa? ¿Hay problemas en su relación matrimonial?

7. ¿Quién propone a quién el cambio de ropa? ¿Cómo cambia el comportamiento de las protagonistas a raíz del cambio de ropa?

8. ¿Quiénes acuden cuando se pelean la Señora y la Empleada?

9. ¿A qué atribuye el Caballero Distinguido que haya una subversión del orden establecido? ¿Se produce tal subversión social en el contexto de esta obra?

10. ¿Qué comportamiento revela el niño? ¿A cuál de los dos padres se parece?

Sedante: tranquilizante   *Se puede...pie*: se puede hacer daño en el pie
Inicia el mutis: se dispone a salir de la escena

SELECCIÓN MÚLTIPLE

I.   En el mes de marzo la Señora está todavía en la playa

    1. Porque el marido así lo desea

    2. Porque le encanta el sol

    3. Porque todas sus amigas están en la playa

    4. Porque no quiere volver a la ciudad

II. La Señora va en auto a la playa

    1. Porque vive muy lejos

    2. Quiere mostrar el auto

    3. No le gusta caminar

    4. Porque tiene problemas con su rodilla

III. La Empleada no puede leer la revista en la playa

    1. Porque está trabajando

    2. La Señora la está pagando mientras está en la playa

    3. Tiene que vigilar al niño

    4. 1, 2 y 3

IV. Según la Señora, saber mandar como su hijo

    1. Es parte de la clase alta

    2. Viene en la sangre

    3. Se aprende

    4. Es hereditario

V.   La Señora opina que

    1. La clase se puede comprar

    2. La clase no se puede comprar

    3. El dinero te da clase

    4. 1 y 3

ANÁLISIS CRÍTICO

    1. A juzgar por los comentarios que le hace la Señora a la Empleada ¿qué carácter tiene el esposo de aquélla? ¿Cómo se comporta con ella? ¿Se corresponde este comportamiento con el retrato que nos da la esposa de él cuando era niño?

    2. ¿Qué historia lee la Empleada en la revista? ¿Por qué le gusta leer esta historia? ¿Se repite la historia en la vida real de la Empleada?

3. De acuerdo a la Señora ¿cómo cambia la gente que se pone smoking o traje de baile para salir en las revistas que lee la Empleada? ¿Anticipan de algún modo estos comentarios el desarrollo de la historia principal?

4. ¿Cuándo y cómo se produce el climax o punto de mayor tensión dramática?

5. Comente la función dramática del niño. ¿Se puede decir que funciona como espejo de algún otro personaje? ¿Qué nos dice el dramaturgo de su educación?

6. El cambio de papeles de los protagonistas es una manifestación metateatral que apunta a cómo se borra la frontera entre ficción y realidad. ¿Qué relación se establece entre la realidad y la ficción o la vida y el juego en esta obra? ¿En qué se asemeja o diferencia el juego de "Paco–ladrón" con los papeles, o inversión de papeles, que juegan los protagonistas?

7. La Señora dice que es más importante la clase que el dinero, y añade que aunque no tuviera dinero todos se darían cuenta de su clase ¿Ocurre así al final de la obra cuando ella hace el papel de la Empleada y se pelea con ésta?

ENSAYO

1. Escriba un ensayo sobre cómo crea el dramaturgo la diferencia de clases sociales, la importancia de pertenecer a una u otra clase, la ostentación que hacen los ricos de sus posesiones y su negativa a romper con esa separación o distinción de clases sociales.

2. Relacione los comentarios que hace el Caballero Distinguido con el tema central de la obra. Preste especial atención a la inversión de papeles y el restablecimiento de un orden.

BIBLIOGRAFÍA

Dauster, Frank y Leon F. Lyday *En un acto. Nueve piezas hispanoamericanas.* Boston: Heinle & Heinle Pub. 1974

Pellettieri, Osvaldo. *Teatro latinoamericano de los 70. Autoritarismo, cuestionamiento y cambio.* Argentina: Ed. Corregidor, 1995.

Pellettieri, Osvaldo y Eduardo Rovner. Eds. *La dramaturgia en Iberoamérica: Teoría y práctica teatral.* Buenos Aires: Galerna, 1998.

Rizk, Beatriz J. *Posmodernismo y teatro en América latina: teorías y prácticas en el umbral del siglo XXI.* Madrid: Iberoamericana, 2001.

Solórzano, Carlos. *Teatro latinoamericano en el siglo XX.* México: Ed. Pormaca, 1964

Vodanovic, Sergio. *Teatro. Deja que los perros ladren...¡Estamos en guerra!.* Santiago: Ed. Nascimento, 1978.

Introducción al Análisis de la Poesía

El análisis de un poema requiere que tengamos en cuenta una serie de aspectos, tales como el cómputo silábico, el ritmo, la rima, la pausa, el encabalgamiento y la estrofa.

CÓMPUTO SILÁBICO

Al medir un verso, cada sílaba fonética se cuenta como una sílaba métrica. Hay, sin embargo, algunos fenómenos que influyen en el cómputo silábico. Antes de nada debemos partir de la base que los versos en español pueden ser *llanos (paroxítonos)*, *agudos (oxítonos)* y *esdrújulos (proparoxítonos)*..

1) Un verso es *llano*, o *paroxítono*, cuando el acento prosódico –la fuerza de la voz o entonación– o el acento ortográfico –el acento escrito– de la última palabra del verso cae en la penúltima sílaba. En estos casos, el número de sílabas fonéticas y métricas es el mismo:

   Jaca negra, luna grande
   1 2 3 4 5 6 7 8
   Olalla pende del árbol   (Federico García Lorca)
   1 2 3 4 5 6 7 8

En estos dos versos podemos contar 8 sílabas fonéticas y, al ser versos llanos, contamos 8 sílabas métricas.

2) Un verso es *agudo*, u *oxítono*, cuando el acento prosódico u ortográfico de la última palabra del verso cae en la última sílaba. En estos casos, se añade una sílaba más al número de sílabas fonéticas:

   Llegan a Benamejí
   1 2 3 4 5 6 7 7+1=8
   Cerca del Guadalquivir   (Federico García Lorca)
   1 2 3 4 5 6 7 7+1=8

En estos dos versos tenemos 7 sílabas fonéticas, pero al ser versos agudos debemos añadir una sílaba más al cómputo silábico y entonces tenemos 8 sílabas métricas.

3) Un verso es *esdrújulo*, o *proparoxítono*, cuando el acento de la última palabra del verso cae en la antepenúltima sílaba. En este caso es siempre un acento ortográfico, y se resta una sílaba al número de sílabas fonéticas:

> Como un gitano legítimo
> 1   2   3 4 5 6 7 8 9   9–1=8
> Sobre los yunques sonámbulos   (Federico García Lorca)
> 1 2 3 4   5   6 7 8 9   9–1=8

Aquí tenemos 9 sílabas fonéticas y 8 sílabas métricas.

FENÓMENOS MÉTRICOS QUE AFECTAN AL CÓMPUTO SILÁBICO

Los fenómenos métricos que afectan al cómputo silábico son la *sinalefa*, la *sinéresis*, la *diéresis*, y el *hiato*. Los tres últimos se consideran licencias poéticas que permiten al poeta obtener un cierto número de sílabas métricas.

1) La *sinalefa*. Cuando una palabra termina en vocal o vocales, y la siguiente comienza con una vocal o vocales, se cuentan, junto con las consonantes con las que forman sílaba, como una sola sílaba:

> Que es lo imperfecto mejor;
> 1   2   3 4 5 6 7   7+1=8
> La materia se anticipa   (Sor Juana Inés de la Cruz)
> 1 2 3 4   5   6 7 8   8

Estos dos versos tienen nueve sílabas fonológicas, pero debido a las sinalefas contamos ocho sílabas métricas. El primero de los dos versos es agudo, por eso añadimos una sílaba más al cómputo silábico.

2) *Sinéresis*. Cuando dos vocales fuertes –a, e, o– van juntas contamos dos sílabas, pero en virtud de esta licencia poética se unen para formar un diptongo y contamos una sola sílaba:

> Muerte, no me seas esquiva   (Santa Teresa de Jesús)
> 1 2 3 4 5   6 7 8 8

A fin de que este verso cuente, como el resto de los versos de la misma estrofa, con ocho sílabas métricas, las dos vocales fuertes de "seas" se unen en diptongo y se cuenta una sola sílaba.

3) *Diéresis*. Este fenómeno, contrario a la *sinéresis*, consiste en separar dos vocales que forman diptongo (a, e, o + i, u) para que den lugar a dos sílabas métricas:

> La luna en el mar riela   (José de Espronceda)
> 1 2 3 4   5 67 8

Es preciso deshacer, o romper, el diptongo de "riela" para que el verso tenga ocho sílabas, el mismo número de sílabas que los versos precedentes y siguientes.

4) *Hiato*. Es el fenómeno contrario a la *sinalefa*, y consiste en contar la vocal o vocales de una sílaba de final de palabra y la vocal o vocales iniciales de una sílaba a principio de la palabra siguiente no como una sola sílaba –*sinalefa*–, sino como dos sílabas métricas:

> Mi verso *es* un monte y es   (José Martí)
> 1   2   34   5   6   7   7+1=8

Con objeto de mantener ocho sílabas métricas en todos los versos de esta estrofa, se rompe la *sinalefa* de "verso es" y en lugar de contar una sílaba contamos dos.

RITMO

El ritmo del verso depende de la colocación de los acentos. En español todos los versos llevan su acento en la penúltima sílaba. Esta afirmación puede resultar un poco sorprendente después de haber estudiado que hay versos *agudos* y *esdrújulos*. Sin embargo, desde el punto de vista de la acentuación, si un verso es *agudo*, al contar una sílaba más, el acento recae en la penúltima sílaba métrica. Por otra parte, si el verso es *esdrújulo*, al contar una sílaba menos el acento cae también en la penúltima sílaba métrica. Los acentos se clasifican en *estrófico*, *rítmico* y *extrarrítmico*.

1) Acento *estrófico*. Es el más importante, y siempre va colocado en la penúltima sílaba. Si el acento cae en sílaba par, el ritmo es *yámbico:*

   > En una noche oscura.   (San Juan de la Cruz)

   En este verso el acento cae en la sexta sílaba. Si el acento cae en sílaba impar el ritmo es *trocaico*:

   > Por los rayos de la luna proyectada.   (José Asunción Silva)

   El acento, en este verso, cae en la sílaba décimo primera.

2) Acentos *rítmicos*. Son los acentos situados en el interior del verso que coinciden con el acento *estrófico*. Por tanto, si el acento *estrófico* cae en sílaba par, los acentos interiores del verso estarán colocados en sílabas pares, y si el acento *estrófico* cae en sílaba impar los acentos interiores estarán colocados en sílabas impares.

3) Acentos *extrarrítmicos*. Son los acentos que no coinciden en su colocación con el acento *estrófico*:

   > Y la pobre parece tan triste
   > Con sus gajos torcidos que nunca
   > De apretados capullos se visten.   (Juana de Ibarbourou)

En el primer verso, el acento *estrófico* va colocado sobre la sílaba novena –ritmo *trocaico*–, y el acento en la tercera sílaba es *rítmico*, pero el de la sexta sílaba es *extrarrítmico*. Lo mismo sucede con los otros dos versos que siguen.

CLASIFICACIÓN DE LOS VERSOS SEGÚN EL NÚMERO DE SÍLABAS

Los versos se dividen en *simples* y *compuestos*. Los versos *simples* constan de un solo verso, y los *compuestos* de dos. Los versos *simples* se dividen a su vez en:

1) Versos de *arte menor*, los versos que tienen un máximo de ocho sílabas, y

2) Versos de *arte mayor*, los versos que tienen entre nueve y once sílabas. Cuando un verso tiene doce o más sílabas se considera un verso compuesto.

1) Versos de *Arte Menor*. En español no existen versos *monosílabos* porque al caer el acento en esa misma sílaba se convierte en bisílabo. Tenemos, pues, versos *bisílabos*, de dos sílabas; *trisílabos*, de tres; *tetrasílabos*, de cuatro; *pentasílabos*, de cinco; *hexasílabos*, de seis; *heptasílabos*, de siete; y el verso por excelencia de la poesía española, el *octosílabo*, de ocho. Veamos el siguiente extracto de un poema de Vicente Huidobro:

> Desde
> La cruz santa
> El triunfo del sol canta
> Y bajo el palio azul del cielo
> Deshoja tus cantares sobre el suelo.

El verso primero tiene dos sílabas, el segundo cuatro, el tercero siete, el cuarto nueve, y el quinto once.

2) Versos de *Arte Mayor*. Entre estos versos contamos con el *eneasílabo*, de nueve sílabas; el *decasílabo*, de diez; y el *endecasílabo*, de once sílabas.

Los versos *compuestos*. Si un verso tiene doce o más sílabas es compuesto, es decir, está formado por dos versos simples separados por una *cesura*. Y una regla importante es que donde se produce la *cesura* no hay posibilidad de *sinalefa*. Algunos versos *compuestos* comunes son el *dodecasílabo* –formado por dos *hexasílabos*–, y el *alejandrino*, formado por dos *heptasílabos*. Los versos de quince o más sílabas no son frecuentes en nuestra poesía. Los siguientes versos de Antonio Machado son un ejemplo de versos alejandrinos:

> El rojo sol de un sueño/ en el Oriente asoma
> Luz en sueños. ¿No tiemblas,/ andante peregrino?

Cada uno de los versos consta de dos *heptasílabos*, y la *cesura* del primer verso impide la *sinalefa* entre "sueño en".

PAUSA Y ENCABALGAMIENTO

Las *pausas* son necesarias en un poema, y existen varios tipos:

1) *Pausa estrófica*, la que tiene lugar al final de una estrofa.

2) *Pausa versal*, la que tiene lugar al final de un verso, y tanto ésta como la anterior son necesarias. Y

3) *La cesura*, que es una *pausa versal* que tiene lugar en el interior de un verso compuesto, y lo divide en dos *hemistiquios* iguales (*isostiquios*, 7+7) o desiguales (*heterostiquios*, 7+5). La *cesura* se da en un verso *compuesto*, impide, como vimos antes, la *sinalefa*, y si el primer *hemistiquio* es agudo o esdrújulo se computará, respectivamente, una sílaba más o una sílaba menos.

El *encabalgamiento*, por otro lado, se produce cuando no hay una correspondencia o coincidencia entre la *pausa versal* y la *pausa morfosintáctica*. De esta forma, una oración que comienza en un verso no concluye en el mismo, sino que continúa –cabalga– hasta el siguiente. En la estrofa siguiente se pueden apreciar dos encabalgamientos, uno en los versos 1–2, y otro en los versos 3–4:

> Éste, en quien la lisonja ha pretendido
> excusar de los años los horrores,
> y venciendo del tiempo los rigores
> triunfar de la vejez y del olvido.   (Sor Juana Inés de la Cruz)

El verso donde se inicia el *encabalgamiento* se llama *encabalgante*, y donde concluye *encabalgado*.

EL TONO

El *tono* tiene relación con la melodía de un verso y de la estrofa. Por norma general, cuanto más largo sea un verso tanto más bajo será su tono, y viceversa. El *tono* desciende un poco al llegar a una *pausa versal* y en oraciones afirmativas, pero descenderá más al llegar a una *pausa estrófica*, y el *tono* ascenderá más en una oración interrogativa.

LA RIMA

Antonio Quilis define la rima como "la total o parcial semejanza acústica entre dos o más versos, de los fonemas situados a partir de la última vocal acentuada"; y debemos entender por acentuada la vocal que recibe el acento prosódico –la fuerza de la voz o de la entonación– u ortográfico. Hay dos clases de rima: *consonante* y *asonante*.

1) Rima *consonante*. Se produce este tipo de rima cuando existe en dos o más versos una total identidad acústica en todos los fonemas, vocálicos y consonánticos, que se encuentran a partir de la última vocal acentuada:

> ¡No puedo cantar, ni qui*ero*,
> a ese Jesús del mad*ero*.   (Antonio Machado)

2) Rima *asonante*. Se produce este tipo de rima cuando existe en dos o más versos una identidad acústica en los fonemas vocálicos que se encuentran a partir de la última vocal acentuada:

> ¡Mi soledad sin desc*a*ns*o*!
> ojos chicos de mi cuerpo
> y grandes de mi cab*a*ll*o*.   (Federico García Lorca)

La rima puede adoptar otros tipos de disposición. Una de ellas, rima en *eco*, consiste en la repetición de los fonemas que forman parte de la rima en otras partes del mismo verso o en otros versos:

Hoy se *casa* el mon*arca* con su m*arca*.   (López de Úbeda)

En este verso se ve la repetición de la rima asonante en "a–a" en tres partes del verso. Otra combinación es la repetición de la rima al principio del verso siguiente:

Tu beldad que me des*pide*
pide a mi amor que se aniña.   (Andrés de Prado)

DISPOSICIÓN DE LA RIMA

De acuerdo a su disposición en la estrofa, las rimas se pueden clasificar en rima *continua*, *gemela*, *abrazada* y *encadenada*.

1) Rima *continua*. Esta rima se produce cuando todos los versos de la estrofa tienen la misma rima, y da lugar a las estrofas monorrimas:

Era un ladrón malo que más quería hurt*ar*   A
que ir a la iglesia ni a puentes alz*ar*;   A
sabía de mal porcalzo su casa gobern*ar*,   A
uso malo que prisó no lo podía dej*ar*.   A

(Gonzalo de Berceo)

2) Rima *gemela*. Esta rima se produce cuando los versos riman a pares, de dos en dos, y dan lugar a la estrofa conocida como *pareado*:

Y así de estas honras no hagáis caudal,   A
más honrad al vuestro, que es lo principal   A
servicios son grandes las verdades ciertas   B
las falsas lisonjas son flechas cubiertas.   B

(Francisco de Quevedo)

3) Rima *abrazada*. Esta rima se da cuando dos versos que forman una rima gemela están enmarcados por dos versos que riman entre sí:

Érase un hombre a una nariz peg*ado*   A
érase una nariz superlat*iva*,   B
érase una alquitara medio v*iva*   B
érase un peje espada mal barb*ado*.   A

(Francisco de Quevedo)

4) Rima *encadenada* o *cruzada*. Esta rima se da cuando hay dos pares de rimas que riman de manera alternativa:

Caronte: yo seré un escándalo en tu barca.   A
Mientras las otras sombras recen, giman, o lloren,   B
bajo tus miradas de siniestro patriarca   A
las tímidas y tristes, en bajo acento, oren.   B

(Juana de Ibarbourou)

LA ESTROFA

El número de versos de una estrofa puede ser muy variado, pero en la práctica no se recomienda que una estrofa supere los diez versos. Las estrofas se pueden dividir, de acuerdo al número de sílabas del verso, en estrofas *isométricas* y estrofas *heterométricas*.

1) Las estrofas *isométricas* son aquéllas en las que todos sus versos tienen el mismo número de sílabas métricas:

No me mueve, mi Dios, para quererte	11
el cielo que me tienes prometido,	11
ni me mueve el infierno tan temido	11
para dejar por eso de ofenderte	11 (Anónimo)

2) Las estrofas *heterométricas* son aquéllas en las que dos o más de sus versos no comparten el mismo número de sílabas que los demás:

¡Y dejas, Pastor Santo,	7
tu grey en este valle hondo, escuro	11
con soledad y llanto!	7
y tú rompiendo el puro	7
aire, ¿te vas al inmortal seguro?	11 (Fray Luis de León)

La estructura de las estrofas se representa por medio de letras, y se usan dos tipos:

–Letras mayúsculas, para indicar los versos de arte mayor, y
–Letras minúsculas, para indicar los versos de arte menor.

FORMAS ESTRÓFICAS

Dependiendo del número de versos que contiene cada estrofa, éstas se pueden clasificar en las siguientes categorías:

1) *Pareado.* Estrofa formada por dos versos que riman entre sí:

    ¡Joven abuelo! Escúchame lo*arte*
    único héroe a la altura del *arte*   (Ramón López Velarde)

2) *Terceto.* Estrofa formada por tres versos que riman en AØA. El segundo verso suele ser un verso blanco, o sea que no rima ni con el primero ni con el tercero. El verso blanco no debemos confundirlo con el verso libre, el cual, además de no tener la misma rima tampoco tiene el mismo número de sílabas métricas:

Cada una rosa del rosal res*ume*	A
un corazón, feliz o dolorido,	Ø
que de amor en la brisa se cons*ume*	A
	(Ricardo Miró)

El *terceto*, por lo general, suele formar parte de otro tipo de estrofa, como es el soneto, pero a veces va unido a otros tercetos para formar una serie de tercetos encadenados. En el primer caso, las dos últimas estrofas del soneto son dos *tercetos*, y la rima de éstos suele variar, dependiendo del gusto de la época o del poeta. Los tercetos encadenados son muy frecuentes, y consisten de series de tercetos endecasílabos cuya rima es ABA–BCB–CDC– etc., pero en otras ocasiones los poetas usan tercetos monorrimos: AAA,BBB,CCC, o tercetos independientes:

La dama i, vagar*osa*	a
en la niebla del lago,	Ø
canta las fina tro*vas*.	a
Va en su góndola encant*ada*	b
de papel, a la misa	Ø
verde de la mañ*ana*.	b (José M. Eguren)

3) Las estrofas de cuatro versos se presentan siguiendo distintas combinaciones:

A. *Cuarteto.* Estrofa formada por cuatro versos de arte mayor y rima en ABBA:

Yo siento por la luz un amor de sal*vaje*	A
cada pequeña llama me encanta y sobrec*oge*	B
¿No será cada lumbre un cáliz que rec*oge*	B
el calor de las almas que pasan en su vi*aje*.	A

(Juana de Ibarbourou)

B. *Serventesio.* Estrofa formada por cuatro versos de arte mayor y rima en ABAB:

Ruth moabita a espigar va a las *eras*,	A
aunque no tiene ni un campo mezqu*ino*.	B
Piensa que es Dios dueño de las prad*eras*	A
y que ella espiga en un predio div*ino*	B

(Gabriela Mistral)

C. *Redondilla.* Estrofa formada por cuatro versos de arte menor y rima en abba:

Hombres necios que acus*áis*	a
a la mujer sin raz*ón*,	b
sin ver que sois la ocasi*ón*	b
de lo mismo que culp*áis*.	a (Sor Juana Inés de la Cruz)

D. *Cuarteta.* Estrofa formada por cuatro versos de arte menor y rima en abab:

Anoche cuando dormía
soñé ¡bendita ilusión!
que una fontana fluía
dentro de mi corazón.   (Antonio Machado)

E. *Seguidilla.* Estrofa formada por cuatro versos que se manifiesta de dos maneras: la *seguidilla simple* y la *seguidilla gitana*. La *seguidilla simple* es una copla en la que los versos primero y tercero son heptasílabos y el segundo y el cuarto son pentasílabos:

Está muerto en el agua,	7
niña de nieve,	5
cubierto de nostalgias	7
y de claveles	5
	(Federico García Lorca)

La *seguidilla gitana* consta de cuatro versos, de los cuales el tercero es endecasílabo y los restantes hexasílabos.

Otras estrofas de cuatro versos son la *cuaderna vía* y la *estrofa sáfica*. La *cuaderna vía*, de la que ya vimos un ejemplo al hablar de la rima continua, consta de cuatro versos que comparten la misma rima: AAAA, BBBB. Y la *estrofa sáfica*, que consta de tres endecasílabos y un pentasílabo, no tiene rima fija.

4) Estrofas de cinco versos. La más conocida es la *lira*, formada por dos endecasílabos –versos segundo y quinto–, y por dos heptasílabos. Su rima es: aBabB:

Si de mi baja lira	a
tanto pudiese el son que en un momento	B
aplacase la ira	a
del animoso viento	b
y la furia del mar y el movimiento	B
	(Garcilaso de la Vega)

Otras estrofas de cinco versos son la *quintilla*, formada por cinco versos octosílabos y distintos tipos de rima; y el *quinteto*, formado por cinco versos de arte mayor con el siguiente patrón de rima: AABAB

5) Estrofas de seis versos. La *sextilla*, estrofa formada por seis versos de arte menor y con distintos tipos de rima. Una de las variantes de la *sextilla* es la *copla de pie quebrado*, que se diferencia de la anterior en que los versos tercero y sexto son tetrasílabos:

Decidme: la hermosura,	8	
la gentil frescura y tez	8	
de la cara,	4	
la color y la blancura,	8	
cuando viene la vejez	8	
¿cuál se para?	4	(Jorge Manrique)

Otras estrofas de seis versos son la *sexta rima*, formada por seis endecasílabos con rima en ABABCC, y la *sexteto-lira*, formada por heptasílabos y endecasílabos alternados y con distintos tipos de rima, uno de ellos es aBaBcC.

6) Estrofas de siete versos. Destaca la *séptima*, de poco uso, que está formada por siete versos de arte mayor y rima variada. Otro ejemplo es el de la *seguidilla compuesta*, que consta de una combinación de versos heptasílabos y pentasílabos.

7) Estrofas de ocho versos. La más conocida es la *octava real*, y su rima es en ABABABCC:

Estas que me dictó, rimas sonoras,	A
culta, sí, aunque bucólica Talía	B
–¡oh excelso Conde!–, en las purpúreas horas	A
que es rosas la alba y rosicler el día,	B
ahora que de luztu Niebla doras	A
escucha, al son de la zampoña mía,	B
si ya los muros no te ven de Huelva	C
peinar el viento, fatigar la selva.	C

(Luis de Góngora)

Otras estrofas de ocho versos son la *Copla de arte mayor*, formada por versos dodecasílabos y rima en ABBAACCA; la *Octavilla*, de arte menor, y con rima en abbecdde, o ababbccb.

8) Estrofas de diez versos. La más conocida de todas ellas es la *décima*, formada por la unión de dos redondillas y dos versos situados en el medio del poema que sirven para unir ambas redondillas. Su esquema es: abbaaccddc:

Este retrato que ha hecho	a
copiar mi cariño ufano	b
es sobre escribir la mano,	b
lo que tiene dentro el pecho	a
que, como éste viene estrecho	a
a tan alta perfección,	c
brota fuera la afición	c
y en el índice la emplea,	d
para que con verdad sea	d
índice del corazón.	c (Sor Juana Inés de la Cruz)

Otra de las estrofas de diez versos, que gozó de gran popularidad en los siglos XVI y XVII, es el *Ovillejo*. El *ovillejo* consta de tres pareados, los cuales están formados por un octosílabo y un trisílabo o tetrasílabo, y una redondilla de ocho sílabas. Su esquema es: aabbcccddc:

¿Quién menoscaba mis bienes?	a
Desdenes	a
Y ¿quién aumenta mis duelos?	b
Los celos	b
Y ¿quién prueba mi paciencia?	c
Ausencia.	c
De ese modo, en mi dolencia	c
Ningún remedio se alcanza,	d
Pues me matan la esperanza	d
Desdenes, celos y ausencia.	c (Miguel de Cervantes)

Otra estrofa de diez versos, aunque no muy común, es la *copla real*, formada por versos de arte menor y rima en: abaabcdccd

Independientemente del número de versos que pueda formar una determinada estrofa, los poemas se pueden dividir en *estróficos* y no *estróficos*. Los primeros se componen de una o varias estrofas, y los segundos no presentan división alguna en estrofas.

POEMAS ESTRÓFICOS

De todos los poemas estróficos el más popular es el *soneto*. El *soneto* se compone de catorce versos, distribuidos en dos cuartetos y dos tercetos, y con la siguiente rima: ABBA–ABBA–CDC–DCD. Ejemplos de *sonetos* se pueden ver en los poemas de Garcilaso de la Vega, "En tanto que de rosa y de azucena", y de Luis de Góngora, "Mientras por competir con tu cabello", poemas incluidos en nuestra edición de literatura española. A veces se ven *sonetos* en los que los cuartetos han sido sustituidos por serventesios, y la rima de los tercetos ha experimentado combinaciones como CDE–CDE; o CDE–DCE. El *soneto* ha experimentado numerosas modificaciones a lo largo de su historia, tanto en la rima como en los metros usados: endecasílabos, dodecasílabos, alejandrinos, etc.

Otro de los poemas estróficos más conocido es el *villancico*, escrito en octosílabos o hexasílabos. El *villancico* se estructura en dos partes:
- El *estribillo*, formado por dos o cuatro versos, y
- El *pie*, formado por una estrofa de seis o siete versos, de los que los últimos versos riman con una parte o la totalidad del *estribillo*. A lo largo de toda la composición se repite esta estructura, pero mientras que el *pie* va cambiando, el *estribillo* permanece inmutable. El *villancico* se encuentra ya en la Edad Media, y es un poema que se utiliza para tratar temas religiosos y profanos. Una variante de éste es la *letrilla*, y se diferencia del *villancico* en que su contenido es satírico o burlesco. Veamos una *letrilla* de Góngora:

> La más bella niña
> de nuestro lugar,
> hoy viuda y sola
> y ayer por casar,
> viendo que sus ojos
> a la guerra van,
> a su madre dice,
> que escucha su mal:
> Dejadme llorar
> orillas del mar
> pues me diste, madre
> en tan tierna edad,
> tan corto el placer,
> tan largo el pesar
> y me cautivaste

de quien hoy se va
y lleva las llaves
de mi libertad.
Dejadme llorar
orillas del mar.

Otros poemas estróficos son el *zejel*, la *glosa*, la *sextina*, la *canción* y el *madrigal*. El *zejel* se compone de un estribillo de uno o dos versos, de una estrofa de tres versos monorrimos, y de un cuarto verso que rima con el estribillo.

La *glosa* es un poema que consiste de dos parte: el *texto*, que es un poema breve y generalmente ya existente en la tradición literaria, y la *glosa*, que es un comentario al *texto*. La *glosa* se compone de tantas estrofas como versos hay en el *texto*, y los versos de éste se repiten al final de cada estrofa.

La *sextina* se compone de seis estrofas, y una *contera*. Cada estrofa consta de seis versos sin que rimen entre ellos, y cada verso termina en una palabra bisílaba. La palabra final de cada verso de la primera estrofa se debe repetir, siguiendo un orden diferente, en cada uno de los versos de las siguientes estrofas, y estos seis bisílabos deben aparecer en la *contera*, que consta de tres versos.

La *canción* presenta una compleja composición. Su número de estrofas ha variado dependiendo del poeta que la use, el número de versos en cada estrofa es también variable, y no hay reglas con respecto a la disposición de la rima. Sin embargo, el esquema de la primera estrofa debe repetirse en las demás estrofas, y cada estrofa consta de dos partes:

- Una serie de versos iniciales, de nombre *fronte*, que se divide en dos partes o *piede*
- Y una parte final, llamada *coda*, que puede estar subdividida en versos. Entre el *fronte* y la *coda* había algunas veces un verso de unión llamado *volta*, que rima con el último verso del segundo *piede*.

La canción concluye con una estrofa de menor número de versos de nombre *tornata*.

El *madrigal* no tiene ni un número fijo de estrofas ni de versos. Se compone de versos heptasílabos y endecasílabos, el tema debe ser idílico y amoroso, y debe ser de breve extensión.

POEMAS NO ESTRÓFICOS

Algunos de los poemas no estróficos son el *romance*, la *silva*, el *poema de versos sueltos*, y el *poema de versos libres*.

El *romance* se compone de una serie indefinida de versos octosílabos con rima asonante en los versos pares. Si los versos del *romance* constan de siete sílabas se denomina *endecha*, si tiene menos de siete se llama *romancillo*, y si tiene once sílabas *romance heroico*. En la selección de poemas de nuestro texto el lector puede consultar el "Romance de la pérdida de Alhama", el "Romance del Conde Arnaldos" y los romances de Lorca.

La *silva* es un poema en el que se combinan arbitrariamente versos heptasílabos y endecasílabos en rima consonante, aunque es frecuente encontrar versos sueltos:

El que de cabras fue dos veces ciento
esposo casi un lustro –cuyo diente
no perdonó a racimo aún en la frente
de Baco, cuanto más en su sarmiento–
(triunfador siempre de celosas lides,
lo coronó el Amor; mas rival tierno,
breve de barba y duro no de cuerno,
redimió con su muerte tantas vides)
servido ya en cecina,
purpúreos hilos es de grana fina.   (Luis de Góngora)

El *poema de versos sueltos* fue introducido en España por Boscán, y se sirve del endecasílabo. Este tipo de poema se ha empleado con frecuencia en epístolas y sátiras:

La catedral de Barcelona dice:
se levantan, palmeras de granito,
desnudas mis columnas; en las bóvedas
abriéndose sus copas se entrelazan,
y del recinto en torno su follaje
espeso cae hasta prender en tierra.   (Miguel de Unamuno)

El *poema de versos libres* no tiene estrofas, ni rima, ni patrón alguno en cuanto a la medida de los versos:

¡Ah, Miss X, Miss X:20 años!
Blusas en las ventanas,
Los peluqueros
Lloran sin tu melena
–fuego rubio cortado–...   (Rafael Alberti)

EL LENGUAJE FIGURADO

El lenguaje figurado es un tipo de lenguaje que se sirve de figuras retóricas y tropos. Aunque éstos se encuentran en la lengua común, es en el lenguaje literario donde mayor acto de presencia hacen. El uso constante de estas figuras y tropos produce en ellos un obvio desgaste, por ello se espera que el escritor renueve este tipo de lenguaje figurado con la creación de nuevas figuras retóricas y tropos. Veamos a continuación algunas de las figuras retóricas y tropos más comúnmente utilizados.

I. FIGURAS RETÓRICAS

Dejando para más adelante el estudio de los tropos, vamos a comenzar dividiendo las figuras retóricas en dos grupos: figuras de dicción y figuras de pensamiento.

1. *FIGURAS DE DICCIÓN*

Las figuras de dicción se basan en la especial colocación de las palabras en la oración, de tal modo que si se cambiara este orden la figura desaparecería. Estas figuras se consiguen o producen de distintas maneras:

A. Añadiendo palabras, con lo cual resulta el *pleonasmo* y el *epíteto*.

El *pleonasmo* consiste en añadir palabras que no son necesarias para comprender una idea o concepto: bajé abajo. Subí arriba. Lo oí con mis propios oídos. A veces, sin embargo, el uso del *pleonasmo* sirve para dar más énfasis o color a una frase.

El *epíteto* es el adjetivo calificativo que resalta alguna cualidad del sustantivo, pero no existe necesidad de expresarla: la oscura noche, la blanca nieve, "si de mi ingratitud el hielo frío" (Lope de Vega).

B. Omitiendo palabras, con lo cual resulta la *elipsis* y el *asíndeton*.

La *elipsis* consiste en la supresión de palabras en una frase con objeto de dotarla de mayor concisión: "Lo bueno, si breve, dos veces bueno" (Gracián). En este ejemplo se elide el uso del verbo "es".

El *asíndeton* consiste en la omisión de conjunciones para darle a la frase un sentido de rapidez: "llegué, vi, vencí" (Julio César).

C. Repitiendo palabras, con lo cual resulta la *anáfora*, el *polisíndeton*, y el *retruécano*.

La *anáfora* consiste en la repetición de una o varias palabras al principio de cada verso o de frases similares:

> *Todas* visten un vestido,
> *Todas* calzan un calzar,
> *Todas* comen a una mesa,
> *Todas* comían de un pan.   (Romance de Doña Alda)

El *polisíndeton* consiste en la repetición innecesaria de conjunciones para dotar a la frase de mayor lentitud y solemnidad:

> La otra fue más sensitiva
> y más consoladora y más
> halagadora y expresiva,
> cual no pensé encontrar jamás.   (Rubén Darío)

El *retruécano* consiste en la inversión de los términos de una frase en la oración que le sigue, produciéndose un cambio total de sentido:

> ¿O cuál es más de culpar,
> aunque cualquiera mal haga,
> la que *peca* por la *paga*
> o el que *paga* por *pecar*.   (Sor Juana Inés de la Cruz)

D. Combinando palabras, con lo cual resulta la *aliteración*, la *onomatopeya*, y el *hipérbaton*.

La *aliteración* consiste en la repetición de una o varias letras a lo largo de uno o varios versos o de una estrofa:

> El *m*ar sus *m*illares de olas
> *m*ece, divino.
> Oyendo a los *m*ares a*m*antes
> *m*ezo a *m*i niño.   (Gabriela Mistral)

La *onomatopeya* consiste en la imitación de sonidos reales por medio de los sonidos o el ritmo de las palabras que los designan en el verso:

> Sensemayá, la culebra,
> Sensemayá.
> Sensemayá, con sus ojos,
> Sensemayá.
> Sensemayá con su lengua,
> Sensemayá.   (Nicolás Guillén)

El *hipérbaton* consiste en alterar el orden gramatical de las palabras de una oración:

> Volverán las oscuras golondrinas
> en tu balcón sus nidos a colgar.   (Gustavo Adolfo Bécquer)

2. *FIGURAS DE PENSAMIENTO*

Las figuras de pensamiento dependen más de las ideas o del tema tratado que de la forma lingüística. La preceptiva literaria establece una clasificación de las mismas en cuatro grupos:

A. Figuras descriptivas
B. Figuras patéticas
C. Figuras lógicas
D. Figuras oblicuas

A. Figuras descriptivas. Dentro de este grupo podemos destacar la *prosopografía* y la *topografía*.

La *prosopografía* consiste en la descripción física, externa, de una persona o animal:

> "Era todo un buen mozo, Sabiniano. De mediana estatura, ancho de espaldas, recio de piernas, y con un rostro varonil, de grandes ojos pardos, de fuerte nariz aguileña."   (Javier de Viana)

La *topografía* consiste en la descripición de un lugar o paisaje:

> "El pueblecito de Camoruco es la puerta –una de las puertas– del Llano. La carretera parte el pueblo en dos, recta y clara, como la crencha en la cabeza de un elefante. El puebluco, tendido en la Sabana, consiste en dos hileras de casas a lo largo del camino."   (Rufino Blanco Fombona)

B. Figuras patéticas. De este grupo seleccionamos el *apóstrofe*, la *hipérbole*, y la *prosopopeya* o *personificación*.

El *apóstrofe* es la apelación, exclamación o pregunta dirigida a un ser animado o inanimado, real o imaginario:

¡Inteligencia, dame
el nombre exacto de las cosas!   (Juan Ramón Jiménez)

Oh, niño mío, niño mío
¡cómo se abrían tus ojos…   (Dámaso Alonso)

La *hipérbole* se basa en la exageración, en sacar las cosas de su justa medida engrandeciéndolas o empequeñeciéndolas:

El poeta es un pequeño Dios.   (Vicente Huidobro)

Allá muevan feroz guerra
ciegos reyes
por un palmo más de tierra.   (José de Espronceda)

La *prosopopeya* o *personificación* consiste en asignar cualidades propias de los seres animados a seres inanimados; o acciones y cualidades de los seres humanos a otros seres animados o inanimados:

Es la higuera el más bello
de los árboles todos del huerto.
si ella escucha,
si comprende el idioma en que hablo.

(Juana de Ibarbourou)

C. Figuras lógicas. Dentro de estas figuras podemos incluir el *simil*, la *antítesis*, la *paradoja*, y la *gradación*.

El *símil* o *comparación* expresa una relación de semejanza entre dos ideas, dos objetos o seres sirviéndose de las partículas "como," "cual," "igual que," y otras similares:

Sonreía como una flor.   (Rubén Darío)

Cuba cual viuda triste me aparece.   (José Martí)

La *antítesis* consiste en la contraposición de dos ideas o conceptos, o de una palabra o frase con otras de significado opuesto:

Y es la mujer, al fin, como sangría,
que a veces da salud y a veces mata.   (Lope de Vega)

La *paradoja*, según Pelayo H. Fernández, "es una antítesis superada" que une ideas o conceptos, aparentemente opuestos, en un solo pensamiento. Aunque parece tratarse de un absurdo, en el fondo expresa una verdad profunda:

Muerte do el vivir se alcanza,
no te tardes, que te espero
que muero porque no muero.   (Santa Teresa de Jesús)

que es enfermedad la vida
y muero viviendo enfermo.   (Miguel de Unamuno)

La *gradación* o *clímax* consiste en una serie de palabras o pensamientos que siguen un curso ascendente o descendente:

Soy un fue, y un será, y un es cansado.

(Francisco de Quevedo)

No sólo en plata o viola troncado
se vuelva, mas tú y ello juntamente
en tierra, en humo, en polvo, en sombra, en nada.

(Luis de Góngora)

D. Figuras oblicuas. Dentro de estas figuras podemos incluir la *perífrasis*, o *circumlocución*, y la *ironía*.

La *perífrasis*, como el término indica, es un rodeo de palabras, y consiste en decir con varias o muchas palabras lo que se puede decir con una o pocas palabras. En el siguiente ejemplo, García Lorca se refiere al rocío de la mañana en los siguientes términos:

Mil panderos de cristal
Herían la madrugada.

Y Gustavo Adolfo Bécquer, se refiere al acto de quedarse dormido con estas palabras:

¿Será verdad que cuando toca el sueño
con sus dedos de rosa nuestros ojos,…?

La *ironía* juega con y contrapone dos significados opuestos, y consiste en decir una cosa y sugerir o insinuar otra distinta. Por ejemplo, en *El Buscón*, de Francisco de Quevedo, el licenciado Cabra mata de hambre a sus pupilos, y en una ocasión el pupilero dice a éstos: "Váyanse hasta las dos a hacer un poco de ejercicio". Y en *Doña Perfecta*, de Benito Pérez Galdós, el narrador de la novela anterior llama a las cuevas donde se esconden unos pícaros, la "Estancia de los Caballeros".

II. TROPOS

El tropo apunta al cambio de significado que experimentan las palabras o frases. Los tropos más importantes son la *sinécdoque*, la *metonimia*, la *metáfora*, la *sinestesia*, la *alegoría*, la *parábola* y el *símbolo*.

La *sinécdoque* consiste en nombrar un todo con el nombre de una parte, o una parte con la del todo, en virtud de una relación de coexistencia o contigüidad entre unas y otros: veinte velas (en lugar de barcos) partieron a la mar. O, España derrotó a Turquía en Lepanto (se refiere a los ejércitos de ambos países).

La *metonimia* consiste en nombrar un objeto o idea con otro nombre, y entre ellos existe una relación de causalidad: el rey perdió su corona (se refiere a su poder). O, se tomó un Rioja (se refiere al vino de esta región).

La *metáfora* es quizá el tropo más utilizado en literatura, y se basa en la relación de identidad entre dos objetos. Se diferencia de la *comparación* o *simil* en que en ésta los dos términos de la comparación van ligados por las partículas "como", "cual", "tan", "igual que", etc. mientras que en la metáfora se elimina el nexo comparativo: juventud, divino tesoro (Rubén Darío). O

> ¡Perla del mar! ¡Estrella de Occidente!
> ¡Hermosa Cuba!   (Gertrudis Gómez de la Avellaneda)

La *sinestesia*, considerada como un tipo de metáfora, consiste en describir una experiencia sensorial –visual, auditiva, olfativa, gustativa o táctil– sirviéndose de otra. Carlos Bousoño menciona algunos ejemplos en la poesía de Juan Ramón Jiménez: "Se oye la luz", "azul sonoro", etc. Un ejemplo clásico es el de "colores chillones".

La *alegoría* es una imagen que continúa a lo largo de una parte o de todo un poema o historia, y convierte en metáfora cada uno de los elementos del plano real. Por ejemplo, en el poema de Juan Ramón Jiménez, "Vino, primero, pura", el poeta repudia a una mujer con exceso de ropajes, pero le profesa su amor al quedar desnuda. Aunque el plano evocado corresponde a una mujer, el plano real apunta al rechazo del poeta de la poesía modernista, por su abuso ornamental, y sugiere su preferencia por una poesía más simple. Otro ejemplo, muy citado, es el de *El gran teatro del mundo*, de Calderón de la Barca, drama en el que el autor, los personajes y los papeles que representan se corresponden con Dios, los hombres y con la vida que lleva cada individuo.

La *parábola* es un tipo de alegoría que contiene un fin didáctico o moral. Ejemplos típicos de parábolas son las que aparecen en el Evangelio.

El *símbolo* es un tipo de metáfora, pero aquél tiene un valor universal y abstracto que no tiene ésta. El *símbolo* se utiliza para representar en el plano evocado un término concreto que traduce en el plano real un concepto abstracto. Algunos ejemplos de *símbolos* son el de la cruz, como representación del cristianismo, el de la rosa como representación de la belleza, y el del mar como representación de la muerte. Veamos un ejemplo de José Martí, quien utiliza la "bandera" como símbolo de la patria:

> Cual bandera
> que invita a batallar, la llama roja.

Credits